Freya Klier

Dresden 1919

Freya Klier

Dresden 1919

Die Geburt einer neuen Epoche

HERDER

FREIBURG · BASEL · WIEN

MIX
Papier aus verantwortungsvollen Quellen
FSC® C083411

www.herder.de

Satz: Carsten Klein, Torgau
Herstellung: CPI books GmbH, Leck

Printed in Germany

ISBN Print 978-3-451-35999-6
ISBN E-Book 978-3-451-81323-8

Inhalt

Vorwort

Über dem Europa des Jahres 1919 liegen Hunger und eine tiefe Erschöpfung – sowohl auf Seiten der Sieger als auch der Besiegten. Der Habsburger Völkerstaat ist in seine Bestandteile aufgespalten, und Deutschland als dem größten Verlierer des Weltkriegs wird ein Friedensvertrag diktiert, der die Menschen quer durchs Land in Zorn und Depressionen versetzt. Aus dem Osten droht der Bolschewismus, im Westen halten die Siegermächte deutsche Gebiete besetzt.

Wie soll das weitergehen? Niemand will die Verantwortung für diesen Krieg übernehmen – am wenigsten jene, die ihn zu verantworten haben. Die SPD springt in die Bresche; nun lastet alles auf ihren Schultern. Doch kaum ist der Waffenstillstand da, trommelt Linksaußen zum Bürgerkrieg, als sei es der seelischen Verheerung noch nicht genug. In den Wochen vor ihrer Ermordung wird die plötzlich zur Demokratie tendierende Rosa Luxemburg von ihren heißblütigen Genossen behandelt wie eine alte Tante.

Und wie verläuft der Umbruch vom Krieg in den Frieden bei den Heimkehrern? Um das zu erspüren, kehren wir noch einmal auf die Schlachtfelder zurück, lassen Otto Dix und Oskar Kokoschka vom Inferno berichten, Ernst Toller und Otto Griebel. War alles unausweichlich, was da geschah? Mit dem Blick aus dem 21. Jahrhundert erkennen wir Momente, über die wir schaudernd sagen können: Es gab sie doch auch vor hundert Jahren! Es gab Pazifisten und mitten im Krieg die streng untersagte Verbrüderung an der Front – das deutsch-englische Weihnachtsliedersingen im Schützengraben, das Fußballspiel der Kriegsgegner im Niemandsland. Den Maschinenbaustudenten der Technischen Hochschule Dresden Max Immelmann holen wir aus dem Vergessen, der als Fliegerleutnant abstürzte und dem britische Piloten unmittelbar danach als Zeichen der großen Anerkennung seiner Fairness einen Kranz an der Frontlinie abwarfen.

Ein Europa der Verständigung blitzt auf, das 1919, nach dem Ende des Großen Krieges, in sehr weiter Ferne liegt …

Doch da gibt es noch eine zweite Linie: Kaum wahrgenommen in der Welt des patriotischen Rauschens macht sich eine Generation starker Frauen auf den Weg, um ein gesamtdeutsches Frauenwahlrecht zu erkämpfen – an ihrer Spitze die Schauspielerin Marie Stritt. Sie agieren aus der bürgerlichen Mitte heraus, ohne aggressive Ausfälle gegen das männliche Geschlecht. Sie bekommen großen Zulauf und sind auf Anhieb erfolgreich, wie die Wahlen zur Nationalversammlung zeigen.

Vieles von dem, was nach Kriegsende geschieht, läuft in Dresden zusammen. Und hier ist einiges anders als in München oder Berlin, die Revolution verläuft fast friedlich, die Ausrufung des Freistaates ebenfalls. Zwar hat das Militär Mühe, vom König auf die Sozialdemokraten umzuschwenken; die aber, unter Führung des Juristen und früheren Journalisten Georg Gradnauer, sind zur Verständigung bereit, zum gemeinsamen Blick nach vorn. So geht 1919 auch hier die größte Aggression von Linksradikalen aus: Sie zielen auf eine Revolution nach russischem Vorbild und haben vor allem die gemäßigte SPD im Visier. Deren Minister Gustav Neuring wird auf die Augustusbrücke gezerrt, dort unter Johlen in die Elbe gestoßen, sein Kopf zur Zielscheibe, bis er versinkt … Doch wer steckt hinter diesem Mord? Sind wir wirklich schon alle DDR-Geschichtslügen los?

Die Stimmungen in den Metropolen der anbrechenden Weimarer Republik sind sehr unterschiedlich. Und ohne den vergleichenden Blick nach München, Berlin oder Köln ließe sich die Umbruchzeit im Elbetal des Jahres 1919 nicht beschreiben. Wieso sind die Freikorps hier nicht so brutal wie im Ruhrgebiet oder in Bayern? Ist das vorübergehend?

In jeder Großstadt herrscht eine andere Temperatur. Die in der Reichshauptstadt Berlin umreißt der Dadaist George Grosz im Nachhinein giftig:

»An allen Ecken standen Redner. Überall erschollen Haßgesänge. Alle wurden gehaßt: die Juden, die Kapitalisten, die Junker, die Kommunisten, das Militär, die Hausbesitzer, die Arbeiter, die Arbeitslosen, die Schwarze Reichswehr, die Kontrollkommissionen, die Politiker, die Warenhäuser und nochmals die Juden. Es war eine Orgie der Verhetzung, und die Republik war schwach, kaum wahrnehmbar. Das mußte mit einem furchtbaren Krach enden ...«

Das gilt für Berlin, doch gilt das auch für Dresden – die Stadt von Karl May, die »Vornehmste, schönstgelegene Kunst- und Fremden-Stadt Deutschlands«, wie es 1919 in ihrer Werbung heißt?

Jeder versucht, sich neu zu finden, und Bettler prägen die Stadt ebenso wie eine pulsierende Künstlerszene. Kriegsheimkehrer wie Otto Dix und Oskar Kokoschka malen sich ihre Traumata von der Seele. Und während Dix den Gewinn seiner Bilder gern ins Bordell trägt, sehnt sich Kokoschka nach zärtlichen Mädchenhänden. Erich Kästner zieht es weg aus Dresden, Victor Klemperer gerade jetzt hierher.

Dresden wird zum Zentrum der Reformpädagogik. Und nirgendwo gründen sich 1919 so viele Vereine wie in der sächsischen Hauptstadt – Christen und Juden, Mädchen und Jungen, Kommunisten und Nationalisten. Alle wollen die Welt verändern – und dabei auch wandern. Die Sächsische Schweiz liegt gleich nebenan. Je mehr das erste Friedensjahr ins Land zieht, desto leidenschaftlicher wird getanzt …

Um die Atmosphäre von damals hundert Jahre später zu erspüren, brauchen wir Informationen aus erster Hand: Wir lesen in den Tagebüchern von Käthe Kollwitz und Victor Klemperer, in den Erinnerungen von Erich Kästner und Ernst Toller, Oskar Kokoschka und Marie Stritt.

Wie kommen die ersten Frauen in der Politik zurande, wie die Kriegsversehrten über die Runden? Die Jüdin Johanna Lindemann, die ein dramatisches Schicksal erwartet, kommt als Zwölfjährige zu Wort: Beeindruckend schildert sie, was Kinderarmut in der Kriegs- und Nachkriegszeit bedeutete.

Deutschland kommt nicht zur Ruhe. 1920 wird die junge Republik vom Kapp-Putsch erschüttert – viele Männer finden sich jetzt nicht mehr im Schützengraben wieder, sondern im Straßengraben und auf der Barrikade. Ostern 1920 wird auch Dresden vom Putsch heimgesucht: Freiwilligenverbände und rechtsradikale Einwohnerwehren unterstützen ihn, dazu Teile der Reichswehr. Auf der anderen Seite bilden sich Arbeiterräte und Aktionsausschüsse, die den Widerstand gegen die Putschisten organisieren. Gewerkschaften rufen zum Generalstreik auf, Linksradikale zum bewaffneten Kampf …

In der Stadt toben schon bald bürgerkriegsähnliche Zustände: Geschossen wird im Zwinger, am Theaterplatz, unter der Brühlschen Terrasse. Als die Kämpfe abgeflaut sind, bleiben 59 Tote und 200 Verwundete zurück.

Auch die Kunst kommt nicht ungeschoren davon: Im Zwinger hat eine verirrte Kugel das Fenster der Gemäldegalerie durchschlagen und sich Rubens' »Bathseba im Bade« in den Kopf gebohrt!

Oskar Kokoschka ist fassungslos. Wutschnaubend läuft der sonst so sanfte Professor am darauffolgenden Tag durch die Gänge der Akademie. Er verfasst ein Plakat, das er mit studentischen Anhängern druckt. Darin richtet er sich – bezugnehmend auf die durchbohrte »Bathseba« –

»an alle, die hier in Zukunft vorhaben, ihre politischen Theorien, gleichviel ob links-, rechts- oder mittelradikale, mit dem Schießprügel zu argumentieren, die flehendlichste Bitte, solche geplanten kriegerischen Übungen nicht mehr vor der Gemäldegalerie des Zwingers, sondern etwa auf den Schießplätzen der Heide abhalten zu wollen, wo menschliche Kultur nicht in Gefahr kommt ...«

Das Plakat prangt am nächsten Tag in allen Dresdner Zeitungen. Und es löst einen so bösartigen »dadaistischen« Kommentar seiner Berliner Kollegen um George Grosz aus, dass der sensible österreichische Maler beschließt, Deutschland zu verlassen.

Krieger

Woran fehlt es den Europäern am beginnenden 20. Jahrhundert? An nichts, was einen Krieg rechtfertigen würde. Die industrielle Revolution hat sie wirtschaftlich stark gemacht, und auch kulturell ist Europa hoch entwickelt, bei aller Unterschiedlichkeit der einzelnen Länder. Doch statt zusammenzuarbeiten, wirkt jeder gegen jeden. Nationalismus, Militarismus, Neid und verhängnisvolle Allianzen verwandeln den alten Kontinent in ein gewaltiges Pulverfass. Das explodiert im Sommer 1914. Beteiligt werden sein: Der Zweibund Deutsches Reich und Österreich-Ungarn, Frankreich, England, Russland. Kurz nach der Nachricht von der russischen Generalmobilmachung richtet am 31. Juli 1914 Kaiser Wilhelm II. in der Reichshauptstadt die Worte an sein Volk:

»An mein Volk!
Eine schwere Stunde ist heute über Deutschland hereingebrochen. Neider überall zwingen uns zu gerechter Verteidigung. Man drückt uns das Schwert in die Hand.«

Die Deutschen brechen, nach einem quälenden Hin und Her der internationalen Politik, in einen erlösenden Jubel aus. Als der Kaiser tags darauf die Mobilmachung Deutschlands verkündet, versammeln sich spontan 50 000 Menschen vor dem Berliner Stadtschloss und lauschen andächtig seinen Worten:

»In dem jetzt bevorstehenden Kampfe kenne ich in meinem Volke keine Parteien mehr. Es gibt unter uns nur noch Deutsche. Und welche von den Parteien auch im Laufe des Meinungskampfes sich gegen mich gewandt haben, ich verzeihe ihnen allen. Es handelt sich jetzt nur darum, daß alle wie Brüder zusammenstehen.«

Das reißt mit, die Worte des Kaisers erzeugen ein lange nicht gekanntes Zusammengehörigkeitsgefühl. Die Großstädte Deutschlands versinken in einem patriotischen Freudentaumel – wenn auch nicht gerade in Ostpreußen, welches unmittelbar an den Kriegsgegner Russland grenzt, oder im Elsass, das mit dem Kriegsgegner Frankreich fast verwoben ist. Vor allem Bürgerliche sind mitgerissen, Studenten und Gymnasiasten, Professoren, auch viele Künstler und Theologen. Nicht mitgerissen von den ersten Begeisterungsstürmen sind zunächst die Arbeiter – ihnen dämmert, sie könnten das Kanonenfutter sein, wie in allen Kriegen. Doch als der Auszug der ersten Soldaten aus den Kasernen in Richtung Front einsetzt, weht auch in den meisten Arbeitervierteln die schwarz-weiß-rote Fahne, erklingen auch hier patriotische Lieder.

Aus Bayern laufen Züge aus, geschmückt mit Bierflaschen und Rettichen. Sitzt der Student Ernst Toller in einem solchen Zug? Ernst Toller aus der Provinz Posen meldet sich 1914 freiwillig als Soldat. Seit Februar 1914 studiert er an der »Ausländeruniversität« im französischen Grenoble – nun aber, mit Kriegsausbruch, setzt er sich sofort in einen Zug nach Deutschland. Er ist nicht der einzige Patriot im Abteil:

»Als der Zug in Lindau, auf deutschem Boden, einläuft, singen wir wieder ›Deutschland, Deutschland über alles‹«, wird Toller sich später in seinen Memoiren »Eine Jugend in Deutschland« erinnern.

»Wir winken den bayrischen Landwehrmännern zu, die den Bahnhof bewachen, jeder von ihnen ist das Vaterland, die Heimat; wenn ihre Vollbärte wedeln, hören wir die deutschen Wälder rauschen ...

Ich habe die Stimmen der Menschen noch im Ohr, die schrien, daß Frankreich angegriffen sei. Jetzt lese ich in deutschen Zeitungen, daß Deutschland angegriffen wird, und ich glaube es. Französische Flieger, sagte der Reichskanzler, haben Bomben auf bayrisches Land geworfen, Deutschland wurde überfallen, ich glaube es.

An den Bahnhöfen schenkt man uns Karten mit dem Bild des Kaisers und der Unterschrift: ›Ich kenne keine Parteien mehr‹.

Der Kaiser kennt keine Parteien mehr, hier steht es schwarz auf weiß, das Land kennt keine Rassen mehr, alle sprechen eine Sprache, alle verteidigen eine Mutter, Deutschland.«

Im August 1914 ist es nicht leicht, Soldat zu werden, die Kasernen quellen bereits über von Freiwilligen. Und so streift der aus Samotschin bei Posen stammende 21-Jährige erstmal durch die Straßen Münchens. Im Englischen Garten wird er irrtümlich für einen Franzosen gehalten, also für einen Feind:

»Ich setze mich auf eine Bank, über die alten Buchen streicht ein lauer Wind, es sind deutsche Buchen, nirgends auf der Welt wachsen herrlichere. Neben mir sitzt ein hagerer Mensch, selbst sein Adamsapfel, spitz und riesig, erscheint mir liebenswert. Er steht auf, er geht fort, er kommt mit anderen Menschen wieder. Verwundert sehe ich, wie man auf mich zeigt, dann auf meinen Hut, dessen Futter, allen sichtbar, mit großen blauen Buchstaben, den Namen eines Lyoner Hutfabrikanten trägt. Ich nehme meinen Hut, gehe weiter – die Gruppe, zu der andere Neugierige stoßen, folgt mir, ich höre erst einen, dann viele rufen ›Ein Franzose, ein Franzose!‹

Ich beschleunige meine Schritte, Kinder laufen neben mir her, weisen auf mich mit Fingern, ›ein Franzos, ein Franzos!‹. Zum

Glück begegnet mir ein Schutzmann, ich zeige ihm meinen Paß, die Menschen umringen uns, er zeigt ihnen meinen Paß, unwillig und schimpfend zerstreuen sie sich.«

Gleich am nächsten Morgen meldet sich Ernst Toller bei der Artillerie. Nun zeigen alte Unteroffiziere und junge Kadetten den Kriegsfreiwilligen, wie ein richtiger Mann stillzustehen und wie er sich zu rühren hat. Toller lernt, dass niemand ein Held des Krieges werden kann, der den Stechschritt des Friedens nicht »wie im Schlaf« beherrscht.

Es ist der ultimative Aufbruch – Einzelschicksale gibt es nicht mehr, nur das Vaterland gilt. Die Begeisterung schiebt auch unter den Zivilisten alle Widerwärtigkeiten in den Hintergrund. In ganz Deutschland verlassen im August Soldatenzüge die Städte: blumengeschmückt und von winkenden Frauen und Kindern gesäumt. An das August-Fieber 1914 werden sich jene erinnern, die diesen Krieg überleben.

Otto Griebel, Sohn eines Tapeziermeisters aus der westsächsischen Industriestadt Meerane, studiert seit 1912 an der Dresdner Kunstgewerbeschule, an der seit 1910 auch der Thüringer Otto Dix studiert:

»Ich hatte Dix im Aktsaal kennengelernt, einen schmächtigen Burschen, der damals schon auffiel«, wird sich Otto Griebel später erinnern. »Zu jener Zeit kam die Mazdaznan-Mode auf, der auch ich vorübergehend verfiel. Da mußte man morgens Atemübungen vornehmen, Eukalyptusöl inhalieren, Pinienkerne kauen und dem Fleischgenuß entsagen. Otto Dix und seine Freunde Lohse und Baumgärtel waren fanatische Anhänger davon, aßen kein Ei, ohne vorher den giftigen Keim zu entfernen, und speisten im ›Vegetarisches Restaurant Pomona‹ auf der Grunaer Straße. Dix huldigte dem Nietzeschen Übermenschen, trug den ›Zarathustra‹ bei sich und betrachtete Max Klinger als künstlerisches Idol.

Doch bald geschah ein Wandel zu den Malern der italienischen Frührenaissance, im besonderen zu Boticelli hin. Innerhalb des Dix'schen Umgebungskreises entstanden nun Bildnisse in diesem Stil auf geöltem Papier, dessen Glätte Überlasuren und feine Pinselzeichnung gestattete. Aus dieser Zeit stammt das Selbstbildnis von Dix im roten Hemd mit der Ponyfrisur und der Phantasie-Landschaft im Hintergrund …«

Doch nun ist der Krieg ausgebrochen, und sowohl Dix als auch Griebel melden sich als Freiwillige an die Front. Otto Dix rückt am 22. August 1914 als Ersatz-Reservist beim Feld-Artillerie-Regiment Nr. 48 in Dresden ein. Hart wird er ausgebildet, kommt aber durchaus zum Zeichnen. Am 12. Februar 1915 wird er zur 2. Ersatzbatterie des Reserveregiments 102 nach Bautzen überstellt – neben Fahrzeugen und Geschützen kommen auch Pferde zum Einsatz. Ein Vierteljahr später lässt Otto Dix sich in Bautzen zur MG-Kompanie XII versetzen.

Otto Griebel würde auch gerne, doch er darf noch nicht. Er ist noch nicht volljährig, und sein Vater gibt ihm nicht die Erlaubnis fürs Militär. Er schämt sich. Nun fragen ihn Mädchen, warum nicht auch er das feldgraue Ehrenkleid trage.

Und einer nach dem anderen rücken sie aus, seine Mitstudenten – mit Jubel und Musik und Blumen an den Patronentaschen und Gewehren. Er darf nicht miterleben, wie sie die Grenze zu Frankreich überschreiten, unter dreimal donnerndem »Hurra!« und dem Absingen der deutschen Nationalhymne. Bald schon hocken auch Maler, Zeichner und Bildhauer in den Schützengräben oder wechseln im Lazarett Verbände, erleiden auch sie nun das gleiche Schicksal wie siebzig Millionen andere Europäer. Die ersten fallen an derselben Front: Franz Marc und August Macke werden die ersten beiden Kriegsjahre nicht überleben.

Der Kunststudent Otto Griebel

Der Leipziger Maler Max Beckmann will nicht schießen, er geht 1914 als freiwilliger Sanitätshelfer an die Ostfront.

»Auf die Franzosen schieße ich nicht, von denen habe ich so viel gelernt. Auf die Russen auch nicht, Dostojewskij ist mein Freund.«

Max Beckmann wird im Krieg keinen einzigen Schuss abgeben. Doch er erleidet 1915 aufgrund seiner Erlebnisse in Flandern, wo er in einem Typhuslazarett eingesetzt ist und Zeuge des ersten Chlorgasangriffs bei Ypern wird, einen Nervenzusammenbruch. Beckmann wird vorübergehend beurlaubt und bekommt dann einen Schonposten: Er wird Zeichner fürs Militär in Straßburg.

Es gibt scharfe Kriegsgegner. Schon in den ersten Kriegsjubel hinein meldet sich die Deutsche Friedensgesellschaft zu Wort. In ihrem »Zweiten Kriegsflugblatt« vom 15. August 1914, veröffentlicht in der »Friedens-Warte 1914«, mahnen die Pazifisten:

»Europa steht in Flammen! Ein Krieg ist ausgebrochen, wie ihn die Welt seit einem Jahrhundert, seit der Zeit der Napoleonischen Kriege nicht gesehen, furchtbarer und zerstörender noch als jene, sowohl durch das gigantische Wachstum der Technik und der Zerstörungsmittel, wie durch die unendlich gesteigerte Empfindlichkeit des kulturellen und wirtschaftlichen Lebens.

Noch vor wenigen Wochen würden die leitenden Staatsmänner Europas es für Wahnsinn erklärt haben, ihre Völker zu einem solchen Kriege aufzurufen; sie würden den Gedanken voll Empörung abgelehnt haben. Nun ist der Wahnsinn Wirklichkeit geworden. Wenn das möglich ist, so liegt letzten Endes die Schuld an dem alle Völker beherrschenden und alle internationalen Beziehungen vergiftenden gegenseitigen Mißtrauen. (…)

Wir wissen, daß Millionen von Engländern und Franzosen mit uns diesen Krieg auf das lebhafteste beklagen und daß unsere – wir wagen trotz des Krieges zu sagen: unsere englischen und französischen Freunde – mit uns ihr Bestes daran gesetzt haben, ihn zu verhindern. Wir wissen besser als viele unserer Landsleute, wie stark und aufrichtig in weiten Kreisen des englischen und französischen Volkes das Bestreben war, mit Deutschland zu einer dauernden Verständigung zu gelangen.«

Ein klares, aber dünnes Stimmchen durchzieht das patriotische Rauschen, es wird kaum vernommen. Doch da der Krieg trotz aller Mahnungen nun bereits im Gange ist, stellen sich auch die Friedensfreunde eindeutig an die Seite ihrer Landsleute.

Am 4. Oktober 1914 veröffentlichen 93 deutsche Gelehrte den »Aufruf der 93«, der den aggressiven Kriegskurs des Kaiserreichs rückhaltlos billigt, aktuell insbesondere den Überfall auf das neutrale Belgien. Gegen diesen Aufruf wenden sich daraufhin der Mediziner Georg Friedrich Nicolai und der Physiker Albert Einstein mit einem »Aufruf an die Europäer«, der die sofortige Beendigung des Krieges durch alle Parteien fordert. Zu den Erstunterzeichnern – viel weniger als beim »Aufruf der 93« – zählen der Petersburger Philosoph und Journalist Otto Buek sowie der Astronomie-Professor Wilhelm Julius Foerster. Er nimmt ein friedliches Europa vorweg, das erst ein halbes Jahrhundert später Wirklichkeit sein wird, nach einem weiteren, noch verheerenderen Weltkrieg.

Der »Aufruf an die Europäer« ist ein Menetekel:

»Denn der heute tobende Kampf wird kaum Sieger, sondern wahrscheinlich nur Besiegte zurücklassen. Darum erscheint es nicht nur gut, sondern bitter nötig, daß gebildete Männer aller Staaten ihren Einfluß dahin aufbieten, daß – wie auch immer der heute noch ungewisse Ausgang des Krieges sein mag – die Bedingungen des Friedens nicht die Quelle künftiger Kriege werden, daß vielmehr die Tatsache, daß durch diesen Krieg alle europäischen Verhältnisse in einen gleichsam labilen und plastischen Zustand geraten sind, dazu benutzt werde, um aus Europa eine organische

Einheit zu schaffen. – Die technischen und intellektuellen Bedingungen dafür sind gegeben.«

Die öffentliche Reaktion auf diesen pazifistischen Aufruf von Mitte Oktober 1914 – er wird erst 1917 veröffentlicht – ist negativ. Andere Geistesschaffende stehen fest auf der Seite des Krieges. Dem späteren Nobelpreisträger Thomas Mann zum Beispiel steht – noch ehe der erste Schuss gefallen ist – das »Herz in Flammen«. Der Autor triumphiert über den Zusammenbruch der verhassten, von den »Zersetzungsstoffen der Zivilisation« stinkenden »Friedenswelt«. Noch im Herbst 1914 verfasst er gemütlich von seinem Schreibtisch aus für die »Neue Rundschau« den Aufsatz »Gedanken zum Kriege«, in dem er den militärischen Kampf der deutschen Kultur gegen die barbarische Flachheit des Westens rühmt, den bewaffneten Widerstand gegen den »anti-heroischen« und »antigenialen« Geist der »wölfisch-merkantilen Bourgeoisie-Republiken«. Das »heute wichtigste Volk Europas«, gemeint ist Deutschland, sträube sich, den »zivilen Geist als letztes und menschenwürdigstes Ideal anzuerkennen.«

Die Propagandaschrift löst bei Manns Freunden Bestürzung aus. Sein Bruder Heinrich wirft ihm vor, er nehme für seine geistigen Liebhabereien »Elend und Tod der Völker in Kauf«. Für Thomas Mann bleibt aber auch in seinen sich über die restlichen Kriegsjahre ziehenden »Betrachtungen eines Unpolitischen« der Weltkrieg ein »Entscheidungskampf« zwischen der metaphysischen deutschen Nation und dem ihr wesensfremden Westen: »Fort also mit dem landfremden und abstoßenden Schlagwort ›demokratisch‹! Nie wird der mechanisch-demokratische Staat des Westens Heimatrecht bei uns erlangen.«

Einzelstimmen sind es, die untergehen im Geheul der Apokalypse, im satanischen Pfeifen der Granaten und Schrapnells über den europäischen Schützengräben.

Die ersten Gefallenennachrichten trafen schon Anfang August ein. Nun reißen sie nicht mehr ab. Kinder beten für den »lieben Pappi im Feld«, doch nicht jeder Vater kehrt mehr zurück. Leichen säumen die Wege und Wälder beim Vorrücken, es mischen sich eigene und die der Feinde. Dann wieder ein Sieg, die ersten vollständig aufgeriebenen Regimenter, dann wieder ein Sieg. Und eine Niederlage. Gespensterhafte, menschenleere Orte, die meisten niedergebrannt. Das emotionale Auf und Ab eines Krieges, in dessen ersten Monaten besonders viele Soldaten ihr Leben lassen. Auch Zivilisten.

Dennoch kommt es an der Westfront zu einzelnen Verbrüderungen gegnerischer Soldaten. Die europäische Vision der Pazifisten um Nicolai und Einstein leuchtet am Heiligabend 1914 wie ein Stern. Der deutsche Soldat Josef Wenzl berichtet in seiner Feldpost vom 28. Dezember an die Eltern:

»Es klingt kaum glaubhaft, was ich euch berichte, ist aber pure Wahrheit. Kaum fing es an, Tag zu werden, erschienen schon die Engländer und winkten uns zu, was unsere Leute erwiderten. Allmählich gingen sie ganz heraus aus den Gräben, unsere Leute zündeten einen mitgebrachten Christbaum an, stellten ihn auf den Wall und läuteten mit Glocken. Alles bewegte sich frei aus den Gräben, und es wäre nicht einem in den Sinn gekommen zu schießen.

Was ich vor ein paar Stunden noch für Wahnsinn hielt, konnte ich jetzt mit eigenen Augen sehen. (...) Zwischen den Schützengräben stehen die verhaßtesten und erbittertsten Gegner um den Christbaum und singen Weihnachtslieder. Diesen Anblick werde ich mein Leben lang nicht vergessen. Man sieht bald, daß der Mensch weiterlebt, auch wenn er nichts mehr kennt als Töten und Morden (...) Weihnachten 1914 wird mir unvergeßlich sein.«

Der bayrische Soldat Josef Wenzl wird ein friedliches Europa nicht mehr erleben, er fällt am 6. Mai 1917.

Doch finden sich ähnliche Weihnachtserfahrungen auch in den Briefen französischer, belgischer oder britischer Kriegsteilnehmer. Am Frontabschnitt bei Diksmuide ist es der Soldat Gustave Berthler, ein französischer Familienvater, der sich wie viele seiner Kameraden über das Verbot hinwegsetzt, mit den Feinden zu fraternisieren. Über seine weihnachtliche Begegnung mit den Deutschen schreibt er seiner Tochter Alice:

»Sie sind es genauso leid wie wir, Krieg zu führen, sie sind verheiratet wie ich auch, was sie an meinem Ehering gesehen haben, und sie wollen nur eins, nach Hause. Möglichst schnell nach Hause. Sie haben mir ein Paket Zigarren geschenkt und eine Schachtel Zigaretten, und ich habe ihnen eine Ausgabe von ›Le Petit Parisien‹ gegeben im Austausch für eine deutsche Zeitung.«

Nachdem sie Weihnachtslieder gesungen und ihren Friedenswillen bekundet haben, verlassen Soldaten die Schützengräben und treffen sich zwischen den Fronten zum Gespräch, zum Austausch von Souvenirs und Lebensmitteln. Vaterländische Liebesgaben, die zur Hebung der Truppenmoral auf allen Seiten der Front verteilt wurden, wechseln bestimmungswidrig ihre Besitzer: Deutsche Kronprinz-Heinrich-Pfeifen und belgische König-Albert-Zigarren werden zu ebenso begehrten Tauschobjekten wie französischer Wein oder englische Plumpudding- und Corned-Beef-Dosen. Souvenirjäger erbeuten Uniformknöpfe. Einem britischen Soldaten gelingt es sogar, gegen ein umfangreiches Fressalienpaket eine deutsche Pickelhaube einzutauschen. Doch damit nicht genug: Als der deutsche Soldat kurz darauf bei einer angekündigten Inspektion seinen Helm vorzeigen muss, wird organisiert, dass er ihn aus dem gegnerischen Schützengraben vorübergehend wieder zur Verfügung gestellt bekommt. Schnell entwickelt sich die weihnachtliche Kommunikation der Schützengrabenmannschaften über den Austausch von Waren und Souvenirs hinaus – da schneidet ein zum englischen Militär eingezogener Friseur Freund und Feind die Haare, man organisiert ein Picknick mit Lagerfeuer oder spielt Fußball im Niemandsland. Auch einer traurigen Verpflichtung kommen die Soldaten nach: Nun, da sie keinen feindlichen Kugelhagel befürchten müssen, bestatten sie die zwischen Stacheldrahtverhauen und Granattrichtern verstreuten Leichen ihrer gefallenen Kameraden …

Das Weihnachtswunder an der Westfront bleibt zeitlich begrenzt. Meist werden die Kampfhandlungen für ein paar Tage unterbrochen, manchmal hält der eigenmächtig organisierte Waffenstillstand der Frontsoldaten sogar ein paar Wochen. In einigen Kampfzonen sind monatelang keine Verluste zu verzeichnen, weil die Mannschaften sich auf den Ausbau der eigenen Stellungen beschränken und auf Angriffe verzichten. Auch wo sich unter dem Druck der militärischen Führung die Waffenruhe nicht aufrechterhalten lässt, wirkt der Weihnachtsfrieden nach. Um Blutvergießen zu vermeiden, vereinbart man Warnschüsse, sobald neue Angriffe bevorstehen.

Anders als einzelne Offiziere, die die vertrauensbildenden Maßnahmen ihrer Soldaten zulassen, versuchen die Heeresleitungen der Kriegsnationen jede Ausweitung der Verbrüderungsaktionen zu verhindern. Drakonische Strafen werden angedroht bis hin zur Erschießung derjenigen, die sich weigern, die Kampfhandlungen wieder aufzunehmen. Um »Schützengraben-Freundschaften« und jede Wiederholung der »Ausschweifungen« von 1914 zu unterbinden, dekretiert die deutsche Heeresleitung 1915:

»Jeder Versuch der Verbrüderung mit dem Feind wie z.B. eine stillschweigende Abmachung, nicht aufeinander zu schießen, gegenseitige Besuche, Austausch von Neuigkeiten, wie es letztes Jahr an Weihnacht und Neujahr passierte, ist hiermit streng verboten. Zuwiderhandlungen werden als Hochverrat betrachtet.«

Die Militärhierarchien Deutschlands, Englands und Frankreichs üben massiven Druck auf die Frontoffiziere aus und verstärken ihre Feindbildpropaganda. Auch an der Heimatfront stoßen die Verbrüderungsberichte an Weihnachten 1914 auf Ablehnung. Und doch bleibt es ein Lichtblick von Humanität und Frieden in einer Nacht der Gewalt, die noch lange nicht endet.

Nichts von alledem dringt zu Otto Griebel, Student an der Dresdner Kunstgewerbeschule, als er endlich mitkämpfen darf! 1915 wird er zur Infanterie gezogen. Zum Drill geht es nach Posen, in ein ödes, eintöniges Barackenlager. Und von dort dann an die Westfront: an die Somme, nach Lens, nach Angres.

»Dort, es war im Spätsommer 1916, traf ich dann eines Morgens ganz unvermutet auf Otto Dix, meinen Mitstudenten aus der Kunstgewerbeschule. Er war Unteroffizier einer Maschinengewehrgruppe des Infanterieregiments 102. Dix nahm mich mit nach seinem Unterstand und zeigte mir da einen ganzen Stapel von Temperabildern und Tuschzeichnungen, die er sehr fleißig in seinen Freistunden geschaffen hatte. Es waren kubistisch gehaltene Kompositionen, meist Kriegsthemen. Die Leute seiner Korporalschaft lächelten spöttisch, als er mir die Sachen vorführte, und Dix meinte: ›Siehst Du, die halten mich für verrückt; was sie nich fressen können, begreifen sie nich!‹«

Otto Dix befindet sich mit seinem Feld-MG-Zug 390 1916 vor allem in der Champagne, »in der blöden Läuse-Schlampagne«. Und schreibt auf einer Feldpostkarte nach Dresden:

»Wir schießen mit dem Maschinengewehr gegen Flieger. Aber es wurde noch kein Flugzeug heruntergeschossen, es ist nicht leicht. Es ist immer das Gleiche, das Wetter ist sonnig und schön. Heute erhielt ich von der K.G.Sch. (Kunstgewerbeschule, d. Verf.) Zigarren. Aber ich muß sie immer weggeben, da ich selbst nicht rauchen kann. Ich hoffe sehr stark, daß bald Frieden ist, aber ich glaube es nicht. Mit vielen Grüßen Ihr Dix«

Feldpostkarte von Otto Dix

Der längst zum Unteroffizier avancierte MG-Schütze ahnt nicht, dass ihm die schlimmsten Kriegserfahrungen noch bevorstehen. Otto Dix durchlebt das »Naturereignis Krieg« mit allen Sinnen. Er ist ein Künstler, der noch immer Ja sagt zu »Läusen, Ratten,

Drahtverhau«, zu »Leichen, Blut, Schnaps … Gas, Kanonen, Dreck«. »Das ist der Krieg! Alles Teufelswerk!« schreibt er in sein Kriegstagebuch.

Zwei Monate später geht es wirklich um Leben und Tod. Er schreibt an Helene Jakob:

»In meinem kleinen Erdloch, 1 mtr. hoch, 2 mtr. lang, lag ich noch allein mit einem Infanteristen stundenlang im Trommelfeuer. Am Abend wurde es ruhiger, und ich ging zurück. – Die folgenden Tage waren fast noch furchtbarer. (…)

Am Abend griff der Feind an. Wegen des Nebels schoß eine Batterie zu kurz und schoß in unseren Steilhang. Furchtbare Bestürzung, schreckliche Verluste, die Leichen lagen herum, Arme und Beine flogen. Von der 6. Komp. dieses Regiments blieben 9 Mann übrig. (…) Jetzt sind wir weit hinter dieser Hölle in Maurois. Vielleicht erhalte ich nun bald mal Urlaub. Es sind viele gute Kameraden draußen geblieben, schade um die Kerle. Recht viele Grüße Dix«

Fern vom französischen Schlachtfeld kommt 1915 der 28-jährige Maler und Dramatiker Oskar Kokoschka an der Ostfront zum Einsatz – hoch zu Ross. Der Österreicher Kokoschka ist längst kein Unbekannter mehr in der Kunstwelt. Vor seinem Kriegseinsatz verfasste er erste Theaterstücke, malte und leitete einen Abendkurs an der Kunstgewerbeschule in Wien, um sich zu finanzieren. Zeitweilig arbeitete er in der Redaktion des »Sturm« in Berlin mit. In der berühmten Galerie von Paul Cassirer kam der Maler 1910 zum ersten Mal in Deutschland groß raus – mit einer Einzelausstellung von 27 Gemälden und 27 seiner Grafiken. Für Gustav Klimt ist Kokoschka noch immer »das größte Talent der jüngeren Generation«. Auch auf der »Großen Kunstausstellung«

in Dresden, seiner späteren Wirkungsstätte, waren 1912 zwei Gemälde von Oskar Kokoschka ausgestellt. Es folgten Karlsbad, Hagen und erneut Wien. Kokoschka malte den Schriftsteller Karl Kraus und den Architekten Adolf Loos und traf in Frankfurt auf den Maler Franz Marc. Und immer gestaltete der Christ Kokoschka auch religiöse Themen.

Das war, bevor der Maler aus Wien in den Krieg zog. Er wäre wohl nicht rekrutiert worden, hätte nie einen Gestellungsbefehl erhalten. Dass er nun auf dem Pferd gegen die Kosaken stürmt, verdankt er einer Frau – Alma Mahler. Zwei Jahre zuvor war er der 26-jährigen Alma erstmals begegnet, der Witwe des Komponisten Gustav Mahler. Er war hingerissen und schrieb Alma Mahler kurz danach einen glühenden Brief, in dem er sie bat, seine Frau zu werden. Daraus wurde nichts. Man zog zusammen, bereiste gemeinsam die Schweiz, Venedig, Neapel und Pompeji, es ging leidenschaftlich zu, samt heftigen Eifersuchtsszenen und anderen exzentrischen Auftritten. Kokoschka malte den als Verlobungsbildnis angelegten »Doppelakt Liebespaar« sowie »Die Windsbraut« – ein Sturmbild der Liebe, das später zu seinen berühmtesten Werken gehören wird. 1914 wird Alma Mahler von ihm schwanger. Sie treibt das Kind ab, was Oskar Kokoschka in zusätzliche Verzweiflung stürzt. Der Maler wählt vor Liebeskummer den Krieg. Er verkauft »Die Windsbraut« und erwirbt von dem Erlös ein Pferd. Dann meldet er sich beim k.u.k. Dragonerregiment »Erzherzog Joseph« Nr. 15.

Im Januar 1915 beginnt seine militärische Ausbildung in der Wiener Neustadt. Schon einen Monat später trennt sich Alma Mahler von Kokoschka und heiratet kurz darauf den Architekten Walter Gropius. Für Fähnrich Kokoschka und sein k.u.k. Regiment soll es nach Galizien und in die Ukraine gehen. Sie werden eingekleidet für die Kavallerie, man könnte auch vermuten, für die Operette, wie Oskar Kokoschka sich in »Mein Leben« später erinnert:

»Ich war eine wunderbare Zielscheibe in meiner hellblauen Jacke mit weißen Aufschlägen, roten Breeches und goldenem Helm, während die Russen bereits von den Japanern gelernt hatten, in Khakimontur sich zu camouflieren und mit Spaten sich einzugraben. Wir meinten, mit Trompeten und wehenden Fahnen heldenhaft den Feind zu überrennen, der sich im Schützengraben versteckt hielt.

Beim Abschied habe ich meine Mutter gebeten, mir eine Halskette mit blutroten Glasperlen aufzuheben, ein Andenken an Alma Mahler. Meine Mutter steckte sie in einen Blumentopf, um nicht an Blut denken zu müssen …«

Eine große Ausmusterungsparade der Kavallerieregimenter wurde anbefohlen, denn wegen der großen Verluste mussten bereits Reserveregimenter herangezogen werden.

Ende August 1915 geht es für den seelisch verwundeten Maler um Leben und Tod, wie er später in seinen Lebenserinnerungen beschreibt. Doch zunächst gibt es Tuchfühlung mit den eigenen Landsleuten:

»Aufsitzen! Der Trompeter gab dieses Zeichen. Wie ein Blitz waren die Säbel aus den Scheiden, dann eiserne Stille. Ich lag auf meinem Pferd, zwei Schritte vor der Front, ausgerichtet wie an einer Schnur mit den Chargen. Ich hatte Glück, mein Pferd stand ruhig. Das Regiment hörte auf zu atmen. Der Generalfeldmarschall v. Mackensen, auf seinem graugescheckten Araber, das Sturmband der Totenkopfhusarenmütze martialisch vor das Kinn geschoben, ritt hinter dem baumlangen Stabstrompeter die ausgerichtete

Front entlang. Ich dachte eben: ›Wie gut er in die Zeit der napoleonischen Kriege gepaßt hätte! Ein zu spät Gekommener!‹ – als er mich ansprach. Über dem schönen Schauspiel hatte ich ganz überhört, ob es ein Befehl war, den er gab, wovon vielleicht meine ganze militärische Karriere abhing. Ich salutierte stramm, schon blitzte der Staub …«

Der Maler Kokoschka erinnert sich an das Hauptquartier des berühmten Reitergenerals, dem inzwischen auch die österreichischen Truppen unterstellt sind. Und er erinnert sich eines Festbankettes, das der berühmte Reitergeneral von Mackensen gab und an dem er teilnehmen durfte – der glänzenden deutschen Adlerhelme, der vielen silbernen Schnüre, funkelnden Orden und Sterne, der Federbüsche der k.u.k. Generäle … Kein Feldgrau weit und breit, dezent allerdings die Militärgeistlichen:

»Diskret getrennt von diesen hohen Kriegsherren waren die Feldkuraten, die das einheitlich schwarze Kleid trugen und ein Kreuz an der Brust. Der Glaubensstreit der sieben Konfessionen in der evangelischen Sendung der Nächstenliebe schien an jenen Tagen geschlichtet beim Wein und nicht zu trockenem Brote. Ein Gleicher unter Gleichen, ebenbürtig, saß auch der Rabbiner in ihrer Mitte, der seinen persönlichen Grund zur Feier hatte, war doch soeben ein Appell vom deutschen Generalquartiersmeister Ludendorff an die galizische Judenschaft gekommen, daß sie der gemeinsamen, guten deutschen Sache mit allen Kräften helfen sollte. Wer fühlte sich da nicht verstanden, geborgen am Urquell der deutschen Kraft und Freude! Als ein besonderes Zeichen der Aufmerksamkeit war nicht vergessen worden, den Aufruf in jiddischer Sprache abzufassen.

An meine lieben Jidden! So stand es im Tagesbefehl.«

Einige Monate währt die Abrichtung Kokoschkas, der zuvor nie gedient hat. Inzwischen ist er ein guter Reiter. Dann geht es in endlos langen Reisen in Viehwagen, in denen auch die Pferde transportiert werden, nach Osten. Bald wird es ernst für den sensiblen Maler und Dramatiker, der jetzt als Fähnrich auf fremder Erde dient und den ersten schweren Schock erlebt:

»Die ersten Gefallenen, die ich traf, waren meine jungen Kameraden, mit denen ich einige Nächte zuvor noch am Wachtfeuer in den ukrainischen Wäldern Karten gespielt und gescherzt hatte. Fast Knaben noch, hockten diese in ihren bunten Hosen im Moos, um einen Baumstamm gruppiert. An einem Ast, ein paar Schritte weiter davon, hing die Mütze, am nächsten Baum der blaue Dragonerpelz eines der Kameraden. Er selber hing nackt, mit dem Kopf abwärts, von einem dritten Baum. Ihre Pferde lagen, alle viere in die Luft gestreckt, aufgedunsen und bedeckt mit Fliegenschwärmen im Walde. Vor den riesigen Unrat-Haufen bäumte sich mein eigenes Pferd, so daß ich absteigen mußte, um es zu beruhigen.

Meine Patrouille sollte diese Freunde ablösen, die da so friedlich wie bei einer Landpartie zusammensaßen. Nur waren sie jetzt stumm. Und als ich mit der Hand dem Jüngsten ins Haar faßte, da blieb es in meiner Hand und seine Kopfhaut verrutschte …«

Die russischen Soldaten erwarten im Hinterhalt die österreichische Patrouille, die wild beschossen wird. Doch diesmal kommen Fähnrich Kokoschka und sein Halbblut davon.

Am 29. August 1915 gelingt das nicht mehr:

»Im Walde überraschend ein Hagel von Geschossen. Der große Tag war gekommen, auch ich hatte ihn eigentlich herbeigewünscht.

Attacke!! Wer hätte sich vorgestellt, daß dies ritterliche Zauberwort mein schönes Dragonerregiment jäh zu einer blutigen Masse, Mann wie Pferd, verwandeln würde …

Keiner hatte mehr Herrschaft über sein Tier. Es ging viel zu schnell, als daß man an Heldentaten denken konnte. Nur nicht wie ein Wurm zertreten sein! Die Heißsporne unter uns sind in die Falle geraten, in die man sie gelockt. Ich habe genau das russische Maschinengewehr gesehen, bevor ich den dumpfen Stoß gegen meine Schläfe bekam.

Mein Hirn schmerzte zum Närrischwerden. Das Schreien um mich herum und das Jammern der Verwundeten, von welchem der ganze Wald voll war, konnte ich nicht verstehen. Jeder mußte seine großen Schmerzen tragen. Dann hat meine Aufmerksamkeit wieder beschäftigt, daß ich den Reiterstiefel mit dem Bein, der sich vor meinen Augen bewegte, nicht beherrschen konnte, obwohl er mir gehörte. Den Stiefel habe ich an meinen Sporen erkannt, die nicht scharf waren, wie es Vorschrift ist …«

Was macht das kleine Loch in seinem Kopf mit dem österreichischen Reiter? Auf der Wiese, so scheint es Kokoschka, tanzen zwei Offiziere in russischen Uniformen ein »Pas de deux«, wie im Ballett, fassen sich zierlich an den Händen und küssen sich am Ende gegenseitig heftig die Wangen ab:

»Was war denn mit mir geschehen? Ich hatte doch nur ein kleines kreisrundes Loch im Schädel. Vielleicht, daß mein Pferd, das schwer auf mir lag, im Verenden noch einmal ausgeschlagen hat. Der Hufschlag hatte mich wach gemacht. Zerronnenes Blut begann auf meinem Gesicht zu einer harten Kruste zu erstarren. Immer größer und riesiger sind die Schatten vor meinen Augen geworden. Seltsam, daß es so finster sein kann, wo doch Sonne und Mond zugleich am Himmel standen. Ich konnte mich nicht erheben, meine Glieder blieben unbeweglich. Ich gab auf. Ich mag einige Tage so bewußtlos gelegen sein.

Ich erwachte erst wieder, als feindliche Sanitäter mich von der Feldbahre zu Boden fallen ließen, weil sie mich für einen Toten hielten, für den jede weitere Plage unnütz sei. Ich kam neben einem Russen zu liegen mit aufgerissenem Bauch, woraus eine unglaubliche Masse von Gedärm quoll. Es stank so heftig, daß ich mich übergab, wobei mir das Bewusstsein ganz zurückkehrte.«

Der als Leiche abgekippte Maler hat wirre Gedanken, doch Gedanken immerhin. Und so befällt ihn, dass er ja seiner Mutter versprochen hat, bis zu einem bestimmten Datum zurück zu sein. Doch er hat die Zeitrechnung vergessen. Wie ging das? Er rechnet: eins, zwei, drei, vier, fünf …?

»Ich konnte nicht weiterrechnen, weil ich ein kleines, kreisrundes Loch im Schädel hatte. Sicher lebte ich noch, denn ich habe meiner Mutter einmal eine Schnur mit roten Glasperlen zum Aufheben gegeben, das konnte nur ich wissen. Was ist geschehen mit mir?«

Bei diesem Gedanken schreit der Schwerverwundete so laut auf, dass ihn selbst das Entsetzen ob seiner Lautstärke packt. Leider hört ihn nun auch ein russischer Soldat:

»Darauf kam der Mörder lautlos angeschlichen. Mit aufgerissenen Augen sah ich den Mann aus dem Volke, vielmehr bloß seinen Blick unter dem Stahlhelm, der mir den Gnadenstoß versetzen wird. Befehl ist Befehl! Er setzte bereits die Spitze seines im Mondlicht glänzenden Bajonetts mir an die Brust. Meine rechte Hand belebte sich, in der ich den Revolver fühlte, der mit einer

Koppel am Handgelenk festgemacht war. Der Revolver mochte wohl direkt auf die Brust des Mannes zielen, der es nicht sehen konnte, weil er, gebeugt über mich, in seinem eigenen Schatten stand. So war meine rechte Hand also nicht gelähmt.

Ich versuchte, die Feder behutsam zu spannen. Er hatte das Schnappen des Hahns nicht gehört, auf welchen mein Finger preßte. Ich wußte, daß eine Kugel im Lauf war, nach der Vorschrift, die anderen vier noch im Magazin, denn ich hatte während des ganzen Krieges nie geschossen.

Indessen drang sein Bajonett durch die Jacke und ich begann zu schwitzen vor Angst. Ich werde schießen! Aber es war ja vor dem Tod, daß ich solche Angst hatte, denn sein Bajonett glitt erst noch immer durch den Stoff der Jacke, die es ja nicht fühlte. Schon eine Ewigkeit schien es mir, länger konnte ich es nicht aushalten. Ich muß der Marter ein Ende machen, denn ich bin ja selber bloß ein Mensch.«

Oskar Kokoschka, der ja nicht wegen großer Vaterlandsliebe in den Krieg gezogen war, sondern weil ihn eine geliebte Frau verschmäht hatte, schafft es nicht, abzudrücken. »Du darfst nicht töten!«, fällt ihm in der entscheidenden Sekunde ein, und so dringt das Bajonett in seinen Brustkorb ein:

»Im wütenden Schmerz krampften sich die Muskeln, spannten sich meine Rippen zum Bersten, so daß ich nicht mehr atmen konnte, denn jetzt schnitt das Messer durch die Haut und öffnete das Fleisch in meiner Brust. Schwächer und schwächer werdend wiederholte ich im Geiste: Aushalten! Einen einzigen Augenblick nur noch … da hörte der Schmerz von selber auf. Es war überstanden. Es wurde mir mit einem mal so leicht, es schleuderte mich ordentlich in die Höhe, ich schwebte in der Luft auf meinem

Blutstrom, der mir aus Lungen, Mund, Nasenlöchern, Augen und Ohren sprang. So einfach ist sterben, daß ich ihm ins Gesicht lachen mußte, bevor meine Augen brachen.

Das Gewehr hatte er stecken lassen, es muß durch das eigene Gewicht umgefallen sein; sein war die Angst, so rannte er davon.«

Oskar Kokoschka ereilt ein Blutsturz. Doch den Bajonettstich überlebt er nur, weil er sich, als das Metall ins Fleisch stößt, zusammenrollt, sodass die Bajonettspitze lediglich die Herzhaut ritzt.

Er verliert das Bewusstsein. Später findet er sich in einem russischen Lazarett wieder, in der Nähe von Smolensk. Als Schwerverwundeter ist er in einer Abteilung der Baracke allein: Man hält ihn irrtümlich für einen höheren Offizier. Denn die Epauletten und gelben Abzeichen am Kragen sind so blutdurchtränkt, dass sie golden schimmern. Doch dem Maler geht es schlecht. Seine rechte Hand ist als Folge des Kopfschusses gelähmt, er kann nicht schreiben und versucht, sich Zeilen einzuprägen für ein Theaterstück, das er verfassen will. Später wird er in einem Bauernwagen hinter die österreichischen Linien zurücktransportiert, tage- und nächtelang geschüttelt über polnische Feldstraßen und Schotter.

Für Oskar Kokoschka ist der Krieg noch lange nicht vorbei: In Feldlazaretten in Brünn und Wien wird der Verwundete notdürftig behandelt, dann für ein Vierteljahr als »felduntauglich« erklärt. In dieser Krankenzeit in Wien lernt er Rainer Maria Rilke kennen, mit dem er sich mehrfach trifft. Und er verarbeitet seine gescheiterte Liebesbeziehung zu Alma Mahler. Dann wird er als Verbindungsoffizier an die Isonzo-Front abkommandiert, einem slowenisch-italienischen Kriegsschauplatz. Soll er den Krieg nun malen? Er hat es so satt. Mitte Juli 1916 schreibt er an Albert Ehrenstein nach Berlin:

»Am 14. Juli muß ich die gefürchtete Malerreise antreten, was mich sicher nach kurzer Zeit den Kopf kosten wird ... Ich bin schon todmüde vom Leben und warte auf den Weltuntergang, wo sich für mich hoffentlich auch eine Erdspalte findet zum Ausruhen.«

An der Isonzo-Front malt und zeichnet er – umgepflügte Landschaften und Kriegerportraits. Als dicht neben ihm eine Granate explodiert, erleidet Kokoschka einen »Shellshock« und wird nach Wien in ein Militärlazarett transportiert. Es reicht ihm! Kaum einigermaßen genesen, fährt er auf Urlaub zu seinen Verbündeten und Kunstmäzenen nach Berlin – zu Paul Cassirer, Herwarth Walden und dem Verlag Fritz Gurlitt. Seine Malerei steht bereits hoch im Kurs. So kann er seinen Eltern im September 1916 schreiben:

»Positiv habe ich einen Vertrag unterschrieben, daß ich für 3 Jahre monatlich eine fixe Rente von 2.000 Mk bekomme, dafür 10 Zeichnungen monatlich, jährlich 12 Ölbilder zu liefern habe.«

Kokoschka sieht eine Chance, sich in Dresden als Kunstprofessor zu bewerben. So fährt der noch stark unter seinen Verwundungen leidende österreichische Maler im Herbst in die sächsische Hauptstadt, quartiert sich aber zunächst in ein Sanatorium in Dresden-Weißer Hirsch ein, das zugleich als Lazarett dient. Er muss seiner Wiedereinberufung zuvor kommen! Die Ärzte beschützen ihn, so lange es geht.

***

Das opferreiche Abschlachten und nun auch noch der Giftgaskrieg lassen so manchen Frontkämpfer mit dem Gedanken spielen, sich bei den Fliegern zu melden. Die Vorstellung vom übersichtlichen, ehrenhaften Kampf auf Leben und Tod, »Mann gegen Mann«, gar der Verbindung von moderner Maschine mit »ritterlichem Ideal« motiviert. Der aus Schlesien stammende Leutnant der Reserve Walter Wackwitz schreibt seiner Frau am 18. Juli 1917:

»Nach dem Schlamm und Dreck im Trichterfeld wie Nov. bis Dez. 1916 habe ich kein Verlangen, auch nicht danach, im anonymen Trommelfeuer den ›Tod fürs Vaterland‹, ›auf dem Feld der Ehre‹ zu sterben. Daß ich wieder an die Front komme, ist klar; dort braucht man schon jetzt jeden ›Krüppel‹ und ›krummen Hund‹. Muß ich fallen, dann in einem ehrlichen, offenen, ritterlichen Kampf gegen einen sichtbaren Gegner, Mann gegen Mann; das wäre die Fliegerei. Werde ich abgeschossen, nun ja; aber es ist ein anständiger Kampf.«

Auch Leutnant Ernst Jünger strebt nun zwischen blutigen Schlachten die Fliegerei an: »In der Luftwaffe kann man ja zeigen, was Kaltblütigkeit ist, und braucht nicht die Kastanien für andere Leute aus dem Feuer zu holen«, notiert er am 12.8.1917 in sein Kriegstagebuch. Ernst Jünger aber bleibt am Boden – er meldet sich zweimal hoffnungsvoll bei den Fliegern und wird zweimal abgewiesen.

Entspricht die Vorstellung vom ritterlichen Mann gegen Mann in der Lufthoheit der Realität? Max Immelmann, Kgl. Sächs. Fliegerleutnant, sieht das nüchterner. Seiner Mutter schreibt der 24-jährige bisherige Maschinenbaustudent an der TH Dresden, der sich von Kriegsbeginn an freiwillig zur Fliegerei meldete, im November 1914 nach Dresden:

»Ich weiß genau, daß Du mit meinem Schritt nicht einverstanden bist, daß ich nicht in Deinem Sinne gehandelt habe, wenn ich für ein wenig gefahrvolles Leben ein Leben voller Gefahren gewählt habe ...«

1915 erhält Leutnant Immelmann sein Flugzeugführer-Patent. Er ist bald hoch geachtet aufgrund seines flugtechnischen Verständnisses und seiner Bescheidenheit. Max Immelmann wird als einer der ersten Jagdflieger des Fokker-Eindecker mit synchronisiertem Maschinengewehr eingesetzt. Obwohl er in seinen Briefen der Mutter immer wieder von beängstigenden technischen Schwierigkeiten während der Flüge berichtet, zeigt er eine hohe Fertigkeit an seiner Fokker und wird bald bei Freund und Feind der »Adler von Lille« genannt. Denn der Dresdner gilt als Erfinder des »Immelmann-Turns« – eines Flugmanövers, bei dem der Pilot nach einem Angriff die Maschine nach oben reißt und so mit einer vertikalen Drehung erneut angreifen kann. Der 26-Jährige erhält 1916 für seine acht Luftsiege zwei der höchsten militärischen Orden, darunter den »Ritter des Ordens Pour le Mérite«.

Doch die Tage des jungen Dresdner Fliegers sind gezählt: Am Abend des 18.Juni 1916 startete der nach seinem 15. Luftsieg zum Oberleutnant beförderte Max Immelmann zu seinem letzten Flug. Während eines Luftkampfes stürzt sein Flugzeug aus 2000 Metern in die Tiefe und zerschellt bei Sallaumines in Frankreich auf dem Boden. Nur aufgrund der Monogramme auf seiner Wäsche lässt sich der junge Dresdner Flieger noch identifizieren. Sein Tod löst Fassungslosigkeit aus, bei Freund und Feind – was ist passiert? Deutsche Militärs und Ingenieure gehen später von einem technischen Defekt aus, durch den Immelmann mit seinem Maschinengewehr den Propeller seiner Fokker zerschoss und es daher zum Absturz kam.

Britische Flieger werfen nach der Todesnachricht auf der deutschen Frontlinie einen Kranz mit der Nachricht ab:

»Wir sind herübergekommen, um diesen Kranz abzuwerfen als ein Zeichen der Achtung, die das Britische Flying Corps für Leutnant Immelmann empfindet. Wir betrachten es als eine Ehre, für diese besondere Aufgabe ausgewählt worden zu sein. Leutnant Immelmann war bei allen britischen Fliegern hoch geachtet. Einer wie alle stimmen darüber überein, daß er ein wirklicher Sportsmann war.«

Die Einäscherung des Fliegers Max Immelmann auf dem Tolkewitzer Johannisfriedhof in Dresden am 25. Juni 1916 wird zu einem der größten deutschen Medienereignisse des Krieges. Über dem Krematorium kreisen ein Zeppelin und mehrere Flieger. Zu den Tausenden Gästen des Begräbnisses gehört ein Vertreter des Kaisers, gehören Generaladjutant Ludwig Freiherr von Müller als Vertreter des sächsischen Königs sowie der Kriegsminister Viktor von Wilsdorf, Oberst von Koppenfels und Major von der Gabelentz-Linsingen. Für das Generalkommando des XII. Armeekorps ist General von Broizem anwesend und Maximilian von Laffert, General der Sächsischen Kavallerie. Von ziviler Seite nimmt Dresdens Oberbürgermeister Bernhard Blüher teil, für das sächsische Gesamtministerium Kultusminister Heinrich Gustav Beck sowie der Rektor der Technischen Hochschule Prof. Cornelius Gurlitt. Man rauft sich zusammen, eine Siegeseuphorie will nicht mehr aufkommen.

***

1917 ist auf ganzer Fläche die Lust am Krieg ebenso abgeflaut wie die Überzeugung, man könne aus dem Gemetzel als Sieger hervorgehen. Im Spätherbst 1917 wird Otto Griebel als Genesender zur Bewachung französischer Kriegsgefangener abkommandiert. Doch inzwischen ist auch sein Feindbild ins Wanken geraten:

»Unser Lager befand sich in einem armseligen französischen Dorf unweit Rethel. Meine Aufgabe bestand darin, mit den Gefangenen zur Arbeit zu gehen, wobei uns vom Kommandanten nahe gelegt wurde, das Tun der Leute auf das schärfste zu beobachten, da Sabotagehandlungen vorgekommen seien.

Zu meinem Arbeitstrupp gehörten außer dem Hauptteil weißer Franzosen auch einige hünenhafte Neger vom Senegal-Regiment Nummer fünf, darunter ein wahrer Riese mit einem gutmütigen Gesicht, den wir ›Jumbo‹ nannten.

Eines Nachmittags nun mußte Munition ausgeladen werden, die von den Wagen des langen Güterzuges über eine hölzerne Brücke hinweg zum nahen Pionierpark zu schaffen war. Keine leichte Arbeit, denn die langen Geschoßkörbe enthielten Zweizentnerminen, unter deren Last die meisten Gefangenen stöhnten und schwankten. Den Schwarzen allerdings schien diese Last nicht viel auszumachen. Sie schleppten die schweren Körbe ruhig und ohne abzusetzen an mir vorüber. Als ich beobachtete, daß ›Jumbo‹ den Schwächlichen unter seinen weißen Kameraden mehrere Male zu Hilfe kam, um ihnen den drückenden Geschoßkorb abzunehmen und an den befohlenen Ort zu bringen, steckte ich dem gutmütigen Senegalesen heimlich eine Zigarre zu, die dieser dankbar grinsend sofort zerbrach und als ›Schick‹ zu priemen begann.

Inzwischen fiel von dem Gefangenen einer nach dem anderen aus. Sie setzten sich erschöpft an den Wegrand und konnten nicht mehr, während die Schwarzen, allen voran ›Jumbo‹, die restliche Arbeit geduldig weiter verrichteten. Endlich aber war es geschafft.

›Jumbo‹ lud sich die letzte Zweizentnermine auf die Schulter, und ich folgte ihm, um drüben zu melden, daß alle Munition ausgeladen sei. Auf der Brücke, die über einen sumpfigen Bachgrund führte, holte ich den Schwarzen ein. Als er mich neben sich bemerkte, blieb er stehen. Seine Schulter tat einen Ruck und die Mine rutschte von ihr über das Brückengeländer in den aufglucksenden Sumpf. ›Jumbos‹ Augen schauten mich strahlend an, ohne Angst und ohne Bösartigkeit. Und er sagte ein einziges Wort von den wenigen, die er überhaupt in unserer Sprache zu sprechen vermochte: ›Culture!‹«

Wird sich nach dem Kriegsende noch irgendjemand dafür interessieren, was für Bilder und Geschichten in den Überlebenden stecken?

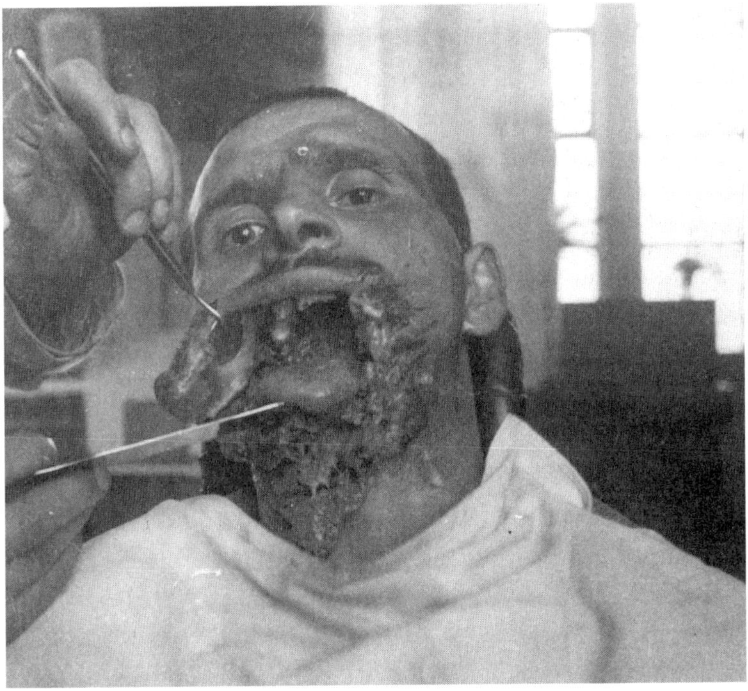

Deutsches Lazarett an der Westfront

Während Otto Griebel, Otto Dix und Arnold Vieth von Golßenau 1917 noch an der Westfront kämpfen, ist Oskar Kokoschka zwar gesundheitlich angeschlagen, doch in Dr. H. Teuscher's Sanatorium in Dresden-Weißer Hirsch ist er ziemlich sicher vor einem weiteren Militäreinzug. Der Maler leidet an Gleichgewichtsstörungen infolge seiner Verwundung. Das hindert ihn aber kaum am Malen und nicht an fruchtbaren Begegnungen mit Dresdner Künstlern.

Künstlerisch ist der Rekonvaleszent hochproduktiv. Inzwischen ist er in die »Felsenburg« eingezogen – ein kleines Hotelrestaurant in Oberloschwitz, nicht weit vom Sanatorium entfernt. Geleitet wird es von »Mutter Nachtwey«; es gilt als preisgünstige Künstlerherberge und Unterkunft der Sanatoriumspatienten. Hier trifft Kokoschka auf die Schauspieler Ernst Deutsch, Heinrich George und Käthe Richter. Und er wohnt hier zusammen mit dem Lyriker und Dramatiker Walter Hasenclever, den er schon in Wien traf und dessen anfängliche Kriegsbegeisterung sich ebenfalls ins Gegenteil verkehrt hat. Auch Hasenclever ist Sanatoriumspatient. Er gilt als unsteter Neurotiker und schafft es, 1917 aus dem Kriegsdienst entlassen zu werden. Doch die »Neurose« hat einen handfesten Grund, und der entlädt sich zwar mitten im Krieg, jedoch fern eines Kriegsschauplatzes: Im Oktober 1916 bringt der junge Dramatiker und Lyriker am Dresdner Albert-Theater sein Stück »Der Sohn« zur Aufführung – im Rahmen einer Matinée und vor geladenen Gästen. Immerhin löst er damit einen Tumult im Saale aus: Ein Teil der Zuschauer reagiert empört, ein zweiter Teil eher betroffen, der dritte ist begeistert. Gespielt wird die Hauptrolle vom jungen Prager Schauspieler Ernst Deutsch, einem Jugendfreund Franz Werfels. Diese Rolle macht Ernst berühmt, er gilt von nun an als der expressionistische Schauspieler par excellence. Der bei der Vorführung anwesende Lyriker und

Erzähler Albert Ehrenstein aus Berlin nennt die Aufführung denn auch einen Theaterknall.

Bebte nun das ausgewählte Dresdner Publikum bei der Premiere, so sind Stück und Autor schon bald Gespräch unter den deutschen Theaterleuten von München über Frankfurt bis Berlin. Und als das altehrwürdige Hof- und Nationaltheater Mannheim im Frühjahr 1918 das Stück »Der Sohn« zur Aufführung bringt – nun schon in einer expressionistischen Inszenierung, mit kargen Bühnenbildern, um die seelische Deformierung der Figuren zu betonen, herrscht bereits eine revolutionäre Stimmung – nicht nur im Theatersaal. Denn der »Sohn« wird zur Identifikationsfigur einer ganzen Generation: Ein Vater-Sohn-Konflikt in einer als menschenverachtend gezeichneten patriarchalischen Welt, die bereits ein deutliches revolutionäres Fühlen freisetzt.

Oskar Kokoschka leidet unter Gleichgewichtsstörungen aufgrund seiner schweren Kriegsverwundung, er bleibt Patient im Sanatorium von Dr. Teuscher. Gleichzeitig malt er seine Mitbewohner und Freunde aus der »Felsenburg« – die Schauspieler Käthe Richter und Ernst Deutsch, Walter Hasenclever und den lungenkranken und geheimnisvollen Mediziner Dr. Fritz Neuberger, von dem gemunkelt wird, er habe mitgeholfen, Lenin durch Deutschland nach Schweden zu schleusen. Auf jeden Fall hat er dazu beigetragen, dass Walter Hasenclever endlich vom Militär freigestellt wird. In der »Felsenburg« bildet sich eine kleine Gruppe politisch und künstlerisch engagierter Pazifisten.

Wie so viele dem Tod Entronnene lebt auch Oskar Kokoschka in einer doppelten Welt – in einer, die gerade untergeht, und einer, die in ihm und um ihn herum entsteht. Wird er die noch mitgestalten können? Er malt und arbeitet an seinem Bühnenstück »Hiob«, das in einer Kombination mit zwei früheren Einaktern im Juni 1917 ebenfalls im Albert-Theater zur Premiere kommt, wieder mit den Stars des Theaters in der Hauptrolle: Käthe Richter und Ernst Deutsch.

Wird es bald Frieden geben? Alle sehnen ihn herbei. Anfang August 1917 wird Kokoschka vom österreichischen Außenministerium in Wien aufgefordert, sich an der aus Anlass des Internationalen Friedenskongresses in Stockholm gezeigten Ausstellung »Moderne Österreichische Kunst« zu beteiligen. Fähnrich Kokoschka erhält dafür vom militärischen Oberkommando in Wien eine Reiseerlaubnis. Er ist also noch immer im Visier der Militärs.

Kokoschka beteiligt sich mit vierzehn Gemälden und vierzehn Zeichnungen. Die Reise nach Stockholm tut ihm in vielerlei Hinsicht gut. Weit weg scheint hier der Krieg, sehr nahe rücken dagegen seine verehrten nordischen Dichter – Strindberg, Ibsen und Knut Hamsun. Er zeichnet den Bürgermeister von Stockholm, den Nobelpreisträger für Chemie Svanthe Arrhenius, die Dichterin Selma Lagerlöf. Er malt den Hafen von Stockholm und besucht, so oft er kann, das Stockholmer Nationalmuseum.

Auf Vermittlung des Assistenten am Nationalmuseum in Stockholm fährt er nach Uppsala, wo der berühmte österreichische Arzt Dr. Robert Bárány arbeitet. Bárány hatte 1914 den Nobelpreis für Medizin erhalten, konnte ihn aber nicht entgegennehmen, weil er sich als Arzt in einem russischen Kriegsgefangenenlager befand. Nach der persönlichen Intervention des Fürsten Carl von Schweden und des Schwedischen Roten Kreuzes wurde er 1916 aus der Kriegsgefangenschaft entlassen und konnte den Nobelpreis nun in Stockholm persönlich entgegennehmen. Seine Geschichte ging durch die europäische Presse. Für Oskar Kokoschka ist er die Erlösung: Dr. Bárány stellt ihm ein Gutachten über eine Dienstuntauglichkeit für das Militär aus.

***

Im März 1918 beginnt an der Westfront die große deutsche Frühjahrsoffensive, in die auch das Regiment des Gefreiten Otto Griebel mit hineingezogen wird.

Noch immer an der Front ist im Oktober 1918 sein Mitstudent an der Kunstgewerbeschule Otto Dix. Der junge Maler wird am 8. Oktober 1918 zum Vizefeldwebel befördert. Und Dix steckt in dem ganzen Wahnsinn so ziemlich von Anfang an drin: Nach einer langen Ausbildung am schweren MG war er im Herbst 1915 mit an die Westfront vorgerückt. Der 24-jährige Dix nahm an der Schlacht in der Champagne teil und an der Marne, zum Teil als MG-Zugführer, er wurde zum Unteroffizier befördert und bekam das Eiserne Kreuz II. Klasse. Im Sommer 1916 ist sein MG-Zug in der Schlacht an der Somme beteiligt. Für den jungen Maler aus Gera ist der Krieg eine Art Naturereignis. Er kommt in verschiedenen Gebieten Frankreichs und Flanderns zum Einsatz. Und während der Maler August Macke schon 1914 in Frankreich fällt und Franz Marc nach einem vergeblichen Antrag auf Freistellung vom Kriegsdienst 1916 in der Nähe von Verdun durch einen Granatsplitter zu Tode kommt, reitet Otto Dix die Apokalypse bis zum bitteren Ende. Er hat vor allem großes Glück, scheint mental stark, zeichnet sich aber vor allem in der Verzweiflung. Er hat Ruhephasen und ist zeitweilig krank, doch bleibt er der entscheidende zeichnerische Chronist über fast die gesamte Kriegszeit.

Die Einheit von Dix findet sich schließlich bei den schweren Kämpfen in Ypern wieder, später in Wolhynien. Im August 1917 meldet er sich zu einem Kurs für die Fliegerabwehr mit schwerem MG 08 nach Gent in Belgien. Zu Beginn des Kriegsjahres 1918 kommen seine Feldpostkarten wieder von der Westfront. Ein längerer Heimaturlaub in Gera – und wieder geht es los. Eine Verwundung am Hals streckt ihn nicht nieder. Noch im September 1918 – die Soldaten aller Kriegsparteien sehnen sich nur noch nach Frieden – nimmt Unteroffizier Dix an einem weiteren Kurs zur Fliegerabwehr im belgischen Tongern teil. Am 8. Oktober 1918 wird er zum Vizefeldwebel befördert. Seine Führung gilt als »sehr gut«.

Andere haben sich durch die grauenvollen Erlebnisse im Schützengraben vom Kriegsbefürworter zu dessen Gegner gewandelt. Ernst Toller kam zur Artillerie und hatte gejubelt, als sein Geschützfeuer die französischen Soldaten voll traf. Doch als er krank und damit kriegsuntauglich wird, scheidet er aus dem Massensterben aus. Ernst Toller setzt sein Studium in München und Heidelberg fort.

Frühjahr 1918: Aus einer Kaserne in Neu-Ulm, von der aus Soldat Toller kurz darauf in ein Irrenhaus eingewiesen wird, beschreibt er die gekippte Stimmung im Land:

»Verflogen ist der Kriegsrausch, niemand meldet sich mehr freiwillig. Den jungen Rekruten, Kinder fast, schlecht genährt und schwächlich, wird im vaterländischen Unterricht Begeisterung eingepaukt, sie müssen lernen, daß Deutschland ein Recht auf Belgien, auf die baltischen Provinzen, auf Kolonien habe. Aber sie hören nicht auf die Worte gut genährter Redner. Sie hören auf die Gerüchte, die einer zum anderen trägt, an der Front sollen Regimenter gemeutert haben, Österreich werde nicht mehr lange mittun, dort und dort hätten Frauen Bäcker- und Fleischerläden geplündert. Schon weigern sich Soldaten, ins Feld zu fahren. Nur mit Mühe können die Offiziere sie überreden, Strafen schrecken sie nicht, besser im Zuchthaus hungern als draußen verrecken, rief einer, als man ihn verhaftete, die Frontsoldaten hätten den Krieg satt.

Der Hunger geht um in Deutschland, Professoren beweisen, daß Kleie denselben Nährwert habe wie Mehl, sacharingesüßte

Marmelade bekömmlicher sei als Butter, Kartoffelkraut den Nerven zuträglicher und so gut schmecke wie Tabak. Die Lehren der Professoren dringen nicht bis zum Magen, der antwortet dem Unsinn auf seine Weise, die Menschen verfallen, erkranken, verzweifeln. Ein deutsches Sprichwort heißt ›Hunger ist ein guter Koch‹. Mir graust vor diesem Koch, als ich eines Abends vor der Neu-Ulmer Kaserne russische Kriegsgefangene sehe, die auf der Fahrt in ein neues Lager den Zug wechseln. Sie stürzen sich auf die Tonnen, in die die Köche Kartoffelschalen und Abfall, die Soldaten Reste ihres Essens, verschimmeltes Brot und Knochen, geworfen haben, sie greifen mit ihren Händen in den säuerlich stinkenden Schleim, sie stopfen das Schweinefutter in den Mund.

Wenn wir die Kaserne verlassen, stehen Haufen von bettelnden, ausgemergelten Kindern vorm Tor, froh, ein Stück Brot zu ergattern.«

Frauen

Als mit dem Jahr 1919 eine neue Epoche anbricht, wird zu einer ihrer kräftigsten Zugnummern das erstmalige Wahlrecht für Frauen. Wie viele Jahrzehnte hat die weibliche Bevölkerung darum gerungen? Wohl ein halbes Jahrhundert. Doch haben die Frauen es auf eine gewaltfreie und charmante Art getan, die sich leider nicht auf die Denkungsart der Krieger übertrug. Sie haben den Boden für eine bessere Gesellschaft bereitet.

Wann genau ging das los, dass Deutschlands Frauen sich in ihre eigenen Angelegenheiten öffentlich einzumischen begannen? Wann und wo fanden sie sich erstmals zusammen, um ihre Stimme zu erheben und für Demokratie und Frauenrechte zu streiten? Leipzig ist nicht nur die Heldenstadt vom Oktober 1989 – sie ist bereits im Oktober 1865 die Stadt der Heldinnen: Rund 120 Frauen und auch einige Männer aus verschiedenen deutschen Staaten versammeln sich in Leipzig, um einen Frauenverein ins Leben zu rufen, der sich in ganz Deutschland ausbreiten soll. Ein Vorläufertreffen gab es bereits in Erfurt, doch nun geht es richtig los. Zwei Tage voller Vorträge, Debatten und fröhlichem Miteinander – und der Gründung des Allgemeinen Deutschen Frauenvereins.

Es ist die Geburtsstunde der deutschen Frauenbewegung. Initiatorin und auch Seele des Vereins ist die Schriftstellerin Dr. Louise Otto-Peters, die schon in der Revolutionszeit 1848 für die Gleichberechtigung der Frauen auf die Barrikaden ging. Dort machte sie ihre erste schmerzhafte Erfahrung mit den Revolutionären: »Wo sie das Volk meinen, da zählen die Frauen nicht mit.« Und noch immer lähmen Gesetze wie:

»Politischen Vereinen ist die Aufnahme von Frauenpersonen verboten. Auch dürfen solche Personen nicht an Versammlungen teilnehmen, bei denen politische Gegenstände verhandelt werden.«

»Solche Personen« machen die Hälfte der Bevölkerung aus. Verboten wurde nach 1848 für Frauen auch, Redakteurin einer Zeitung zu sein. Louise Otto-Peters musste also ihre »Frauen-Zeitung« aufgeben, deren erklärte Aufgabe es war, »wenigstens mit den Ketten zu klirren, die man nicht lösen kann«.

Nicht nur für sie ist die Gründung des Allgemeinen Deutschen Frauenvereins nun ein neuer Aufbruch im Geist der Revolution von 1848. Die versammelten Frauen sind hoch motiviert. Politische Rechte darf der Verein nicht fordern. Auch deshalb wollen sich die Frauen zunächst auf Bildung und Berufsarbeit konzentrieren. Ist die Frauenarmut nicht erschreckend hoch? Und ebenso die Arbeitslosigkeit? Den Schlüssel zur Lösung dieser schwerwiegenden Probleme sehen die Gründerinnen zuallererst in der Bildung.

Die Frauen um Louise Otto-Peters denken von Beginn an über ihr eigenes Umfeld hinaus. Obgleich es sich um einen bürgerlichen Frauenverein handelt, werden sie auch für die Arbeiterinnen kämpfen – für deren Berufsausbildung und für gleiche Löhne. Der Bruch scheint ihnen eher einer zwischen Mann und Frau zu sein als einer zwischen Bürgertum und Arbeiterklasse – sie sprechen die Arbeiterinnen von Frau zu Frau an.

Mitte des 19.Jahrhunderts bricht die Stunde der landesweit organisierten Frauen an. Unauffällig zunächst, oft auch noch belächelt oder verhöhnt, werden Frauenthemen Teil der gesellschaftlichen Debatte, was bereits etlichen Frauen in Not hilft. Mehrere Gründungen gibt es allein in Sachsen, zunächst noch in kleinerem Umfang. In Dresden existiert unter der Protektion der sächsischen Königin schon bald ein Frauenverein, der ein Asyl für taubstumme Mädchen betreibt. Und unter dem Motto »Arbeiten ist keine Schande, nicht arbeiten wollen aber bringt Schande« wird von engagierten Frauen ein Vorläufer des späteren Arbeitsamtes gegründet, der fast ebenso viele Frauen wie Männer vermittelt: Frauen suchen und finden über diesen Anlaufpunkt Arbeit als Lehrerin für Sprachen, Schreiben, Rechnen und Zeichnen oder als Kinderfrau, bei der Krankenpflege, im Büro, als Botenfrau, Aufwärterin, Wäscherin oder als Markthelferin, Scheuerfrau, als Näherin oder Strickerin …

Die Dresdner Diakonissenanstalt vermittelt ihrerseits vor allem Arbeit in der Krankenpflege. Zur Geborgenheit in einer Gemeinschaft kommt die spirituelle Erfüllung. Das Konzept der Frauen spricht sich schon bald herum: Als der Patientenzulauf wächst und damit der Erfolg, nehmen Männer der Diakonie den Frauen die Leitungsarbeit aus der Hand und setzen sich selbst an die Spitze. Einige der Gründerinnen verlassen unter Protest den Verein, andere fügen sich.

Viel Frauenpower zeigt sich bereits im späten 19. Jahrhundert: Bertha von Marenholtz-Bülow gründet um 1870 in Dresden Volkskindergärten sowie ein Seminar und eine Pension für Kindergärtnerinnen, dazu gleich noch eine Fröbelstiftung. Der Enthusiasmus steckt an: Schon bald ist die Gründungswelle der christlich-konservativen und vaterländischen Frauenvereine nicht mehr zu überblicken, hat fast jede Kirchgemeinde ihren Jungfrauen- und Großmütterchenverein. Ein Vincentius-Verein für katholische Arme entsteht, der sich besonders der Erziehung verwahrloster Kinder widmet. 1865 folgt der Dresdner Verein der Heiligen Elisabeth. Die Krankenpflegeausbildung nimmt schon in kurzer Zeit einen breiten Raum ein. Auch die sächsische Königin Carola geht mit gutem Beispiel voran und engagiert sich bei der Gründung gleich mehrerer Vereine: einen zur Vermittlung weiblicher Heimarbeit, einen für außerhäusige Arbeiterinnen und einen speziellen Frauenverein für die nahe der Stadt Dresden gelegenen Ortschaften.

Der neue Frauenberuf der Verkäuferin entwickelt sich, zu dieser Zeit noch »Handlungsgehilfin« genannt: Mit Unterstützung sozial interessierter Frauen aus dem Bürgertum schließen sich 1868 Mädchen und Frauen zu einem bereits gewerkschaftsähnlichen Verein der Handlungsgehilfinnen für Dresden und Umgebung zusammen. Der Verein wird eine große praktische Hilfe für Frauen, er bietet ihnen Stellenvermittlung, Stellenlosenunterstützung sowie Förderung der Fach- und allgemeinen Bildung an. Vermittelt werden zudem Erholungsmöglichkeiten und Wohnungen, eine Unterstützung in Notfällen sowie Darlehen und Sparmöglichkeiten. In ähnlicher Weise wirkt ab 1876 der Verein Lehrerinnenheim. Und etwa zur gleichen Zeit gründen elf Dresdner Frauen den Fortbildungsverein für unbemittelte Mädchen und eröffnen eine Zeichenschule, deren Absolventinnen seit 1879 zum Staatsexamen zugelassen werden. Nach und nach entstehen eine Abendschule und eine Handelsschule, eine Näh- und eine bald schon berühmte Kunststickschule.

Zum Motor der Dresdner Frauen-Initiativen werden auch Künstlerinnen, die der Stadt durch feste Engagements zugewachsen sind – die Schauspielerin und Dichterin Anna Löhn-Siegel und Auguste Diacono, auch sie Schauspielerin am Dresdner Hoftheater, sowie Marie Börner-Sandrini, die als Sängerin an der Dresdner Hofoper wirkt.

Eine der bekanntesten Frauenrechtlerinnen der ersten Stunde ist Marie Stritt. 1855 kommt sie als Marie Bacon im siebenbürgischen Schäßburg auf die Welt. Das ist eher abgelegen vom großen politischen Geschehen. Später in Dresden lebend, wird die Schauspielerin Rückschau halten:

»Damals war Siebenbürgen noch ein Großfürstentum und, bis zur Vereinigung mit Ungarn 1867, österreichisches Kronland. Bis zu meinem 19ten Jahre habe ich völlig in den Lebens- und Anschauungskreisen einer wundervoll gelegenen, historisch bedeutsamen und von jeher durch die Tüchtigkeit ihrer Bewohner ausgezeichneten, im übrigen aber ganz weltfernen Kleinstadt gelebt. Weltfern auch im buchstäblichen Sinn des Wortes, bis die Eisenbahn die Siebenbürgen etwas näher an die Welt heranrücken sollte. Ich war über 17 Jahre alt, als ich die erste Lokomotive pfeifen hörte und den ersten leibhaftigen Eisenbahnzug, der auch für meine Vaterstadt eine neue Ära einzuleiten bestimmt war, zu sehen bekam.«

Maries Eltern, zwei nach Begabung und Charakter glücklich veranlagte Menschen, erfreuen sich der allgemeinen Wertschätzung ihrer Mitbürger. Es sind warmherzige Menschen. Der Vater ist Rechtsanwalt, die Mutter zieht zehn Kinder auf, von denen Marie das älteste ist. Wesentliches für ihr Leben lernt die Jugendliche ausgerechnet in den schulischen Nähstunden:

»Unsere Lehrerin, Frau Lupini, eine anerkannte Meisterin ihres Faches, war eine kleine, rundliche und sehr energische Frau, Mutter zahlreicher Kinder, die sie alle zu tüchtigen Menschen erzog. Nach unserem Urteil war sie ›streng, aber gerecht‹. Und jedenfalls haben wir etwas bei ihr und ihren beiden bildhübschen Töchtern gelernt, die ihr abwechselnd assistierten. Sie hatte nur eine sehr schwache Seite, das war ein glühender Haß – auf die Nähmaschinen, die um jene Zeit aufkamen und von denen sie nicht müde wurde, uns in schrecklichsten Mordsgeschichten zu erzählen. Was sie indessen nicht hinderte, schon wenige Jahre später in ›optima forma‹ vor der Todfeindin zu kapitulieren, d.h., sie gleich in mehreren Exemplaren in ihrer eigenen Arbeitsstube einzustellen und hinfort bis an ihr Lebensende ebenso tadellose Arbeiten mit der Maschine zu liefern, wie vorher mit ihren geschickten Händen.«

Die Abneigung so vieler Mitschüler gegen Schule und Schulzwang und das beliebte Durchhecheln und Verspotten einzelner Lehrer bleibt Marie Stritt damals wie auch später unverständlich: Weit davon entfernt, ein Musterkind zu sein, erscheinen ihr Hochachtung, Anhänglichkeit und Dankbarkeit in dieser Richtung einfach als selbstverständlich und der Abschied von der Schule als ein tiefschmerzliches Ereignis ihres jungen Lebens. Und die Erinnerungen vergolden sich noch nachträglich.

Für die Zwölfjährige bedeutet der Abgang von der Schule auch schon den Abschied von ihrer Kindheit: Marie sieht sich von ihrem Vater als die älteste Tochter fürs Haus vorgesehen, samt den damit verbundenen Pflichten. Und das tut weh:

»Wie viele Tränen habe ich damals im Stillen geweint, wenn ich, mit dem Staubtuch bewaffnet, hinter der Gardine verborgen, meinen älteren Brüdern und ihren Kameraden auf ihrem Weg zum Gymnasium hinauf nachsah, Tränen ohnmächtiger Empörung und bittersten Neides, daß mir diese fröhliche, höhere Welt für immer verschlossen sein sollte, obgleich ich mir bewußt war, es im Lernen mit all den Jungen aufnehmen zu können!

Nach Jahren erst habe ich erfahren, daß meine guten Eltern schon damals meinen kindlichen Gedankengängen volles Verständnis entgegenbrachten und auch in diesem Sinne gehandelt hatten. War doch mein Vater an die Schulbehörde der Evangel.

Landeskirche, die darüber zu befinden hatte, mit dem Gesuch herangetreten, mich am Unterricht der Knaben im Gymnasium teilnehmen zu lassen. Das Gesuch wurde natürlich glatt als eine ganz unmögliche Zumutung abgelehnt.«

Später erzählt eine Tante der erwachsenen Marie Stritt, dass damals die »ganze Stadt« über das Gesuch des Vaters entrüstet war. Doch die Eltern meinen es ernst und organisieren – inzwischen ist die Familie auf sieben Kinder angewachsen –, dass Marie zwischen ihrem vierzehnten bis siebzehnten Lebensjahr von Fachlehrern des sächsischen Gymnasiums in Siebenbürgen Privatunterricht erhält – in Rechnen und Mathematik, Geschichte, Deutsch und Literatur, Physik und Chemie, Englisch und Ungarisch – gemeinsam mit ihren Brüdern, für die das als Nachhilfeunterricht gilt.

Nach Abschluss der privaten Bildung und in Anerkennung ihrer Arbeit als Haustochter darf die Siebzehnjährige aus der abgeschotteten siebenbürgischen Kleinstadt an einer wochenlangen Reise in Gesellschaft einer befreundeten Familie teilnehmen. Es geht hinaus in die Welt – nach Wien und nach Süddeutschland: über Linz nach Passau, Regensburg, Nürnberg, Frankfurt, Mainz, Heidelberg, Stuttgart, München und über Salzburg wieder nach Wien zurück, von wo man in einer vierzigstündigen Fahrt im Personenzug dann nach Schäßburg heimkehrt. Marie Bacon ist voller unvergesslicher Eindrücke aus Museen, Theatern, Städten … Vor allem die Theateraufführungen lassen in ihr den Wunsch wachsen, selbst auf einer Bühne zu stehen. Als Neunzehnjährige verlässt sie Siebenbürgen, um in Wien Schauspiel zu studieren – damit gehört sie im deutschsprachigen Raum zu den frühesten professionell ausgebildeten Schauspielerinnen überhaupt. Mit 21 Jahren ist die Überfliegerin Hofschauspielerin am Großherzoglichen Hoftheater in Karlsruhe. Ein Theater immerhin, über das Johannes

Brahms schreibt: »Ein anständiger Mensch muß schon des klassischen Repertoires wegen alljährlich einige Monate in Karlsruhe leben.«

Als der Tenor Albert Stritt am Hoftheater engagiert wird, verlieben sich die beiden Künstler stark ineinander. Nun läuft es wie bei anderen Paaren: Marie wird schwanger, die 24-jährige Schauspielerin und der 32-jährige Sänger heiraten und werden 1880 glückliche Eltern eines Mädchens namens Friederike. Im Jahr darauf wechseln sie nach Frankfurt am Main, wo beiden am Stadttheater ein neues Engagement winkt. Doch Marie Stritt gastiert nun lieber und tritt erstmals auch im Dresdner Hoftheater auf. Nachdem sie 1882 ihr zweites Kind auf die Welt gebracht hat, den Sohn Walter, gibt sie ihre schauspielerische Karriere auf. Albert Stritt brilliert als Heldentenor, und hier vor allem in Wagner-Opern; er erhält 1885 einen Ruf an die Metropolitan Opera in New York, eine außergewöhnliche Anerkennung für einen Sänger im ausklingenden 19. Jahrhundert. Seine Frau Marie spricht ein gutes Englisch und zieht mit ihren beiden Vorschulkindern zeitweise mit auf den fernen Kontinent.

1886 kehrt ihr Mann nach Europa zurück, die Familie siedelt um nach Hamburg, wo Albert Stritt die Titelrolle in der deutschen Erstaufführung von Verdis »Othello« singt. 1890 wechselt die Künstlerfamilie ein letztes Mal die Stadt: Der Tenor nimmt ein Engagement für nur eine Spielzeit am Dresdner Hoftheater an, danach gastiert er an fast allen großen Bühnen Deutschlands, an der Oper in Wien, wo er auch eine Regie übernimmt, und an der Covent-Garden-Oper in London.

Der reisefreudigen Familie Stritt gefällt es in Dresden, sie bleibt. Die Kinder gehen nun hier zur Schule. 1901 übernimmt Albert Stritt am Konservatorium in Wien eine Gesangsprofessur, die er kurz darauf auch in Dresden innehat. Ihm bleibt nicht mehr viel Lebenszeit: 1908 stirbt der Sänger in Dresden mit nur sechzig Jahren.

Marie Stritt

Marie Stritt ist da schon längst in der Frauenrechtsbewegung aktiv: Sie ist die treibende Kraft im Kampf gegen das Bürgerliche Gesetzbuch von 1900, noch ohne Erfolg. Doch zwischen 1899 und 1910, in der Hochphase der bürgerlichen Frauenbewegung, führt sie den Bund deutscher Frauenvereine (BDF) an, hat wesentlichen Anteil an Programmatik und politischen Strategien des Bundes und treibt seine Entwicklung zu einer großen und bedeutenden Dachorganisation in Deutschland voran.

Hineingezogen in den Aufbruch der Frauenrechtlerinnen hat sie ausgerechnet ihre 65-jährige Mutter Therese Bacon, die sich von Siebenbürgen aus auf die beschwerliche Reise nach Erfurt macht, wo der noch junge Allgemeine Deutsche Frauenverein die engagierten Frauen Deutschlands zum 25-jährigen Jubiläum einlädt. Ihre 35-jährige Tochter Marie, die gerade mit Familie nach Dresden umgezogen ist, hat es da weniger weit. Die Anwesenheit der Mutter wird in Erfurt anschließend in der Frauenverbandszeitschrift »Neue Bahnen« erwähnt: Die Siebenbürgerin hat in Erfurt eine Rede vor großem Publikum gehalten, und die kam gut an. Nicht nur darauf ist Tochter Marie stolz, sondern auch darauf, dass Therese Bacon nun als »Frau von seltener Geistesgabe« beschrieben wird.

In Folge dieses Ereignisses in Erfurt gründen zwei Frauen in Dresden, anknüpfend an die Tradition der 1848er, eine lockere Montagsgesellschaft, in der Frauen- und Bildungsfragen die Themen sind. Hedwig von Alten, neben Johanna Baum eine der Initiatorinnen, berichtet darüber:

»Wir richteten – um es einmal auszuprobieren – in unserer Wohnung zwanglose Zusammenkünfte für die Mitglieder der Montagsgesellschaft ein und luden in den Zeitungen diejenigen Damen Dresdens, die sich für die Frauenbestrebungen interessierten, dazu ein. *Es kamen überraschend viele!* Und wenn auch ein Teil nur aus Neugier oder in der Meinung, es handele sich um einen Näh- oder Suppenverein, erschienen waren und in der Folge fortblieb, bildete sich doch sehr bald ein großer Kreis ständiger Besucherinnen dieser zwanglosen Zusammenkünfte.«

Die Zusammenkünfte wechseln bald in einen offiziellen Saal, und die Schauspielerin Marie Stritt ist längst mit guten Ideen dabei. Die Ziele für die Zukunft:

»Erreichung voller Erwerbsfreiheit auf allen Gebieten, welche die Frauen selbst zu betreten wünschen und in denen sie sich versuchen wollen; Gleichstellung der Geschlechter vor dem Gesetz, bessere staatliche Institutionen zum Zwecke der Erziehung und Ausbildung bis zum wissenschaftlichen Studium.«

Die Montagszusammenkünfte stoßen auf sehr positive Resonanz, die Veranstaltungen sind gut besucht, die Stimmung ist heiter. Man interessiert sich fürs Ausland und verfolgt mit besonderem Interesse den Verlauf der amerikanischen und englischen Frauenbewegung. Marie Stritt beeindruckt nicht nur durch die Inhalte ihrer Ansprachen, sondern auch durch ein glänzendes Rednertalent. Das macht sie zur vielbegehrten Wanderrednerin in Sachen Frauenemanzipation. Und eingeladen wird sie inzwischen nicht nur von Frauen- sondern auch von Männervereinen.

Zu Beginn des 20. Jahrhunderts hält Marie Stritt Vorträge über »weibliche Schwächen«, über »häusliche Knabenerziehung« und die Bedeutung und Ziele der Frauenbewegung. Was hat es mit dem Spruch »Die Frau gehört ins Haus?« auf sich – die Rednerin verteidigt das Recht der Frauen auf freie Berufswahl und -ausübung. Sie hilft bei der Vernetzung von Frauenvereinen und schlägt vor, Rednerinnen auszusenden, um die Idee der Frauenbewegung zu verbreiten, um neue Mitglieder zu werben und neue Ortsgruppen zu gründen. Doch dieser Plan scheitert – und nicht nur an der Geldnot des Vereins. Im Vorstand herrscht auch die Angst, die Rednerinnen könnten nicht linientreu genug sein und vor allem nicht genug »Mäßigung« üben. So muss die Schauspielerin selbst wieder ran.

Der Dresdner Ortsverein des Allgemeinen Deutschen Frauenvereins richtet mit Pioniergeist eine Rechtsschutzstelle für Frauen ein. Es ist eine Konsequenz aus der Erfahrung, dass Frauen juristisch von Männern nicht wirklich vertreten werden. Ein Blick auf die Rechtslage zeigt, dass Frauen nicht einmal als mündige

Rechtspersonen angesehen werden: Alle Gesetze regeln, in mehr oder minder rigider Form, die Unterwerfung der Ehefrau unter den Willen des Mannes. Er entscheidet in allen ehelichen Angelegenheiten und in Erziehungsfragen. Er ist Eigentümer, zumindest Nutznießer des Vermögens der Frau, auch ihres Arbeitslohns, über die sogenannte eheliche Pflicht auch ihres Körpers. Sogar um einem Frauenverein rechtsgültig beizutreten, muss der Ehemann seine Genehmigung erteilen.

Die Frauen des Dresdner Rechtsschutzvereins um Marie Stritt erhalten fachliche Hilfe von zwei männlichen Rechtsanwälten. Das ist die eine Seite: Weitaus mehr Juristen beklagen sich jedoch, die Rechtsschutztätigkeit »pfusche ihnen ins Handwerk«, sei eine Art »Winkelkonsulenz und entziehe ihnen Klienten«.

Die Frauen lassen sich dadurch nicht beirren. Sie schaffen mehr Öffentlichkeit, werben zum Beispiel in Dresdner Zeitungen für die Inanspruchnahme der Rechtsberatung durch Frauen und Mädchen. Durch erfolgreich geführte Prozesse und ständig steigende Besucherzahlen wird die Rechtsschutzstelle schon bald zu einer Institution für Frauenangelegenheiten. Der Hilfs- und Beratungsbedarf ist groß: Werden 1894 628 Frauen für eine Rechtsberatung registriert, so sind es 1914 schon 4004 Frauen. Die Hilfesuchenden sind in erster Linie Arbeiterinnen und Hausangestellte, und am meisten gefragt ist die Beratung zum Familienrecht. Marie Stritt konstatiert für Deutschland eine »allgemeine Unwissenheit der Frauen in Bezug auf ihre staatsbürgerlichen Rechte und Pflichten und ihre gesetzlichen Beschränkungen«. Das Dresdner Modell spricht sich herum – ähnliche Rechtsschutz- und Beratungsstellen entstehen nun auch in Breslau, Berlin, Barmen, in Leipzig, Danzig, Zürich und Wien.

***

Der Allgemeine Deutsche Frauenverein gibt im Herbst 1914 die aktuellen und nötigen Aktivitäten vor:

»Angesichts dieser großen allgemeinen Not haben alle anderen sozialen Aufgaben, hat auch unsere Verbandsarbeit und alles, was sonst im Kampf um die Bürgerrechte der Frau unternommen wird, zurückzutreten«, beschließt der Vorstand. »Wie wir auch sonst über den Krieg denken mögen, in diesem Augenblick ist es unser aller unabweisbare Pflicht, zum Schutz und zur Erhaltung unseres Vaterlandes unsere ganze Kraft einzusetzen. (…) Die deutschen Frauen, die nach den ihnen vorenthaltenen *Bürgerrechten* streben, sind wohl vor allen anderen dazu berufen, in der gegenwärtigen großen Not im Dienst des Vaterlandes *Bürgerpflichten zu erfüllen*.«

Den Frauen wird empfohlen, sich der Kriegsfürsorgearbeit zu widmen, sich besonders dem vom Bund deutscher Frauenvereine eingesetzten »Nationalen Frauendienst« anzugliedern. Dieser breitet sich innerhalb kürzester Zeit im ganzen Land aus und funktioniert in perfekter Zusammenarbeit mit den kommunalen Ämtern, sodass bald die gesamte Wohlfahrtspflege und das Fürsorgewesen in der Hand des Bundes deutscher Frauenvereine liegt. Der Bund wird getragen von einem breiten Frauenbündnis, das auch Vertreterinnen der sozialdemokratischen Frauenverbände umfasst.

Ebenfalls im Herbst 1914 – Marie Stritt hatte noch wenige Wochen zuvor als Vertreterin Deutschlands an einer Sitzung des Weltbundes für Frauenstimmrecht in London teilgenommen – beschließt der Vorstand des Deutschen Verbandes für Frauenstimmrecht einstimmig, »im Hinblick auf den Krieg und die dadurch geschaffene allgemeine Weltlage, von der Abhaltung des für Juni 1915 in Aussicht genommenen Internationalen Kongresses für Frauenstimmrecht in Berlin, für den die Vorbereitungen bereits seit Monaten im

Gange waren, abzusehen.« Der Zusatz »Auch wenn dieser fürchterliche Weltkrieg voraussichtlich bis dahin beendet sein dürfte« zeigt, dass sich die die Frauenrechtlerinnen, wie so viele Deutsche, so viele Europäer in diesen ersten Monaten des Krieges, verschätzen.

Die bereits für den Kongress gesammelten und eingegangenen Gelder sollen nun dazu dienen, Wolle zu kaufen und »Tausende unserer jungen, tapferen Krieger mit den so nötigen Strümpfen zu versehen, und zugleich sollen durch den Krieg brotlos gewordene Frauen in lohnender Beschäftigung die Freude empfinden, durch den Fleiß ihrer Hände dem siegreichen Heere, dem sie ihre Gatten, ihre Söhne und Brüder geben, wertvollen Dienst zu leisten.«

Der Patriotismus entspricht dem derzeitigen Mainstream der bürgerlichen Frauenbewegung – und er findet seine Parallele im gegnerischen Lager. Denn auch die Frauen Australiens und Neuseelands, deren Männer 1915 in hoher Zahl an der Seite Englands in den Krieg ziehen müssen, stricken wärmende Socken für ihre Männer, Söhne und Brüder auf der anderen Seite des Erdballs.

Die radikaleren deutschen Frauenrechtlerinnen um Lida Gustava Heymann und ihre Lebensgefährtin Anita Augspurg schwimmen entschieden gegen diesen Strom und lehnen die Unterstützung des Krieges in jedweder Form ab. Sie werfen den gemäßigteren Schwestern vor, sich der Stimmung des Tages anzupassen, und mokieren sich besonders über deren Strumpfaktion, mit der sie ihrer Kardinalsaufgabe zuwiderhandeln – sich für Frauenrechte einzusetzen.

Deutlicher werden während der Kriegszeit nun auch in der deutschen Frauenbewegung politische Strömungen sichtbar, die denen in der Männerwelt ähneln. Sie werden nicht mit Gewalt ausgetragen, sondern mit Worten. So verhält sich die Vorsitzende des Deutschen Verbandes für Frauenstimmrecht Marie Stritt konform zur Burgfriedenspolitik – dem Zurückstellen innenpolitischer Konflikte während des beginnenden Krieges. Das »Augusterlebnis 1914« einer klassen- und geschlechtsübergreifenden nationalen Begeisterung wirkt auch bei ihr insofern fort, als sie in der September/Oktober-Ausgabe der Verbandszeitschrift »Die Staatsbürgerin« die »Einmütigkeit, diese wundervolle neue Einigkeit des deutschen Volkes« feiert, die »wie der Anbruch einer neuen Zeit unserer tiefen Sehnsucht« anmute – in der »Zuversicht, dass sich an einen glorreichen Sieg der deutschen Waffen der glorreichere des höchsten Kulturgedankens knüpfen möge, unseres Prinzips: Recht vor Gewalt!«

Wie bei den meisten Deutschen weicht die anfängliche Euphorie jedoch einer baldigen Ernüchterung. Später, in einer Darstellung von 1927, wird Marie Stritt ihre inneren Konflikte beschreiben, die ihr schon nach kurzer Zeit schwer zu schaffen machten:

»Als in den grauenvollen Jahren 1914–1918 unsere gemeinsame Arbeit und damit meine Lebensarbeit völlig lahmgelegt wurde – als in der Kulturschande des Weltkrieges der Nationalismus seine wüstesten Orgien feierte – da wurde meine ganze frohe Zuversicht in unsere Sache zuschanden, da habe ich einen seelischen Zusammenbruch erlitten. Wenn ich schließlich doch wieder zu mir selbst gefunden habe, wieder an die Möglichkeit einer besseren Zukunft glauben lernte – so danke ich das in erster Linie dem Bewußtsein, daß Gesinnungsgenossinnen in aller Welt gleich mir gedacht und gefühlt und sich von jeder Konzession an einen entarteten Nationalismus frei gehalten haben.«

Im März 1916 – an den Fronten in Europa und Übersee schlachten die Krieger etlicher Nationen einander ab –, im dritten Kriegsjahr also, fusionieren die konservative Deutsche Vereinigung für Frauenstimmrecht und Marie Stritts liberaler Deutscher Verband für Frauenstimmrecht zu einem großen Dachverband: dem Deutschen Reichsverband für Frauenstimmrecht.

Zur Ersten Vorsitzenden wird aufgrund ihrer Erfahrung und ihrer hohen Anerkennung Marie Stritt gewählt. Die Zweite Vorsitzende wird die Juristin Dr. Li Fischer-Eckert aus dem westfälischen Bürgertum, die 1913 ihre Doktorarbeit über »Die wirtschaftliche und soziale Lage der Frauen in dem modernen Industrieort Hamborn im Rheinland« veröffentlicht hat. Der neue Reichsverband schließt sich nun dem Weltbund für Frauenstimmrecht an. Ein Jahr nach diesem Zusammenschluss ist er auf zehn Landesvereine, neunzig Ortsgruppen und fast 90 000 Mitglieder angewachsen. Nach Meinung der linksradikalen Frauen hat der Zusammenschluss jedoch die »Einigung mit rechts vollzogen und gleichzeitig die Grenze gegen links so scharf wie möglich gezogen«. Hier herrscht große Unzufriedenheit.

Die neue Satzung des Reichsverbandes, die von einer Kommission unter Leitung von Marie Stritt erarbeitet wurde, legt fest, den »deutschen Frauen die gleichen öffentlichen Rechte im Staats- und Gemeindeleben zu verschaffen, wie sie den Männern zustehen, insbesondere ihnen das aktive und passive Wahlrecht zu den gesetzgebenden Körperschaften und Organen der Selbstverwaltung zu erringen.«

Aufgrund des innenpolitischen Drucks durch zunehmende Demonstrationen, Hungerrevolten und Streiks – an denen Frauen im hohen Maße beteiligt sind – als auch infolge des außenpolitischen Drucks, unter dem das Reich steht, kommt 1916/17 Bewegung in die deutsche Innenpolitik. Insbesondere die Frage einer Wahlrechtsreform zur endgültigen Abschaffung des Dreiklassenwahlrechts entwickelt sich zum Tagesthema. Immer deutlicher wird, dass ohne eine solche Reform der innere Frieden nicht mehr länger gesichert werden kann. Selbst der Kaiser spricht sich in seiner Osterbotschaft

1917 für eine Wahlrechtsreform in Preußen aus, dem führenden deutschen Bundesstaat; die Reichsregierung erklärt sich nun prinzipiell bereit, das gleiche, direkte und geheime Wahlrecht in Preußen einzuführen. Das gilt allerdings nicht für Frauen, sondern nur für den männlichen Teil der Bevölkerung. Die Dynamik jedoch ist da, um 1917 den Kampf für das Frauenwahlrecht neu in Schwung zu bringen. Und nun bilden sich Koalitionen, die bisher kaum vorstellbar waren, und die in ein breites Frauenbündnis münden.

Publizistischer Protest gegen das Übergehen der Frauen bei der geplanten Wahlrechtsreform flankiert parlamentarische Eingaben. Der deutsche Reichsverband für Frauenstimmrecht richtet unter Führung von Marie Stritt Mitte 1917 erstmals in den Kriegsjahren wieder eine Petition an den neu eingesetzten Verfassungsausschuss des Reichstags, in der das Wahlrecht für Frauen unter den gleichen Bedingungen gefordert wird, wie es den Männern zusteht. Begründet wird dies vor allem mit der gestiegenen Erwerbstätigkeit der Frauen und der Notwendigkeit, ihre Fähigkeiten der Allgemeinheit zu Nutze zu machen.

Der Krieg hat plötzlich zwei Seiten: In dem Maße, in dem die Kraft der im Stellungskrieg verschlissenen und verstümmelten Männer schwindet, wachsen Kraft und Selbstbewusstsein der Frauen, die längst Arbeiten der Männer im zivilen Bereich übernommen haben. Ob bei der Straßenbahn, im Postwesen, in Krankenhäusern, Betrieben oder Schulen – nur mit Einsatz der weiblichen Hälfte der Bevölkerung lässt sich der Alltag in Deutschland noch aufrechterhalten. Frauen sind nun im Doppeleinsatz, denn die meisten von ihnen haben noch Kinder zu versorgen und wenigstens ein Minimum an Lebensmitteln heranzuschaffen. Viele schuften in der Rüstungsindustrie. Doch sie spüren die Kraft, die in ihnen steckt – wenn auch aus der Not heraus geboren, dürfen sie doch erstmals im kommunalen Bereich Gesellschaft mitgestalten.

So erfasst die Aufbruchsstimmung weite Teile der deutschen Frauen noch mitten im Krieg, und jetzt wird die Stimmrechtsfrage zum zentralen Thema. Im Oktober 1917 veröffentlicht der Bund Deutscher Frauenvereine eine Denkschrift zur »Stellung der Frau in der politisch-sozialen Neugestaltung Deutschlands«, mit der sich seine Verfasserinnen an verschiedene Regierungen und Parlamente im Deutschen Reich wenden. Sie fordern darin die Einbeziehung der Frauen in das aktive und passive Wahlrecht, wobei sie dem kommunalen Wahlrecht besondere Bedeutung beimessen. Begründet wird die Forderung damit, dass eine Lösung der drängenden sozialen und wirtschaftlichen Fragen nur unter verantwortlicher, staatsbürgerlicher Mitwirkung der Frauen denkbar sei, die sich durch ihre sozialfürsorgerische Arbeit während des Krieges verdient gemacht hätten.

Es ist das Jahr, in dem im Parlament der fernen britischen Kolonie Neuseeland als erstem Land der Welt das Frauenwahlrecht beschlossen wird – und das gilt überraschenderweise nicht nur für die Pakeha, die weißen Frauen, sondern auch für die Frauen der Maori. In zahllosen Unterschriftenaktionen hatte die schottisch-stämmige Frauenrechtlerin Kate Sheppard die Abgeordneten in Wellington zuvor weichgeklopft. Für ihre letzte Petition konnte sie rund ein Drittel der volljährigen Frauen mobilisieren. In Europa hat immerhin Finnland mit dem Wahlrecht für Frauen 1906 nachgezogen. Wäre nun nicht endlich Deutschland an der Reihe?

Was weniger nach außen dringt: Herzeins sind die Frauen in der Wahlfrage keineswegs – den einen ist der Ton zu lasch, den anderen schon zu scharf, die dritten finden genau dieses Ausgewogene gut. Die Querelen im Dachverband über das konkrete gesellschaftliche Ziel des Frauenwahlrechts führen zum Austritt des mitgliederstarken Deutsch-Evangelischen Frauenbundes, der wie auch andere konservativ oder nationalliberal gesinnte Frauen das Wahlrecht ablehnen, wenn es nur um den Preis einer allgemeinen Demokratisierung des Landes zu erreichen ist.

Aus der proletarischen Frauenbewegung wiederum, die seit der Spaltung der Sozialdemokratie im April 1917 in zwei miteinander rivalisierende Organisationen zerfallen ist, wird ebenfalls die Forderung nach dem Frauenwahlrecht laut. Doch während für die Frauen der USPD, der Unabhängigen Sozialdemokratischen Partei Deutschlands, in die der größte Teil der einstigen Führerinnen – allen voran Clara Zetkin – übergewechselt ist, der Kampf um demokratische Rechte wie das Stimmrecht Teil einer revolutionären Strategie ist, setzen die Mehrheitssozialdemokratinnen der MSPD auf Reform statt auf Revolution; sie streben danach, ihre Ziele im Rahmen des parlamentarischen Systems durchzusetzen.

Die aus Landsberg an der Warthe stammende Marie Juchacz rückt nun nach vorn: Friedrich Ebert überträgt ihr die Stelle als Frauensekretärin im Zentralen Parteivorstand in Berlin, die zuvor Clara Zetkin innehatte.

Im Unterschied zu den USPD-Abtrünnigen teilen die Mehrheitssozialdemokratinnen nicht die Zetkinschen Grundsätze einer »reinlichen Scheidung« von der bürgerlichen Frauenbewegung. Und die gemeinsame soziale Arbeit während des Krieges hat auf beiden Seiten Vorurteile abgebaut: Die bürgerlichen und die sozialdemokratischen Frauen wenden sich im August 1917 nun an die Stimmrechtsverbände und den Bund deutscher Frauenrechtsvereine mit der Aufforderung zu einer gemeinsamen Kundgebung zur anvisierten Wahlrechtsreform. Im Reichsverband für Frauenstimmrecht wird der Aufforderung sowohl vom Vorstand als auch von den angeschlossenen Organisationen ausnahmslos zugestimmt.

Nur: Die nun geplante gemeinsame Kundgebung wird von der Polizei nicht genehmigt! Und zwar paradoxerweise gerade wegen der weiblichen Zusammenarbeit über Partei- und Organisationsgrenzen hinweg. Zur Begründung des Verbots wird angeführt, die Versammlung werde von mehreren Vereinigungen einberufen und müsse deshalb als öffentlich gelten – und werde damit verboten!

Am 17. Dezember 1917 findet dann aber doch in Berlin eine gemeinsame Kundgebung statt, an der mehr als 1000 Frauen teilnehmen. Und die gemeinsame Erklärung, die nun dem Preußischen Landtag überbracht und die veröffentlicht wird, spricht eine klare Sprache. Dargelegt wird, wie viele Pflichten die Frauen während des Krieges klaglos erfüllt hätten, dass ihnen jedoch noch immer das Korrelat der vollen Rechte zur Mitarbeit in der Öffentlichkeit fehle:

»Gegen diese Rechtlosigkeit legen die Frauen kraft ihrer Arbeit für die Allgemeinheit wie Kraft ihrer Würde als vollwertige Menschen Protest ein. Sie fordern politische Gleichberechtigung mit dem Manne: Allgemeines, gleiches und direktes Wahlrecht für alle gesetzgebenden Körperschaften ...«

Die Schlussworte der gemeinsamen Erklärung lauten:

»Dieser ersten gemeinsamen Willenskundgebung der Frauen werden solange weitere folgen, bis der Sieg unserer Sache errungen ist.«

Unterschrieben wird die denkwürdige gemeinsame Erklärung von Marie Juchacz für die sozialdemokratischen Frauen, von Marie Stritt für den Deutschen Reichsverband für Frauenstimmrecht und von Minna Cauer für den Deutschen Bund für Frauenstimmrecht. Damit hat sich unter den Bedingungen des Weltkrieges ein Frauenbündnis entwickelt, das bis dahin undenkbar war. In der gesamten

Frauenbewegung kommt es zur Annäherung von Sozialdemokratinnen und linksliberal geprägten bürgerlichen Frauen, die Marie Stritt als bewegende neue Erscheinung in der politischen Frauenbewegung begrüßt. Lediglich die Frauen der USPD lehnen die Zusammenarbeit mit den Bürgerlichen grundsätzlich ab und werfen der gemeinsamen Erklärung Merkmale eines Kompromisses vor.

***

Noch steckt Europa tief im Krieg. Doch die Gedanken vieler Bürger schweifen schon in die Nachkriegszeit. Wie kann Europa wieder aufgebaut, wie der nationale Hass überwunden werden, und zwar für immer?

Die Bremer Pazifistin Auguste Kirchhoff schließt im Sommer 1917 eine offen und weit gedachte friedenspädagogische Schrift ab. Doch sie steht unter Zensur wegen mangelnder vaterländischer Gesinnung – erst 1919 erscheint der Text in Leipzig, unter dem Titel »Unsrer Kinder Land«. Doch gerade 1917 hätten Kirchhoffs weitsichtige Worte in deutschen Schulen und Kasernen eine friedensstiftende Handreichung sein können:

»Wollen wir unserer Kinder Land vor neuen Blutopfern bewahrt wissen, dann müssen wir einen neuen Geist in ihnen wecken. Dann muß der Heroenkult, der heute noch vor allem den Kriegern und Siegern auf den Schlachtfeldern gilt, übertragen werden auf alle, die in nimmermüder Arbeit der Menschheit Kulturwerte vermitteln und für ihre Überzeugung lebten und starben.

Dann werden Kulturtaten höher bewertet werden müssen als Waffentaten, und moralischer Mut wird nicht länger in der Wertschätzung hinter physischem zurückstehen dürfen. Dann wird man auch aufräumen müssen mit der Legende vom ›Erbfeind‹ und den Kindern zeigen müssen, daß Völkerfreundschaften und Feindschaften auf dem sehr schwankenden Boden wechselnder Interessengemeinschaften und Interessengegensätze stehen. (...)

Dann wird vor allem auch an Stelle von Drill und äußerer Dressur in unserem Schulwesen, die als charakterbildende Faktoren doch gänzlich ausscheiden, wirkliche Erziehung treten müssen. Erziehung, die durch Freiheit Verantwortungsgefühl weckt und deren Ziel gerade aufrechte Persönlichkeiten sind, die selbstdenkend, nicht nachbetend, der Außenwelt und ihren Erscheinungen gegenüberstehen. (...)

Nicht in die Enge der Landespfähle unsere Kinder einschließen und eine chinesische Mauer bauen denen gegenüber, die jetzt unsere Gegner sind, sondern im Gegenteil ihren Blick weiten, damit er über die Grenzen hinaussehen lernt, ihre Seelen aufschließen für die Schönheit anderer Länder, für fremde Sitten, fremde Kunst, fremde Geistesschätze.

Das ist ja gerade der Jammer, daß die Völker sich im tiefsten Grunde gar nicht kennen und aneinander vorbeisprechen und -denken, daß sie sich mit oberflächlichem gegenseitigen Aburteilen begnügen, statt sich die Mühe zu geben, einander wirklich verstehen zu lernen und durch tieferes Eindringen in die Wesensart des anderen Schätze und Werte zu finden, die das eigne Leben befruchten und bereichern und die gegenseitige Achtung heben und fördern. Unseren Kindern wollen wir es nach Kräften ermöglichen, mit fremden Völkern, fremden Kulturen in nähere Berührung zu kommen. (...)

Gerade, weil wir Frauen und Mütter sind, dürfen wir es nie vergessen, daß auch im Feindesland um jeden kämpfenden Soldaten ein Frauenherz bangt und zittert, eine Mutter sich sorgt und grämt. Und wir können dieses Empfinden in die Tat umsetzen, wenn wir unseren Kindern im Gegner den Menschen zeigen, den Menschen, der gleich ihren kämpfenden Brüdern sein Leben einsetzt für sein

Vaterland, und an den daheim seine Mutter, sein Weib, seine kleinen Geschwister in Angst und Not, in Liebe und Treue denken.

Diese Gesinnung gilt es, groß zu ziehen und dadurch ein Geschlecht heranzubilden, das aus diesen Zeiten tiefster Tragik das eine gelernt hat: daß nicht gegenseitiges Verleumden, Beschimpfen, Verkennen, Bekämpfen und Vernichten, sondern gegenseitiges Verstehen, gegenseitige Achtung und Hilfe unsere Aufgabe ist, daß Liebe, nicht Haß, welterlösende, aufwärtstreibende Kräfte im Schoße trägt.«

Solche Frauen wünschte man sich auch ein Jahrhundert später noch in politisch führender Position. Doch Auguste Kirchhoff – Musiklehrerin, Publizistin, Mutter von fünf Kindern und Frau des Bremer Rechtsanwaltes und späteren Senators Gerhard Kirchhoff – bringt nicht nur Männer gegen sich auf, sondern auch Frauen: Als sie 1915 vom internationalen Frauenfriedenskongress in Den Haag zurückkehrt, auf dem sie mit ihren »Feindinnen« beraten hatte, wie man diesen Krieg beenden könnte und einen Bericht dazu in einer Bremer Zeitung veröffentlicht, schallt ihr auch weiblicher Zorn entgegen: Ein Protestbrief wird gegen Auguste Kirchhoff verfasst – wegen mangelnder vaterländischer Gesinnung – und von mehr als 100 Frauen unterzeichnet. Die Verfemte ist enttäuscht, lässt sich aber in ihrem Anliegen nicht beirren. Ein Publikationsverbot wird über sie verhängt und öffentliche Auftritte sind ihr bis Kriegsende untersagt.

Je länger der Krieg dauert, desto stärker lastet auf den Frauen die Verantwortung für die Ernährung und Erziehung der Kinder. Frauenarbeit, selbst in Rüstungs- und Metallbetrieben, wird zur Massenerscheinung. »Meine Mutter dreht Granaten«, sagen die Kinder in der Schule. In der Leipziger Universität hält der Rektor im Oktober 1917 eine Versammlung ab, um auch die Studentinnen für eine Tätigkeit in der Rüstungsindustrie zu gewinnen.

Oktober 1918: Noch immer werden Eiserne Kreuze verliehen

In den Wochen vor Ausbruch der Novemberrevolution zeigt sich in der Bewegung für das Frauenstimmrecht deutlich, in welchem Maße die Werbekraft durch das gemeinsame Vorgehen bürgerlicher und sozialdemokratischer Frauen verstärkt wurde.

Seit Beginn des Jahres 1918 haben sich die Verbitterung und die Unruhe in der Bevölkerung zu einer Massenbewegung gegen die Militärdiktatur ausgeweitet und zunehmend auch die unteren Reihen der Armee erfasst. In ganz Deutschland kommt es zu Massenstreiks. Nie am Rande stand die Frauenrechtsbewegung: Im April 1918 kam es zu Protestaktionen des neuen Bündnisses für das Frauenstimmrecht, mit Zusammenkünften in Berlin und Hamburg. Im Mai mussten sie noch einmal eine herbe Enttäuschung einstecken, als im Berliner Abgeordnetenhaus das gleiche Wahlrecht für alle preußischen Bürger mit großer Mehrheit abgelehnt worden war, was auch und erst recht für die Frauen galt. Sie stellten sich auf eine neuerlich lange, eventuell Jahrzehnte dauernde Phase des Ringens ein.

Doch plötzlich, im Herbst 1918, spitzt sich die Situation im Deutschen Reich zu: Rasante Momente einer Demokratisierung setzen ein, sie gehen zunächst mit einer Umbildung der Reichsregierung in eine parlamentarisch-demokratische Mehrheitsregierung einher: Am 3. Oktober 1918 wird Max von Baden zum Reichskanzler und preußischen Ministerpräsidenten berufen. Er soll das Kriegsende einfädeln, schonend, mit innen- und außenpolitischen Kompromissen. Auf Druck der Obersten Heeresleitung übermittelt er am 5. Oktober ein Waffenstillstandsgesuch an den amerikanischen Präsidenten Woodrow Wilson auf Basis von dessen 14-Punkte-Plan.

Frauen spielen jetzt scheinbar überhaupt keine Rolle, doch die SPD-Frauen um Marie Juchacz und die bürgerlich-liberalen Frauen um Marie Stritt erspüren die Temperatur und ergreifen die Initiative: In einer konzertierten Aktion verschaffen sie ihrer Stimmrechtsinitiative Gehör gegenüber der neuen Reichsregierung und übersenden dem neuen Reichskanzler Max von Baden, der einen Ruf als liberaler Monarchist und Anhänger von Reformen hat, am 25. Oktober ein Schreiben, in dem sie fordern, bei der Neugestaltung Deutschlands auch die Interessen und Ansprüche der Frauen zu berücksichtigen. Sie bitten um eine Unterredung mit der Spitze der neuen Reichsregierung, um ihre Forderung nochmals eingehend zu erläutern.

Das Frauenbündnis, das dieses Schreiben unterzeichnet, hat inzwischen deutlich an Breite gewonnen: In nie gekannter Einigkeit unterschreiben neben Marie Juchacz für die Frauen in der Mehrheits-SPD und Marie Stritt für den Deutschen Reichsverband für Frauenstimmrecht auch Anita Augspurg für den Deutschen Verband für Frauenstimmrecht und Gertrud Hannah für das Arbeiterinnensekretariat der Generalkommission der Freien Gewerkschaften Deutschlands, dazu Gertrud Bäumer für den Bund deutscher Frauenvereine. Für den Deutschen Frauenausschuß für dauernden Frieden unterzeichnet Lida Gustava Heymann, Helene Lange für die Frauenorganisation der Fortschrittlichen Volkspartei und schließlich Klara Mende für die nationalliberalen Frauen.

Es ist die umfassendste Allianz von Frauen, die es je in Deutschland gegeben hat. Sie sind eine Kraft. Lediglich Frauenorganisationen einiger konservativ-rechter und kommunistisch-sozialistischer Kreise fehlen.

Zu einem Empfang bei der Reichsregierung kommt es allerdings nicht mehr – eine entfesselte Dynamik setzt alle bisherigen Pläne außer Kraft. Und doch herrscht nun eine Aktivität, die den Frauen entgegen kommt.

***

Ist im Oktober 1918 das Ende dieses furchtbaren Krieges in Sicht? Mehr als fünfzehn Millionen Menschen hat er bereits das Leben gekostet. Viereinhalb Jahre lang haben Soldaten in Schützengräben einander abgeschlachtet, wurden quer durch Europa 130 000 Tonnen Giftstoff verschossen, die 80 000 Männer töteten und eine Million durch Giftgas Verletzte in Lazarette zwang. Europa, das heißt im Oktober 1918: Verseuchter Boden, zerschossene Wälder, Erde – von Granaten umgepflügt …

Für keineswegs alle ist es vorbei: Otto Dix ist noch immer Krieger. Kurz nach seiner Beförderung meldet er sich zur Ausbildung als Flieger von Gent nach Schneidemühl. Ja, er will jetzt Flieger werden. Seine Auskünfte werden später der Frage »Warum?« nicht ausweichen. Der Nietzscheianer Dix lebt in den Kriegsorgeln einen dionysischen Vitalismus. In der Hölle des Grabenkampfes vor Reims hat er sich auf einer Feldpostkarte Frieden gewünscht. Doch solange der Krieg anhält, weicht er nicht zurück – nicht aus politischen Gründen, sondern aus philosophischen: Krieg gilt ihm als Naturereignis. Er kämpfte meistens dort, wo die Schlacht am schlimmsten tobte, in den Gräben der Westfront. Das hat er sich nicht ausgesucht, doch er ist dem »Vieh Mensch«, zu dem er sich selbst zählt, auch nicht ausgewichen. Noch Jahrzehnte später wird der ehemalige Stoßtruppführer Dix in einem Interview mit der Journalistin Maria Wetzel das wiedergeben, was er im Krieg erlebt hat:

»Schon die Eindrücke auf dem Weg zur Front waren furchtbar«, wird er sich erinnern. »Verwundete und die Gaskranken mit eingefallenen gelben Gesichtern, aufgeweichte, kreideweiße Gräben der Champagne, Leichengestank der herumliegenden Toten (...)«

Die Interviewerin wird ihn 1965 fragen, ob er denn damals keine Angst hatte. Doch, die hatte er. Aber:

»Wenn man vorging an die Front, da war eine Hölle von Trommelfeuer – naja, jetzt kann man lachen –, da war Scheiße in den Hosen ... Aber je weiter man vorkam, umso weniger hatte man Angst ...«

Im Oktober 1918 verarbeitet Otto Dix das jahrelange Töten in einer Flut von grausigen Bildern, in seinem Tornister steckt noch immer ein Nietzsche – nicht mehr »Die fröhliche Wissenschaft«.

***

Oskar Kokoschka ist absolut fertig mit dem Krieg – leider noch nicht körperlich, den Österreicher hat es furchtbar erwischt. Der Maler aus Wien wohnt im Oktober 1918 schon über ein Jahr in Dresden. Und noch immer ist er täglich oberhalb der Elbhänge zu finden, in Dr. Teuschers Sanatorium. Ein Wunder, dass er überhaupt noch lebt. Rasender Kopfschmerz hat ihn in der Zange, seit jene winzige Kugel seine rechte Schläfe durchbohrt hat. Oskar Kokoschka braucht jetzt all seine Kraft, um weiterzuleben. Wird er jemals wieder malen können? Was drunten in der Stadt passiert, erfährt er von seinem Arzt und den Schauspielerfreunden, mit denen er zusammenwohnt.

Im sächsischen Tal herrscht Kriegsalltag, und das heißt vor allem Mangel. Es gibt bei den Winterkartoffeln schmerzhafte Engpässe, die Proteste gegen die sich verschlechternde Versorgungslage nehmen zu. Erste Rufe nach einer Beendigung des Krieges werden laut, doch findet sich in diesen Spätherbsttagen noch keine Spur von einem Umsturz: Die Bevölkerung ist absorbiert von Meldungen wie der vom falschen Kriminalbeamten, der einer Schlosserwitwe elf Eintausendmarkscheine konfiszierte und damit spurlos verschwand, von der Nachricht, der Leipziger Lokführer, der im September ein Zugunglück im Neustädter Bahnhof mit vierzehn Toten verursachte, habe sich inzwischen als farbenblind erwiesen.

In Dresden grassiert zudem eine Grippeepidemie: Die Stadtoberen haben bereits öffentliche Einrichtungen schließen lassen, worauf nun die Leiter der Dresdner Privattheater ins Neue Rathaus marschieren, um gegen die Maßnahme zu protestieren. Die Post bittet, Weihnachtspakete für Soldaten bis spätestens 2. Dezember aufzugeben und sächsische Zeitungsverleger bekunden, jetzt im Heeresdienst stehende Mitarbeiter nach deren Rückkehr wieder einzustellen. In der Königlichen Gemäldegalerie spricht Kunsthistorikerin Frl. Günsche über die Niederländischen Meister … Wirklich nichts weist auf das Kriegsende hin, geschweige denn auf eine Revolution.

Und der sächsische König? Seine Majestät, Friedrich August III., besucht am letzten Oktober-Sonntag den Gottesdienst in der Katholischen Hofkirche. Ein paar Eiserne Kreuze werden verliehen. Kronprinz Georg sucht sich beim Hoflieferanten gute Bücher aus, seine älteste Schwester weilt zum Wettiner-Jubiläum in Bautzen. Es scheint ein Herbstsonntag wie jeder andere in dieser Kriegszeit zu sein. Oskar Kokoschka liegt in einer Badewanne mit Heil-Essenzen.

***

Auch Friedrich Wolf hält sich zu dieser Zeit in Dresden auf, er ist als Militärarzt eingesetzt. Seine Lebensgefährtin Käthe Gumpold hat ihn von Berlin, wo Wolf Medizin studierte, mit nach Dresden gezogen – hier hat sie Innenarchitektur und rhythmische Gymnastik studiert, in Hellerau. Und sie hat ihrem schreibenden Medizinstudenten nicht nur von den Kunstschätzen der Elbestadt vorgeschwärmt, sondern auch von den berühmten Werkstätten in Hellerau.

Was ist Hellerau? Zunächst mal eine 1909 gegründete Gemeinde, etwa sechs Kilometer nördlich von Dresden gelegen, am Rande der Dresdner Heide. Doch sie birgt etwas Besonderes: Hier wurde 1910 ein Fabrikgebäude errichtet, in dem seither preiswerte Einzel- und Serienmöbel im sachlichen Stil gefertigt werden – Möbel, von denen jeder Kaiserkitsch abgestreift ist und die schon vor dem Krieg über Dresden hinaus als bahnbrechend wahrgenommen wurden.

Berühmt ist Hellerau inzwischen auch als erste Gartenstadt Deutschlands: Für seine Mitarbeiter benötigte der Fabrikbesitzer praktische Wohnungen in Nähe des Werkes, und das war der Ausgangspunkt für die Anlage einer Gartenstadt: Der Kunstprofessor und Architekt Richard Riemerschmid aus München, auch ein Experte des Jugendstils, der das Münchner Theater um die Jahrhundertwende konzipierte, entwickelte von 1907 an für sechs Jahre den Bebauungsplan von Hellerau. Als Modell standen ihm die englischen Gartenstädte vor Augen, und 1909 begann er schon parallel mit der Entwicklung einer Gartenstadt in Nürnberg.

Hellerau gilt als gelungen und hat sich entwickelt, trotz des Krieges. Denn dahinter steckt eine Idee: Die Mietskasernen der Großstädte sollen überwunden und eine Naturnähe angestrebt werden, die den Bewohnern ein menschliches Lebensgefühl zurückgeben soll. Hier findet auch die Seele eine Wohnung. Bis hierher kommt der Krieg nicht.

Geplant war Hellerau zunächst nur für die Mitarbeiter der neuen Werkstätten, doch mehr und mehr Künstler siedelten sich hier an. 340 Wohneinheiten wurden entwickelt, auf einer Fläche von 140 Hektar. Die Anlage der Straßen erfolgte organisch, indem sie sich dem gegebenen Gelände mit seinen Krümmungen und Höhenunterschieden anpassten. Einfamilienhäuser in Reihen sind entstanden – alle mit einem Garten verbunden. Jede Bauspekulation bleibt von vornherein ausgeschlossen, weil als Bauherr allein die eigens dafür gegründete Baugenossenschaft zuständig ist. Eine Oase, dem Menschen gemäß. Der zweite Schöpfer dieser Oase ist der Architekt Heinrich Tessenow aus Rostock, dessen Werkzeichnungen von Schränken, Stühlen, Tischen und Betten bald zum Basiswissen von Architekturstudenten gehören wird. Hellerau gilt als Heiligtum des modernen Tanzes, auch Pädagogen geraten hier in Reformrausch.

Schon vor dem Krieg kam Friedrich Wolf mit seiner Lebensgefährtin hierher. Nein, es war nicht das Thema des werdenden Arztes, er absolvierte sein Praktikum zunächst in einem Krankenhaus in Meißen, danach in der Städtischen Heil- und Pflegeanstalt in Dresden – Friedrich Wolf wollte Nervenarzt werden. Durch seine Lebensgefährtin macht er sich jedoch mit den Tessenowschen Festspielen bekannt, den Hellerauer Werkstätten. Und befreundet ist er seitdem mit dem Architekten Paul Bender. Am Ende seines Praktikums in Dresden, im Jahr 1913, erhielt der junge Mediziner aus den Händen des sächsischen Innenministers die Approbation als Arzt überreicht. Wolf entdeckte noch ein bisschen die Welt, wurde aber mit Kriegsbeginn 1914 in Dresden als Militärarzt in Stellung gebracht. In den Krieg zog Wolf so begeistert wie Ernst Toller, Oskar Kokoschka oder Otto Griebel. Und auch er war nach zwei Jahren Kriegserfahrung ein starker Gegner dieses Krieges geworden.

Dennoch blieb er vier Jahre lang Offizier in einer sächsischen Division. Und er stieg auf: Im Oktober 1916 verlieh ihm Seine Königliche Majestät das Patent zum Oberarzt. Dr. Friedrich Wolf wurde erst verwundet und später verschüttet, er verbrachte seine Genesungsurlaube im Erzgebirge, in Kipsdorf und Dippoldiswalde.

Kurz nach Kriegsbeginn hatte er seine Lebensgefährtin Käthe Gumpold geheiratet – die beiden liebten sich und Käthe war schwanger. Wolf schrieb viel in den Kasernen, er hatte Nervenzusammenbrüche, wurde in Langemark erneut verschüttet und musste erleben, wie sein Freund Paul Bender eine Handbreit neben ihm fiel. Nun wurde es schlimmer mit ihm – er zwang sich zu arbeiten, schrieb, hatte flatternde Nerven und schon bald einen chronischen Gesichtsmuskeltick.

Mitte September 1918 war Dr. Wolf völlig am Ende, er stieg ins Private aus und folgte seiner Sehnsucht nach der Familie – nach Käthe, die bereits wieder schwanger war, und seiner inzwischen dreijährigen Tochter Johanna. Die Familie wohnt inzwischen in Langebrück bei Dresden, in einem Häuschen mit Garten. Der Oberarzt – noch keineswegs vom Militär entlassen – werkelt im herbstlichen Garten. Nein, er wird nicht an die Front zurückkehren, er wird sich krank melden. Es ist Oktober, und Wolf ist wirklich krank: Wieder muss er ins Genesungsheim nach Kipsdorf, dann wird er nach Dresden zurückbefohlen. Überall fehlen Ärzte, in Dresden müssen jetzt 10 000 Betten herbeigezaubert werden für die vielen aus der Etappe zurücktransportierten Verwundeten!

»1918 in der Heimat«, wird sich Friedrich Wolf später an seine Rückkehr nach Dresden erinnern. »Das Elend in den Lazaretten, die Achtzehnjährigen in den Grippemonaten September, Oktober (...) Ich tue Dienst vierzehn, sechzehn Stunden den Tag, bis zur Bewußtlosigkeit. Ich werde Vertrauensmann des Sanitätspersonals, der Kranken; im Handumdrehen bin ich in der Bewegung.«

Bewegung ist nicht nur in Dresden, Bewegung kommt jetzt in alle Teile Deutschlands. Geht der Krieg seinem Ende entgegen?

November 1918: »Der fliegt nie, der jetzt nicht flog«

Die Kriegsmüdigkeit und Verbitterung, die inzwischen das ganze Land erfasst haben, münden von Tag zu Tag in deutlichere Aktivitäten des Widerstands. Es ist ein allseits spürbarer Umschwung der politischen Großwetterlage: Kaum hat der November begonnen, erschüttern Streiks, Massendemonstrationen und Aufstände das Reich. Im ganzen Land übernehmen Arbeiter- und Soldatenräte die Macht.

Oskar Kokoschka hatte sich nach Berlin geschleppt, wo Cassirer gerade seine Bilder ausstellt. Revolutionsbegeisterte Künstler tragen ihm jetzt ihre »Novembergruppe« an. Doch ist dem Österreicher die Gruppe zu linksradikal? Rasch flieht Kokoschka nach Dresden zurück, möchte auch in der Revolutionspresse nicht weiter erwähnt werden. Nicht, dass er sich am Entwurf einer neuen Gesellschaft nicht beteiligen wollte: In Dresden wird er Mitglied eines Künstlerrates zur Reformierung des Kunstlebens. Doch der noch immer mit seinen schweren Verwundungen ringende Maler befindet sich im seelischen Ausnahmezustand – es verlangt ihn nicht nach Revolution, sondern nach Schönheit, Farbe, Zärtlichkeit.

Die heißen Nachrichten dringen auch ins Loschwitzer Sanatorium: In Kiel meutern die Matrosen der Hochseeflotte. In München geht das Volk unter Führung des Sozialisten Kurt Eisner auf die Straße und in Berlin rufen die Spartakisten zum Generalstreik auf. Endlich zieht auch in Sachsen, dem kleinsten der vier noch existierenden deutschen Königreiche, ein frischer Wind herauf. Der große Umsturz wird hier allerdings weniger blutig verlaufen als in anderen Regionen.

Um Sachsen in eine parlamentarische Monarchie umzuwandeln, lässt Friedrich August III. Anfang November die sächsischen Staatsminister zurücktreten: Er entbindet Offiziere, Beamte, Geistliche und Lehrer von dem ihm geleisteten Treueeid und bittet sie, im Interesse des Vaterlandes auch unter veränderten Verhältnissen ihren Dienst weiter zu versehen. Doch für Kosmetik ist es zu spät: Am 6. November wählen die Soldaten der Großenhainer Fliegerkaserne den ersten Soldatenrat Sachsens. Schon zwei Tage später brodelt es allerorts. Und nicht nur die Dresdner erwartet trotz kühler Jahreszeit die heißeste Woche des Jahres.

Freitag, 8. November 1918

Am Nachmittag des 8. November – der König unternimmt mit Schwester Mathilde gerade eine Spazierfahrt durch die Dresdner Heide, Kronprinz Georg eröffnet die pazifistische Scherenschnitt-Ausstellung eines Berliner Kaplans – gibt es am Dresdner Altmarkt den ersten großen Menschenauflauf: Glühende Redner fordern den Sturz der Monarchie! Und es dauert nicht lange, da bewegen sich zwei Züge mit zum Umsturz Entschlossenen durch die Stadt – einer in Richtung Kriegsministerium, der andere in Richtung der Grenadier- und Schützenkasernen. Die Züge bekommen immer mehr Zulauf. In der konservativen Presse kann man am nächsten Tag lesen:

»Am Freitag Abend 8 Uhr bildete sich auf dem Altmarkt ein Menschenauflauf, dessen Mittelpunkt zwei Redner waren, welche mit sinnlosen, aufrührerischen Forderungen die Massen aufreizten. Auf Vorschlag zogen dann die Massen, ständig Verstärkung erhaltend, nach der Neustädter Hauptwache. Dort staute sich die Menge, hob die Wache auf und schickte sich an, die Räumlichkeiten zu plündern. In diesem Augenblick riß in besonnener Weise Herr Otto Knauß die Aufmerksamkeit der Menge durch eine Ansprache auf sich und forderte sie auf, jede Gewalttätigkeit zu unterlassen.«

Auch Otto Griebel wird sich an diesen 8. November 1918 genau erinnern. Der Soldat wartet im Dresdner Ersatzbataillon des Grenadierregiments 101 auf das Kriegsende – so wie die anderen Kameraden, die alle Fronterfahrung haben und verwundet oder krank aus Frankreich zurückgekehrt sind. Um nicht wieder mit hinaus ins Feld zu müssen, hat der Verwundete sich im Kasernengelände für einen Blinker-Lehrgang gemeldet. Und die Zeichen der Unruhe und Aufsässigkeit? Sie nehmen im Oktober und Anfang November auch in seiner Kaserne zu. Die vergleichsweise friedliche Revolution beginnt in den Dresdner Kasernen am Tag vor dem entscheidenden 9. November:

»Am 8. November verkündete der Kompaniefeldwebel nach der Dienstausgabe auf dem Gange: ›Niemand verläßt heute abend die Kaserne! Da sind Sachen vorgekommen, die noch ihre Folgen haben werden. Meuterei wird nach den Kriegsartikeln mit dem Tode bestraft; richtet Euch danach – und nun weggetreten!‹

Draußen war es schon dunkel geworden. Wir saßen in unserer Stube, als vom Kasernenhof her ein mit lauten Hochrufen untermischtes vielstimmiges Geschrei ertönte. Neugierig blickte ich auf den Gang hinaus. Dort zerklirrten gerade die Scheiben der Glaskästen, in denen Offiziersembleme hingen. Ich sah, wie ein junger Zivilist dem Unteroffizier vom Dienst das Seitengewehr abnahm und erklärte: ›Sag, ein Sohn des Volkes hat sich das geholt!‹ (…) Wir eilten treppab zum Kasernenhof, zu den dort versammelten Soldaten, Arbeitern und Jugendlichen. Eben wurde gefordert, die Offiziere festzusetzen, deren Räume sich zwischen den beiden Mannschaftsflügeln befanden. Ein langer Demonstrationszug wurde formiert und nach den anderen Kasernen abmarschiert. Nur bei den Gardereitern gab es Schwierigkeiten, aber auch sie sahen dann ein, daß es nutzlos war, stur zu bleiben, und kamen mit. Dann ging es hinaus zur Militärarrestanstalt. Ein verwundeter Kamerad im gestreiften Lazarettkittel überkletterte als erster das hohe Eisentor, dessen spitze Stacheln mit hinaufgereichten Mänteln zugedeckt wurden, und schrie: ›Nicht schießen!‹ Im Hofe waren Maschinengewehre aufgestellt. Die Nutzlosigkeit des Widerstandes gegen die andrängende Menge begreifend, ließ uns der Anstaltsleiter ein. Er lieferte uns die Schlüssel zu den Zellen aus und verlangte nur, inhaftierte Kriminelle, die gesondert untergebracht waren, nicht in Freiheit zu setzen.

In dem Hause stank es widerlich und muffig. Wir öffneten die Zellen der Kameraden, die als Kriegsdienstverweigerer, als Meuterer und wegen Disziplin-Vergehen eingesperrt saßen. Etliche von ihnen vermochten gar nicht zu fassen, daß ihr Elend durch unser Erscheinen ein Ende finden sollte, daß die Revolution sie herausholte. Manche bettelten sofort um eine Zigarette.«

Das Bild wird filmreif, denn

»unter einer Fahne und Trommelklang marschierten wir ab zur Ortskommandantur, die in der Großen Klostergasse lag. Zu meiner Linken lief ein Soldat ›zweiter Klasse‹ – mit kreuzförmig auf dem blauen Tuchrock genähten Knöpfen, zur Rechten eine junge Munitionsarbeiterin mit hochgekrempelten Blusenärmeln und einem ums Haar gewundenen Kopftuch. Uns schlossen sich unterwegs immer wieder Menschen an. Die Ortskommandantur wurde aufgehoben. An den wichtigsten Plätzen kamen Wachposten, die ihre scharfgeladenen Gewehre mit nach unten gerichtetem Lauf über die Schulter gehängt trugen, bis hinaus zum Hauptbahnhof zur Aufstellung.

Dort, am Hauptbahnhof, wimmelte es nur so von Landsern, die nichts anderes im Sinn hatten, als einen Zug zu erwischen und möglichst schnell die Heimreise zu ihren Angehörigen vorzunehmen. Kameraden hieben an den Bordkanten der Gehsteige ihre Gewehre kaputt. Spät nachts sah ich, wie einem dicken Major die geflochtenen Achselstücke heruntergerissen wurden.

›Nie wieder Krieg!‹, hörte man dauernd schreien (...)«

Noch-Soldat Otto Griebel wandert todmüde seiner Kaserne zu, an deren Tor ein Maschinengewehr verlassen steht. Im großen Mannschaftsschlafsaal gähnende Leere – die Kameraden genießen die Freiheit. Doch weil es draußen nichts zu essen gibt in diesen Novembertagen 1918, füllt sich die Kaserne am nächsten Tag wieder.

An diesem Abend des 8. November 1918 wird in Dresden ein Arbeiter- und Soldatenrat gegründet – so, wie in anderen Städten auch. Denn auch aus Leipzig, Hamburg, Lübeck oder Bremen dringen ähnliche Nachrichten. In Chemnitz wurde das Militärgefängnis gestürmt, 28 gefangene Soldaten kamen frei. Den Forderungen der Flieger in der Großenhainer Kaserne wurde Erfüllung zugesagt. Gewagtes, völlig Neues geschieht – und im Unterschied zu Berlin sieht es in Dresden nicht nach Gewalt aus: So erheben sich am 8. November im Zirkus Sarrasani während der Vorstellung plötzlich in den oberen Rängen Rufe: »Alles Militär raus! Soldaten raus! Zivil ruhig hierbleiben!«

Die Soldaten verlassen ihre Plätze. Sie werden am Hauptausgang von den Kameraden aufgefordert, sich der Bewegung anzuschließen. Kurze Zeit später kommt ein großer Zug Soldaten in die Manege zurück: Sie haben Säbel umgeschnallt, an denen rote Tücher befestigt sind. Ansprachen werden gehalten, in denen vor

Räubereien, Schlägereien und Gewalttaten gewarnt und die Notwendigkeit betont wird, mit anderen Städten zusammenzugehen.

Ins Albert-Theater dringt nach Schluss der Vorstellung Militär ein und nimmt allen anwesenden Offizieren Degen, Achselstücke, Kokarden usw. ab. Auf dem Pirnaischen Platz werden Straßenbahnen angehalten, das Militär wird aufgefordert, herauszukommen. Auch auf dem Altmarkt kann man beobachten, wie ein bewaffneter Soldat und ein postierter Polizist anderen Soldaten die Waffen und Kokarden abnehmen – so, wie auch im Theater. Widerspruch ist zwecklos.

Samstag, 9. November 1918
Das Unfassbare geschieht: In der Reichshauptstadt dankt der Kaiser ab!

»*Abdankung des Kaisers.*
Thronverzicht des Kronprinzen. – Ebert zum Reichskanzler ausersehen.
Die Entscheidung.
Berlin, 9. November. »*Der Kaiser* und *König* hat sich entschlossen, dem Throne zu entsagen. Der Reichskanzler bleibt noch so lange im Amte, bis die mit der Abdankung des Kaisers, dem *Thronverzicht des Kronprinzen* und der *Einsetzung der Regentschaft* verbundenen Fragen geregelt sind. Er beabsichtigt, dem Regenten die Ernennung des Abgeordneten *Ebert* zum Reichskanzler und die Vorlage eines Gesetzentwurfes wegen der sofortigen Ausschreibung für die verfassungsmäßige *deutsche National-Versammlung* vorzuschlagen, der es obliegen würde, die künftige Staatsform des deutschen Volkes einschließlich der Volksteile, die ihren Eintritt wünschen, endgültig festzustellen.
Berlin, den 9. November 1918
Der Reichskanzler. Max, Prinz von Baden.«

Der Text prangt gleichlautend in fast allen großen Zeitungen Deutschlands auf der Titelseite. Doch schnell spricht sich herum, dass Wilhelm II., der sich seit dem 29. Oktober 1918 im deutschen Hauptquartier im belgischen Spa aufhält, aus der Ferne abgetreten wurde: Um die Monarchie zu retten, die Kriegsgegner zu besänftigen und aus Sorge vor einem gewaltsamen Umsturz der radikalen Linken, hat der erst im Oktober eingesetzte Reichskanzler Max von Baden die Abdankung eigenmächtig verkündet und gleich noch Friedrich Ebert, dem Vorsitzenden der SPD, der stärksten Partei im Reichstag, das Amt des neuen Reichskanzlers übertragen.

Alles passiert in einem rasanten Tempo: Der Sozialdemokrat Philipp Scheidemann wird bedrängt, am Reichstag die deutsche Republik auszurufen, da der radikale Sozialist Karl Liebknecht am Berliner Schloss gerade im Begriff ist, die bolschewistische »Republik« nach sowjetischem Vorbild zu verkünden.

Auch die »Sächsische Volkszeitung«, das Organ der Zentrumspartei und »Einzige katholische Tageszeitung im Königreich Sachsen«, hält seine Leser über die politischen Vorgänge auf dem Laufenden: Der wuchtigen Schlagzeile von der Abdankung des Kaisers samt der Erklärung Max von Badens folgt die nur etwas kleiner gehaltene Überschrift: »Der Arbeiter- und Soldatenrat in Dresden.« Die Journalisten berichten auch hier den Lesern, was am Tag zuvor in der Stadt alles passiert ist. Dass am Freitagabend

»(...) bereits eine Sitzung im Kriegsministerium unter Vorsitz des Königs stattgefunden hat, in welcher die Bedingungen des Arbeiter- und Soldatenrates wie in Hamburg und Kiel angenommen worden sind. Es wurde die oben veröffentlichte vorläufige Vereinbarung getroffen.«

Das Ganze läuft also auf eine Umwälzung mit klaren Absprachen hinaus, nach dem vierjährigen Kriegsdesaster soll nun möglichst niemand mehr zu Tode kommen. Bis zum kommenden Sonnabend wird sich der endgültige Arbeiter- und Soldatenrat konstituieren. Und übrigens: »Der Bahnverkehr bleibt vorläufig aufrechterhalten!«

Nun erhält der provisorische Arbeiter- und Soldatenrat das Wort – auch das wird in allen sächsischen Tageszeitungen des 9. November 1918 abgedruckt:

»*Kameraden und Genossen!*
Unsere Schicksalsstunde hat geschlagen. Die Macht ist in unserer Hand! Hört auf uns! Sammelt Euch um Eure erwählten Führer. Keine Unbesonnenheiten! Ruhe und eiserne Nerven sind das Gebot der Stunde! Zeigt, daß Ihr Männer seid, folgt unseren Sicherheitsorganen, plündert und raubt nicht! Es ist Euer unwürdig und gereicht Euch nicht zur Ehre. Zum Ziel führt es nicht. Große Aufgaben liegen vor uns. Aber damit sie erfüllt werden können, ist die *Einigkeit* und *Geschlossenheit* der *Bewegung* erforderlich. Wir haben einen provisorischen Arbeiter- und Soldatenrat aus Vertretern hiesiger Gewerkschaften und Garnisonstruppenteilen gebildet. Folgt seinen Anweisungen und Beschlüssen, sorgt für Ruhe und Ordnung, damit sich nichts ereignet, was gegen uns ausgenutzt werden kann. Denkt auch an die Aufrechterhaltung der Ordnung in den Kasernen!

Alle Arbeiter und Soldaten sind auf unserer Seite. Wir sind unserem Ziele nahe!
Dresden, 9. November 1918.
Der prov. Arbeiter- und Soldatenrat.«

Dramatisch geht es weiter – in der Realität und auf den Titelseiten der deutschen Zeitungen vom 9. November 1918:

»*Ausrufung der Republik Bayern.*
München, 8. Nov. Im Anschluß an die gestrige Massenversammlung auf der Theresienwiese kam es *zu ersten Unruhen*, die im Verlaufe zur *Ausrufung der Republik Bayern* führten. In der Nacht zum heutigen Tage bildete sich ein *Rat der Arbeiter, Soldaten und Bauern*, zu dessem Vorsitzenden Kurt *Eisner* ernannt wurde. Dieser Rat erließ an die Bevölkerung Münchens folgenden *Aufruf:*

Das furchtbare Schicksal, das über das deutsche Volk hereingebrochen ist, hat zu einer elementaren Bewegung der Münchner Arbeiter und Soldaten geführt. Ein provisorischer Arbeiter-, Bauern- und Soldatenrat hat sich in der Nacht zum 8. November im Landtage konstituiert. Bayern ist fortan ein freier Staat. Eine Volksregierung, die von dem Vertrauen der Massen getragen wird, soll unverzüglich eingesetzt werden. Eine konstituierende Nationalversammlung, zu der alle mündigen Männer und Frauen das Wahlrecht haben, wird so schnell wie möglich einberufen werden.

Eine neue Zeit hebt an! Bayern wird Deutschland für den Völkerbund rüsten. Die demokratische und sozialistische Republik Bayerns hat die moralische Kraft, für Deutschland den Frieden zu erwirken, der es vor dem Schlimmsten bewahrt. Die jetzige Umwälzung war notwendig, um im letzten Augenblick durch das Selbstbestimmungsrecht des Volkes die Entwicklung der Zustände ohne allzu schwere Erschütterungen zu erledigen, bevor die feindlichen Heere die Grenzen überfluten oder nach dem Waffenstillstande die demobilisierten Truppen das Chaos herbeiführen. Der Arbeiter-, Bauern- und Soldatenrat wird strengste Ordnung sichern. Ausschreitungen werden rücksichtslos unterdrückt.«

Auch die handelnden Akteure in Sachsen durchdenken das, was sie da lesen. Freistaat Bayern? Sollte nicht auch Sachsen ein Freistaat werden? Ganz weg mit der Monarchie statt einer parlamentarischen Monarchie?

Sonntag, 10. November 1918
An diesem Sonntag erklärt im Dresdner Zirkus Sarrasani der neu gebildete Vereinigte Revolutionäre Arbeiter- und Soldatenrat König Friedrich August III. für abgesetzt. Es ist das Ende der bisherigen Regierung und das Ende der Monarchie in Sachsen. Hermann Fleißner, Mitbegründer und Vorsitzender der Dresdner USPD, ruft anschließend in der Zirkusmanege den Freistaat Sachsen aus. Eine Revolutionsregierung wird gebildet mit je drei Politikern von SPD und USPD. Darin übernimmt Fleißner zunächst das Ressort des Volksbeauftragten für Militärwesen, wie das bisherige Kriegsministerium schon mal richtungsweisend umbenannt wird.

Kaiser Wilhelm II. flieht am selben Tag nach Drängen seiner Berater ins Exil nach Holland, wo ihm Asyl gewährt wird. Das steckt an. Auf Drängen von Familie und Hof flieht nun auch Friedrich August III., der letzte König Sachsens, ins Schloss Guteborn im Süden Brandenburgs.

Während die Vertreter des Vereinigten Revolutionären Arbeiter- und Soldatenrates noch im Zirkus Sarrasani debattieren, füllt sich das Stadtzentrum wieder mit Menschen, trotz regnerischen Wetters. Soldaten ohne Seitengewehr, Kokarde und Achselklappen beherrschen das Straßenbild. Auf den Hauptstraßen sorgen Abgeordnete des Arbeiterrats mit abgestempelten roten Armbinden für Ordnung. Das Straßenbild erscheint ruhig, zumal am Sonntag auch die Geschäfte geschlossen bleiben. Den Journalisten der »Dresdner Neuesten Nachrichten« fällt auf, dass die Hoflieferanten die Wappenschilder von den Läden entfernt haben und dass am Hauptbahnhof die Hauptportale geschlossen sind. Das königliche Schloss liegt still da, mit geschlossenen Toren, ohne Wache.

Im Laufe des 10. November wird hoch über dem Georgstor, wo bisher die Königsflagge wehte, die rote Fahne gehisst. Sie symbolisiert den Aufbruch in eine neue, republikanische Zeit. Die Zäsur ist gewaltig.

Doch was kommt jetzt? Keiner weiß es so genau. Nach dem nicht endenden Krieg und inmitten der atemberaubenden Novemberdynamik liegt das 19. Jahrhundert schon jetzt unter ihnen wie begraben, das spüren viele.

Mittwoch, 13. November 1918
Der Nationalliberale Dr. Rudolf Heinze, der erst vor Wochen vom König zum Geheimrat berufen wurde, trifft im Schloss Guteborn mit der Abdankungsurkunde ein. Heinze ist zuständig, denn seit Ende Oktober ist er nun Chef des sächsischen Gesamtministeriums. Doch glücklich ist er keineswegs über seine Aufgabe. Damit endet die mehr als achthundertjährige Herrschaft des Hauses Wettin über Sachsen.

Traurig, aber man bleibt nett im Umgang miteinander. Ein paar Tage lang haben die Sozialdemokraten erwogen, den abgedankten König zum ersten Präsidenten des Sächsischen Freistaates zu ernennen, da hat der revolutionär gestimmte Arbeiter- und Soldatenrat aber abgewinkt. Friedrich August III. war überaus beliebt im Volk, mitunter auch belächelt. Er war uneitel, etwas tapsig, aber auch furchtlos und unvoreingenommen, wenn er allein durch Dresdens Straßen spazierte, mit den Kindern ins Café ging oder mit wildfremden Leuten Skat spielte. Zahlreiche Witze kursieren noch immer über ihn – die meisten in jenem breitem Sächsisch, das auch der Monarch spricht, so wie alle. Zeit seines Lebens – das 1932 unter größter Anteilnahme der Bevölkerung endet – bestreitet er, beim Abdanken den Satz »Machd doch euern Dregg alleene!« gesagt zu haben. Der Satz aber würde zu ihm passen.

15. November 1918
Die Mehrheits-Sozialdemokraten haben versucht, sich an die Spitze der Arbeiter- und Soldatenräte zu setzen, nachdem USPD und radikale Linke die Dresdner Rätebewegung sofort an sich gerissen hatten, der Soldatenrat war rasch in ihrer Hand. Die Gruppe um Georg Gradnauer errichtete somit einen eigenen, »provisorischen Arbeiterrat«, dem die gesamte Prominenz der Dresdner SPD angehörte und auch der sozialdemokratischen Gewerkschaften.

Nach tagelangen taktischen Scharmützeln zwischen SPD und USPD übernehmen jetzt sechs »Volksbeauftragte« die Regierungsgewalt in Sachsen – je drei aus jeder der beiden linken Parteien. Der Leipziger USPD-Vorsitzende Richard Lipinski, der aus Westpreußen stammt, wird bis zum 16. Januar 1919 Vorsitzender des Rates der Volksbeauftragten sein und damit erster demokratischer Ministerpräsident in Sachsen. Doch über den politischen Differenzen und Spannungen zwischen den auseinandergedrifteten Genossen liegt latent die Frage: »Wie geht es weiter mit Sachsen, wer versteht was unter Revolution?« Die Vertreter der SPD um Dr. Georg Gradnauer verstehen darunter die bereits im Oktober im Reichstag begonnene Parlamentarisierung und Demokratisierung des Landes. Und sie sehen »geordnete Reformen« in einer parlamentarischen Monarchie als Übergang, um das »Chaos einer allgemeinen Auflösung« abzuwenden.

Doch das ist nun obsolet. Das gegenseitige Misstrauen aber bleibt hoch. Die »Internationalen Kommunisten« um den marxistischen Theoretiker Otto Rühle gar haben sich inzwischen aus dem Arbeiter- und Soldatenrat zurückgezogen und werfen der SPD und der USPD gleichermaßen vor, das »großangelegte Täuschungsmanöver der gegenrevolutionären Kräfte zur Rettung der vom Untergang bedrohten kapitalistischen Gesellschaft zu unterstützen«. Durch ihren Verzicht rücken Ernst Schulze von der USPD und Gustav Neuring von der SPD nach. Letzterer hat kein halbes Jahr mehr zu leben.

Und wo bleiben die bürgerlichen Kräfte der Gesellschaft?

Die »Dresdner Neuesten Nachrichten« schreiben am 17. November 1918, es lasse »sich nicht leugnen, daß das deutsche Bürgertum während der ersten Tage der Revolution wie erstarrt zur Seite stand und keine geistige Brücke fand zu dem Geschehen«. Das trifft es, und zwar in ganz Deutschland. Rasch findet der demokratisch gesinnte Teil des Bürgertums aber seine Sprache wieder und signalisiert die Bereitschaft, am Aufbau einer parlamentarisch verfassten Republik mitzuwirken. Dem alten Obrigkeitsstaat samt Militarismus und Bürokratie werde man nicht nachtrauern. Am 16. November 1918 veröffentlicht der Chefredakteur des vom Ullstein-Verlag herausgegebenen »Berliner Tageblatt«, Theodor Wolff, einen Aufruf zur Gründung einer linksliberalen bürgerlichen Partei, den auch Professoren wie Albert Einstein mitzeichnen. Vier Tage später wird die Deutsche Demokratische Partei (DDP) gegründet.

Die Zurückweisung von Nationalliberalen wie Gustav Stresemann führt jedoch sofort zur Gründung einer zweiten Partei, die Deutsche Volkspartei (DVP). Sie schart sich in Dresden um Rudolf Heinze und den beliebten Oberbürgermeister Bernhard Blüher.

Am schwersten mit Namen und Ausrichtung ihrer neuen Partei tut sich das rechte Lager, das mehrere Splitterparteien unter einen Hut bringen muss, darunter stramm Völkische und lediglich der Monarchie Nachtrauernde. Am 24. November 1918 gründet sich die Deutschnationale Volkspartei (DNVP).

Das katholische Deutschland wiederum sieht keinen Grund für einen Namenswechsel und bleibt bei Deutsche Zentrumspartei (Zentrum).

Wer sich gerade nicht im Parteiengestrüpp verliert, hat meistens Nachkriegs- und Versorgungsprobleme. An die »städtische Bürger- und Einwohnerschaft« erlässt der Rat der Stadt Dresden Mitte November folgenden Aufruf:

»Unbekümmert um die politische Umwälzung muss die städtische Verwaltung ihren geordneten Gang weiternehmen, wenn die Versorgung der Bevölkerung mit Lebensmitteln und mit dem sonst zum Unterhalt Notwendigen aufrecht erhalten werden soll: Wenn Brot, Kartoffeln und dergleichen ohne Marken abgegeben werden, vermögen wir für die Verpflegung keine Gewähr zu geben.«

Die zeitliche Beschränkung der Nutzung von Gas und Strom in den Geschäften der Stadt führe zu Irritationen und etlichen falschen Schließzeiten, lesen die Bewohner der Stadt. Es wird ermahnt, Gemüsevorräte für den Winter einzulagern. Der Schwerpunkt liegt auf Sauerkraut …

Viele Angehörige warten auf die Rückkehr ihrer Soldaten. Probleme soll es dabei besonders in Warschau geben, wo die Polen eine feindselige Haltung gegen die heimkehrenden deutschen Truppen einnehmen und ihnen den Durchmarsch durch Polen verwehren. Der Warschauer Bahnhof, auf dem deutsche Soldatenzüge stehen, sei von Polen besetzt.

Dazu passt eine Nachricht, die den Trotz nicht nur der Biertrinker hervorruft:

»Die Ausfuhr von Pilsner Bier ist vom örtlichen Nationalausschuß in Pilsen verboten worden und zwar sowohl nach Wien als auch nach Deutschland. Das Bier darf nicht über die Grenzen des tscheche-slowakischen Staates geschickt werden. Begründet wird das Verbot damit, daß der heimische Konsum zuerst gedeckt werden soll, daß keine größeren Verkehrsschwierigkeiten entstehen und weil keine Bürgschaft dafür vorhanden sei, daß die Waggons wieder zurückgeschickt werden.

Demgegenüber ist zu bemerken, daß die Tschecho-Slowaken eine ganze Anzahl deutscher Eisenbahnzüge mit Inhalt widerrechtlich zurückgehalten haben. Die deutsche Brauindustrie steht auf einer derartigen Höhe, daß wir es nicht notwendig haben, ausländisches Bier in Deutschland einzuführen.«

Nein, es geht nicht nur um Bier: Seitdem die US-Regierung in einem Memorandum 1916 das Ende der Herrschaft von Deutschen und Ungarn über die Slawen Mitteleuropas gefordert hat, etabliert sich eine unabhängige Tschechoslowakei. Aus Bündnispartnern sind Gegner geworden.

Außer an die großen politischen Bewegungen wird auch wieder ans Privatleben appelliert: Es gibt schon jetzt Christbaumschmuck zu kaufen! Nervenkraftnahrung wird in der Zeitung angeboten, das Stadt-Café am Zwinger und Postplatz hat wieder geöffnet und die Dramatische Gruppe »Glückauf« aus Dresden-Altstadt lädt für den 8. Dezember 1918 zu einem »Bunten Abend« ein.

***

Von solcher Entspannung kann der Arzt und Autor Friedrich Wolf nur träumen:

»Ich bin seit gestern Mitglied der Vereinigten Revolutionären Arbeiter- und Soldatenräte und zugleich der Exekutive«, schreibt Wolf am 12. November 1918 an einen Freund, »nachdem ich schon seit 1 Woche zwischen Behörde, Lazarett und Sozialdemokratischer Partei vermittle. Es sind gewaltige Schicksalsstunden! ›Der fliegt nie, der jetzt nicht flog‹. Ein Jammer, daß Du nicht hier bist.

Über die Waffenstillstandsbedingungen mache ich mir keine Sorge; erstens überhaupt –, und zweitens bin ich überzeugt, daß die ›Weltrevolution‹ im Geiste bereits Tatsache ist und in Wahrheit in kurzem überall durchbrechen wird.«

Über die Weltrevolution kann Wolf jetzt nicht weiter nachdenken, er wird dringend als Arzt gebraucht und wird sich noch lange an diesen Monat erinnern, in dem eine neue Zeit beginnt, an seinen Einsatz an der Basis:

»In jenen Novembertagen ertrank ich in dringender Kleinarbeit. Als die Lazarettzüge aus Serbien ankamen und die Gleise blockierten, hatte man mir die Linienkommandantur des Dresdner Bahnhofs aufgehalst. Dutzende Lazarettzüge mit tausenden Verwundeten und Schwerkranken standen dort tagelang auf der Strecke. Das Sanitätspersonal lief davon. Viele Kranke starben und wurden einfach auf die Schienen gelegt. In der Stadt waren sämtliche Lazarette und Krankenhäuser überfüllt.«

***

In Leipzig geht traditionsgemäß die Revolution aktionsreicher und proletarischer voran als in Dresden. Ausgerechnet in Leipzig trifft Mitte November 1918 der Literaturwissenschaftler Victor Klemperer ein. Hier wohnt seit einiger Zeit seine Frau Eva, die ihr Musikstudium noch einmal aufgenommen hat und sich nun auch zur Orgel hingezogen fühlt. Am Klavier musiziert sie zudem mit Freunden und Bekannten – sie ist glücklich in der Bach-Stadt und sichtbar aufgeblüht – ihr Mann aber, Soldat Klemperer, kommt ausgebrannt aus der Welt des Krieges. Nun ist er eifersüchtig, vor allem auf Evas Musik.

Der inzwischen 37-Jährige ist viel herumgekommen: Vier Jahre lang studierte er in München, Genf, Paris und Berlin die Fächer Philosophie, Germanistik und Romanistik, ohne freilich irgendein Examen abzulegen. Stattdessen heiratete der jüngste Sohn eines Rabbiners aus Landsberg a.d. Warthe, der mit 22 Jahren zum Protestantismus konvertiert war; 1906 wurde die Klavierlehrerin Eva Schlemmer aus Königsberg seine Frau. Die beiden führten zunächst ein unbeschwertes Leben in Berlin, Victor als freier Publizist für verschiedene Zeitungen, Eva gab ihren Beruf auf und wurde die Mitarbeiterin ihres Mannes. Dann zog das junge Ehepaar nach München, wo Victor sein unterbrochenes Studium wieder aufnahm und mit einer germanistischen Arbeit zunächst den Doktortitel erwarb. Zügig im Anschluss daran habilitierte er sich beim renommierten Romanisten Karl Vossler mit einer Arbeit über Montesquieu.

Der Krieg brach aus, während er noch schrieb. Für ein Semester ging er samt Eva als Lektor an die Universität Neapel, im November 1915 meldete er sich dann als Kriegsfreiwilliger.

Soldat Klemperer war vier Monate lang Artillerist an der Westfront, kam heil wieder heraus und schaffte den Wechsel an die Ostfront – als Buchprüfer in einer Schreibstube in Litauen. Angehöriger des Militärs ist er immer noch, als er nun, Mitte November 1918, in Leipzig eintrifft:

»Mittwoch Abend 20. November 1918, nach 8 Uhr: Leipzig, Reichelstr. 16
Das Glücksgefühl, mit dem ich nach der gelungenen Flucht aus Wilna mich hier einzurichten begann, ist rasch verflogen.

Ich schreibe, während Eva im Bachconcert in der Thomaskirche ist: Ich war gestern Abend zu einem Teil der Probe mit ihr zusammen dort in Grabeskälte. Die Musik gab mir gar nichts. Danach, im Café Merkur, unterhielt sie sich mit ihrem Collegen Hempel lange u. angeregt u. beglückt darüber. So angeregt hatte ich sie noch nicht gesehen, seit ich aus Rußland zurück bin.

(...) Eva sagt, ich sei eifersüchtig auf ihre Musik, wie Mutter es auf Vaters Bücher gewesen. Sie hat recht, und umso kränkender ist der Vergleich.

Mein Friseur erzählt mir, er habe ein *Infanteriegewehr für 10 M.* gekauft; ein Mann bot es ihm im Laden an. ›Ein Seitengewehr fand ich auf der Straße; Stücker 10 lagen in der Gosse.‹«

Gerade in Leipzig sind die linksradikalen Spartakisten besonders reichlich vertreten. Ihr Hauptgegner ist derzeit die SPD, die in Dresden das Sagen hat und die jetzt, an diesem letzten Novemberwochenende, in der »Dresdner Volkszeitung« einen großen Aufruf startet, um die Bevölkerung für eine Nationalversammlung zu gewinnen:

»*Aufruf!*
Deutsche Männer und Frauen!

Die Revolution hat sich unblutig vollzogen.

Wir stehen heute auf republikanischer Grundlage. Alle Volkskreise, die noch nicht im Arbeiter- und Soldatenrate vertreten sind, sind zu sammeln. Geschieht dies, haben wir das demokratische Grundprinzip:

›*Gleiches Recht für alle*‹ durchgeführt.

Alle Hand- und Kopfarbeiter und Arbeiterinnen jeder Art, in Gewerbe, Handel und Industrie, in Landwirtschaft, Behörde, Wissenschaft und Kunst müssen sich sofort zusammenschließen, um das Ideal ›Gleiches Recht für alle‹ zu verwirklichen. Das nächste Ziel dieses Grundsatzes, Gleiches Recht für alle, ist *die Forderung der Nationalversammlung,* die uns die gesetzlich anerkannte Volksrepublik bringen wird.

Wer diese Volksrepublik unter dem Ausruf ›Gleiches Recht für alle‹ gegründet wissen will, der melde sich umgehend beim unterzeichneten Sammelausschuß.

Frauen und Männer, Vereine und Organisationen jeder Art, meldet Euch!

Sonst reißt Unordnung ein und droht Hungersnot!

Sonst haben wir den blutigsten Volkskrieg!

Sonst verweigern die Feinde dem deutschen Volke den heißersehnten Frieden!

Meldestelle Dresden-A., Johannesstr. 19, Fernruf 18910

Der Sammelausschuß.«

Diesem Aufruf von 23. November 1918 folgen sehr viele Bürger, nicht nur in Dresden.

In Leipzig hat dagegen die USPD das Sagen – an deren Spitze der durchsetzungsstarke Vorsitzende Richard Lipinski. Am 9. November 1918 haben 600 Soldaten- und Betriebsdelegierte einen aus 33 Mitgliedern bestehenden Großen Rat der Arbeiter- und Soldatenräte gewählt. Ihm gehören ausschließlich USPD-Mitglieder an, was die örtliche Dominanz dieser Partei widerspiegelt.

Nach dem revolutionären Wahlakt greift in der Messestadt eine wahre Volksfeststimmung um sich: Tausende Menschen hängen an den Lippen führender USPD-Politiker, die ihnen eine bessere, friedliche und freiheitliche Zukunft verkünden. Und erstmals seit Kriegsbeginn gibt es wieder Tanzveranstaltungen.

Doch da sind auch noch die Spartakisten, die zwar den Krieg mit anderen Völkern ablehnen, aber den Bürgerkrieg im Inneren des Landes nicht. An ihrer Veranstaltung nehmen Victor und Eva Klemperer teil:

»Freitag Abend nach 8 Uhr Leipzig 22/XI.18

(...) Im Januar gehen unsere letzten Reserven hin, u. dann werden uns monatlich 300 M. zum Leben fehlen. Dazu ein Gefühl der Freud- und Erfolglosigkeit beim Arbeiten (...) Eva wirft mir mürrisches Wesen vor, gewissermaßen Undankbarkeit meiner Lage, meiner Befreiung aus der Kriegssklaverei gegenüber – die drei genannten Factoren bedrücken mich allzu sehr. (...)

Die *Spartakusgruppe* tagte gestern in einem ziemlich jämmerlichen Lokal am Brühl, im Hinterhaus (Coburger Hallen). Ein langes verräuchertes Zimmer, nach den Bildern zu schließen (unter denen Wilhelm II. nicht fehlte) Verbandszimmer einer Lokomotivführer-Vereinigung. An zwei langen Tischen und sonst an die Wand gepfropft, ruhig beim Bier 200–250 Menschen, meist jung, aber weder gemein noch radaulustig aussehend, einige Frauen, mancherlei Soldaten darunter (...)

Solange wir da waren, sprachen ein stockender, aber bedächtig wägender Vorsitzender, ein referierender Pole oder polnischer Jude mit kaltschnäuzig frecher Geschwindigkeit, ein kragenloser grauhaariger Arbeiter, fließend, ruhig, intelligent, wie ein guter Dozent, ein Unteroffizier von etwa 30 Jahren mit hartem ostpreußischen Accent in leidenschaftlichstem, fanatischstem, überzeugtestem, langsam wichtendem Kreuzpredigerton. Alle sagten sie, jeder auf seine Art, genau das Gleiche, im Grunde mit einer kindlich naiven Schamlosigkeit: Gegen Nationalversammlung u. gegen Preßfreiheit. Wir sind in der Minorität, die Nationalversammlung würde uns besiegen, die Presse bekämpft uns.

Ergo Verhinderung der Nationalversammlung, gewaltsame Beschlagnahme der Presse für unsere extreme Richtung! Es kommt ihnen eben gar nicht auf allgemeine Freiheit an, sondern auf *ihre* Befreiung, vielmehr *ihre* Herrschaft. (...)

Merkwürdig, wie ruhig die Versammlung war, in wie ruhigem Ton zum Bürgerkriege aufgefordert wurde, gegen die momentane reactionäre Regierung der Socialisten (der Kriegsverlängerer u. Verräter)!«

***

Und wo sind die Frauen – wo die engagierten Kämpferinnen für das Frauenwahlrecht? Sie sind mittendrin in der großen Umwälzung und nutzen dynamisch ihre Chancen: Schon am 4. November 1918 führten sie unter der Überschrift »Die Frauen und das neue Deutschland« in Berlin eine publizistisch gut flankierte Volksversammlung für das Frauenwahlrecht durch. Die Gäste strömten. Die Zeitschrift des Reichsverbandes für Frauenstimmrecht – »Die Staatsbürgerin« – berichtete, dass

»(...) neben der Versammlung im Hauptsaale, unter Leitung von Frau Stritt, wo etwa 2.000 Personen anwesend waren, eine Parallelveranstaltung in einem Nebensaale unter Leitung von Frau Cauer veranstaltet werden mußte, und noch konnten nicht alle Einlaßsuchenden untergebracht werden.«

In ihrer Ansprache beschrieb Marie Stritt die Atmosphäre dieser Tage:

»Schlag auf Schlag, mit betäubender Schnelligkeit ist das Alte hinweggefegt, das neue an seine Stelle gesetzt worden: Parlamentarisches System, demokratische Regierung, der Volksstaat anstelle des Obrigkeitsstaates, das Rechtsprinzip an Stelle des Gewaltprinzips – eine ganz neue Welt. (...) Nur in *einem* Punkt macht die so urplötzlich zur Tat gewordene Erneuerung Deutschlands halt, bewegt sich alles in den alten Gleisen weiter: die neu geschaffene und neu zu schaffende Welt soll immer noch ausschließlich eine Welt des Mannes bleiben, in dem neuen Volksstaat rechnet man immer noch die Frauen nicht mit zum Volke (...)«

Marie Stritt endete ihre leidenschaftlichen Ausführungen mit den Worten:

»Die Gewährung der vollen Bürgerrechte an die Frauen ist daher heute zu einer Existenzbedingung des deutschen Volkes geworden, die so bald wie möglich erfüllt werden muß und – hoffentlich erfüllt wird.«

In beiden Parallelveranstaltungen der Kundgebung wurde in diesem Sinne die Forderung nach sofortiger Verleihung des Frauenstimmrechts erhoben und eine entsprechende Resolution einstimmig angenommen.

Nur wenige Tage später ist ihre Forderung erfüllt, die Frauen bekommen das Wahlrecht – »betäubend rasch«, wie Marie Stritt später beschreibt, durch »die große Flut der Revolution«. Denn im Gegensatz zu den bürgerlich-konservativen Kreisen, in denen der Gedanke des Frauenstimmrechts nie populär war, gehört für die Arbeiter- und Soldatenräte, die am 9. November 1918 die Macht übernehmen, die Forderung nach Wahlrechtsreform und Frauenstimmrecht genauso zu den Parolen der Revolution wie die Vergesellschaftung an Produktionsmitteln. In der Erklärung »An das deutsche Volk!« des Rates der Volksdeputierten, der momentanen provisorischen Regierung, vom 12. November 1918 heißt es:

»Alle Wahlen zu öffentlichen Körperschaften sind fortan nach dem gleichen, geheimen, direkten allgemeinen Wahlrecht aufgrund des proportionalen Wahlsystems für alle mindestens 20 Jahre alten männlichen und weiblichen Personen zu vollziehen.«

Der Aufruf hat Gesetzeskraft – damit ist sowohl für das Reich als auch für die Länder und Gemeinden die Gleichstellung der Geschlechter im Wahlrecht festgeschrieben!

Die Ereignisse überschlagen sich derart rasant, dass das Presseorgan der Frauenrechtlerinnen, »Die Staatsbürgerin«, in ihrer

Ausgabe vom November 1918 nur noch auf der letzten Seite unter der Überschrift »Nach Redaktionsschluss eingegangen« in aller Kürze vermelden kann:

»Ereignisse von unfaßbarer Größe haben sich in wenigen Tagen abgespielt. Deutschland ist Republik geworden. Die neue Regierung hat mit einem Schlage die Frauen befreit, ihnen für die Nationalversammlung das aktive und passive Wahlrecht zugestanden. Das Ziel der Stimmrechtsorganisation ist erreicht.«

Der fast ein halbes Jahrhundert währende Kampf der Frauen um das Recht, wählen zu dürfen, findet im November 1918 sein Ende. Das Ziel ist erreicht. In der darauffolgenden Dezemberausgabe jubelt Marie Stritt, noch immer fassungslos:

»*Die deutschen Frauen haben das Wahlrecht!*
(…) Es ist etwas ganz Neues, Unbegreifliches, etwas wie ein Wunder, an das zu glauben selbst denen im ersten Augenblick schwer wurde, die ihre Lebensarbeit an seine Verwirklichung gesetzt hatten.«

Für sie, die lange an der Spitze der Bewegung stand, gilt der »gewaltige Gärungs- und Umwandlungsprozess, von dem Deutschland gegenwärtig aufgewühlt wird«, als die »größte Revolution der Weltgeschichte, weil sie auch denen die Ketten brach, die bisher bei den blutigen Revolutionen immer vergessen wurden, weil sie auch den Frauen die neue Freiheit zuerkannte«. Darin erkennt die bekannte Frauenrechtlerin eine Bedeutung und Tragweite für die gesamte zukünftige Kulturentwicklung.

O Himmel, jetzt muss gehandelt werden, denn die meisten Frauen in Deutschland haben sich ja noch nie als handelndes politisches Subjekt erfahren! Der Ausschuß der Frauenverbände

Deutschlands in Berlin startet noch im November mit der Vorbereitung der halben Bevölkerung auf die Wahlen zur Nationalversammlung, deren genauer Termin noch gar nicht feststeht. Sechs Punkte als Denkanstoß gelangen überschaubar in eine größtmögliche Öffentlichkeit:

»Was soll die Frau in der Politik?
1. Den Männerzank vermindern!
2. Die Volkseinheit erhalten!
3. Den Volksstaat für alle wohnlich machen!
4. Die Volksschule in Stadt und Land bessern!
5. Die Volkssitte und Volksgesundheit pflegen!
6. Sich selbst als Bürgerin fühlen!
Fr. Naumann.«

Der Deutsche Reichsverband für Frauenstimmrecht, deren Vorsitzende noch immer Marie Stritt ist, geht etwas prägnanter vor in seinen Informationen und führt die Frauen Deutschlands mit christlichen Anleihen auf ein bisher völlig unbekanntes Terrain:

»Zehn Gebote für Wählerinnen
1. In kürzester Zeit sollen die *Wahlen zur deutschen Nationalversammlung* stattfinden. Jede deutsche Frau ist stimmberechtigt, wenn sie das Alter von 20 Jahren erreicht hat.
2. Jede deutsche Frau muß *ihre vaterländische Pflicht ausüben* und von ihrem Stimmrecht unter allen Umständen Gebrauch machen, gleichviel, welcher politischen Partei sie angehört.
3. Jede deutsche Frau hat die weitere Pflicht, *alle ihr zugänglichen Frauenkreise* zur Ausübung ihres Stimmrechts zu ermutigen und anzufeuern.

4. *Politisch ungeschulten Frauen* bieten die in zahlreichen Städten bestehenden *Vereine und Ortsgruppen für Frauenstimmrecht* Aufklärung und Belehrung. Der deutsche Reichsverband für Frauenstimmrecht ist parteipolitisch neutral und zählt Angehörige *aller* politischen Parteien zu seinen Mitgliedern.
5. Wo keine besonderen Organisationen für Frauenstimmrecht bestehen, wende man sich um Aufklärung und Belehrung an die von anderen Frauen-Vereinen errichteten parteipolitisch neutralen *Wahlausschüsse und Beratungsstellen.*
6. Es handelt sich *nicht* um die Bildung von *besonderen Frauenparteien;* jede Frau hat sich derjenigen politischen Partei anzuschließen, deren Grundsätze und Programm ihrer eigenen Ueberzeugung entsprechen.
7. Eigenbrödelei der Frauen muß jetzt überhaupt vermieden werden. Sie müssen wohl darauf von *bewährten und erprobten Frauen* kommen, *aber keine eigenen Frauenlisten aufstellen.*
8. Es ist Ehrenpflicht, sich aufklären, belehren, überzeugen, *nicht* aber sich *überreden und einfangen* zu lassen. Jede Frau besuche nach Möglichkeit die *Wahlversammlungen* der verschiedenen Parteien, um sich selbst ein Urteil zu bilden. Nur die selbsterworbene Ueberzeugung ist von Wert.
9. Haltet Euch genau an alle bekanntgegebenen *amtlichen Vorschriften,* weil sonst eine Wahl *ungültig erklärt* werden kann.
10. Die Frau, die der Wahl fern bleibt, *versündigt sich am Vaterland!«*

Frauen! Wählerinnen!

Sonnabend, den 30. November 1918, abends ½ 8 Uhr
im großen Saale des Vereinshauses, Zinzendorfstraße 17

Öffentliche Versammlung

Leitung: Frau Marie Stritt

Tagesordnung:

Frauenwahlrecht
Frauenwahlpflicht

Referate: Frau Katharina Scheven
Frau Julie Salinger

Ansprachen: Vertreterinnen von Frauenorganisationen

Freie Diskussion.

Veranstalter:

Der Stadtbund der Dresdener Frauenvereine

I. A.: Dr. E. Lotte Schurig, Vorsitzende.

Druck: Fr. Hermanns, Dresden, Marienstraße 8.

Werden die Frauen den Sprung in die neue Zeit mehrheitlich wagen, werden sie Demagogen durchschauen, sich von ihren Männern nicht bremsen lassen mit dem Verweis auf die Hausarbeit, die dann liegen bleibt?

Alles ist möglich und der Ausgang offen.

Dezember 1918: Die Rückkehr der Fronttruppen

Das letzte Kriegsjahr geht seinem Ende entgegen. Soldat Otto Griebel wird durch den Arbeiter- und Soldatenrat aus dem Heeresdienst entlassen – mit 90 Mark Abfindung in der Tasche, einem feldgrauen Mantel und einem Paar Schnürschuhe. Vor Freude weiß er nicht recht, was er jetzt anfangen soll. So führt ihn sein Weg erstmal hinüber in das nahe Restaurant »Zur Königstreue«. Das Lokal ist voll von besoffenen Landsern. Ein Musikautomat spielt immer das Gleiche: »Alte Kameraden«. Otto Griebel trinkt einen Wermutwein. Noch am selben Tag sucht er seinen Professor für Glasmalerei in der Kunstgewerbeschule auf und meldet sich zur Wiederaufnahme seines Studiums für Januar 1919 an. Ein paar Tage später fährt er nach Hause.

Seit dem 11. November 1918 herrscht nun Waffenstillstand. Er wurde zwischen dem Deutschen Reich und den beiden Westmächten Frankreich und Großbritannien beschlossen, in einem Eisenbahnwaggon im Wald von Compiègne. Seitdem schweigen die Waffen. Und seitdem kehren die verwundeten und verschont gebliebenen Krieger zurück. Viele hatten sich bereits ohne Erlaubnis von der Truppe abgesetzt, und niemand hatte sie aufgehalten. Die meisten jedoch rücken nun in geordneter Formation in die Heimat ein.

Einzug der Fronttruppen in Dresden am 18. 12. 1918

Am 18. Dezember 1918 ziehen die heimkehrenden sächsischen Fronttruppen über die König-Friedrich-August-Brücke, im Volksmund Augustusbrücke genannt, in die Dresdner Altstadt ein, darunter die 23. Infanterie-Division. Die Brücke ist schwarz von Soldaten. Und als das Bild am nächsten Tag in der sächsischen Presse abgedruckt ist, wissen die Frauen, dass viele von ihnen jetzt ihre Arbeitsplätze räumen müssen.

***

Die Versorgungslage in Deutschland ist noch immer schlecht, zu viele Menschen hungern. Zwischen Juli und Dezember 1918 erhielt die deutsche Bevölkerung auf ihre Lebensmittelkarten weniger als zehn Prozent der Fleischmenge, unter dreißig Prozent der Butterration und ca. 48 Prozent der Zuteilung an Getreideprodukten im Vergleich zu dem, was sie im Juli 1914 bekommen hatte. Hunger,

Versorgungsengpässe und eine schwere Kriegsmüdigkeit finden ihren Ausdruck in zunehmenden Unruhen unter den Industriearbeitern. Wer schuld an diesem Kriegsdesaster ist, wird nicht nur unter Arbeitern, sondern auch in der Mittelschicht diskutiert. Mehr als eine Million Streikfälle hat es im laufenden Jahr 1918 in Deutschland gegeben. Doch hat nur ein Drittel davon einen wirtschaftlichen Hintergrund, die beiden anderen Drittel sind politischer Natur.

Keineswegs alle Menschen haben noch Sehnsucht nach der richtigen Parole. Revolutions- und erst recht Kriegsmüdigkeit liegt über den Familien. Es ist kalt draußen, Kohlen und Brennholz müssen besorgt werden, das nötigste an Lebensmitteln. Zu viele Söhne, Männer, Väter, Brüder sind verwundet. Sehnsucht hat man nach allem, was tröstet.

Da kommt der erste »Dresdner Kalender« nach dem Krieg gerade recht. Das »Jahrbuch über das künstlerische, geistige und wirtschaftliche Leben Dresdens« ist dem Jahr 1919 zugedacht. Doch es handelt fast ausschließlich vom jetzigen und den vergangenen Jahren.

Herausgeber ist der noch junge Privatgelehrte und literarisch nicht sehr begabte Autor Dr. Erich Eichen, der unter dem Pseudonym Johann Erich Gottschalch für dieses gut illustrierte und handliche Buch den renommiertesten Dresdner Kunstkritiker gewinnen konnte, Prof. Dr. Paul Schumann. Schumann leitete lange das Feuilleton beim »Dresdner Anzeiger« und machte sich mit seiner Polemik gegen Karl May einen Namen. Er gehört der Freimaurerloge an, engagiert sich für den Naturschutz, für junge Künstler und die Öffnung der Hochschulen für Frauen. In zig Vereinen ist Paul Schumann aktiv; 1919 wird er zu den Mitbegründern der Volkshochschule Dresden gehören.

Schon das Geleitwort des »Dresdner Kalender« gibt die erbauliche Tonlage vor:

»Trotz Krieg und Not hat sich Oscar Laube auf Anregung maßgebender Dresdner Persönlichkeiten entschlossen, den ›Dresdner Kalender‹ von dem früheren Verleger zu erwerben und nach vierjähriger Pause wieder herauszugeben. Er tut dies in der Erwartung, daß uns in dem Jahre, dem dieser Kalender gilt, der heißersehnte Frieden endlich beschieden sein werde. Ein Friedensbuch soll also der ›Kalender 1919‹ sein; er soll den heimkehrenden Kriegern zeigen, wie unser Dresden die Kriegsjahre erlebt und ausgehalten, wie es sich in künstlerischer, geistiger und wirtschaftlicher Beziehung unter den Kriegsverhältnissen entwickelt hat.

Das Jahrbuch soll also eine geistige Brücke sein zwischen Feld und Heimat und soll schon vermitteln und Übergänge schaffen aus diesen Jahren gewaltiger Nervenanspannung heraus in die nachkriegerische Zeit hinein, in das neue Schaffen und Werden (...)«

Die Herausgeber bitten um Nachsicht für die noch nicht möglichen »erschöpfenden Rückblicke« und den noch sparsamen Einsatz von Bildern.

Das Buch fühlt sich schon wie Frieden an: Man erfährt, wie lange die Zerstörung Jerusalems zurück liegt, Luthers Reformation oder die Erfindung des Buchdrucks. Informieren kann man sich über die Tierkreiszeichen, die astronomischen Jahreszeiten, die Oster-Tabelle für die nächsten acht Jahre, die Sichtbarkeit der Planeten im Lauf des kommenden Jahres 1919. Und die Monate enthalten hier nicht nur das übliche Kalendarium, sondern auch noch den Evangelischen und den Römisch-Katholischen Kalender sowie von Januar bis Dezember die kommenden Sonnenauf- und -untergänge, und zwar bis auf die Minute genau. Denn zwar wurde das Königreich Sachsen recht früh und umfassend elektrifiziert, doch keineswegs alle Haushalte verfügen schon über die neue Helle. Kienspan und Talgkerze sind weitgehend passé, die

Petroleumfunzel ist noch immer stark im Einsatz: Die Kraftwerke mit einem auf Gleichstrom basierenden Niederspannungsnetz sind 1919 auch in und um die Hauptstadt Dresden herum noch weit von einer Gesamtversorgung entfernt. So ist es für Jung und Alt gut zu wissen, bis wann man bei Haus- und Handarbeit, beim Lesen oder der Viehversorgung das Tageslicht nutzen kann – ein in den Städten des 21. Jahrhunderts nur noch mit Fantasie vorstellbarer Tagesablauf.

Fritz Beckert, ein aus Leipzig stammender Privatdozent für Architekturmalerei an der Technischen Hochschule Dresden, steuert zu jedem Monat eine Federzeichnung bei. Das Wilde, Expressionistische ist noch nicht richtig angekommen. Und fände es Einzug in einer solch gediegenen Publikation?

Mit reichlich finanziellen Details versehen, berichtet Oberbürgermeister Dr. Bernhard Blüher nun, was die Stadtverwaltung Dresdens während des vierjährigen Krieges zu stemmen hatte und in welcher Lage sich die Stadt im Frühjahr 1918 befand:

»Als am 1. August 1914 der Mobilmachungsbefehl erging, bedeutete er auch für die städtische Verwaltung einen Aufruf zu hochgespannter Tätigkeit. Die Stadtverwaltung mußte nicht allein bei der Stellung und der Musterung der Mannschaften, der Pferde, der Wagen und sonstigen Geräte umfangreiche Hilfe leisten und die Lieferung der ausgehobenen Tiere und Geräte vermitteln, sondern auch und vor allem für die wesentlich gesteigerte Zahl von Offizieren und Mannschaften in der Stadt Quartier organisieren. Die Beschaffung der Unterkunftsräume hat große Opfer auferlegt, zumal die Stadt als Standort nicht allein für den Ersatz der hier garnisonierenden Truppen, sondern auch für die Aufstellung neuer Heeresteile diente. An Quartiergeldern hat die Stadtkasse rund 5 Millionen Mark für das Reich ausgelegt, die bis auf rund

280 000 Mark erstattet sind. Daneben mußte die Stadt selbst noch 4 Millionen Mark Quartiergelder aufwenden. Diese Summen lassen erkennen, welche außerordentliche Last der Bürgerschaft, die begreiflicherweise mit den vom Reiche und der Stadt gewährten Vergütungen bei weitem nicht auskam, auferlegt wurde. So gern diese Last, namentlich im Anfange, getragen wurde, so mußte doch die Stadtverwaltung darauf bedacht sein, sie der Bürgerschaft nach und nach zu erleichtern. Dem diente der Bau von Baracken im Jägerpark, der im Jahre 1915 mit einem Aufwand von 650 000 Mark durchgeführt wurde. (…)

Begreiflicherweise hatte die Stadtverwaltung den Wunsch, den ausmarschierenden und durchziehenden Truppen sowie den im Felde liegenden Heeresteilen Liebes zu tun. Es ist demgemäß eine großzügige *Liebesgabenorganisation* eingeleitet worden. Ihre Trägerin ist im wesentlichen die am 13. August 1914 gegründete Kriegsorganisation Dresdner Vereine unter dem Ehrenschutz Seiner Majestät des Königs und dem Ehrenvorsitz Ihrer Königlichen Hoheit der Frau Prinzessin Johann Georg.

Die durchfahrenden Truppen wurden auf den Bahnhöfen erfrischt, die ausrückenden Truppen mit warmer Kleidung und sonstigen Bedarfsgegenständen ausgestattet. Im Osten wurden in den besetzten Gebieten Erfrischungsstellen eingerichtet, und den im Felde an der Front stehenden Truppen, die von hier aus aufgestellt werden, wurden ansehnliche Liebesgaben ins Feld gesendet; die hauptsächlichen Sendungen gingen je zu Königs Geburtstag und zu Weihnachten hinaus; am letzten Weihnachtsfeste für 78 000 Personen. Im ganzen sind bisher für Liebesgaben mehr als 3 Millionen Mark ausgegeben worden. Zur Versorgung der sächsischen Truppen im Felde mit Lesestoff stiftete die Stadt 17 000 Mark. Den daheim verbliebenen Truppenteilen wurden weitgehende Vergünstigungen auf der Straßenbahn gewährt.«

Oberbürgermeister Bernhard Blüher

Ein Schwerpunkt in der Darstellung des Oberbürgermeisters liegt in der Versorgung der Verwundeten. Schon 1914 wurde im städtischen Ausstellungsgebäude in der Lennéstraße ein großes Lazarett eingerichtet, zunächst vom Roten Kreuz verwaltet. Lazarette gibt es inzwischen mehrere in der Stadt. Auch in den beiden städtischen Krankenhäusern, in der Heil- und Pflegeanstalt sowie im König-Georg-Gymnasium sind Lazarette eingerichtet und noch immer voll belegt. Für Genesende sind Heilstätten zur Verfügung gestellt:

»Die Fürsorge für kriegsbeschädigte, aus dem Heeresverband entlassene Krieger übernahm der Heimatdank, der bei rund 8260 Mitgliedern mit Jahresbeiträgen von insgesamt 76 000 Mark und einem Vereinsvermögen von rund 1¼ Millionen Mark die Form des Vereins trägt, aber von der Stadtverwaltung geleitet wird. Seine Tätigkeit ist erst im Werden; der Ausschuß für Kriegsbeschädigte hat im Jahre 1917 43 000 Mark aufgewendet und außerdem durch Beratung, Schulung und Neuertüchtigung Kriegsverletzter eine anerkennenswerte Hilfe geleistet.

Neben die Sorge für die Krieger trat die Sorge für die Kriegerfamilien. Bekanntlich schreibt das Reich die Unterstützung bedürftiger Kriegerfamilien mit einem Mindestsatz vor, der aus der Reichskasse erstattet wird: die sogenannte Reichsunterstützung. Dazu gibt die Stadt nach den örtlichen Bedürfnissen Zuschläge, die ihr vom Reiche und dem Staate anteilig vergütet werden. Die Zahl der Bedürftigen wuchs mit dem Steigen der Einberufungen und mit dem Steigen der Lebensmittelpreise. Bis Mitte Dezember 1917 waren 63 134 Anträge auf Unterstützung gestellt und es wird zur Zeit Unterstützung in rund 46 500 Fällen an 95 390 Personen gewährt.«

Das ist eine Menge. Und hier kommt die Kriegsorganisation »Dresdner Vereine« wieder ins Spiel. Die Beteiligten wollen in der Bevölkerung durch die freiwillige Opferbereitschaft der Bürger ein gemeinschaftliches Bewusstsein schaffen. Das deutsche Organisationstalent greift. Gearbeitet wird in fünf Gruppen:

»Die erwähnte Liebesgabentätigkeit besorgt die Gruppe IV., bei den Erfrischungsstellen im Osten die Gruppe V. Die Gruppe II dient der Jugendpflege, die Gruppe III der Sorge um die Erwerbslosen. Die Hauptarbeit bei der Unterstützung der Kriegerfamilien leistet die Gruppe I, die mittels einer starken Dezentralisation sich bemüht, den besonderen Bedürfnissen nach Möglichkeit gerecht zu werden.«

Das Nebeneinander von städtischer Unterstützung und freiwilliger Organisation führt zu Reibungen und Zuständigkeitsschwierigkeiten. Doch hebt der Oberbürgermeister lobend hervor, dass

»(...) wir weder auf eine so starke Mitarbeit noch auf so reichliche Spenden hätten rechnen können, wenn wir die gesamte Unterstützungstätigkeit in die städtische Organisation eingegliedert hätten.

Die städtische Unterstützung beschränkt sich grundsätzlich auf Angehörige der zum Heere Einberufenen. Trotzdem werden die Hinterbliebenen Gefallener noch eine Zeitlang von ihr unterhalten, bis sie der Heimatdank, Ausschuß für Hinterbliebene, in seine Obhut nimmt. Der Ausschuß, der erst in den Anfängen seiner Tätigkeit ist, hat im Jahre 1917 für die Unterstützung Hinterbliebener rund 42 500 Mark aufgewendet. Einen Teil der Unterstützungstätigkeit übernahm auch das Fürsorgeamt, nämlich die Unterstützung unehelicher Kinder von Kriegern. Für sie hat das bezeichnete Amt in den Jahren 1914 bis 1916 rund 834 000 Mark Unterstützungen vermittelt (...)«

Uneheliche Kinder gibt es etliche. Doch werden weder ihre Zahl noch die der aus Dresden in vier Kriegsjahren gefallenen Soldaten und Offiziere genannt. Man will die Leser aufbauen, statt sie mit niederdrückenden Zahlen zu belasten, und wendet sich den Kindern zu. Hier gibt es einen Mangel an Unterbringungsmöglichkeiten, der sich kaum von dem hundert Jahre später unterscheidet:

»Die Zahl der Krippen, der Kinderbewahranstalten und der Kinderhorte wurde wesentlich vermehrt und ihnen zu ihren Aufwendungen von der Stadt und von der Kriegsorganisation erhebliche Beiträge gewährt. Bei aller Anerkennung dieser Tätigkeit kann leider von einer ausreichenden Betreuung der Kinder heute noch nicht gesprochen werden. Rechnet man auf rund 80 000 Volksschulkinder nur 6 v.H., also etwa 5000 hortbedürftige Kinder und bedenkt man, daß erst 2100 Kinder in Horten untergebracht sind, so ergibt sich der Rest der Aufgabe, der noch zu lösen ist; ähnlich liegen die Verhältnisse bei den Krippen und den Kinderbewahranstalten.«

Dresden gehört zu Beginn des 20. Jahrhunderts zu den fünf bevölkerungsreichsten Städten im Deutschen Reich. Die Volkszählung am 8. Oktober 1919 ergibt eine Einwohnerzahl von 530 000. Am 16. Juni 1925 werden es durch Zuzüge, Eingemeindungen und der im Frieden wieder zunehmenden Geburtenzahlen bereits rund 620 000 Einwohner sein, und den Höchststand erreicht Dresden im Jahr 1933 mit rund 650 000 Einwohnern, bevor wieder ein leichter Rückgang zu verzeichnen ist:

»Auch den deutschen Flüchtlingen, die aus dem feindlichen Auslande und aus den besetzten Gebieten kamen, sowie den Angehörigen der mit uns verbündeten Staaten, besonders den hilfsbedürftigen Österreichern, widmete die Stadt, im wesentlichen mit Hilfe der Gruppe III der Kriegsorganisation Dresdner Vereine, eine wirksame Hilfe. Endlich hat die Stadt für Ostpreußen, Elsaß-Lothringen, Darkehmen, den Wiener Hilfsverein, das bulgarische Rote Kreuz, den türkischen Roten Halbmond und ähnliche Einrichtungen rund 200 000 Mark zur Verfügung gestellt.«

Das Deutsche Reich, Österreich-Ungarn, Bulgarien und die Türkei – das sind im Frühjahr 1918 die Verbündeten. Es sind wenige im Verhältnis zum sogenannten »Vielverband«. Die Vielen – das ist inzwischen die halbe Welt.

Und in dem Ausmaß, in dem das Kaiserreich militärisch in die Zange genommen wurde, verschärfte sich die Versorgungslage bei Lebensmitteln. Deren Behebung ist für Dresden sowie für alle deutschen Städte nach wie vor die wichtigste Aufgabe:

»Der allen Grundsätzen der Menschlichkeit hohnsprechende Plan des Vielverbandes, das deutsche Volk und besonders die daheimgebliebenen Frauen und Kinder auszuhungern, ist zwar nicht gelungen und wird auch nicht gelingen; aber erhebliche Schwierigkeiten in der Beschaffung von Nahrungsmitteln sind uns durch die Absperrung der Zufuhr, namentlich durch die Seesperre Englands, verursacht worden. Die städtische Stelle zur Beschaffung von Lebensmitteln hat sich im Lauf der Zeit zu einem umfangreichen Lebensmittelamt entwickelt. In den ersten Jahren war es noch möglich, durch die städtische Fürsorge größere Mengen von Lebensmitteln herbeizuschaffen; heute sind wir im wesentlichen Verteiler der von den Reichs- und Staatsstellen uns zugewiesenen Mengen. Dadurch sind uns in vieler Hinsicht die Flügel gebunden und unsere Eigentätigkeit kann sich zum größeren Teile nur darauf erstrecken, die uns zugewiesenen Mengen möglichst gerecht zu verteilen (...)«

Untergliedert ist das Lebensmittelamt mittlerweile in drei Abteilungen: die erste für Allgemeines, Brot und Kartoffeln, die zweite für Milch, Fleisch, Fette und Futtermittel, die dritte für Gemüse und Obst. Drei Ratsmitglieder arbeiten dort, unterstützt von 82 männlichen und 95 weiblichen Hilfskräften und einem jährlichen Zuschuss von insgesamt 500 000 Mark:

»Der Zusammenhalt zwischen den drei Abteilungen wird durch wöchentliche Beratungen unter meinem Vorsitz gewährleistet. Zur Beratung des Lebensmittelamts sind zwei Ausschüsse – der Lebensmittelausschuß, in dem auch Frauen sitzen, und der Fleischversorgungsausschuß – niedergesetzt. Für die Gewährung von Krankenzulagen und ähnliche ärztliche Fragen besteht ein ehrenamtlich arbeitendes Ärzte-Kollegium.

Den Unterbau der städtischen Lebensmittelverteilung bilden 22 Mehlbezirke als Mittelstellen und 837 Brotvertrauensleute als Unterstellen. Diese ursprünglich für die Brot- und Mehlverteilung geschaffene Organisation ist mehr und mehr auch für andere Lebensmittel- sowie auch für die Kohlenverteilung verwendet worden (...)«

Und so geht es voran. Oberbürgermeister Blüher hat mithilfe eines »sachverständigen Handels, der zu diesem Zwecke in Gesellschaften mit beschränkter Haftung zusammengeschlossen ist« ein Netzwerk zur Beschaffung noch freier Lebensmittel organisiert, das inzwischen weit über Dresden hinausgeht: Pirna und Meißen sind in dieses Programm integriert, Bautzen und bald schon halb Ostsachsen:

»Ich kann mit Befriedigung bestätigen, daß sich dieses Zusammenarbeiten mit den benachbarten Amtshauptmannschaften wie auch mit dem zusammengeschlossenen Handel im wesentlichen gut abgewickelt hat. (...) Die Stadtverwaltung hat auch eine Reihe von eigenen Einrichtungen geschaffen, um die Versorgung mit Lebens- und Futtermitteln zu bessern. Auf dem Gebiet des Gemüsebaues wurde das städtische Brachland mit Hilfe der Gartenverwaltung bearbeitet und bereitgestellt. Den Schrebergarten- und anderen Verbänden wurden für Minderbemittelte und kinderreiche Familien Beihilfen gewährt, ferner wurden von der Stadt

Gemüsepflänzlinge und Saatkartoffeln verteilt. Zur Gewinnung von Speisefetten wurde die Sammlung von Knochen eingerichtet. Gegenwärtig werden alle Knochen an den Kriegsausschuß für Öle und Fette gegen Lieferung von Margarine abgegeben, die wir den Volksküchen überlassen.«

Volksküchen gibt es überall im Land, und auch sie leben von der ehrenamtlichen Mitwirkung vieler Männer und noch mehr Frauen. Inzwischen dient sie der Massenspeisung, und auch in dieser Hinsicht hat der verantwortliche Bürgermeister ein tragfähiges Netzwerk geschaffen:

»Dieser Aufgabe widmete sich neben einer Anzahl dankenswerter freiwilliger Einrichtungen der bei der Kriegsorganisation Dresdner Vereine eingesetzte Ausschuß für Volksküchen. Bereits am 18. August 1914 wurden 30 Küchen für Kriegerfamilien eingerichtet, in denen die Portion zum Preise von 10 Pfennig abgegeben wurde. Im Monat darauf folgten 54 Küchen für Arbeitslose, in denen das Essen unentgeltlich abgegeben wurde. Die Küchen für Arbeitslose gingen, weil die Arbeitslosigkeit wesentlich abnahm, sehr bald zurück; jetzt bestehen nur noch 16 solcher Küchen. Dagegen wurden die Küchen für Kriegerfamilien im Laufe der Zeit erheblich vermehrt; jetzt sind 88 in Betrieb. Im April 1916, als die Massenspeisung für weitere Kreise sich als notwendig erwies, wurden Küchen für jedermann eingerichtet und laufend vermehrt; jetzt beträgt ihre Zahl 161.

(...) Besondere Veranstaltungen dienten der Speisung von Kindern. Dem Verein zur Speisung bedürftiger Schulkinder wurden außer den haushaltsplanmäßigen jährlichen 15 000 Mark noch je 70 000 Mark in den Jahren 1916 und 1917 gewährt; gespeist wurden 3650 Kinder.«

Und weiter geht es in einem Rapport, der sich von der außergewöhnlichen Fähigkeit eines Politikers nährt. Der aus Freiberg stammende nationalliberale Jurist Bernhard Blüher besuchte die Fürstenschule St. Afra in Meißen und studierte dann Rechtswissenschaft in Leipzig und Berlin. Blühers große Fähigkeiten und Verdienste bei der Entwicklung Dresdens zu einer modernen Großstadt waren schon zu seinen Lebzeiten legendär. Er übernahm das Amt als Stadtoberhaupt mit einer Erfahrung aus Freiberg, wo er zehn Jahre lang Bürgermeister war und am Ende so beliebt war, dass die Stadt dem Juristen, der als Oberverwaltungsgerichtsrat nach Dresden berufen wurde, 1909 das Ehrenbürgerrecht verlieh.

Seit dem zweiten Kriegsjahr ist er nun OB der sächsischen Hauptstadt und vorrangig damit beschäftigt, die Bevölkerung mit dem Lebensnotwendigsten zu versorgen. Das macht Blüher einfallsreich und mit Augenmaß – und nicht im Alleingang, sondern auch die Fähigkeiten seiner Mitstreiter einbeziehend, sodass er im Juni 1918 vorzeitig zum Oberbürgermeister auf Lebenszeit gewählt wird. Ein großer Vertrauensvorschuss.

Nach der Kommunalwahl am 9. Februar 1919 werden in der Stadtverordnetenversammlung die linken Kräfte die Mehrheit stellen. Doch bemüht sich Bernhard Blüher auch weiterhin als Mann des Ausgleichs, die vielfältigen Aufgaben im Alltag einer Großstadt zu bewältigen, ohne sich in Parteiengezänk zu verlieren. Er wird als Chef der Deutschen Volkspartei in den Sächsischen Landtag gewählt. Sein Ansehen steigt über Dresden hinaus, Blüher wird zum stellvertretenden Vorsitzenden des Deutschen Städtetags ernannt und als Jurist dort auch zum Sachverständigen für ein vom Städtetag vorgelegtes Kommunalisierungsgesetz ernannt. Das Amt des Oberbürgermeisters wird er nicht lebenslänglich ausüben, sondern von 1915 bis 1930 – dann geht er in den Ruhestand. 1938 stirbt Bernhard Blüher.

Vielleicht war er das fähigste Stadtoberhaupt, das Dresden je hatte. Und zu Recht trägt heute noch der Park um das Hygiene-Museum herum und eine anliegende Straße seinen Namen.

***

Am 9. November 1918 hatte Prinz Max von Baden, etwas außerhalb der Legalität, Friedrich Ebert zum kaiserlichen Reichskanzler berufen. Damit ermöglichte er es Offizieren und Beamten, die ihren Eid auf den König von Preußen geschworen hatten, sich auch der neuen Regierung zu unterstellen. Als er sich an der Tür von Bismarcks Arbeitszimmer vom neuen Kanzler verabschiedete, wandte er sich noch einmal um: »Herr Ebert, ich lege Ihnen das Deutsche Reich ans Herz!« »Ich habe zwei Söhne für dieses Reich verloren«, antwortete Ebert.

Seitdem kommen die Sozialdemokraten nicht zur Ruhe. Die Straße gehört den Linksradikalen, die eine verfassungsgebende Nationalversammlung mit aller Macht verhindern wollen. Um die parlamentarische Demokratie zu sichern, schließen Ebert und seine Mehrheits-SPD ein Bündnis mit General Wilhelm Groener, dem Nachfolger Ludendorffs in der Obersten Heeresleitung. Das gemeinsame Ziel: Ausschaltung der Linksradikalen. Drohend vor Augen steht Ebert dabei, wie die Minderheit der Bolschewiki in Russland das Parlament verjagt und das Land in einen verheerenden Bürgerkrieg gestürzt hat, der immer noch anhält. Die Armeeführung sagt Reichspräsident Ebert ihre Loyalität zu, eine vergleichbare Vereinbarung gibt es im Wirtschaftsbereich. Zwischen den Stühlen die nach rechts und links unterteilten Genossen von der USPD. Wie soll das ausgehen?

Vom 16. bis 21. Dezember wird in Berlin der Reichskongress der Arbeiter- und Soldatenräte Deutschlands einberufen: In reichsweiten, von den regionalen Räten organisierten Wahlen werden 486 Delegierte gewählt – je ein Abgeordneter auf 200 000 Einwohner bzw. auf 100 000 Soldaten. Hier fällt der entscheidende Beschluss: Am 19. Januar 1919 werden die Wahlen zur Verfassungsgebenden Nationalversammlung stattfinden. Die SPD fährt bei diesem Kongress eine hohe Mehrheit von 59,2 Prozent ein, die USPD kommt gerademal auf 88 Vertreter, der Spartakusbund gar auf nur zehn. Das ficht letztere nicht an. Am Tage der Eröffnung des Reichsrätekongresses verlangt Karl Liebknecht vor einer riesigen demonstrierenden Menschenmasse in Berlin die Bildung einer Roten Garde und den Sturz der Regierung Ebert. Bereits zu Weihnachten kommt es in Berlin zu schweren Kämpfen. Der Weg zur Nationalversammlung führt über den Bürgerkrieg.

Die in Berlin lebende Malerin und Bildhauerin Käthe Kollwitz aus Königsberg notiert am Weihnachtsabend in ihrem Tagebuch:

»*24. Dezember 1918* Weihnachten! Und in der Stadt wird mit Kanonen geschossen.
Von 8–11 Uhr wird mit Gasgranaten und Maschinengewehren Schloß und Marstall beschossen. Tote und Verwundete. Mittags heißt es, die Matrosen hätten kapituliert. Doch ist der Ausgang wohl mehr ein Sieg der Matrosen als der Ebertschen Regierung.
Gegen Abend gehe ich mit Hans dort vorbei. Marstall, Schloß stark beschädigt. Erregte Gruppen stehn zusammen.«

Verabschiedet sich die ersehnte Demokratie bereits wieder? Für Frauen gibt es endlich das Wahlrecht – das versteht jeder. Doch bei allem anderen gehen die Vorstellungen in diametrale Richtungen: Zwei Welten prallen aufeinander – die altbekannte und eine neue, mit radikalen Parolen. Verbissen werden weltanschauliche Kämpfe ausgetragen. Nach der Macht strebende Kameraden und

Genossen torpedieren, kaum in der Öffentlichkeit, schon die Versammlungs- und Meinungsfreiheit der anderen. Die Spartakisten haben nicht die Spur einer Ahnung vom Ausmaß der Lenin'schen Mordorgien. Bis die ans Licht kommen, werden noch ein paar Jahrzehnte vergehen. Doch auch die bereits sichtbaren Vorgänge werden kritiklos bejubelt.

Mit Ausnahme von Rosa Luxemburg: Sie bejaht die Oktoberrevolution, kritisiert aber zugleich die Parteidiktatur Lenins und der Bolschewiki. In ihrem Artikel in der »Roten Fahne« vom 14. Dezember 1918 fordert sie alle Macht für die Räte, die möglichst gewaltlose Entwaffnung und die Umerziehung der heimgekehrten Soldaten.

***

In Dresden bleibt der Zirkus Sarrasani den ganzen Monat Dezember über *die* politische Arena der Stadt. Ein Bürgerrat hat sich gegründet, in dem sich das Bürgertum sammelt. Den Vorsitz hat der nationalliberale Jurist Dr. Rudolf Heinze übernommen, der schon dem König die Abdankungsurkunde vorlegen musste. Die Truppe ist angenehm versöhnlerisch gestimmt und hat einstimmig eine Entschließung angenommen, in dem der Abschluss eines Friedens ebenso als »Gebot der Stunde« bezeichnet wird wie die »sofortige Einberufung der Nationalversammlung aufgrund von Wahlen, die allen Volkskreisen gerecht werden«. Bis dahin solle »jeder Deutsche willig in den Dienst der Ordnung treten.«

Diese Positionen übermittelt der Geschäftsführer des Bürgerrates auf einer großen sozialdemokratischen Versammlung am 8. Dezember 1918 im für Debatten besonders geeigneten Zirkus Sarrasani. Die Dresdner Einwohner sind aufgerufen, in Massen zum Zirkus zu strömen, um »Diktaturgewalt und Bolschewismus« die Stirn zu bieten. Der Bürgerrat erklärt die Bereitschaft der bürgerlichen Parteien, »gemeinsam mit der Arbeiterschaft zu arbeiten und die neu geschaffene Ordnung zu stützen und die Gegenrevolution von rechts und links zu bekämpfen« sowie das Misstrauen zwischen den Klassen zu beseitigen.

Bürgertum und SPD liegen auf einer Welle – der des gewaltlosen Aufbaus der ersten Demokratie in der deutschen Geschichte. Die würde Deutschland jetzt guttun. National- und Linksliberale, die in den Arbeiter- und Soldatenräten nicht vertreten waren, versprechen sich eine »gleichberechtigte Mitarbeit an dem neuen Werke«. Und nur auf diesem Weg haben sie auch die Möglichkeit, eigene Ziele wie »den freien Spielraum für das persönliche Streben nach wirtschaftlichem und geistigem Aufstieg und den Schutz des Privateigentums« durchzusetzen. Einem am Weihnachtsabend vorgebrachten Antrag des Dresdner Bürgerrates an den Arbeiter- und Soldatenrat, das Bürgertum schon jetzt in angemessener Weise an der Leitung der Landesgeschicke teilhaben zu lassen, erteilt Gustav Neuring, einer der führenden Sozialdemokraten im Arbeiter- und Soldatenrat, mit der Begründung eine Absage, dass die Arbeiter und Soldaten die Träger der Revolution gewesen seien und die Räte zu ihrer Verteidigung bestehen bleiben müssten, bis eine ordentliche Regierungsbildung erfolgt sei.

Nach Weihnachten 1918 beschließt die Landesversammlung der sächsischen Arbeiter- und Soldatenräte die Wahl einer vorläufigen Vertretung des gesamten Volkes der Republik Sachsen. Dieses Vorparlament, das sich »Volkskammer der Republik Sachsen« nennt, soll am 2. Februar 1919 gewählt werden. Geplant ist, dass die Volkskammer bis zum 26. Oktober 1920 eine »Verfassung des Freistaates Sachsen« erarbeiten soll, nach deren Annahme durch das Vorparlament am 14. November 1920 die Wahlen zum ersten Landtag des Freistaates Sachsen durchgeführt werden.

Sehr leiden die Christen an der politischen Entwicklung: Kurz vor Silvester machen evangelische und katholische Organisationen im Zirkus Sarrasani mobil gegen die kirchenfeindliche Haltung der neuen Macht.

***

Und wie endet das Jahr in Berlin, wo eine deutlich andere Temperatur herrscht? Schauen wir wieder ins Tagebuch von Käthe Kollwitz:

Sonntag, 29.Dezember 1918 Die Regierung hat sich gespalten. Die Unabhängigen Haase, Dittmann, Barth sind ausgeschieden, an ihre Stelle treten Noske, Löbe und Wissell.

Heut demonstratives Begräbnis der Matrosen durch Spartakus und Unabhängige. Zu gleicher Zeit gewaltige Demonstration der Mehrheitspartei. (...) Endlich Reichstagsplatz. Von da Demonstrationszug durch Brandenburger Tor. Auf der andern Lindenseite hörte man die Spartakisten ununterbrochen ihre Hochrufe ausbringen. In dichter Masse Wilhelmstraße entlang, Reichskanzlerhaus vorbei. Immer erneute Hochrufe. Der kleine Junge, der auf einem Fensterbrett saß und die Nationalversammlung hochleben ließ. (...) In der Elektrischen am Marstall vorbeigefahren. Dort Demonstrationen und Züge der Spartakisten. Alexanderplatz tolles Gedränge. (...)

Aus der Roten Fahne vom 29. Dezember 1918: ›Leidenschaftlich treibt das Leben, Freude und Ernst, Jubel und Gelassenheit, Kampf und gespanntes Lauern, immer weiter: das bunte und bezaubernde, das hinreißende und gewaltige Schauspiel der Revolution.‹«

»Silvester 1918 (...) Die 5 verflossenen Silvesternächte waren rückwärts gewandt. Waren voll Schmerz, Trauer, Sehnsucht nach dem Frieden.

Diese Silvesternacht wollen wir nicht für uns verleben. (...) Denn jetzt ist alles Zukunft. Zukunft, die wir hell sehen *wollen,* über das nächste Dunkle hinweg.

Dies Jahr hat den Krieg beendet.

Noch ist kein Frieden. Der Frieden wird wohl sehr schlecht werden. Aber es ist kein Krieg mehr. Man kann sagen, dafür haben wir den Bürgerkrieg. Nein, soweit ist es noch nicht trotz allem Schlimmen.

1918 hat den Krieg beendet und die Revolution gebracht. Der entsetzliche, immer unerträglichere Kriegsdruck ist fort und das Atmen ist wieder leichter. Daß wir damit gleich gute Zeiten bekämen, glaubte kein Mensch, aber der enge Schacht, in dem wir staken, in dem wir uns nicht rühren konnten, ist durchkrochen, wir sehen Licht und atmen Luft.

Das kommende Jahr wird ungeheuer wichtige Geschehnisse bringen. Weiß Gott, wie es heut übers Jahr sein wird?«

Januar 1919: Der Mord an den kommunistischen Führern

Das erste Friedensjahr bricht an. Doch Frieden ist nicht in Sicht, am wenigsten in Berlin: Am 1. Januar 1919 schließen sich die Spartakisten mit anderen linksradikalen Gruppierungen zur KPD zusammen, der Kommunistischen Partei Deutschlands. Das Parteiprogramm Rosa Luxemburgs wird im Großen und Ganzen angenommen. Darin betont sie, dass Kommunisten die Macht niemals ohne erklärten mehrheitlichen Volkswillen ergreifen würden. Ihre dringende Empfehlung, an den bevorstehenden Parlamentswahlen teilzunehmen, lehnt eine deutliche Parteitagsmehrheit jedoch ab. Während der Revolution im November 1918 spielten die Spartakisten keine wesentliche Rolle, selbst in den Arbeiter- und Soldatenräten vermochten sie nicht, Fuß zu fassen. Jetzt halten sie ihre Stunde für gekommen und wappnen sich zum Kampf.

Am 4. Januar 1919 setzt Friedrich Ebert den unzuverlässigen Berliner Polizeipräsidenten Emil Eichhorn von der USPD ab und ersetzt ihn durch den SPD-Mann Gustav Noske. Der forciert die Aufstellung von Freikorps, um die Regierung zu schützen. Freikorps sind lose zusammengefügte Einheiten von Männern unterschiedlichster Herkunft und Motivation: Soldaten, die nicht ins Zivilleben zurückfinden, auch Söldner und Abenteurer. Scharfe

Gegner des Umsturzes sind darunter, für die es zwischen Ebert und Liebknecht nur graduelle Unterschiede gibt, doch auch Republikaner, die das bereits Erreichte schützen wollen. Zudem wird jetzt reichlich Militär um Berlin zusammengezogen.

Die Genossen um Karl Liebknecht rufen zum Generalstreik auf. Am Tag darauf wird das Berliner Zeitungsviertel besetzt, um massenwirksam zum Sturz der Ebert-Regierung aufzurufen. Erfolglos versucht die KPD, Berliner Militärregimenter auf ihre Seite zu ziehen. Rosa Luxemburg hält diesen zweiten Revolutionsversuch für mangelhaft vorbereitet und verfrüht und kritisiert intern Karl Liebknecht scharf dafür.

Ebenfalls am 4. Januar 1919 notiert die aus Königsberg stammende Malerin und Bildhauerin Käthe Kollwitz in ihr Tagebuch:

»Der Simplicissimus bringt ein grimmiges bitteres Gedicht zu einer Zeichnung von Heine, wo ein nachher idiotisch aussehender Mann mit der roten phrygischen Mütze einen Hymnus auf seine Freiheit singt. Er ist frei von allem, von Arbeit, vom Kaiser, von Mitteleuropa, von Lebensmitteln, von Glück und Behagen, von Einigkeit usw.

Ja, so sieht es aus. Aber auch anders natürlich. Man macht sich Mut und hält am Glauben fest, will es wenigstens. Aber schlimm sieht es doch aus.

Die Arbeitslosigkeit ist immens. Die Arbeitsunlust auch. Spartakistische Ideen stecken immer neue Kreise von Menschen an.

Im Westen sitzt uns die Entente im Nacken, im Osten die Polen und die Bolschewisten. In den Bergwerken wird gestreikt. Hier in Berlin wird an allen Ecken und Enden gestreikt. Dieselbe Profitgier, die die Bürgerlichen aus der Kriegsnot Gewinn schlagen ließ, zeigen jetzt die Arbeiter. Kein Gemeinsinn und keine Einsicht.

In Schlesien hat sich ein Bergrat getötet. Er hinterläßt einen Brief an die Arbeiter. Er schreibt, er will ihnen damit beweisen, wie elend sein beneidetes Leben ist. Kein Zureden hat geholfen, so tötete er sich, um ihnen eindringlich zu Gemüt zu führen, wie unsinnig und gegen ihr eigenes und Deutschlands Interesse ihr Handeln ist.«

Käthe Kollwitz hat im Krieg ihren Sohn Peter verloren. Die Trauer in der Familie ist noch immer stark. Ebenso wie ihr Mann, der Arzt Karl Kollwitz, und beider Sohn Hans kann sie nicht fassen, wie nun, statt den Frieden aufzubauen, die Kommunisten einen Putsch gegen die sozialdemokratische Übergangsregierung anzetteln.

»*Dienstag, 7. Januar 1919* Gestern Abend bis in die Nachtstunden Kanonenschießen. Karl ging noch in die Stadt. Von einer Kaserne in der Köpenickerstraße her kamen die Schüsse.

Vor dem Schloß gähnende Leere. Findet einen alten Mann, der die (Zeitung) Freiheit ausruft. Sagt leise zum Karl: ›Unterm Kaiser wars doch besser‹. Dann ruft er wieder laut: ›Die Freiheit! Die Freiheit!‹

War im Atelier zur Arbeit. Zurück durch die Stadt, weil Stadtbahn gesperrt. Überall Menschenmassen in Erregung. Alexanderplatz sah ich einen Zug von etwa 100 bewaffneten Arbeitern ziehen, einige elende, abgefetzte Soldaten darunter. Die Männer mager, düster, entschlossen. Anschließend Halbwüchsige.

Hase hat Vermittlungsversuche gemacht, die aber erfolglos sein sollen.

Am Abend sagt Hans vor sich hin: Ob man sich für die Regierungstruppen anwerben läßt? Ich frage ihn, ob er meint mit der Waffe? Er sagt ja.

Mittwoch, 8. Januar 1919
(...) Karl geht noch nachts in die Stadt. Er ist furchtbar aufgeregt. Kommt erst 2 Uhr wieder, sagt, das Polizeipräsidium würde beschossen. Die ganze Nacht wird mit Kanonen und Maschinengewehren geschossen. Um 3 Uhr krachen in der Nähe Schüsse oder Explosionen. So, denk ich mir, müssen Handgranaten krachen. Ein Proviantdepot in der Saarbrückerstraße soll beschossen worden sein.«

Rosa Luxemburg bleibt draußen, doch ist sie wirklich krank? Aktiv verfolgt sie das Geschehen. Sie will nicht abgehängt sein wie eine alte Tante, die plötzlich weich geworden ist. In ihrer letzten Veröffentlichung in der »Roten Fahne« bekräftigt sie noch einmal ihr unbedingtes Vertrauen in die Arbeiterklasse; sie werde aus ihren Niederlagen lernen und sich bald wieder zum »Endsieg« erheben.

Käthe Kollwitz fährt in ihrem Tagebuch fort:

»*Freitag, 10. Januar 1919* Gehe wieder ins Atelier. Kaufe einen Roten Vorwärts, in welchem Spartakus zum Kampf bis zum letzten hetzt. Auf Nachhauseweg noch versprengte Trupps Demonstranten mit Plakaten: Einigkeit! Große Mengen auf der Straße, aber nirgends hört man schießen. Hans bringt einen wirklichen Vorwärts mit, in dem von Einigung noch nicht viel zu merken ist. Allzu kriegerischer Ton.

Abends mit Hans in einer Deutsch-Nationalen Versammlung, wo Kardorff spricht.«

Spartakisten besetzen das Berliner Polizeipräsidium, fast alle Zeitungen, auch den »Vorwärts«, das Zentralorgan der SPD, dazu etliche Straßen. Der Spartakusaufstand wird von einer militärischen

Übermacht niedergeschlagen. So rückt das Freikorps Potsdam im Zeitungsviertel mit Mörsern, Maschinengewehren und Flammenwerfern gegen die Besetzer des »Vorwärts« vor:

»*Sonntag, 12. Januar 1919* Große Demonstrationen aller Parteien geplant. Bin im Atelier und will mich auf dem Rückweg einem Zuge anschließen, der für Einigung geht. Treffe keinen und fahre durch die Stadt zurück. B.Z. wird zum ersten Mal wieder verkauft. Große Freude unter bürgerlichem Publikum über die Erstürmung des Polizeipräsidiums, die heut Nacht geglückt ist. Ich bin niedergeschlagen, sehr. Trotzdem ich einverstanden damit bin, daß Spartakus zurückgedrängt ist. Aber ich habe das beklommene Gefühl, daß die Truppen nicht umsonst gerufen sind, daß die Reaktion marschiert. Außerdem ist diese rohe Gewaltanwendung, dies Schießen der Genossen – solcher, die es sein sollten – entsetzlich.«

Bis zum 12. Januar 1919 werden alle besetzten Gebäude und Straßen von den Militärs zurückerobert. Obwohl die Spartakisten sich am Ende der militärischen Übermacht ergeben, werden über hundert von ihnen erschossen, dazu auch unbeteiligte Zivilisten vor Ort. Den insgesamt 156 Todesopfern stehen dreizehn gefallene und zwanzig verwundete Militärs gegenüber.

Nachdem Käthe Kollwitz bereits von der brutalen Behandlung der gefangenen Spartakisten gelesen hat, schreibt sie am 16. Januar 1919 nur einen Satz in ihr Tagebuch:

»Niederträchtiger empörender Mord an Liebknecht und Luxemburg.«

Das Leben der beiden Spartakistenführer ist am Abend zuvor heimtückisch ausgelöscht worden: In der Wohnung eines Freundes in Berlin-Wilmersdorf von einer Bürgerwehr aufgespürt, die über genaue Steckbriefe verfügte, wurden beide verhaftet und ins Eden-Hotel an der Budapester Straße transportiert. Dort residierte der Stab der Garde-Kavallerie-Schützen-Division, der die Verfolgung von Spartakisten in Berlin organisierte. Nach stundenlangen Verhören und Misshandlungen beschlossen der Divisionskommandant Waldemar Pabst und seine Offiziere, die beiden zu ermorden. Aussehen sollte es wie ein Attentat: Bei ihrem Abtransport wurde Rosa Luxemburg am Hotelportal mit einem Gewehrkolben bewusstlos geschlagen, im Wageninneren dann mit einem aufgesetzten Schläfenschuss hingerichtet. Die Tote wurde in den Berliner Landwehrkanal geworfen, Rosa Luxemburgs Leiche erst Monate später gefunden.

Eine Gruppe ausgewählter Marineoffiziere wurde mit der »Erledigung« Liebknechts beauftragt. Beim Verlassen des Hotels wurde er von Hotelgästen bespuckt, beschimpft und geschlagen, und auch er erhielt im Wageninneren einen Schlag mit dem Gewehrkolben. Es ging in den nahegelegenen Tiergarten, dort wurde eine Panne vorgetäuscht. Karl Liebknecht wurde aus dem Auto geführt und dann aus nächster Nähe von hinten erschossen. Kurz vor Mitternacht lieferten die Täter den Toten dann als »unbekannte Leiche« in der dem Eden-Hotel gegenüberliegenden Rettungswache ab.

Auch der Schauspieler Fritz Kortner erlebt die Berliner Unruhen im Januar 1919. Später wird er sich auf seine Art daran erinnern:

»Wir vom Theater waren erschüttert und empört, als Karl Liebknecht und Rosa Luxemburg ermordet und in den Landwehrkanal geworfen wurden. Die Mörder waren rechtsradikale Offiziere. Wir Theaterleute, bis auf geringe Ausnahmen, waren gegen die

Mörder. Wären aber rechtsradikale Offiziere ermordet worden, so wären wir wohl für die Mörder gewesen. Wir fingen also an, den politischen Mord zur Kenntnis zu nehmen und unser Gewissen für den Gebrauch von zweierlei Maßstäben zu adjustieren, für Attentate im Sinne unserer Überzeugung und gegen sie verübte. Das alles wußten wir damals noch nicht, wir Anfänger im Kampfe bis aufs Messer.

Das Theater also gebärdete sich noch ›links‹, als die Rechte geheimbündlerisch schon ihren Sieg vorbereitete. Aus diesem chaotischen Gewoge wuchs 1919 die Jessnersche ›Wilhelm-Tell‹-Inszenierung. Sie war unzweideutig revolutionär und antinationalistisch. Attinghausens Satz ›Ans Vaterland, ans teure, schließ dich an‹ war demzufolge gestrichen. Mir war nicht wohl bei diesem Strich.

Die Masse, das Volk, bäumte sich gegen den Unterdrücker revolutionär auf. Tell, der Eigenbrötler, der Einschichtige, wurde im Laufe des Abends zum bejubelten politischen Attentäter.«

***

Nachdem in Berlin wieder Ruhe eingekehrt ist, verlaufen die Wahlen zur Nationalversammlung am 19. Januar 1919 ohne jede Störung. Die Sozialdemokraten erhalten 37,9 Prozent der Stimmen, die USPD 7,6 Prozent. Damit verfehlen die sozialistischen Parteien die absolute Mehrheit. Die katholische Zentrumspartei kommt auf knapp 20 Prozent, die linksliberale Deutsche Demokratische Partei auf gut 18 Prozent. Die konservative Deutschnationale Volkspartei erringt etwas mehr als 10 Prozent der Stimmen.

»*19. Januar* 1919«, notiert Käthe Kollwitz in ihrem Tagebuch, »Sonntag. Wahltag. Zum ersten Mal gewählt. War mit Karl zusammen. Hans war vormittags im Lazarett, ging dann später allein. Auch er zum ersten Mal gewählt.

Hatte mich so sehr gefreut auf diesen Tag und nun er dran ist, von neuem Unentschlossenheit und halbes Gefühl. Für Mehrheitssozialisten gewählt. Nicht für die Person Scheidemann, die zuoberst auf der Liste stand. Aber für Prinzip des Mehrheitssozialismus. Meinem Gefühl nach stehe ich mehr nach links, kann aber nicht unabhängig wählen, schon weil als Kandidat Eichhorn aufgestellt ist.

(…)

Böse Berichte über Gewalttaten der Weißen Garde.

Hans schweigt auch jetzt. Entweder er nimmt keine Stellung oder er spricht nicht darüber, oder seine Stellungnahme ist eine andere.

(…) Am Abend sprechen wir etwas darüber und ich muss ihm schließlich recht geben. Er verurteilt Roheit und Gewalt von rechts und von links. Er lehnt das alles ab, den ganzen Parteistreit und Leidenschaft.«

Am 25. Januar 1919 notiert sie:

»Heut ist Karl Liebknecht begraben und mit ihm 38 andere Erschossene. Ich durfte eine Zeichnung von ihm machen und ging früh nach dem Schauhause. In der Leichenhalle neben den anderen Särgen stand er aufgebahrt. Um die zerschossene Stirn rote Blumen gelegt, das Gesicht stolz, der Mund etwas geöffnet und schmerzhaft verzogen. Ein etwas verwunderter Ausdruck im Gesicht. Die Hände im Schoß nebeneinander gelegt, ein paar rote Blumen auf dem weißen Hemd. Es waren noch mehrere mir fremde Leute da.

Ich ging dann mit den Zeichnungen nach Haus und versuchte, eine bessere zusammenfassende Zeichnung zu machen (…)

Das ganze Innere der Stadt ist abgesperrt. Der gewaltige Demonstrationszug von inneren Straßen abgeleitet – überall weiße Garde – über Moabit bis Bülowplatz gekommen. Von da sollte es weiter nach Friedrichshain gehen. Vom Friedrichshain ging der Zug hinter den Särgen.

Wie kleinlich und falsch sind alle diese Maßnahmen. Wenn Berlin – ein großer Teil Berlins – seine Gefallenen beerdigen will, so ist das keine revolutionäre Angelegenheit. Selbst zwischen den Schlachten gibt es Ruhestunden zum Bestatten der Toten. Es ist unwürdig und aufreizend, Liebknechts Gefolgschaft zum Grabe militärisch zu schikanieren. Und es ist ein Zeichen der Schwäche der Regierung, daß sie das dulden muß.«

***

Die Wahlen für die Weimarer Nationalversammlung finden, wie geplant, am 19. Januar 1919 statt, und sie verlaufen im ganzen Reich ohne größere Zwischenfälle. Die Spartakisten bleiben bei ihrer proklamierten Enthaltung. Es ist ein bemerkenswerter Tag in der deutschen Geschichte: Die Wahlbeteiligung ist euphorisch groß im ersten Nachkriegsjahr, sie beträgt 82,7 Prozent der Wahlberechtigten.

Und es ist der Tag, an dem erstmals in Deutschland auch Frauen wählen dürfen! Sie machen von ihrem Wahlrecht fleißig Gebrauch – Frauen stellen die Hälfte aller Wähler. Die landesweiten Kampagnen von Marie Stritt, Marie Juchacz und ihren Mitstreiterinnen finden jetzt an den Wahlurnen ihren Widerhall: Denn unter den reichsweit gewählten Abgeordneten befinden sich erstmals 37 Frauen, das sind 9,6 Prozent der Abgeordneten. Davon gehören neunzehn der sozialdemokratischen Fraktion an und drei der Fraktion der Unabhängigen – die meisten von ihnen bereits politisch aktive Frauen. Die bürgerlichen und konservativen Parteien tun sich mit solchen Frauen bedeutend schwerer. Das zeigt sich auch bei der Kandidatur der Dresdnerin Marie Stritt für die Weimarer Nationalversammlung – sie ist nicht von Erfolg gekrönt, trotz ihrer hohen, landesweiten Anerkennung. Oder vielleicht gerade deswegen …

Bis gegen Ende des Jahres 1918 war Marie Stritt »parteilos«, was ihrer Spitzenposition im jahrelangen Kampf um das Frauenwahlrecht guttat. Nun jedoch, wo es um Parlamentssitze ging, für die Parteilose nicht kandidieren dürfen, forderte sie einen möglichst zahlreichen Eintritt der einzelnen Frauen in die Parteien. Auch sie selbst wandelte sich in letzter Sekunde »Von der Frauenstimmrechtlerin zur Parteipolitikerin«, wie sie einen ihrer Zeitungsartikel im Dezember 1918 überschrieb.

Sie schloss sich der wesentlich von Friedrich Naumann beeinflussten linksliberalen Deutschen Demokratischen Partei (DDP) an, die im November 1918 als liberale Sammlungspartei aus der Fortschrittlichen Volkspartei und dem größten Teil der Nationalliberalen Partei entstand. Diese Neugründung, als ein »Kind der Revolution« bezeichnet, entwickelt sich rasch zu einem politischen Sammelplatz der bürgerlichen Frauenbewegung. Neben Marie Stritt sind Protagonistinnen dort zu finden wie Helene Lange, Marie-Elisabeth Lüders, Marianne Weber oder Marie Baum – sie hatten schon im Kaiserreich eine starke Affinität zu den liberalen Parteien gezeigt. Und auch im Parteiprogramm der DDP heißt es: »In Gesetzgebung und Verwaltung muß gleiches Recht für alle gelten; die noch bestehenden Zurücksetzungen der Frauen sind zu beseitigen.« Das klingt gut. Ein knappes Jahrzehnt später werden sie allerdings die Bilanz ziehen müssen, dass die besondere Verheißung betreffs der Gleichstellung der Frau und der Bewertung ihrer Leistungen in der Praxis vielfach enttäuscht wurde.

Marie Stritt erlebt das schon etwas früher. Sie kandidiert im Wahlkreis Ost-Sachsen. Ihre Partei setzt beim Wahlkampf bewusst auf die Bekanntheit des Namens Stritt, um die von den Parteien nun so intensiv umworbenen weiblichen Wähler an sich zu binden. Und Marie Stritt präsentiert in ihren Wahlauftritten die Schwerpunkte ihrer jahrzehntelangen Arbeit: die Umgestaltung der Ehegesetze im Sinne der Gleichstellung von Mann und Frau, die Gleichberechtigung des unehelichen Kindes, eine durchgreifende Wohnungspolitik, umfassende Fürsorge für Kinder jeden Alters, die Bekämpfung des Alkoholismus, die Zulassung der Frauen zu Berufsvertretungen und bessere Bildungsmöglichkeiten. Außenpolitisch fordert sie, dass zwischen den Völkern das Recht entscheiden müsse, nicht die Gewalt.

Den 19. Januar 1919, so erinnert sie sich später, den »Tag, an dem Deutschlands Frauen zum erstenmal an die Wahlurne traten, um über die Geschicke ihres Volkes mitzubestimmen«, bejubelt sie als »eine Weltenwende für die deutschen Frauen«, als »ein Erlebnis von überwältigender Wucht und Größe«. Die enorme Wahlbeteiligung der Frauen ist nicht zuletzt auch ein Erfolg der Frauenrechtlerinnen, die in jahrelanger Überzeugungsarbeit und vielen winzigen Schritten den Boden für das Frauenwahlrecht bereitet haben. Wie die Frauen am Morgen des Wahlsonntags bereits die Straßen beleben und zu den Wahlurnen strömen – dieser Eindruck wird der in Siebenbürgen aufgewachsenen Schauspielerin und Frauenrechtlerin Marie Stritt unvergesslich bleiben. Nie hätte sie gedacht, das noch mitzuerleben!

Für sie selbst jedoch bringt der Tag eine herbe Enttäuschung: Sie konnte kein Mandat erringen. Und hier ähneln die bürgerlichen Parteien einander: Frauen wurden auf den Wahllisten kaum aussichtsreiche Plätze zugebilligt. Die Frauennamen standen weiter unten auf den Listen – da machte auch ihre Partei, die DDP, keine Ausnahme. Der Draufblick zeigt: Die Kandidatur von Frauen wurde de facto mehr geduldet als befördert. Und die großen Werbeplakate mit ihrem Konterfei waren von vornherein lediglich als Zugnummern gedacht, um Wählerinnen zu gewinnen …

Die Frauenbewegung wird von nun an bei Wahlen immer wieder mit der Forderung an die Parteien herantreten, Frauen an aussichtsreicher Stelle auf den Kandidatenlisten zu platzieren – so beispielsweise in Dresden, wo dies im Jahr 1926 auf Antrag von Marie Stritt durch den Landesverband Sächsischer Frauenvereine geschehen wird.

***

Die Attacken von Spartakisten und Kommunisten gegen den sozialdemokratisch dominierten Arbeiter- und Soldatenrat ziehen sich ins erste Friedensjahr. Ein Dorn im Auge ist ihnen die »Dresdner Volkszeitung«, das Presseorgan der Sozialdemokratie, in dem Dr. Gradnauer vor Jahren selbst Redakteur war. Doch es geht keineswegs nur um die Zeitung: Im selben Haus am Wettiner Platz 10/12 befinden sich neben der DVZ-Redaktion auch die SPD-Parteibüros für Dresden und Ostsachsen.

Parallel zu den Besetzungen des Zeitungsviertels in Berlin soll das Haus der »Dresdner Volkszeitung« gestürmt werden. Geistiger Kopf und Mitorganisator des Sturmes ist der sächsische Wanderlehrer und Kommunist Otto Rühle. Bis vor kurzem war er Reichstagsabgeordneter; er hatte mit Karl Liebknecht 1915 gegen die Bewilligung der Kriegskredite gestimmt, ist Mitbegründer des Spartakusbundes und linksradikaler als Rosa Luxemburg. Ein kluger Kopf, doch nicht parteienkompatibel: Im Oktober 1919 wird Rühle selbst aus der KPD ausgeschlossen, gründet dann eine Splitterpartei und wird auch dort noch ausgeschlossen.

Doch jetzt, am Jahresbeginn 1919, ist er für die Dresdner Sozialdemokraten eine gefährliche Größe: Denn der geplante Sturm auf die »Dresdner Volkszeitung« trägt seine Handschrift. Reform statt Revolution? Niemals! Nach mehreren personell anwachsenden Demonstrationen vor allem der Spartakisten im Zentrum Dresdens kommt es am 10. Januar unter der Mitwirkung Rühles zu Zusammenstößen von Sicherheitswehr und Demonstranten, die erneut das zentrale SPD-Gebäude mit Zeitungsredaktion und Parteibüros stürmen wollen. Ein massiver Waffeneinsatz fordert zwölf Tote und 52 Verwundete. Otto Rühle wird verhaftet.

Beides sorgt für Verbitterung im linken Lager – die USPD tritt daraufhin aus der sächsischen Revolutionsregierung aus und zieht ihre drei Minister zurück. Die SPD bildet nun eine Alleinregierung mit dem Volksbeauftragten Gradnauer als leitendem Minister. Fünf Tage nach den Dresdner Ereignissen lässt der Arbeiter- und Soldatenrat auch in der Rühle-Hochburg Pirna durchgreifen. In der Nacht vor dem bewaffneten Kampf, bei dem es Tote gibt, sieht es noch nach überschaubaren Scharmützeln aus, wie eine Dreier-Patrouille berichtet. Doch einen Namen des Arbeiter- und Soldatenrates haben sich die Kommunisten bereits herausgepickt: Gustav Neuring.

Am 10. Januar berichtet der Sicherheitsdienst Ständehaus dem Polizeipräsidium Dresden:

»Bericht der Patrouille Friess, Michaelis und Renz.
Über ihre Wahrnehmungen in der Nacht vom 9. zum 10.1.19.
Die nachstehend Bezeichneten waren an dem Umzug vor die Volkszeitung mit die Hauptbeteiligten und haben dort in ganz gemeiner Art Schimpfworte gegen den Arbeiter- und Soldaten-Rat, insbesondere gegen Genossen Neuring, gebraucht.

Der sächsische Minister für Militärwesen Gustav Neuring

Sie haben der Menge in aufreizender Weise erzählt, dass der gestern verhaftete kommunistische Kraftwagenführer im Ständehaus geschlagen und misshandelt worden sei, und forderten zu einer Gegenaktion auf. Ebenfalls versuchten sie auch, die vor der Volkszeitung aufgestellten Aussenposten zu beschwatzen und in ihren Anschauungen zu bekehren.

Bei dem Auftreten der Wachverstärkung zum Räumen des Platzes vor der Volkszeitung wurden sie auseinandergedrängelt und flüchteten die Wettinerstrasse vor. Bei dem Menschenauflauf am Gambrinus

(Postplatz) trafen sich die Betreffenden wieder und peitschten die Menge wieder durch Hetzreden gegen die jetzige Regierungsgewalt auf. Dabei äusserten sie auch: Wenn die Volkszeitung auch heute noch nicht genommen worden sei, so komme sie bestimmt morgen dran. Friess hat die Betreffenden wiederholt zum Auseinandergehen aufgefordert, doch wurde dies erst durch das Auftreten der Mannschaften von Kamerad Schulze erreicht. Die Betreffenden tauchten dann wieder in der Freibergerstrasse auf, immer von der oben genannten Patrouille verfolgt. Sie wurden endlich, als sie immer wieder versuchten, sich den Soldaten anzuschliessen und sie durch Hetzreden zum Ungehorsam zu bewegen und eine Menschenansammlung hervorzurufen, von der oben genannten Patrouille verhaftet.
(Angegeben von Kam. Friess).«

Es sind drei Männer, die hier festgenommen werden, und keineswegs alle haben ein Klassenbewusstsein. Einer von ihnen, ein gewisser Johann Georg Kästner, Jahrgang 1893, ist kein unbeschriebenes Blatt für die Polizei: 1912 wurde er zu einer Geldstrafe von 3 Mark verurteilt, weil er »nachts gegen 3/4 11 Straßenpassanten auf dem Wege vom Königlichen Opernhause bis zur großen Zwingerstraße verfolgte und ohne jeden Grund mit groben Redensarten belästigte, dadurch allgemeines Ärgernis erregte, mithin groben Unfug verübte«. Im Mai 1914 wurde es teurer für ihn: Nachdem Kästner die Pflanzenrabatte vor dem Rathaus niedergetrampelt hatte, forderte das Grundstücksamt des Rates zu Dresden per polizeilicher Anzeige 15 Mark für die »durch das Zertreten der Pflanzen entstandenen Schaden nach § 15 Feld- und Forststrafgesetz«. Und nun, im Januar 1919, randaliert er vor der sozialdemokratischen »Dresdner Volkszeitung« …

***

Wenden wir uns einem Namensvetter von Johann Georg Kästner zu, der nicht berüchtigt ist, aber auch noch nicht berühmt. Und den die Stadt Dresden 1919 als Bewohner verlieren wird – zunächst an Leipzig, dann an Berlin und München: Es ist der jetzt zwanzigjährige Erich Kästner. Der junge Mann hat keine Beziehung zu kommunistischen Attacken. Obschon: Ein Kriegsopfer ist irgendwie auch er, leider ist er nicht ganz verschont geblieben.

Vor dem Krieg verlief sein Leben fast harmonisch. Erich Kästner wohnt in Dresden-Neustadt, nicht so weit vom Albert-Theater entfernt, und ist ein Kind der Königsbrücker Straße, wie er vierzig Jahre später in seinem Roman für Kinder »Als ich ein kleiner Junge war« der großen und kleinen Welt diese Straße liebevoll-ironisch nahebringen wird:

»Die Königsbrücker Straße begann, als Verlängerung der Achse Prager Straße, Schloßstraße, Augustusbrücke, Hauptstraße und Albertplatz, freundlich und harmlos. Doch je mehr sich die Königsbrücker Straße von der Elbe entfernte, umso unfeierlicher und unherrschaftlicher geriet sie. Die Vorgärten wurden seltener und schmäler. Die Häuser waren höher, meist vierstöckig, und die Mieten waren billiger.«

Geboren in der Nr. 66, wechseln Kästners schon bald in die Nr. 48 und noch ein bisschen später in die Nr. 38. Doch dabei spielen auch die Etagen eine Rolle:

»In diesem Viertel lagen die drei Häuser meiner Kindheit. Geboren wurde ich in einer 4. Etage. In der 48 wohnten wir im dritten und in der 38 im zweiten Stock. Wir zogen tiefer, weil es mit uns bergauf ging. (…) Diese Straße und ich kamen von einander nicht los! (…)

Und ich selbst bin, was ich sonst auch wurde, eines immer geblieben: ein Kind der Königsbrücker Straße. Dieser merkwürdig dreigeteilten Straße mit ihren Vorgärten am Anfang, ihren Mietshäusern in der Mitte und ihren Kasernen, dem Arsenal und dem Heller, dem sandigen Exerzierplatz, am Ende der Stadt.«

In allen drei Häusern wohnen Kästners nach vorn hinaus, zur Straße, gehören also damit nicht zur Stadtarmut!

Erich kommt in eine Bürgerschule, in der Duckmäuser herangezogen werden, eine Art »Kinderkaserne«. Hier regieren Lehrerfeldwebel, die mit dem Rohrstock Wissen und Gehorsam erzwingen wollen.

Lehrer, die mit Kindern lachen können und eine gewaltfreie Erziehung bevorzugen, die kennt der Schüler Erich Kästner auch – und zwar von zuhause. Denn bei Kästners wohnen öfter angehende Lehrer zur Untermiete: Sie studieren am Fletcherschen Lehrerseminar auf der Marienstraße 5, was von Kästners zu Fuß gut zu erreichen ist. Und sie ermutigen Erich, selbst Volksschullehrer zu werden – und zwar ein reformpädagogisch orientierter! So, wie die Bildungsvorstellungen werdender Pädagogen schon seit Beginn des 20. Jahrhunderts stark zugenommen haben, so, wie sie unterrichten wollen. Lehrer werden – dieser Gedanke fällt bei Erich und auch bei seinen Eltern auf fruchtbaren Boden: Es ist ein wichtiger, interessanter und existenzsichernder Berufsweg für Kinder, deren Eltern nicht begütert sind.

Seit 1913 besucht der Junge von der Königsbrücker Straße nun also selbst das Fletchersche Lehrerseminar. Wie gesagt, es ist ein praktisch kurzer Weg: Auf einem über 16 000 Quadratmeter großen Grundstück in der Marienallee an der Grenze zur Albertstadt gelegen, zog das Seminar vor vierzig Jahren von der Freiberger Straße in der Altstadt hierher, und nach Worten des damaligen

Direktors August Wilhelm Kühn damit »aus dem Getümmel der Stadt in die Stille des grünenden Waldes, aus der herzbedrückenden Enge in die herzerquickende Weite«. Das neue Schulgelände lag tatsächlich idyllisch in der Dresdner Heide und reichte bis hinab zur Prießnitz. Aus dem bewaldeten Abhang wurde ein großer Park, dessen tiefster Punkt »Olymp« heißt.

Der vierzehnjährige Erich Kästner wird »Fletcheraner«, wie die angehenden Lehrer sich nicht ohne Stolz selbst bezeichnen. Am nördlichen Ende war um 1900 noch ein Gebäude für eine achtklassige Volksschule als Übungsschule angebaut worden, dort hält der pädagogische Nachwuchs nun unter Aufsicht Unterricht.

Welcher Gedanke steht hinter diesem auch in Sachsen einmaligen Lehrerseminar? 1769 hatte die vermögende Bürgerstochter Friederica Christiana Elisabeth von Fletcher die Stiftungsurkunde für ein Seminar zur Ausbildung von Lehrern unterzeichnet. Darin begründet die Tochter des Geheimen Kriegsrats von Pauli und mittlerweile Gattin von Maximilian Robert Freiherr von Fletcher, der auch Direktor der Meißner Porzellanfabrik ist, ihre Stiftungsidee: Sie habe des Öfteren bemerkt, dass leitende Persönlichkeiten aus Staat und Religion »die Besetzung der niedrigsten Schuldienste mit geschickten und rechtschaffenen Lehrern für eines der unentbehrlichsten und ersten Mittel zur Beförderung der Wohlfahrt eines Landes halten«. Friederica von Fletcher hatte erkannt, dass bessere geistige Bildung nur durch eine bessere Ausbildung der Lehrer erreicht werden kann. Großen Eindruck hatte diesbezüglich 1751 die Gründung eines Seminars in Hannover auf sie gemacht, das ebenfalls durch die Stiftung eines reichen Bürgers ermöglicht wurde.

Ein solches Seminar wurde nun in Dresden errichtet und über anderthalb Jahrhunderte weiterentwickelt. Dabei hing vieles in der Umsetzung vom jeweiligen Stand der finanziellen Mittel ab.

Eine dreiklassige Schule ist schon frühzeitig angeschlossen, um den angehenden Lehrern praktische Erfahrungen im Unterrichten zu ermöglichen. Und frühzeitig wird innerhalb des Fletcherschen Schullehrerseminars eine Taubstummenschule gegründet, in der die betroffenen Schüler von den Seminaristen in Rechnen, Schreiben und Lesen unterrichtet werden.

1913, als Erich Kästner Fletcheraner wird, ist er hoch motiviert und gewillt, ein guter Lehrer zu werden. Doch schon ein Jahr später – Erich Kästner ist fünfzehn Jahre alt – bricht der Weltkrieg aus. »Der Krieg brach aus und meine Kindheit war zu Ende«, so schließt Kästner seine Kindheitserinnerungen in seinem Buch »Als ich ein kleiner Junge war«. Die Erfahrung des Krieges, wenn auch nur am Rande erlebt, wird den sensiblen Dresdner lebenslang belasten. Zwischen 1914 und 1918 fallen insgesamt 99 Angehörige des Fletcherschen Lehrerseminars. 1921 wird ihnen im Seminargebäude ein Ehrenmal errichtet.

Mit dem Sterben ihrer Schulkameraden in allen Phasen des nicht endenden Krieges nahm die angstvolle Frage zu: Wer von uns ist der nächste? Wie arglos haben sie als Kinder ihre Zinnsoldaten miteinander kämpfen und umfallen lassen. Nun war das kein Spiel mehr. Nun waren sie unsicher und versuchten, die Angst vor einander zu verbergen.

Im Jahr 1917 war es dann soweit: Erich Kästner – kaum achtzehn Jahre alt und noch mitten in seiner Lehrerausbildung – wurde die Einberufung zugestellt. Tauglich gemacht werden sollte er für die schwere Artillerie. Der Schliff begann in Dresden. Dann musste er zur Ausbildung der Fußartilleristen nach Köln, von dort ging es wieder zurück nach Dresden. Nachdem die jungen Soldaten im ersten Kriegsjahr so brutal verheizt worden waren, sollte der Soldat kein Frontfutter mehr sein, sondern endlich siegen. Umso schärfer wurde der Schliff. Schikanen mit 200 Kniebeugen, die Karabiner nach vorn gestreckt, waren an der Tagesordnung. Rekrut Kästner wurde dabei herzkrank.

Noch während der Ausbildung überstellte man ihn ins Lazarett IV Dresden-Loschwitz. Dort lautete die Diagnose: »Herzerweiterung, Herzklappenfehler, Herzneurose«. Sechs Wochen durfte er dort bleiben – und das schließlich rettete ihn: Die Wochen im Lazarett verzögerten seinen Fronteinsatz, der herzkranke Rekrut Kästner wurde auf verschiedene Schonposten versetzt. Und dann war der Krieg zu Ende, ehe es den sensiblen Fletcheraner erwischte. Doch davongekommen war Erich Kästner nur äußerlich: Er behielt einen Herzschaden, unter dem er vor allem die ersten Monate stark litt. Zeitweilig konnte er nicht ohne Hilfe seiner Eltern die Treppen zur Wohnung hinaufsteigen. Und auch die sadistische Schinderei auf dem Truppenübungsplatz lastet noch lange. 1969, fünf Jahre vor seinem Tod, wird sich der inzwischen berühmte Autor Erich Kästner in einem Deutschlandfunk-Interview noch einmal daran erinnern, wie es war, zum Militär eingezogen zu werden:

»Das entscheidende Erlebnis war natürlich meine Beschäftigung als Kriegsteilnehmer. Wenn man 17-jährig eingezogen wird, und die halbe Klasse ist schon tot, weil bekanntlich immer zwei Jahrgänge ungefähr in einer Klasse sich überlappen, ist man noch weniger Militarist als je vorher. Und eine dieser Animositäten, eine dieser Gekränktheiten eines jungen Menschen, eine der wichtigsten, war die Wut aufs Militär, auf die Rüstung, auf die Schwerindustrie.

Ergänzend ist dazu zu sagen, ich komme aus ganz kleinen Verhältnissen, mein Vater war ein Facharbeiter und auch Sozialdemokrat natürlich. Ich habe als Kind schon erlebt, wie die Arbeiter streikten und wie die berittene Gendarmerie mit herausgezogner

Plempe da auf die Leute losschlug, die dann mit Pflastersteinen die Laternen einschlugen. Und ich habe heulend neben meiner Mutter am Fenster gestanden. Mein Vater war da unten mit dabei.«

Doch da gibt es noch eine andere Welt, und die wirkt wie eine Idylle: Nein, es ist nicht das Lehrerseminar. In seinen Unterrichtsstunden dort an der Übungsschule hatte der siebzehnjährige Erich Kästner gespürt, dass der Lehrerberuf nicht seine Bestimmung ist. Und das, obwohl seine Probestunden gelangen und die Professoren wohlwollend nickten. Die zu frühe Berufswahl rächt sich jetzt, der Lehrerberuf erweist sich für ihn als »der größte Irrtum meines Lebens«. Denn der junge Mann hat selbst ein übergroßes Bedürfnis zu lernen. Und so fällt Erich Kästner nach seiner Entlassung vom Militär mit Zustimmung seiner Mutter die Entscheidung, das Abitur auf einem Gymnasium nachzuholen und dann zu studieren. Er legt am König-Georg-Gymnasium in der Dresdner Johannstadt eine Kriegs-Reifeprüfung mit besten Leistungsnoten ab und erhält dafür ein Stipendium für ein Studium an einer sächsischen Universität. Von dieser kurzen Gymnasialzeit wird Erich Kästner lange schwärmen. Denn in dieser Schule – 1903 als erste humanistische Reformschule Sachsens eröffnet – wird auch dem Kind eine Würde zugestanden. Der Fächerkanon orientiert sich am Lehrplan des Frankfurter Goethe-Gymnasiums, der zu dieser Zeit für deutsche Reformpädagogen beispielgebend ist – altsprachlich, neusprachlich und viel Naturwissenschaft.

Auch diese kurze, sehr positive Erfahrung lässt Erich Kästner in sein DLF-Interview von 1969 einfließen:

»Wir waren gekränkte Idylliker, wir waren Menschen, die den Krieg und die sozialen Differenzen und alles … – es wuchs uns über den

Kopf und quoll uns aus den Ohren, weil wir im Grunde trotz allen Verstandes und aller Vernunft Wünsche hatten, nennen wir es zur Idylle, nennen wir es zu möglichen, wenn auch nicht paradiesischen, aber möglichen, sinnvollen Zuständen.«

Im Januar 1919 entscheidet sich Erich Kästner, Dresden zu verlassen. Er will studieren, auf jeden Fall etwas mit Germanistik – dafür fasst er die Universität Leipzig ins Auge.

Februar 1919: Frauen auf dem politischen Parkett

Das neue Deutschland geht mit unfassbar vielen Kriegstoten ins erste Friedensjahr. Sachsen musste 1914 bei rund fünf Millionen Einwohnern etwa 750 000 Soldaten und Offiziere stellen. Davon sind 212 783 Gefallene zu beklagen, 19 000 sind vermisst. 334 000 Männer kehrten verwundet zurück, und rund 40 000 Männer befinden sich noch immer in Kriegsgefangenschaft. Die Bilanz für Dresden: 13 880 Gefallene. Eine viel größere Zahl von Heimkehrern ist körperlich verstümmelt, seelisch entwurzelt. Voller Trauer sind Tausende Witwen und Kinder, deren Väter nicht zurückgekehrt sind. Ähnlich sieht es im ganzen Land aus, und überall regt sich Protest gegen die Zurückhaltung der deutschen Kriegsgefangenen, während die der Alliierten bereits ihre Heimreise angetreten haben.

»Heraus mit unseren Gefangenen!«, übertitelt der »Dresdner Anzeiger« am 10. Februar 1919 der Stadtbevölkerung einen Antrag der deutschnationalen Fraktion:

»Bei der Nationalversammlung ist folgender Antrag eingegangen: Die verfassungsgebende Deutsche Nationalversammlung wolle beschließen: Die deutsche Nationalversammlung erhebt Einspruch gegen die Zurückhaltung von Kriegs- und Zivilgefangenen. Die Gefangenen der Verbündeten sind ihrer Heimat zurückgegeben. Es ist eine Forderung der Menschlichkeit und Gerechtigkeit, daß auch die Leiden der deutschen Kriegsgefangenen schleunigst beendet werden. Die Nationalversammlung ruft die Neutralen und das Gewissen der ganzen Welt auf, sich mit ihr zu vereinigen zu der Forderung: den Gefangenen die Heimat, den Familien den Gatten und Vater zurückzugeben, die – jahrelang von den Angehörigen getrennt – mit Ungeduld die Erlösung aus der Gefangenschaft erwarten. Die deutsche Nationalversammlung sendet den Brüdern jenseits der Grenze den Gruß der Heimat zu.«

Der Antrag wird mit großer Mehrheit angenommen.

Schon kurz nach Kriegsende steht alles nebeneinander: Angst und Verrohung, wilde Kreativität, Hunger nach Liebe und wachsender Hass auf Andersdenkende. Nun, wo das Schlachten zu Ende ist, spüren viele: Die Welt ist aus den Fugen. Menschen beginnen, wie wild zu feiern. Oder sie sterben still vor sich hin. In Lazaretten flößen Schwestern zerschossenen Gesichtern karge Nahrung ein, während den ersten Neureichen schon die erlesensten Speisen munden. Alles steht nebeneinander: Hungrige Kriegskrüppel und aus den Nähten platzende Cafés, endlose Einkaufsschlangen und bereits überfüllte Tanzsäle. Getanzt wird exzessiv, taumelnd auf der Naht von Untergang und Zukunftsverheißung.

Die Welt von 1919 ist paradox, und stürmischer als in anderen Städten verläuft in der Kunstmetropole Dresden die Nachkriegszeit. Endzeitstimmung und Aufbruchsfieber überlappen einander und all die kleinen politischen Schlachten werden mit tiefer Leidenschaft geschlagen.

Wirtschaftlich sieht es eher schlecht aus: Der Lebensstandard der Dresdner Bevölkerung ist schon in den ersten Friedensmonaten um ein Drittel heruntergesackt; die Schokoladenbranche leidet unter Rohstoffmangel, die Zigarettenindustrie beginnt, sich von Dresden nach Hamburg zu verlagern. Doch wer sich eine Zeitung leisten kann, der besitzt auch meist noch Kaufkraft: Federbetten werden am 13. Februar im »Dresdner Anzeiger« annonciert und prachtvolle Perserteppiche, hygienische Damenbinden und Krankenfahrstühle, Konfirmandenleibchen und Wärmflaschen, Haarbalsam und Japanvasen … Der Turnverein »Guts Muths« lädt zur Hauptversammlung ein, zu unentgeltlichen Pockenschutzimpfung wird aufgerufen, und an Angehörige des Restheeres werden Kriegsauszeichnungen verliehen. Am 16. Februar gibt es im »Dresdner Anzeiger« eine zornige Großanzeige von 23 Dresdner Möbel-Herstellern:

»*Zur Aufklärung!*
Um die im Publikum häufig verbreitete Ansicht:
Möbel werden billiger!
richtig zu stellen, gestattet sich der Schutzverband der Möbel- und Dekorationsgeschäfte, e.V., Sitz Dresden, zu erklären, daß alle heute fertigen Möbel in jeder Beziehung preiswert genannt werden müssen. Ein Rückgang der Preise bei Tischler- und Polstermöbeln ist bei den gegenwärtigen hohen Löhnen und Unkosten, die einen Abbau kaum erfahren dürften, ganz unmöglich, zumal auch alle Materialien für die Fabrikation davon beeinflußt sind. Infolgedessen werden jetzt neuangefertigte Möbel eher teurer als billiger und liegt es im Interesse des kaufenden Publikums, seinen Bedarf in den reichhaltigen Lägern der unterzeichneten Mitglieder zu decken, deren Firmen für eine korrekte Preisstellung bürgen.«

***

Im Februar 1919 wird der Aufbruch in die Demokratie in eine adäquate juristische Form gegossen. Die aus dem 19. Januar hervorgegangene Nationalversammlung tritt am 6. Februar zu ihrer konstituierenden Sitzung zusammen. Man entschied sich für die Thüringer Stadt Weimar – zum einen aufgrund der bürgerkriegsähnlichen Zustände in Berlin. Doch hofft Friedrich Ebert mit Blick auf die zur gleichen Zeit tagende Pariser Friedenskonferenz auch, Weimar als Heimstatt der freiheitsliebenden deutschen Klassik werde seine Wirkung auf das Ausland nicht verfehlen. Und nicht zuletzt soll die Wahl der Stadt Abneigungen in weiten Teilen Deutschlands gegenüber einem übermächtigen Preußen und seinem Zentrum Berlin zerstreuen. Nach der Wahl Friedrich Eberts zum Reichspräsidenten und der Beauftragung Philipp Scheidemanns mit der Regierungsbildung am 11. Februar 1919 kann die Weimarer Koalition aus SPD, Zentrum und Deutsche Demokratische Partei ihre Arbeit aufnehmen.

Weit oben auf dem politischen Parkett sind endlich auch die Frauen angekommen, wie ein Blick nach Weimar zeigt. Hier darf nun zum ersten Mal ein weibliches Parlamentsmitglied das Wort ergreifen. Es ist Marie Juchacz, Marie Stritts sozialdemokratische Mitstreiterin beim Kampf um das Frauenwahlrecht: »Ich erteile das Wort der Frau Abgeordneten Juchacz« – kurz, sachlich und ohne Hinweis auf die Bedeutung des Augenblicks kündigt der Präsident der Weimarer Nationalversammlung, Constantin Fehrenbach von der Zentrumspartei, am Mittwoch, dem 19. Februar 1919, den kommenden Redebeitrag an. Und doch ist es ein besonderer Moment in der Geschichte des deutschen Parlamentarismus. Denn an diesem 11. Sitzungstag des neugewählten Parlaments hält mit der vierzigjährigen SPD-Politikerin Marie Juchacz aus Landsberg an der Warthe zum ersten Mal in Deutschland eine Frau eine Rede vor einem demokratisch gewählten Parlament. Mit der ungewöhnlichen Anrede »Meine Herren und Damen!« löst die alleinerziehende Mutter zweier Kinder laut Protokoll Heiterkeit im Hohen Haus aus.

»Es ist das erste Mal, dass in Deutschland die Frau als Freie und Gleiche im Parlament zum Volk sprechen darf«, leitet denn die Sozialpolitikerin auch ihre rund vierminütige Ansprache ein. Und setzt selbstbewusst fort:

»Ich möchte hier feststellen, und glaube damit im Einverständnis vieler zu sprechen, daß wir deutschen Frauen dieser Regierung nicht etwa in dem althergebrachten Sinne Dank schuldig sind. Was diese Regierung getan hat, das war eine Selbstverständlichkeit: Sie hat den Frauen gegeben, was ihnen bis dahin zu Unrecht vorenthalten wurde.«

Gemeint ist das Wahlrecht.

Die Sozialdemokratin erhält viel Beifall für ihre ruhige und souveräne Ansprache – jedoch nur aus den eigenen Reihen. Andere schwatzen und kommentieren das Gesagte, sodass Präsident Fehrenbach mit der Glocke eingreifen muss. »Die Unterhaltung wird hinter dem Präsidialtische mit einer derartigen Lebhaftigkeit geführt, daß es dem Präsidium nicht möglich ist, die Rednerin zu verstehen (…) Ich kann das nicht weiter dulden. Ich bitte, hier Ruhe zu halten!«, tadelt der Katholik Constantin Fehrenbach.

Nun kann die Abgeordnete auf die kommenden Aufgaben des Parlaments eingehen, auf die Situation im Land nach dem verlorenen Weltkrieg sowie auf die Kritik an der neuen Regierung:

»Ich will nur feststellen, daß sich auch unter dem alten Regime Raub, Mord, Diebstahl und Verbrechen aller Art in so erschreckender Weise gehäuft haben (…) Ich werte all diese Erscheinungen rein menschlich; sie sind geboren aus der Not und dem Elend des Volkes. Der Krieg ist kein Jungbrunnen der Moral!«

***

Den Wahlen zur Nationalversammlung im Januar folgen nun überall die Landtags- und Kommunalwahlen. Auch in Sachsen wird im Februar zweimal gewählt. Da ist zum einen die Volkskammer, eine Art Vorparlament: Am 15. November 1918 übernahmen sechs »Volksbeauftragte« die vorübergehende Regierungsgewalt: Sie erließen am Tag nach Weihnachten ein Wahlrecht für eine »vorläufige Vertretung des gesamten Volkes der Republik Sachsen«. Dieses Vorparlament, das sich nun »Volkskammer der Republik Sachsen« nennt, wird am 2. Februar 1919 gewählt. Das Ergebnis? Von den 96 Volkskammerabgeordneten werden 42 Sozialdemokraten (MSPD) sowie 15 USPD-Mitglieder gewählt. Die Deutsche Demokratische Partei (DDP) erhält 22 Sitze, die Deutschnationale Volkspartei 13 und die Mitglieder der Deutschen Volkspartei (DVP) 4 Sitze.

Damit verfehlt die MSPD zwar ihr Ziel der absoluten Mehrheit, erreicht diese aber gemeinsam mit der USPD. Neben den 57 sozialdemokratischen Abgeordneten ziehen somit 39 Abgeordnete bürgerlicher Parteien in die Volkskammer ein. Auf der konstituierenden Sitzung am 25. Februar werden der Sozialdemokrat Julius Fräßdorf zum Volkskammerpräsidenten sowie der USPD-Politiker Richard Lipinski und der Demokrat Dr. Dietel zu Vizepräsidenten gewählt.

Die Volkskammer beschließt drei Tage später »Das vorläufige Grundgesetz für den Freistaat Sachsen«, womit auch die neue Staatsbezeichnung ihre verfassungsrechtliche Grundlage erhält. Bis zum 26. Oktober 1920 wird die Volkskammer eine »Verfassung des Freistaates Sachsen« erarbeiten, auf deren Basis dann Wahlen zum ersten Landtag erfolgen. Nicht mehr der Fürst beruft sein Kabinett – der Ministerpräsident und die einzelnen Ressortminister werden unter Teilnahme der Landtagsfraktionen ins Amt eingesetzt.

Was 100 Jahre später fast schon langweilige Normalität ist, das ist 1919 zum Staunen neu. Demokratie – sie scheint zu funktionieren. Wahlberechtigt sind auf einmal alle Erwachsenen, Frauen und Männer. Jede Stimme gilt gleich viel. Und erstmals dürfen jetzt auch weibliche Abgeordnete in den Landtag gewählt werden. Obwohl die neue Volkskammer zunächst Traditionen der Zweiten Kammer aus der Monarchie übernimmt, kommen nun in der neuen, demokratischen Vertretungskörperschaft Abgeordnete zusammen, die unterschiedlichster sozialer Herkunft sind und eine gemeinsame Basis für ihre Zusammenarbeit finden müssen. Das Parlament hat das Recht, Gesetze zu initiieren und darf erstmals auch seine Geschäftsordnung ohne Vorgaben festlegen. So kann die Regierung nicht mehr Parlamentsdebatten in dem Ausmaß steuern, wie das bisher der Fall war – eine Volksvertretung ist entstanden, die den Namen auch verdient.

Harmonie ist damit keineswegs programmiert. Die USPD will eigentlich ein anderes Regierungssystem: Ihre Fraktion formuliert eine Entschließung zum vorläufigen Grundgesetz für die künftige Entwicklung Sachsens als »demokratisch-sozialistischer Freistaat«. Da geht die MSPD-Fraktion gerade noch mit. Bei der Forderung der USPD eines »Zweikammersystems« jedoch – mit Parlament einerseits und Arbeiter- und Soldatenrat andererseits – folgt prompt die Ablehnung. So kommt es nicht zu einer gemeinsamen Regierung, sondern zu einer Minderheitsregierung der Mehrheits-SPD, in der Dr. Georg Gradnauer das Amt des Ministerpräsidenten übernimmt. Seiner Wahl ist ein knapper Ausgang beschieden.

Dennoch, es ist losgegangen, das Bild im Parlamentssaal ist nur leicht ungewohnt. Denn viele Frauen sind es nicht gerade, die im Februar 1919 in der Sächsischen Volkskammer Platz nehmen – insgesamt 3 … von 96 Abgeordneten. Immerhin, ein Anfang ist gemacht, der Aufbruch der Frauen lässt sich nicht mehr ungeschehen machen.

Am 25. Februar 1919, der ersten Sitzung im Dresdner Ständehaus, nehmen im Parlament Platz: Julie Salinger, die als Mitbegründerin und Delegierte der Deutschen Demokratischen Partei einzieht, neben sieben männlichen Abgeordneten der DDP. Julie Salinger, geboren im ostpreußischen Ortelsburg und Mutter zweier Kinder, hat sich in Dresden bereits zu Kriegszeiten einen Namen gemacht: Sie gehörte dem Zentralausschuss der Kriegsorganisation Dresdner Vereine an, organisierte Volksküchen und kümmerte sich um in Not Geratene. Gegen Kriegsende gründete sie mit Marie Stritt und anderen Engagierten den Stadtbund der Dresdner Frauenvereine, dessen Vorstand sie nun angehört. Mitgegründet hat Julie Salinger in der Umbruchzeit auch die liberal, national und sozial orientierte Deutsche Demokratische Partei, die dem Bildungsbürgertum nahesteht. In der Volkskammer wird sie im Rechenschafts- und im Prüfungsausschuss mitarbeiten.

Die zweite weibliche Abgeordnete ist 1919 die Chemnitzer Sozialdemokratin Helene Wagner. Sie ist debattenfreudig, bodenständig und kümmert sich um die Versorgung mit Lebensmitteln. Sie kritisiert die Missstände in der Heimindustrie und fordert Gesetze, welche die Heimarbeit schützen soll. Auskunftsfähig ist die Chemnitzerin zum Volksschulwesen und zum Wohlfahrtspflegegesetz. 1920 wird sie im Prüfungsausschuss sitzen, sich um die wirtschaftlichen Verhältnisse von Hebammen kümmern und unentgeltliche Geburtshilfen fordern. Auch Helene Wagner achtet darauf, dass Frauenthemen im Abgeordnetenhaus nicht mehr unter den Tisch fallen.

Für die USPD zieht die Leipziger Hausfrau und Sekretärin Anna Geyer in die Volkskammer ein. Ihr persönliches und politisches Leben ist eng mit dem des Journalisten Curt Geyers verknüpft, einem Redakteur der »Leipziger Volkszeitung« – dem faktischen Zentralorgan der sächsischen USPD. Seit die beiden 1917 geheiratet haben, ist die junge Frau aus Leipzig stets an der Seite ihres Mannes, den die Novemberrevolution über Nacht ins politische Rampenlicht gespült hat: Der Journalist gehört nun dem engeren Ausschuss des Leipziger Arbeiter- und Soldatenrates an, ebenso dem Vorstand der USPD und ist schon bald ein führender Sprecher der Rätebewegung. Dem Ehepaar Geyer ist die traditionelle parlamentarische Politik zu zahm: Eine Diktatur des Proletariats muss her – und zwar radikal verwirklicht in einem Rätesystem, möglichst in Union mit Moskau! Curt Geyer forciert die Eingliederung der USPD in die Kommunistische Partei und unterhält bereits enge Kontakte zu Paul Levi, dem aktuellen Vorsitzenden der Kommunistischen Partei – auch er ein linker Radikaler. In ihrer ersten Rede in der Sächsischen Volkskammer, in der es Anna Geyer um die Errungenschaften der Revolution geht, beschwört sie den großen Kampf der Arbeiterschaft – gegen das Bürgertum, das eben diese Errungenschaften der Novemberrevolution mit allen Mitteln zu unterdrücken versuche. Ihre Anwesenheit im Dresdner Parlament wird über die Sommermonate unregelmäßiger, und im Oktober 1919 gibt Anna Geyer ihr Mandat ganz auf, um an der Seite ihres Mannes zu sein. Dessen hauptsächliche Aktivitäten haben sich von Leipzig nach Berlin und mehr noch nach Hamburg verlagert, wo Curt Geyer inzwischen für die ultraradikale »Hamburger Volkszeitung« schreibt.

Ein dickes Bündel von Problemen gilt es zu lösen, und keineswegs alle sind auf den ersten Blick Frauenthemen: Die Kriegsgesellschaft muss auf Friedensverhältnisse umgestellt werden. Ein Demobilmachungsgesetz ist zu erlassen. Die Heimkehrer sind in Arbeit zu bringen. Mit der Wirtschaft sieht es schlecht aus. Viele Männer sind von der Front zurückgekehrt, deren Arbeitsplätze von Kriegsgefangenen und Frauen besetzt wurden. Gerade die Männer aber sollen sich vom Soldaten wieder zum Ernährer der Familie wandeln. Reibungslos verläuft das nicht, denn keineswegs alle Arbeitgeber wollen die erschöpften Krieger gegen frischere Kräfte eintauschen. Auch weigern sich viele Frauen, ihre Arbeitsplätze in der Industrie freiwillig zu räumen und dafür in häusliche Dienste oder die typischen Frauenbranchen zurückzukehren. Ohnehin können Textil- und Bekleidungsindustrie aufgrund des Kohle- und Rohstoffmangels derzeit kaum Arbeitskräfte aufnehmen.

Die drei weiblichen Abgeordneten bringen sich im Frühjahr 1919 unter anderem bei den Themen Abänderung der Ärzteordnung aus dem Jahr 1904 ein (Salinger), Aufhebung der See-Blockade Englands (Wagner und Salinger), Interpellation zur Unterbindung des Eisenbahnverkehrs nach Leipzig (Geyer), Missstände in der Heimindustrie (Salinger und Wagner), die »Schlußberatung über den Nachtrag zum ordentlichen Staatshaushaltsplan auf die Jahre 1918 und 1919«, und zwar zu Landwirtschaft, Handel und Gewerbe im allgemeinen, Gewerbe- und Dampfkesselaufsicht, allgemeine und unvorhergesehene Ausgaben im Geschäftsbereich des Ministeriums des Innern (alle drei). Die Abgeordnete Anna Geyer trägt eine Petition der »Studentinnen der Rechte an der Universität Leipzig um Zulassung zu den juristischen Staatsprüfungen und Ermöglichung der Ausübung der juristischen Berufe betreffend« vor. Und immer wieder geht es auch um Bildung und Erziehung: um ein Gesetz zur Gemeinschaftserziehung von Jungen und Mädchen an höheren Schulen, um die Nutzbarmachung des Kinowesens für Volkserziehung und Volksbelehrung sowie eine Beratung über die Entschließung der »Arbeitsgruppe der kämpfenden Jugend Leipzigs gegen den Schmutz und Schund in Wort und Bild«.

Die drei weiblichen Abgeordneten haben voll zu tun.

***

Am Ende des Februars kann man staunen, wie schnell die Dresdner Kultur, wie schnell das Vergnügungswesen wieder erblüht sind. In nur zwei Tagen, den 23. und 24. Februar 1919 wird im »Dresdner Anzeiger« zum Kino, zum Tanz, ins Theater oder zum Weintrinken aufgerufen:

Die Vaterland Lichtspiele am Freiberger Platz zeigen täglich bis Donnerstag 4 bis 5 Uhr »Die letzten Tage von Pompeji«, den kolossalen Kulturfilm in sechs Akten. Dazu spielt eine Künstlerkapelle, gibt es eine gute Rezitation. Das Ganze zu 60 Pfg. für Erwachsene und zu 40 Pfg. für Kinder.

Die Lichtspiele in der Moritzstraße zeigen ab morgen täglich 3 Uhr den großen Kultur- und Aufklärungsfilm gegen den Mädchenhandel »Der Weg, der zur Verdammnis führt, II. Teil – Die Sühne der Anne Wolter«. Der Stummfilm in fünf Akten läuft unter dem Protektorat des Deutschen Nationalkomitees zur internationalen Bekämpfung des Mädchenhandels.

Die Fata Morgana Lichtspiele bringen »Das Buch des Todes«, ebenfalls mit Künstlerkapelle, die Voranzeige kündigt schon mal den großen Film »Opium« an.

Der Zirkus Sarrasani ist wieder frei für Zirkusveranstaltungen, zudem gastiert hier das Trocadero-Kabarett.

Die Theaterpläne für die Dresdner Bühnen stehen. Das Konservatorium lädt für den Freitag zum öffentlichen Prüfungskonzert ein.

Den Stegreifdichter Oskar Burger, den die Direktion Buntes Theater im Tivoli-Palast für einen Hochstapler hält, lädt sie ein, gegen Deutschlands besten Schnelldichter Herrn Neubert anzutreten. Herr Neubert wiederum ist bereit, die Dichterschlacht auszukämpfen – die Direktion setzt eine Prämie von 1000 Mark für den Sieger aus.

Der Neue Sachsenpalast am Neumarkt gibt bei erstklassiger Küche ein Künstlerkonzert, der Kaiser-Palast ein Kaffee-Konzert mit Gesangssolisten, bei freiem Eintritt.

Und erst das Tanzen – das Angebot liest sich, also wolle Dresden sich sonntags das Kriegstrauma aus Leib und Seele tanzen: Das Dampfschiff-Hotel Blasewitz wiederholt seinen Wiener Walzer- u. Operettenabend mit Tanz, das Eldorado annonciert einen Öffentlichen Ball. Im Carolagarten ist am Sonntag Eröffnungsball. Der Paradiesgarten in Dresden-Zschertnitz gibt zweimal pro Woche ein Großes Ballfest, auch das Kurhaus Klotzsche gibt am Sonntagnachmittag einen Großen Ball. Der Tanzpalast Odeum veranstaltet einen »Feinen Kavalier-Ball«.

Überhaupt *fein* – der Zusatz scheint wichtig, und hundert Jahre später kann man überlegen, ob das die Kleidung und damit den Preis für die Getränke meint, oder ob die Herren hier feiner mit Damen umgehen. Vielleicht auch beides. So gibt das Kurhaus Bühlau einen Feinen Ball mit einer Tonkünstlerkapelle, der Gasthof Weißig eine Feine Öffentliche Ballmusik. Im Rittersaal des Gasthof Roßthal erwartet die Gäste ein Feiner Ball, im Erbgericht Niederpoyritz ebenfalls. Im Burgberg Loschwitz und im Ratskeller Plauen wird zur Abwechslung mal für ein Künstlerkonzert geworben. Doch schon in der Goldenen Krone Strehlen und im Erbgericht Niederpoyritz lockt die Dresdner wieder ein Feiner Ball. Am *Wilden Mann* gibt es jeden Sonntag einen Feinen Ball, jeden Mittwoch aber nur: Ball! Der Feine Ball im Schusterhaus und die Ballmusik in Donaths Neue Welt lassen vermuten, dass wenigstens die Nachkriegsmusiker ein gutes Auskommen hatten. Die Saloppe in Loschwitz bietet neben einem Tanzabend einen Skat- und Billardklub. Zum »Liebesreigen« im Tivoli-Palast kommen hoffentlich viele, denn die Zahl der Kinder muss endlich wieder nach oben! Das *Schusterhaus* auf der Hamburger Straße feiert schon mal den kommenden Faschingsdienstag an …

Den Kriegsversehrten, die kein Tanzbein mehr schwingen können, bleiben die Weinstuben, insofern sie sich Wein leisten können: Die Weinstuben Zum Niersteiner auf der Grunaer Straße locken mit erstklassigen Weinen, die Weinstube Zum Vater Rhein auf der Bautzner Straße bietet musikalische Unterhaltung zum Schoppen. Auch das Weinrestaurant Hotel Reichspost auf der Großen Zwingerstraße wartet mit einem Künstler-Konzert auf.

Das Hotel-Restaurant Goethe-Garten hat ab 1. März eine neue Bewirtung, und das Konzerthaus auf der Reitbahnstraße am Hauptbahnhof erweist sich nicht als Musik-Tempel, sondern als »Vornehmste Grossstaedtische Einkehrstaette« …

***

Der Romanist Victor Klemperer ist mit seiner Frau Eva inzwischen von Leipzig nach München gewechselt. Es gibt dort für ihn Hoffnung auf eine Professur im Laufe des Jahres. Zunächst aber wird er an der Münchner Universität Kurse im »Kriegnotsemester« unterrichten, das jungen Kriegsteilnehmern ein schnelles Nachholen des Abiturs ermöglicht.

Zugleich wird er Zeitungsschreiber, quasi inkognito. Denn zu seinem Leipziger Freundeskreis gehört ein Redakteur der nationalkonservativen »Leipziger Neueste Nachrichten«, der Klemperer Anfang 1919 spontan als Korrespondenten anheuert: »Wenn Sie in München sind, sollten Sie uns Berichte schreiben.« Das ist ideal für den leidenschaftlichen Tagebuch-Verfasser – und es winkt ein Zubrot. Für seine Leipzig-Beiträge wählt er das Kürzel »A.B.« Ausgeschrieben heißt das »Antibavaricus«, und der Name ist Programm: Victor Klemperer mag Bayern nicht sonderlich. Er kennt München aus seiner Studienzeit und betrachtete die Stadt stets etwas belustigt, spöttisch, polemisch. Das gilt nun auch für das, was in München als Revolution firmiert. Er kann es nicht ganz ernst nehmen: »Es war eine Gaudi, ein politischer Fasching«, wird er notieren.

Doch derzeit brodelt es mächtig in München: Bereits am 8. November 1918 hatten Arbeiter- und Soldatenräte Kurt Eisner ins Amt des Bayrischen Ministerpräsidenten katapultiert – ausgerechnet einen ehemaligen »Vorwärts«-Redakteur und auch noch einen »saupreußischen«, wie mancher bayrische Revoluzzer mäkelte. Doch als Anführer der Novemberrevolution und nach dem Sturz des letzten Bayrischen Königs Ludwig III. rief Eisner die junge Bayrische Republik als »Freistaat Bayern« aus – ein Anstoß, den durchaus auch der sächsische Arbeiter- und Soldatenrat aufgriff.

Das wuselt und schwärmt sich seitdem in München dahin. Auch der Schriftsteller Ernst Toller ist geistig angekommen: Zwar kommt er nicht mehr zum Schreiben, doch ist er jetzt sozialistischer Revolutionär und der Zweite Vorsitzende des Zentralrats der Bayrischen Arbeiter-, Bauern- und Soldatenräte. Das frisst Zeit.

Victor Klemperer notiert am

»Donnerstag Abend, 6.II.19
Um vorläufig dem schrecklichen Hôtelzustand ein Ende zu machen, habe ich heute zwei Zimmer mit voller Pension in der Schellingstr. 1 gemietet, nach vielem Handeln für etwa 600 M. im Monat. (...)

Immerhin, bis ins Frühjahr geht das, u. bis dahin läßt sich doch wohl ein billigerer Unterschlupf finden (...) Was sollten wir sonst tun?

(...)

Heute Abend war ich mit Eva im Odeonssaal zu einer Liebknechtfeier. Gustav Landauer sprach, die angekündigte Musik fiel aus. Das soll, zusammen mit einer Feier für die Kriegsteilnehmer, die in der Univ. am Sonnabend stattfindet, ein Feuilleton für Mack ergeben. Landauer ein winziges, schmales, schwarzberocktes Männchen, schwarze Mähne, schwarzer Vollbart. Predigtton +

Berliner Jargon. Religiöse Klänge + Sowjetradicalismus. Religiös verstiegen: Unsterblichkeit des schaffenden Geistes in uns. Das Göttliche des Menschen. Liebknecht ein Vorbild. – Zur Arbeit auf dem Arbeitssaal kam ich heute gar nicht.«

Am nächsten Vormittag gibt es noch einen Nachtrag zum 6. Februar:

»Gestern klebten Zettel an den Telegrammtafeln der N.N.: ›Die Demonstration unterbleibt, da die Verhandlungen für die Erwerbslosen einen günstigen Verlauf nehmen.‹

Es muß Großes geplant gewesen sein; denn als wir Abends schadenfroh auf dem Bahnhof nachsehen sollten, wieviel Verspätung der Berliner D-Zug diesmal gehabt (starker Schneefall!) – es war aber nicht mehr festzustellen – stand in der Außenhalle ein mächtiges Maschinengewehr aufgefahren u. ein Plakat klebte: ›Um 10 Uhr verlassen alle Nichtreisende den Bahnhof.‹«

Das Paar findet eine Wohnung in Universitäts-Nähe. Dr. Klemperer gibt seine erste Vorlesung über französische Literatur – mit Lampenfieber, doch erfolgreich. Dass er noch Soldat ist, ändert sich am Montag, dem 10. Februar 1919, allerdings:

»In München war meine erste Sorge die Entlassung vom Heer. Sie ging sehr rasch, alles erledigte sich in ein paar Stunden. Ich brauchte kein Kleidungsstück abzugeben, erhielt freilich auch kein Bekleidungsgeld, sondern nur 50 M. zur Entlassung. In Sachsen ist das anders. Man wird ärztlich auf ansteckende Krankheiten untersucht. Ich fürchtete lange Procedur u. sagte dem Arzt, Georg habe mich vor wenigen Tagen gesund gefunden. ›Einen Augenblick‹, erwiderte er. ›Um der Form Genüge zu tun, tun's Ihren Geschlechtsteil heraus!‹ – ›Bitte!‹ – Ohne hinzusehen, gleichzeitig: ›So, danke, hier ist die Unterschrift.‹

Ich traf einen Kameraden vom Felde, Unteroffizier, der Gendarm werden will. Er klagte verzweifelt, er habe eben die Wache zusammenstellen sollen, es gehe aber nicht, denn die Leute hätten keine Lust gehabt. Ich aß noch einmal in der Uoff.-Kantine.«

Die Geschlechtsteile entlassener Soldaten zu inspizieren, ist keineswegs eine Vorliebe des Münchner Arztes: Mit der Rückkehr der Überlebenden aus dem Feld sind in ganz Deutschland auf dramatische Weise die Geschlechtskrankheiten angestiegen, sind bereits unzählige Ehefrauen und erwartungsvolle Freundinnen infiziert.

Kurt Eisners USPD musste bei der bayrischen Landtagswahl Ende Januar 1919 eine schwere Niederlange hinnehmen. Damit naht das Ende jener Phase des politischen Experiments, das von pazifistischen und anarchistischen, im Grunde genommen gutwilligen Intellektuellen geprägt war. Am Morgen des 21. Februar 1919, unmittelbar vor seiner geplanten Rücktrittserklärung, fällt in München Kurt Eisner dem Mordanschlag eines völkischen Korpsstudenten zum Opfer. Ernst Toller wird sofort nach dem Tod Kurt Eisners dessen Nachfolger als Vorsitzender der bayrischen USPD. Der Versuch, eine sozialistische Republik nach rätedemokratischem Muster durchzusetzen, findet immer weniger Anhänger in der Mitte der Gesellschaft, doch mehren sich jetzt eruptiv die radikalen Auswüchse von rechts und von links.

Als am 26. Februar der Trauerzug mit dem Sarg Kurt Eisners durch München zieht, begleitet ihn auch der Gefreite Adolf Hitler. Er gehört seit kurzem zu den Vertrauensmännern seines Regiments und arbeitet dadurch mit der Propaganda-Abteilung der neuen bayrischen Regierung zusammen: Adolf Hitler soll seine

Kameraden in Demokratie schulen. In solcher Funktion nahm er am 16. Februar 1919 mit seinem Regiment auch an einer Demonstration des »Revolutionären Arbeiterrates« in München teil. Wirklich nichts weist zu dieser Zeit auf seine verheerende Rolle für die Welt hin. Und nichts weist auf das spätere Schicksal des Juden Victor Klemperer hin, der in München fast täglich notiert, was um ihn herum passiert, auch am 24. Februar 1919:

»*Montag Abend gegen 10 Uhr.*
Über der Universität die rote Fahne; geschlossen bis zum Donnerstag. Ständige Unklarheit der Lage: Räterepublik proklamiert? Nicht proklamiert? Bürgerliche Blätter sind unterdrückt, die sozialistischen drücken sich unklar aus. –

Gestern Nachm. schwerer Zusammenstoß mit Hans M., der ganz proletarisiert, ganz unter dem Einfluß des fanatischen Wekerle steht. Danach in der Stadt; Absperrungen in der Nähe des Promenadenplatzes, wo an der Eisner-Mordstelle ein Kranz hing. Ein biederer Landser mit Gewehr, Stahlhelm, Handgranate: ›Geht weiter Leut, hier müssen wir freies Schußfeld haben.‹ Dabei war keine Gefahr zu sehen. Gegen Abend kamen Lerchs zu uns; sie hatten den Dr. Levien am Schillerdenkmal sprechen hören. Bevor er anfing, richtete man aus einem Auto Gewehre gegen alle offenen Fenster, bis sie geschlossen wurden. Er forderte 10 000 Geiseln u. Bewaffnung des Proletariats.«

»*Mittwoch Abend 26./II. 19*
Der Wahnsinn hier geht weiter. Man controlliert jetzt Briefe auf ›falsche‹ Nachrichten ins ›Ausland‹ – so wird wohl mein Feuilleton angehalten worden sein (…) Heute Vormittag Glockenläuten, schwarze u. rote Fahnen u. regelloses (Gaudi-)Schießen zu Eisners Begräbnis. Hans M. – nach Tisch bei ihm – strahlt über den Sieg

des Proletariats und belächelt meine Empörung über all diesen Unsinn u. die Vergewaltigung (Geiseln!). Wekerle mit fanatischem Gesichtsausdruck, ständig um ihn. Ich ginge nicht mehr hin, wäre es nicht aus vielfachem Egoismus (um Nachrichten u. Lebensmittel zu erhalten, den Pelz zu verkaufen, im schlimmsten Fall eine Rückendeckung zu haben). Er ist mir ganz fremd geworden.«

Nach Eisners Ermordung radikalisiert sich die politische Lage in Bayern. Im April 1919 werden hintereinander zwei bayrische Räterepubliken ausgerufen – die erste von Idealisten wie Gustav Landauer, Erich Mühsam und Ernst Toller. Schon eine Woche später übernehmen KPD-Kader wie Max Levien und Eugen Leviné die führenden politischen Posten: Sie schaffen militärische Strukturen und beginnen mit dem Aufbau einer »Roten Armee«. Ernst Toller steigt jetzt noch einmal auf: Er wird stellvertretender Stadtkommandant von München und Abschnittskommandant der »Roten Armee« im Münchner Westen, wo es den ihm unterstellten Einheiten noch kurzfristig gelingt, die gegen die Räterepublik mobilisierten und bereits nach Dachau vorgedrungenen Freikorpsverbände zurückzuschlagen.

Nach der militärischen Niederschlagung der Räterepublik Anfang Mai 1919 durch Freikorps- und Reichswehrtruppen taucht Toller unter, wird jedoch gefasst und wegen Hochverrats zu fünf Jahren Festungshaft verurteilt. Er hat noch Glück. Der sanftmütige Gustav Landauer nicht, er wird nach seiner Verhaftung schwer misshandelt und dann erschossen. So wie ihm ergeht es vielen Räterevolutionären.

März 1919:
Dresdner Sezession Gruppe 1919

Otto Griebel ist jetzt 23 Jahre alt. Er hat sein Studium an der Dresdner Kunstgewerbeschule wieder aufgenommen, das er 1912 begonnen und dann kriegsbegeistert unterbrochen hatte. Er kehrt zu Josef Goller zurück, dem verehrten Professor für Glasmalerei. Doch eigentlich zieht es ihn an die Kunstakademie, so wie Otto Dix.

Griebels Leichtigkeit ist dahin. Er vergleicht jeden Tag mit seinem ersten Leben – das lag vor dem Krieg und erscheint ihm nun als völlig romantisch: Mit einem Freund hatte er sich in ein Zimmer in Mockritz eingemietet, direkt vor den Toren Dresdens. Möbel hatten sie keine, was ihnen nichts ausmachte – der eine schlief in einer Hängematte, der andere auf einem Eisenbett. Es gab eine alte Kiste und zwei Feldstühle. Das reichte, sie fühlten sich als Künstler und wanderten fröhlich jeden Tag nach Dresden und retour. Ein Krieg war da noch nicht in Sicht. Otto Griebel trat in eine studentische Verbindung der Kunstgewerbeschule ein – »Die Gilde« – die ihr Lokal am Rande des Großen Gartens hatte. Allsonnabendlich wurde dort bis tief in die Nacht hinein gekneipt.

»Ich ließ mein Haar lang wachsen, um wie ein Künstler auszusehen und mich von den anderen Leuten schon äußerlich zu unterscheiden.«

Durchaus schräg ging es zu in der Kunstgewerbeschule – schräg auch in einer Stadt, in der Karl May zum Experten für das Amerika der Indianer geworden war und Deutschland afrikanische Kolonien besaß:

»Dr. Römer, ein vollbärtiger Hüne mit einem Kindergesicht, den hatte das Berliner Kaiser-Wilhelm-Institut an die Dresdner Kunstgewerbeschule delegiert, der unterrichtete uns. Trat der morgens ins Atelier ein, so hob er den Regenschirm, den er fast immer bei sich trug, und grüßte uns afrikanisch mit einem lauten ›Odijmo!‹, worauf wir dumpf und genau wie die Eingeborenen erwiderten ›Wöööööh!‹

Einmal brachte Dr. Römer seine Elefantenbüchse mit in die Schule und feuerte sie im Atelier ab. Da kam Professor Goller, der uns in Glasmalerei unterrichtete und ein passionierter Jäger war, herüber. Er gab nicht eher Ruhe, bis er die Elefantenbüchse in der Hand hatte und es noch mal knallte.

Ein Mitstudent aus Posen lief wie ein Cowboy umher – mit Lasso, Bowiemesser und Revolver, er knetete Indianerfiguren aus dem Ton heraus. Er war wie ein albernes, großes Kind, doch harmlos (…)«

Dieses erste Leben, wie Otto Griebel es erinnert, liegt nur fünf Jahre zurück, doch kommt es ihm sehr fern und unbeschwert vor – Albträume vom Schützengraben hatte er da jedenfalls noch nicht.

Die verscheucht ihm am ehesten der Sturm und Drang, der hier in die Dresdner Kunstszene gebraust ist: Ende Januar 1919 hat sich eine Reihe junger Maler und Bildhauer zur »Dresdner Sezession Gruppe 1919« zusammengeschlossen, allen voran Conrad Felixmüller und Otto Dix, Walter Jacob, Peter August Böckstiegel und der russische Jude Lasar Segall. Dazu die Bildhauerin Gela Foster, der Dichter und Lebenskünstler Rudolf Adrian Dietrich, der Dichter und verarmte baltische Baron Iwar von Lücken, der keine Sympathien für die Bolschewiki hegt und ein begehrtes Modell von Oskar Kokoschka ist. Kokoschka ist zum Ehrenmitglied ernannt worden, hat seine radikalste Phase aber schon hinter sich.

Die Gruppe hat sich an die Spitze der aufbegehrenden Jungen gestellt und fühlt sich von der Rätebewegung der Linksradikalen um Otto Rühle und Franz Pfemfert angezogen:

»Das Bewußtsein, daß wir reif sind, die Führung der hiesigen jungen Kräfte auf der Bahn des Fortschreitens der Kunst zu den Zielen der Gruppe hin zu übernehmen, war Anlaß zum getanen Schritt.«

Diesen etwas verschwiemelten, aber aktivistischen Anspruch proklamieren Felixmüller und der Architekt Hugo Zehder im Gründungsmanifest für ihre Gruppe. Der Dichter und Journalist Camill Hoffmann sieht in ihnen gar junge Bolschewiki des Geistes.

Weltumsturz-Mienen beherrschen das Frühjahr 1919, Erdbebengefühle. Schon während des Krieges überraschten kleine expressionistische Verlage, tauchten neue Zeitschriften auf – meist nur für wenige Nummern. Die expressionistischen Dramen von Hasenclever und Kokoschka sprachen sich weit über die Grenzen der Stadt herum.

Es waren vor allem die geläuterten Kriegsheimkehrer, die gegen das »bluttriefende Wahnsinnsantlitz des Krieges« ihren Schrei in die Welt schickten. Jüngere Autoren gründeten 1916 eine »Kolonie der 5%«, andere bereits die »Gruppe 1917«. Conrad Felixmüller und Felix Stiemer hoben im Januar 1918 die expressionistische Zeitschrift »Menschen« aus der Taufe, die auch 1919 noch regen Zuspruch unter Gleichgesinnten findet. Sie ist ein literarisches Pamphlet, das in Vers und Prosa – meist mit plakativen Holzschnitten versehen – die politischen Intentionen der jungen Expressionisten in und für Dresden ausruft. Hier arbeiten Heinar Schilling, Walter Hasenclever und Ivan Goll mit sowie Walter Rheiner, der die Zeitschrift im »bewußten Gegensatz zu den heute noch wirksamen und mächtigen Überbleibseln und Erben jener Generation, die in den Zusammenbruch führten« sieht.

Die Dresdner Expressionisten bauen auf einer Tradition auf, die nicht so weit zurück liegt und die in der Dresdner Kunstwelt Anstoß erregte: Vier junge Architekturstudenten der Technischen Hochschule Dresden beschlossen 1905 den Ausstieg aus den gewohnten Bahnen und gründeten die Künstlergemeinschaft Brücke: Ernst Ludwig Kirchner, Fritz Bleyl, Erich Heckel und Karl Schmidt-Rottluff. Max Pechstein und kurzzeitig Emil Nolde traten ein Jahr später hinzu. Ihr künstlerischer Weg wurde zum Exempel der Moderne, auch wenn die Gruppe nicht lange hielt. In ihren sechs Dresdner Jahren lösten sie viel Naserümpfen aus, wurden »Kunstverhunzer« genannt und führten ein Nischendasein, inspiriert von Nietzsches dionysischer Existenzphilosophie, die auch auf den jungen Studenten der Kunstgewerbeschule Otto Dix übersprang. Und während die Museen gegenüber den Brücke-Malern reserviert blieben, öffneten die renommierten Privatgalerien Emil Richter und Ernst Arnold voller Pioniergeist ihre Räume. So auch jetzt, im ersten Nachkriegsjahr.

Nicht nur in Wort und Malerei, auch in der Musik tut sich Neues: Der deutschböhmische Komponist Erwin Schulhoff, der 1918 den Mendelssohn-Preis für seine Klaviersonate op. 22 erhielt, zieht mit seiner Schwester Viola für zwei Jahre in ein Dresdner Atelier und wird zum Initiator erster avantgardistischer Konzerte. Er bekennt sich zum Atonalen von Alban Berg, integriert aber selbst erste Momente des Jazz in seine Musik. Beschrieben wird Schulhoffs Tonsprache als eine von außerordentlich leuchtender Farbigkeit …

Sofort nach Kriegsende setzt das künstlerische Schaffen in Dresden in voller Stärke ein. Es scheint, als sollten die Versäumnisse der letzten Jahre, der nicht gestillte Hunger nach künstlerischem Erleben in doppelter Intensität nachgeholt werden. Vor den Augen der jungen Maler stürzen Weltanschauungen, rutschen bürgerliche Werte weg – und sie sind mitten drin. Die Kriminalität in der Stadt ist bereits ebenso hochgeschnellt wie das Bedürfnis nach Kunst: Hier nun ist Expressionismus die passende Form statt des Impressionismus der Vorkriegszeit. Ein wildes Malen hebt an, voller Ekstase, voller Radikalität.

Die Neureichen wollen in »Avantgarde« anlegen, die aber muss nun kreiert werden! Die Gründungsausstellung der Dresdner Sezession Gruppe 1919 findet am 3. April 1919 in der renommierten Galerie Emil Richter statt. Und wird ein voller Erfolg, wie Otto Griebel sich erinnert:

»Die erste Ausstellung der Gruppe, die auf der Prager Straße im Kunstsalon Richter stattfand, wurde eine Sensation und brachte ein reges Für und Wider in den kunstinteressierten Kreisen hervor. Neben den Bildern von Felixmüller, der als ›synthetischer Kubist‹ auftrat, wie er sich selbst bezeichnete, und denen Segalls erregten besonders die von Otto Dix großes Aufsehen, vor allem sein Gemälde ›Das Mondweib‹. Da schwebte eine blau in blau gehaltene kuglige weibliche Aktfigur schräg über Häuser gen Himmel, wobei die Komposition bis über den flachen, versilberten Rahmen ausgedehnt war.«

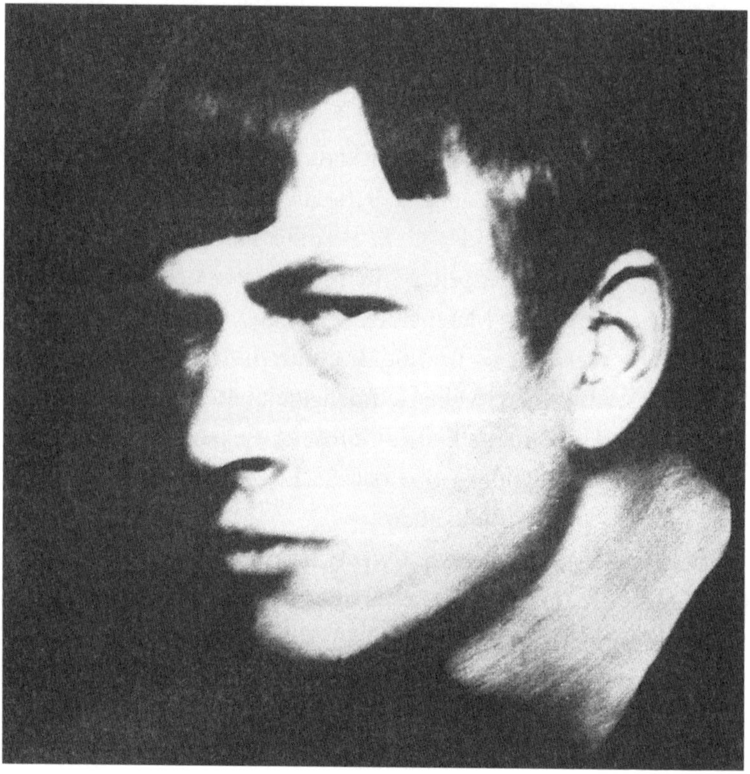

Der Maler Otto Dix, 1919

Der Architekt Hugo Zehder, auch er Mitglied der »Dresdner Sezession, Gruppe 1919«, der inzwischen »Neue Blätter für Kunst und Dichtung« herausgibt, würdigt nach der ersten öffentlichen Ausstellung der Gruppe die farbensatten Bilder »Prometheus«, »Die Auferstehung des Fleisches«, »Mondweib« bzw. »Schwangeres Weib« oder »Leda mit dem Schwan« von Otto Dix, die im Sommer auch als ganzseitige Tafeln in der Zeitschrift »1919« erscheinen:

»Wie eine Axt schwingt er den Pinsel und jeder Hieb ist ein Farbenschrei. Die Welt ist ihm gebärendes Chaos, das prasselnd, luftbebend, wutschnaubend einmalige und schnell wechselnde Erscheinung gebiert. Und auf den explosiven Akt der Zeugung, auf den Wirbel der Kräfte ist seine Aufmerksamkeit gerichtet. (...) Einmal entdeckte er, daß das klingende Rauschen der Farbe seine Sprache werden müßte. In den Taumeltanz der Farben riß er die Begegnungen aus seiner Welt, stürzte sie in den Wirbel und liebte sie nur so, in den Augenblicken ihrer Ekstasen.

Sollte er sich und sie im Zaume halten? Es ist oft unachtsame, ja barbarische Nachlässigkeit, nichts anderes, die ihn veranlaßt, Kraft und Adel legitimer Form, die Klarheit präzisen Ausdrucks zu zertrümmern und zu verwischen. Seine Gemälde erschrecken mitunter mehr, als daß sie zupacken und leidenschaftlich an sich ziehen.«

Nicht alle können diese ekstatischen und hochsexualisierten Bilder so einfach verdauen. Der Kritiker Will Grohmann, der die Gruppe 1919 betreut, befindet:

»Otto Dix ist reiner Instinkt, allen Erwägungen feind, denkt nicht über sich, erlebt sich. Von südlicher Fülle, ungebändigter Phantasie, wundergläubig, selbst ein Wunder. Letzter Extrakt seiner Erinnerungen, keine Analysen, Rausch des Lebens, tänzerische Besessenheit der Farben. Ihr könnt seine Bilder umdrehen – sie bestehen. So sehr ist seine Kunst reine Darstellung der Affekte. Genialer Dilettantismus? Dazu sind seine Behauptungen zu sicher.«

Bis in die Wortwahl hinein ist hier auch Friedrich Nietzsche gegenwärtig: Der »Rausch des Lebens« und die »tänzerische Besessenheit« sind Nietzsches zentrale Kategorien bei seiner Lehre vom Dionysischen.

Im Februar 1919 traf der junge Maler, der in Hunderten von Zeichnungen und Gouachen seine Kameraden und sich selbst im vierjährigen Wahnsinn festgehalten hat, in Dresden ein, um an der Akademie auf der Brühlschen Terrasse endlich ein richtiger Maler zu werden. Gibt es einen Künstler, der den Krieg so lange und intensiv durchlebt hat wie der aus Thüringen stammende Otto Dix?

»Goya, Callot, noch früher Urs Graf«, wird er sich 1961 in der »Stuttgarter Zeitung« erinnern, »das ist großartig (...) wie sich die Materie Mensch auf dämonische Weise verändert. Der Krieg war eine scheußliche Sache, aber trotzdem etwas Gewaltiges. Das durfte ich auf keinen Fall versäumen. Man muß den Menschen in diesem entfesselten Zustand gesehen haben, um etwas über den Menschen zu wissen (...) Der Krieg ist eben etwas so Viehmäßiges: Hunger, Läuse, Schlamm, diese wahnsinnigen Geräusche.«

Zehn Jahre nach seiner Rückkehr wird Otto Dix mit seinem Triptychon »Krieg« beginnen und es vier Jahre später beenden. Es wird zu den stärksten und bedrückendsten Kriegsbildern des 20. Jahrhunderts gehören.

Noch ist es nicht so weit. Noch tastet sich der junge Heimkehrer an das zivile Leben heran, kommt aber seelisch dort noch längst nicht an. Während der kalten Februartage 1919 war er aus seinem Elternhaus in Gera aufgebrochen und nach Dresden zurückgekehrt. Die Sehnsucht nach seinem Atelier hatte ihn übermannt, und so fuhr er auf dem Trittbrett einer überfüllten Eisenbahn Richtung Dresden, ein kleines Selbstbildnis mit dem Titel »Sehnsucht« unter dem Arm. Er ist jetzt 27 Jahre alt und für die künstlerische Welt ein fast unbeschriebenes Blatt. Während des Krieges hatte er in der Galerie Arnold lediglich einmal eine Reihe von Zeichnungen ausgestellt. Das muss sich nun ändern.

Bei seiner Wirtin in der Elisenstraße fand er nach vierjähriger Abwesenheit seinen bescheidenen Besitz ungeschmälert vor. Der

Plan, ein »richtiger Kunstmaler« zu werden, hat sich im Verlauf der Kriegsjahre gefestigt. Handwerklich hat er noch viel zu lernen. Also setzt er sein Studium nicht mehr in der Kunstgewerbeschule fort, sondern an der Kunstakademie auf der Brühlschen Terrasse.

Dort herrscht eine enorme Aufbruchsstimmung in diesem Frühjahr 1919: Am 25. Februar 1919 begann mit der Annahme einer neuen Satzung die Reform. Durchgesetzt wird nun die demokratische Selbstverwaltung. Am 30. März werden die Lehrpläne reformiert und die neuen Berufungen bekanntgegeben. Als neue Dozenten kommen im Herbstsemester: Oskar Kokoschka, Karl Albiker, Hans Poelzig und Heinrich Tessenow. Und es gibt einen Studentenrat, auch das etwas ganz Neues.

Der bei den Studenten besonders beliebte Maler und Professor Robert Sterl hat inzwischen das Rektorat übernommen. Robert Sterl wiederum schätzt die Begabung des Kriegsheimkehrers Otto Dix hoch ein und ordnet ihn für das Frühjahrssemester dem Malsaal von Max Feldbauer zu. Oskar Kokoschka wird vor allem mit Hilfe des neuen Studentenrates als Dozent gewonnen, der Wiener soll im Herbst-Semester beginnen. Doch er hat sich ein wenig verändert, wie er sich später erinnert:

»Ich war vom Studentenrat der Dresdener Akademie der Bildenden Künste aufgefordert worden, dieses Institut mit eisernem Besen auszufegen. Dieser Wunsch war wohl ein Echo meiner Ausstellungen und Publikationen in Berlin vor dem Kriegsausbruch, und ich hatte mich auch sofort bereit erklärt, die Berufung anzunehmen. Doch betonte ich, daß man Malen und künstlerisches Gestalten nicht lehren könne, nachdem die künstlerische Tradition längst versiegt sei.

Dem Studentenrat machte ich auch sofort klar, daß, weil die staatliche Volkserziehung in allen industrialisierten Ländern lediglich Menschenmaterial für die industrielle Produktion und infolgedessen für den Kampf um Absatzmärkte für deren Produkte erzieht, der Künstler sich nur darauf beschränken kann, die Menschen zu lehren, wieder mit eigenen Augen zu sehen.«

Das überzeugt die angehenden Maler.

***

Da jetzt alles anders wird in der Demokratie, steht auch vor der altehrwürdigen Kunstakademie auf der Brühlschen Terrasse die Frage: Sollen wir nun auch Frauen zum Studium aufnehmen? Vorbild könnte die Kunstakademie in Königsberg sein, die schon 1901 eine spezielle Studienklasse für Frauen eingerichtet hat. Auch in Stuttgart und Weimar sind erste Anfänge gemacht. Bereits am 14. August 1918 erschien im bürgerlichen »Dresdner Anzeiger« ein Artikel unter der Überschrift »Die Kunstakademie und die Frauen«: Darin bezog sich die Zeitung auf ein Gutachten des Professorenkollegiums der Königlich Bayrischen Akademie in München zu der Frage, ob Frauen in Zukunft auch an Kunstakademien aufgenommen werden sollten. Das Kollegium hatte sich in seinem Gutachten prinzipiell dafür entschieden, dass den Frauen ebensolche Möglichkeiten geboten werden sollten wie den Männern. Doch allzu viel traute man dem anderen Geschlecht dann auch im königlichen München nicht zu, denn: Einmal müsse das nicht bedeuten, dass die künstlerische Ausbildung der Frauen an denselben Anstalten erfolge, wo Männer ausgebildet werden. Zum anderen würde die künstlerische Veranlagung der Frauen beschränkt sein, z.B. in Bezug auf freie Komposition und monumentale Aufgaben. Die künstlerisch tätigen Frauen hätten »selbst das richtige Gefühl für die Grenze ihrer eigenen Begabungen bewiesen, indem sie sich hauptsächlich auf das Bildnis, die Landschaft, das Stilleben und das Kunstgewerbe beschränken.«

Im April 1919 erreicht die Kunstakademie auf der Brühlschen Terrasse ein Schreiben vom Ortsverband der Dresdner Künstlerinnen, in dem diese bereits energisch fordern:

»Nachdem die Republik der Frau dieselben Rechte wie dem Manne gebracht hat, so verlangen wir heute, als *gleichberechtigte* Bürgerinnen des Staates, in dem wir seit Jahrzehnten stets als Steuerzahlerinnen unseren Pflichten nachgekommen sind, heute auch die Rechte, wie sie dem Manne gewährt werden:

1. Zulassung der Frauen zu den *Akademien* mit voller Gleichberechtigung mit den Männern.
2. Das Recht, sich an allen *Wettbewerben* zu beteiligen, ebenfalls mit voller Gleichberechtigung mit den Männern.
3. Volle Berücksichtigung beim Vergeben von *Staatsaufträgen*, Stipendien usw.
4. Berechtigung zur *Ausstellung* an allen öffentlichen Kunstanstalten, die vom Staat geleitet werden.«

Der seit kurzem amtierende Studienprofessor Gußmann vermerkt am Rande dieses Schreibens, dass man wohl die bisherige ablehnende Haltung aufgeben müsse. Doch wie viele Frauen werden eine Chance bekommen?

***

Aufbruch herrscht überall in Deutschland, auch in der Architektur: Im April 1919 erscheint ein Flugblatt mit Lyonel Feiningers Kathedrale als kristallinem Bauwerk. Es enthält, verfasst von Walter Gropius, das erste Bauhaus-Manifest und erste Bauhaus-Programm, in dem Gropius als Bauhaus-Direktor das Programm der neugegründeten Gestaltungsschule vorstellt und die Notwendigkeit betont, die bildenden Künste unter dem Primat der Architektur zu vereinen und zurück zum Handwerk zu führen, um im »Werkmäßigen« den »Urquell des schöpferischen Gestaltens« zu entdecken.

Rudolf Steiner gründet in Stuttgart mit Unterstützung von Emil Molt, dem Direktor der Zigarettenfabrik Waldorf-Astoria, die erste Waldorfschule als Betriebsschule einer Zigarettenfabrik.

Else Lasker-Schülers Stück »Die Wupper« kommt in Berlin zur Uraufführung – eine Stadtballade, zu deren Bühnengestalten neben einer Fabrikanten- und einer Arbeiterfamilie auch Landstreicher, Dirnen und Mörder gehören. Im Januar kam am gleichen Ort schon Carl Sternheims »Tabula rasa« zur Uraufführung; entlarvt wird darin kleinbürgerliche Selbstsucht unter dem Deckmantel sozialrevolutionären Klassenbewusstseins. In Leipzig wird im November Ernst Barlachs schon 1912 gedrucktes Stück »Der tote Tag« uraufgeführt.

Und das Dresdner Theater bebt unter der Experimentierlust des Regisseurs Berthold Viertel und des Autors und Arztes Friedrich Wolf: »Das bist du« heißt Wolfs erstes Stück, und die Temperatur auf den Proben ist auf- und abstürzend, gemäßigt nie. Nach Meinung der neuen Direktoren ist das Stück bühnentechnisch nicht zu realisieren. Eine Diskussion im Ensemble entbrennt, der Maler Conrad Felixmüller bekommt schließlich den Auftrag, ein kubistisches Bühnenbild zu erstellen. Alles ist neu und gewöhnungsbedürftig. Der Autor spricht den Schauspielern die Texte vor, damit sie den »hofschauspielerischen Klang« überwinden und »Träger der Idee und Handlung sind, Anstifter der wesentlichen Beziehung zwischen Körper und Raum«. Das ist nicht leicht hinzunehmen für Regisseur Berthold Viertel, der zwar auch experimentierfreudig ist, aber kein Freund kubistischer Raumlösungen. Auch möchte er gern die Regie in seinen Händen behalten. Es gibt Kräche und Zornesausbrüche: »Der eine lief da, der andere dort zornbebend von der Bühne weg.« So beschreibt Conrad Felixmüller rückblickend das zähe Ringen um den adäquaten künstlerischen Ausdruck. Und Friedrich Wolf bekennt im März 1919 in seiner Publikation »Die Klarheit des Herzens«:

»Jetzt gilt es, sein eigener Feind zu werden! Den alten Menschen in uns verbrennen, damit der neue Mensch leuchte! Die Verpflichtung zum neuen Menschen, das Gefühl, daß wir – alle für alle – schuldig-verantwortlich sind, das neue Gewissen wird aus der Klarheit des Herzens wieder zum Glauben werden! (...) Keine erkünstelten Formerlebnisse, keine dumpfen, vertuschenden Gesellschaftsstücke auf den Bühnen! Bildungsstätten! Verkündigungsstätten! Die Bühne frei für kultische Werke!«

Eine solche Aufgerissenheit, in der die pfeifenden und zermalmenden Geräusche des Krieges lange noch Kopf und Sinne beherrschen, finden sich vor allem in Zeiten großer persönlicher Umbrüche. Das »O Mensch!«-Pathos ist echt, das beschwörende, fast religiöse Leuchten neuer Menschlichkeit spüren auch die Dresdner Zuschauer: Die Inszenierung hinterlässt am Ende einen tiefen Eindruck, vor allem wegen seiner Leidenschaft und ästhetischen Geschlossenheit.

Friedrich Wolf mischt sich maximal ein in die Debatten der Revolution. Er ist Mitglied der Gruppe der sozialistischen Geistesarbeiter und tritt in ihren öffentlichen Versammlungen auf. Dabei braucht er dringend ein festes Einkommen – für sich, seine erneut schwangere Frau Käthe Gumpold und beider Tochter Johanna. Bei den Wahlen im Januar war er Kandidat der SPD in Langebrück; dort siegte eine bürgerliche Mehrheit, mit einer Zukunft in der Politik wurde es also nichts. Noch immer arbeitet er als Arzt in Lazaretten, in Arnsdorf und Langebrück. Doch von den Verwundeten werden mehr und mehr nach Hause entlassen, Lazarette werden nun nach und nach aufgelöst. Er sucht und findet in der Umgebung keine Stelle oder Niederlassung als Arzt. Auf der anderen Seite ist Wolf endlich stark in das kulturelle Leben der Stadt einbezogen. Er pendelt zwischen Langebrück und Dresden, und schreibt seinen Eltern am 25. März 1919:

»(...) heut mittag wieder nach Dresden, da ich zu einem Volkshochschulkurs aufgefordert wurde. Gestern war der Tolstoi-Abend vor der Jugend des Bezirks Dresden-Johannstadt; so zu leben, und nicht bloß für die eigene kleine Existenz, sondern an der Zeit mitarbeiten, das ist wirklich eine Lust! Schade, daß ihr diese und meine Arbeit und Freude nicht aus der Nähe miterleben könnt«.

Eine Woche später greift er noch einmal das auf, was ihn in dieser Aufbruchszeit bewegt:

»Ich bin mir klar geworden, daß ich in der sozialen Bewegung – die, wenn ihr euch besinnt, seit Jugend auf mich bewegte – tätig sein muß. Hierzu braucht man Resonanz und die schwingendste, die proletarische Jugend! (...)

Die anliegenden Hefte verwahrt mir dort auf. Der ›Zwinger‹ ist eine sehr verbreitete Zeitschrift. Karl Wolff – 1. Dramaturg des Landestheaters; er hat noch Gedichte von mir erworben. Die ›Schaubühne‹ das hiesige expressionistische Organ. Vielleicht bekommen wir die Hellerauer Tessenowsche Bühne für dieses Jahr (Mutter erinnert sich wohl. Jeder will mein neues Stück vertreiben, wenn möglich selbst geben. Aber bei meinem chronischen Pech glaube ich an nichts mehr). Die ›Menschen‹ sind das Blatt unserer sozial. Gruppe d. Geistesarbeiter. Ich schreibe öfters auch Außer-medizynisches ... grade hierfür.«

April 1919: Die Bluttat von Dresden

Am Sonnabend, dem 12. April 1919, kommt es in Dresden zu einem Ereignis, das einen großen Schatten auf das erste Friedensjahr wirft und die politische Macht der sächsischen Sozialdemokraten schon wieder zu kippen droht: Gustav Neuring, amtierender Minister für Militärwesen, wird von einer außer sich geratenen Menge aus dem Ministerium gezerrt, schwer misshandelt und dann von der angrenzenden Friedrich-August-Brücke in die Elbe hinabgestoßen. Ein Zielschießen auf seinen Kopf beginnt, bis der Minister im Wasser versinkt.

Wer ist Gustav Neuring – und wer hatte ein Interesse daran, ihn zu töten? Der Vierzigjährige mit der großen dunklen Hornbrille und einer Tätowierung auf dem linken Arm ist langjähriger Sozialdemokrat und seit fünfzehn Jahren Gewerkschaftsmitglied. Nach der Revolution ein halbes Jahr zuvor war er Vorsitzender des Arbeiter- und Soldatenrates, dann Volksbeauftragter und schließlich Minister für Militärwesen. Er gehört zum engen Kern um Ministerpräsident Dr. Georg Gradnauer. Und die zügige Umbenennung des Kriegsministeriums in »Ministerium für Militärwesen« – der sozialdemokratischen Regierung ein wichtiges Anliegen – beruhte auf Neurings Initiative. Doch erreichen solch feine Unterschiede bereits die über Jahre von Kriegsrhetorik zugedröhnte Bevölkerung? Offensichtlich nicht: An dem Sozialdemokraten klebt der »Kriegsminister« – auch hundert Jahre später noch.

Und Frieden wollen keineswegs alle in diesem Frühjahr 1919: Während Rechtsradikale und Monarchisten noch schmerzgeplagt nach hinten schauen, Militärs an der Dolchstoßlegende weben, zunächst aber froh sind, auch nach der Niederlage gebraucht zu werden, bekämpfen Kommunisten und Spartakisten fanatisch die SPD, die »Verräter der Revolution«.

Die Gemengelage in Dresden unterscheidet sich in diesem Frühjahr von der in Berlin oder München oder Königsberg: In der sächsischen Volkskammer, in der die Sozialdemokraten, die USPD und die neue liberale Deutsche Demokratische Partei mit einer satten linken Mehrheit regieren, wird in einem friedlichen Miteinander an Sachthemen gearbeitet, bekennt sich auch die rechte Deutschnationale Volkspartei zur keineswegs geliebten jungen Demokratie. Die Militärs sind eingebunden. Noch im März 1919 stellte Gustav Neuring in Zusammenarbeit mit dem Bund aktiver Unteroffiziere der alten Armee das »Regiment Ordnung« auf, das in Pirna bei der gewaltsamen Auflösung der gewählten Arbeiter- und Soldatenräte zum Einsatz kam – dort hatten die Linksradikalen bereits die Macht übernommen. Nicht erst seitdem haben ihn Spartakisten und Kommunisten besonders im Visier. Wer ist der nächste? Die sächsische Regierung verhängt den Belagerungszustand über den Freistaat.

Wer hinter dem Mordkomplott steckt, prangt am Montag, dem 14. April 1919, unmissverständlich auf der Titelseite der »Dresdner Volkszeitung«:

»Die Schändung der Revolution

Es ist kein Zweifel, daß wir uns in dem furchtbarsten Machtkampf befinden, der von bolschewistischer Seite begonnen worden ist, von unabhängiger Seite begünstigt und von beiden Teilen geführt wird mit allen Mitteln von Gewalt und niederträchtigster Kriegslist. Der Kampf richtet sich nicht nur gegen die sozialdemokratischen Regierungen, sondern auch gegen die große Partei der deutschen Arbeiterschaft, die Sozialdemokratie. Eine Rotte von Fanatikern, Narren und Verbrechern möchte die Herrschaft im deutschen Reiche an sich reißen und glaubt, daß der gegenwärtige Zeitpunkt für solche Absichten der geeignetste ist. Durch die Demobilisierung und Auflösung der alten Heeresverbände hat die Arbeitslosigkeit den höchsten Punkt erreicht; die Ernährungsnot macht sich immer drückender geltend und deutlich wird der Öffentlichkeit fühlbar, was schon vorher jeder Einsichtige wissen mußte: daß auch sozialdemokratische Regierungen nicht mehr Güter herbeischaffen können, als eben vorhanden sind.

Auf dem Boden dieser Situation schießt jetzt die Saat der unabhängig-bolschewistischen Hetzerei, Verdrehung und Verleumdung in die Halme. Und die wahnwitzigen Ausschreitungen, Putschversuche und Streiks, die Deutschland in diesen Tagen erschüttern, sind das Ergebnis der Not und der skrupellosen Parteidemagogie.

In diesen Zusammenhang gehört auch der *blutige Sonnabend in Dresden*, der mit einer Demonstrationsversammlung der Kriegsbeschädigten begann und mit der scheußlichen *Hinschlachtung unsres Genossen Neuring* seinen widerlichen Höhepunkt erreichte.«

Bei der »Dresdner Volkszeitung« handelt es sich um das Organ der Sozialdemokratie, deren Redaktion schnell den Hintergrund der Mordtat erfasst hat, aus eigener Erfahrung: Seit Monaten wird die Zeitung von Spartakisten attackiert und musste zeitweilig von Polizeieinheiten geschützt werden. Der erste Ministerpräsident der noch jungen sächsischen Demokratie, Dr. Georg Gradnauer, war hier eine Zeit lang Redakteur. Zu Beginn des Krieges war die Leserschaft von anfänglich 12 000 auf 50 000 angewachsen. Es gab zeitweise regionale Ausgaben in Freiberg, Pirna, Meißen und Großenhain, für das Osterzgebirge und die Oberlausitz.

Nach dem Mord an Minister Neuring wird über Sachsen der Ausnahmezustand verhängt. Doch trotz des tiefen Schocks versucht die Regierung, die Gewalt nicht weiter eskalieren zu lassen: Noch in der Nacht nach dem Mord verhandelt sie bis morgens 3.30 Uhr mit einer Abordnung der Kriegsgeschädigten. Vereinbart wird:

1. Es erfolgt die Weiterzahlung der bisherigen Löhnung und sonstiger Gebührnisse.
2. Die Regierung wird sich bei der Reichsleitung dafür einsetzen, daß hinsichtlich Löhnung und Verpflegung eine angemessene Erhöhung erfolgt, evtl. bis zur Gleichstellung mit den Grenzschutztruppen. Der weiteren Aussprache bleiben die Einzelheiten der Regelung vorbehalten.
3. Die Teilnehmer an den Demonstrationen und an der Besetzung des Blockhauses sollen nicht strafrechtlich verfolgt werden, soweit nicht gemeine Verbrechen vorliegen.

gez. Schubert
Bellmann

Dr. Gradnauer
Ministerpräsident
W. Buck
Minister«

Was aber ist nun genau passiert am Samstag, dem 12. April? Am 15. April 1919, drei Tage nach dem Lynchmord, fasst das Ministerium für Militärwesen die bisherigen Erkenntnisse über die direkten Vorgänge im Blockhaus für die sächsische Regierung zusammen:

»Am 12.4. gegen Mittag sammelten sich einige Hundert von kriegsverletzten Soldaten vor dem Ministerium für Militärwesen im Blockhaus.

Anlass zu dieser Demonstration gab die vom Reiche angeordnete Herabsetzung der Löhnung der Unteroffiziere und Mannschaften der Rumpfverbände und Lazarette auf den Friedensstand.

Die von den Demonstranten entsandte Abordnung wurde vom Minister empfangen, ihre Wünsche wurden angehört, sie konnten aber naturgemäß ohne weiteres nicht bewilligt werden.

Daraufhin versuchte die Menge, mit Gewalt in das Ministerium einzudringen. Zu den Kriegsbeschädigten hatten sich inzwischen sehr viele Kommunisten gefunden. Die Menge war nun auf etwa 2000 Köpfe zu schätzen. Ein im Ministerium angestellter junger Soldat warf beim Eindringen der Leute 2 Uebungshandgranaten in den Lichtschacht. Dadurch gelang es, den ersten Ansturm aufzuhalten.

Von den Kommunisten wurden sofort die wildesten Gerüchte verbreitet, einem Verwundeten, der nur noch ein Bein gehabt hätte, wäre durch die Handgranate auch das andere Bein abgeschlagen worden und anderes mehr. Sie bekamen dadurch eine Menge Zuzug und es hiess: ›Neuring hätte den Befehl zum Werfen der Handgranaten gegeben‹.

Die über die Friedrich-August-Brücke aus Altstadt kommenden Wachablösungen und die Wache im Ministerium, sämtlich Sicherheitstruppen, wurden ohne große Gegenwahr entwaffnet. Die gegen 2 Uhr 30 Min. nachmittags alarmierte Sicherheitskompagnie des Schützenregiments wurde ebenfalls entwaffnet.

Die Kommunisten umstellten das Blockhaus mit M.Gs. und eröffneten von allen Seiten, mit Ausnahme der Blockgasse, ein lebhaftes Feuer auf die Fenster des II. und III. Stockwerkes. Es entstanden zahlreiche Schussschäden, sämtliche Scheiben gingen in Trümmer.

2 M.Gs. auf der Friedrich-August-Brücke sperrten diese völlig vom Verkehr ab. Nach der Beschiessung, die etwa bis 4 Uhr nachm. dauerte, stürmte die Menge unter Gejohle den Eingang zum Ministerium, erbrach die Tür und drang in das Gebäude ein. Minister Neuring wurde nach kurzem und wildem Verhandeln von der Menge herausgeholt.

Unter wildem Gebrüll, in dem jeder Versuch des Ministers, zur Menge zu sprechen, scheiterte, wurde er misshandelt, auf die Friedrich-August-Brücke geschleppt und in die Elbe gestoßen. Da er sich durch Schwimmen zu retten suchte, wurde er erschossen.

Das alarmierte Grenzjäger-Batl. 11 war bis auf den Albertplatz vorgerückt. Auf den Befehl des Majors Demmering, weiter vorzugehen, weigerten sich die Truppen, dies zu tun mit dem Bemerken ›Auf Verwundete könnten sie nicht schiessen.‹

Major Demmering wurde am Kopf durch einen Zivilisten nicht unerheblich verletzt.

Die Offiziere, Beamten und Schreiber des Ministeriums verliessen, nachdem Minister Neuring von der Menge weggeschleppt worden war, was in keiner Weise zu verhindern war, das Ministerium. Die Herren der Abteilung VIII (Operationen) und Oberstleutnant Kretzschmar begaben sich sofort in das Ministerium des Innern, um weitere Maßnahmen zu ergreifen.

Anstelle des ermordeten Ministers Neuring wurde Herr Kirchhof mit der Wahrnehmung der Geschäfte des Ministers für Militärwesen beauftragt. Kirchhof war bei Ausbruch der Revolution Mitglied des Soldatenrates Gross-Dresden, wurde im Februar 19 als Mehrheitssozialist in die Volkskammer gewählt und erhielt Ende März 19 die Aufklärungsabteilung des Ministeriums.

Einer Abordnung der Kriegsbeschädigten, die am Abend ihre Lohnforderungen dem im Ministerium des Innern tagenden Gesamtministerium nochmals vorbrachte, wurde nach längerem Verhandeln die Weitergewährung der bisherigen Löhnung bis zur Höhe der den Grenzjägern gewährten bei der Reichsregierung versprochen. Dafür sollten die Aufständischen das Blockhaus bedingungslos räumen, wozu sie sich bereiterklärten. Der Plan, das Blockhaus am 13.4. gegen 3 Uhr morgens durch die Unteroffizier-Kompagnien der Garnison Dresden gewaltsam zu nehmen, wurde dadurch hinfällig.

Das Blockhaus wurde am 13.4., 6 Uhr vorm., an Minister Buck und Herrn Kirchhof, die sich in Begleitung von 10 Mann Sicherheitstruppen befanden, übergeben. Um 7 Uhr vorm. wurde das Blockhaus von 50 Mann der Unteroffiziers-Kompagnien unter Major Jungnickel, der zum Kommandanten des Blockhauses ernannt war, besetzt und in Verteidigungszustand versetzt.

Das Ministerium des Innern, in dem das Gesamtministerium sich befindet, wurde ebenfalls von Unteroffizieren und 50 Mann Sicherheitstruppen besetzt.

(...)

Bis einschl. 15.4. in Dresden alles ruhig. Die Regierungstruppen sind sämtlich eingetroffen und unterstehen Generalmajor Frotscher, der die oberste militärische Gewalt im Auftrag des Oberbefehlshabers Kirchhof in Dresden ausübt.

Der stellv. Kriegsminister, Chef des Stabes Oberstltnt. Kretzschmar, Abteilungen I, VIII, IX und X befinden sich bis auf weiteres im Schloss, Telefon Nr. 20545, 20415, 22596.

Abteilung IV wieder im Blockhaus.

gez. Kretzschmar
F.v. Freiesleben«

Zu dieser Zeit wird bereits fieberhaft nach den unmittelbar am Mord Beteiligten gefahndet. Es gibt erste Verhaftungen und eine Reihe von Zeugenaussagen. Etliche Anzeigen gehen im Landgericht

Dresden ein, und nicht wenige brüsten sich, an der Ermordung mitgewirkt zu haben. Wem kann man glauben und wem nicht?

Die Bedrohung durch Spartakisten und gut vernetzte Kommunisten ist längst nicht gebannt. Trotz verhängtem Ausnahmezustand in Sachsen könnten sie jederzeit und überall losschlagen.

Zwei Wochen später erreicht das Landgericht eine überraschende Zeugenaussage. Es ist der Sergeant Willy Trocha, wohnhaft in der Oppelstraße 30, der sich in der »Mordsache Neuring« am 28. April 1919 an den Untersuchungsrichter wendet – bis zu dessen Tod war er der persönliche Fahrer Gustav Neurings. Sergeant Trocha schreibt:

»Ungefähr 8 Tage vor seiner Ermordung erhielt Neuring einen anonymen Brief, worin ihm angedroht wurde, dass er in die Elbe geworfen und hinterher erschossen werden würde.

Diesen Brief steckte N., wie mir seine Witwe erzählte, in auffallender Eile in seine Brieftasche, während er sonst seine Briefschaften stets auf den Tisch legte. Er zog sich nicht einmal an, sondern ging, als ihm seine Frau den Brief ans Bett brachte, im Hemde an seinen Rock, um den Brief in die Tasche zu stecken.

Von demselben Tage ab teilte N. seiner Familie bei den verschiedensten Gelegenheiten alles mit, was sie in Bezug auf den Fall seines Todes wissen müssen. Er erklärte seiner Frau, woher sie Unterstützung erhalten würde, wenn er tot sei, er riegelte die Zimmer von innen ab und traf allerlei Vorbereitungen für den Fall, dass man ihn in der Wohnung überfallen sollte.

Ferner engagierte er einige zuverlässige Leute, die in den Vorzimmern seines Arbeitsbereiches Dienst tun und zu seinem Schutze dienen sollten. Diese Leute waren für den 15. April zum Antreten ihres Dienstes von ihm bestellt. Immer wieder erklärte er seiner Frau, dass man in dieser Zeit auf alles gefasst sein müsse.

Neurings Frau hat darüber wiederholt mit meiner Frau eingehend gesprochen und in meiner Wohnung mit meiner Frau einen Plan verabredet, Massnahmen zum Schutze ihres Mannes zu treffen.

Diesen anonymen Brief hat Neuring im Ratskeller am 3. oder 5. April einigen Kollegen und wohl auch dem Oberbürgermeister Blüher gezeigt und zu dem hinter ihm sitzenden Kirchhof gesagt:

›Du, Bruno, kannst Dich immerhin bereithalten, mein Nachfolger zu werden!‹

Kirchhof hat dies auf unsere Anfrage bestätigt. Auch der Chefredakteur des Dresdner Anzeigers, Herr Flach, hat ebenso wie der Vertreter der ›Leipziger Neueste Nachrichten‹ in Dresden, Herr Berger, Eisenstückstraße (Tel: 13707), Genaues über diesen Brief usw. gehört und in einer Pressekonferenz vorgetragen.

Leider wird dieser Brief von denen, die die Brieftasche Neurings gestohlen haben, vernichtet worden sein.

Mir ist auffallend, dass er mir, obwohl ich des Ministers gesamte Privatkorrespondenz zu erledigen hatte und er gerade über die anonymen Briefe stets mit mir sprach, diesen einen Brief nicht gezeigt hat.

Ein gewisser 17-jähriger Seydel, Güterbahnhofstraße 13, part. erklärt, wie mir Frau Neuring sagt, Bekannten gegenüber, dass er die Adresse eines gewissen Krebs wisse, der Neuring, als er sich beim Hinabstürzen in die Elbe am Geländer festhalten wollte, auf die Finger geschlagen und dann gesagt habe, als man auf ihn geschossen hatte: ›Der Schuss sitzt!‹«

Für den 15. April hielten sich also nach Aussage von Neurings Fahrer zuverlässige Sicherheitskräfte bereit, um den sozialdemokratischen Minister vor seinen anonym agierenden Mördern zu schützen. Hätten sie den Mord verhindern können, wären sie bereits am 12. April an ihrem Arbeitsplatz gewesen? Das Beantworten dieser Frage ist für die Justiz hinfällig. Die Suche nach Tätern und Hintermännern nimmt ihre volle Aufmerksamkeit in Anspruch, denn das Gerücht läuft um, auch andere Minister und selbst Ministerpräsident Gradnauer stünden auf einer Todesliste.

Bis zum 15. April 1919 bleibt alles ruhig, zumindest in Dresden. Die angeforderten Regierungstruppen sind eingetroffen. Sie unterstehen Generalmajor Frotscher, der die oberste militärische Gewalt im Auftrag des Oberbefehlshabers Bruno Kirchhof ausübt, des Nachfolgers von Gustav Neuring. Verteilt sind die Truppen auf Schloss und Blockhaus.

***

Über Sachsen herrscht Ausnahmezustand. Und je mehr der 1. Mai naht, desto bedrohlichere Nachrichten dringen aus der Provinz herein. Der Tag der Arbeit wird zur großen Bewährungsprobe. Was vor dem Krieg noch in gemeinsame Aktionen von Sozialdemokraten und Gewerkschaftlern für einen 9-Stunden-Tag gemündet hatte, in Streiks, Demonstrationen und Maispaziergänge, ist im ersten Nachkriegsjahr zum Schauplatz des Kampfes innerhalb einer inzwischen auseinandergebrochenen Sozialdemokratie geworden. Nicht nur in Sachsen, sondern im gesamten Reich. Im Visier sind »die Bourgeoisie« und die Reichsregierung, die versucht, nach dem Kriegstrauma der Bevölkerung, den 1. Mai für ein gesellschaftliches Miteinander zu nutzen.

Hohn schlägt ihnen entgegen. Und nicht nur die abgespaltene USPD, auch die Kommunistische Partei Deutschlands bläst nun zur Attacke. So auch in Sachsen. Aus einer Chemnitzer Druckerei werden bereits 500 Flugschriften ins erzgebirgische Schlettau transportiert, welche die *Arbeiter! Parteigenossen!* mit brausendem Impetus auffordern, den 1. Mai als Kampftag zu nutzen:

»*Auf, Genossen!* Wir wollen Maifeiertag halten.
Wir wollen ihn halten, wie es dem deutschen Proletariat und wie es der deutschen Revolution geziemt!

Wir wollen ihn halten als den Kampftag, der er in erster Linie ist.

Wir wollen ihn halten als den Tag des Gerichtes über alle Verräter und Henker der Revolution mit dem Rufe: *Nieder mit Ebert + Scheidemann + Noske.*

Wir wollen ihn halten, nicht um mit den Ebert + Scheidemann das Proletariat einzuschläfern, sondern um es zu wecken zu dem Rufe:

Nieder der Kapitalismus!

Wir wollen ihn halten als eine Kampfansage gegen die Bourgeoisie, als einen Schwur bei allen Toten, die für uns gefallen sind, nicht zu ruhen und nicht zu rasten, bis er geschlagen am Boden liegt (…)«

Lang sind die Flugschriften im frühen 20. Jahrhundert, lang und – da es hier um nichts weniger geht als »die Weltrevolution!« – voller verbaler Gewalt.

Aktionen zum Warmlaufen gibt es – Belagerungszustand hin oder her – bereits vor dem 1. Mai 1919: So streiken in Schwarzenberg die Bauarbeiter für einen besseren Lohn.

In Großenhain steigt ein Unterhaltungsabend, deren künstlerische Darbietung vor allem aus »Ansprachen und sogenannten Gedichten« bestehen, die in »höchst aufreizender Weise die Verherrlichung der ehemaligen Spartakistenführer Liebknecht und Rosa v. Luxemburg zur Geltung brachte und versuchten, die jetzige Regierung in schärfster Weise zu verurteilen«, wie ein Schutzmann dem Stadtrat von Großenhain berichtet.

In Schneeberg nimmt eine spontane Demonstration am 25. April einen »äußerst gefährlichen Umfang« an, wie die örtliche Polizei kurz darauf dem Innenministerium meldet:

»Eine vielhundertköpfige Volksmenge durchzog die Straßen der Stadt und drang schließlich in das Rathaus ein. Ein- und Ausgang zum Rathaus waren stundenlang vollständig verstopft. Die Menge hielt die Vorräume bis vor die Türen einzelner Zimmer besetzt, sodaß sich die Beamten weder herein- noch herausbegeben konnten. Der Bürgermeister hatte sich mit Vertretern der Menge in ein Zimmer begeben, vor dem sich die Menge anstaute und vor dem sie stundenlang in aufgeregtem Zustande wild durcheinander schrie. Schließlich wurde die Tür zu dem Verhandlungszimmer ausgehoben und die aufgeregte Volksmenge drang auch in dieses ein. Nur mit der äußersten Aufwendung aller Überredungskunst ist es gelungen, nach über mehr als 3 Stunden die Menge zum Verlassen des Rathauses zu bewegen (...)«

Der Bürgermeister kommt hier noch einmal ungeschoren davon.

Grund für die Demonstration ist eine im »Erzgebirgischen Volksfreund« veröffentlichte Pressenotiz, wonach der Bevölkerung Teigwaren und Grieß in Aussicht gestellt wurde. Diese seien auch bereits eingetroffen, vom Stadtrat jedoch noch nicht verteilt. Gibt es hier Schiebereien? Tatsächlich treffen die Lebensmittel erst während der Demonstration in Schneeberg ein. Die Wut flaut rechtzeitig ab. Doch auch hier und in Schwarzenberg sind für den 1. Mai Spartakistenumzüge geplant.

Nein, Friedensruhe ist im April 1919 noch längst nicht eingetreten. Nicht im gesamten Reich und auch nicht in Sachsen.

Eine Demonstration mit etwa 600 Menschen findet am Nachmittag des 28. April in Johanngeorgenstadt statt: Hier fordern die Demonstranten die Gleichstellung bei der Verpflegung von Zivilbevölkerung und dem bevorzugten Grenzschutz. Gefordert werden lebensmittelmarkenfreie Kartoffeln und Zucker. Der Tag endet mit Mühe gewaltfrei.

Glimpflich geht auch eine »große öffentliche Volksversammlung« am 25. April 1919 in Freiberg aus, die weder angemeldet noch aufgrund des allgemeinen Belagerungszustandes genehmigt wurde. Abends 7 Uhr soll in der Gastwirtschaft »Union« der kommunistische Genosse Hermann Fleissner sprechen, der extra aus Dresden anreist. Doch die Stadtverwaltung und das Garnisonskommando haben »das Lokal frühzeitig durch Oberjäger des Sicherheitsbataillons besetzen lassen«, wie der Stadtrat nach Dresden meldet. Die Versammlung findet nun unter freiem Himmel statt. Dem Referenten bleibt nur eine Viertelstunde Zeit, seinen etwa 200 Zuhörern einzuheizen – den sozialdemokratischen Bürgermeister zu attackieren, die Schuld für alles auf den (bereits ermordeten) Minister Neuring zu schieben und zu drohen, auch in Freiberg werde bald »reine Wirtschaft« gemacht. Aus dem Publikum wird noch gerufen »Waffen mitbringen!«, dann räumt eine Abteilung Oberjäger den Platz.

Ohne großes Murren verläuft sich die Menge. Eine Schlussbemerkung kann sich der Stadtrat allerdings nicht verkneifen: »Unter denen, die bis zuletzt auf dem Platze ausharrten, war das weibliche Element besonders stark vertreten.«

Die Unruhe in der sächsischen Staatskanzlei bleibt, was den kommenden 1. Mai betrifft: Ist das Leben weiterer Regierungsmitglieder in Gefahr? Alarmierend wirken die an die Polizeidirektion und das Ministerium des Innern erneut gemeldeten Gerüchte, nach denen am 1. Mai die Ermordung des SPD-Ministerpräsidenten Gradnauer geplant sei. Ein Herr Ferdinand Weber, wohnhaft auf der Borsbergstraße 21, bringt zur Anzeige, ein Bekannter habe am 27. April in einem Straßenbahnwagen von einer Frau sagen hören: »Na, der Donnerstag wird wohl der Todestag für Gradnauer sein.« Zwei Wochen nach der Ermordung von Minister Neuring werden solche Bemerkungen sehr ernst genommen. Der Zeuge Ferdinand Weber bittet darum, seinen Namen nicht zu nennen, weil er als Deutsch-Österreicher in Schwierigkeiten geraten könnte.

Auch die Kriegerwitwe und Spartakistin Ernestine Rühling verbreitet im privaten Kreise, dass mit Minister Fräßdorf und den anderen Ministern in den nächsten Tagen das gleiche passieren wird wie mit Minister Neuring.

Auf der Frontseite der »Dresdner Volkszeitung« geben die Sozialdemokraten deshalb am 26. April 1919 eine landesweite Mahnung heraus:

»Arbeiter und Arbeiterinnen!

Nur wenige Tage trennen uns von der *Maifeier*. Wofür wir jahrzehntelang gekämpft haben, das ist erreicht: Der 1. Mai wird künftig im ganzen Reiche durch allgemeine Arbeitsruhe begangen, wird als gesetzlicher Ruhetag gefeiert werden.

Leider haben Kommunisten und Unabhängige dafür gesorgt, daß sich über die erste Maifeier des neuen sächsischen Freistaates die Schatten des Belagerungszustandes breiten. Die sächsische Regierung hat in ihrer heutigen Bekanntmachung jegliche Umzüge und Versammlungen auch für den 1. Mai verboten.

Wer die unheilvollen Vorgänge der letzten Wochen überdenkt, wird die Maßnahmen der Regierung verstehen. Die Revolutionshysteriker wollen die Vergewaltigung der Volksmehrheit, planen die Ausrufung der Räterepublik, bedrohen die gesamte Bevölkerung offen mit der Uebertragung des bayrischen Buergerkrieges auf Sachsen. Alle Anzeichen deuten darauf hin, daß sie auch den Feiertag der Arbeit für ihre spartakistischen Pläne mißbrauchen, daß sie den 1. Mai zu einem Tag blutiger Zusammenstöße werden lassen möchten, um dann die sozialdemokratische Regierung mit bekannter Entrüstung anklagen zu können. Das muß jeder verhindern helfen, dem unsere sozialistischen Ideale am Herzen liegen.

Wir fordern darum die Arbeiterschaft auf, für eine würdige Begehung unseres Feiertags zu sorgen und allen von unabhängig-spartakistischer Seite angezettelten Demonstrationsversuchen fernzubleiben. Unsere Anhänger treffen sich am Nachmittag des 1. Mai zu zwanglosem Spaziergang im Großen Garten. Soweit in der Provinz Demonstrationszüge und Versammlungen unter freiem Himmel geplant waren, können diese gleichfalls nicht stattfinden.

Für Versammlungen in geschlossenen Räumen ist die Genehmigung nachzusuchen.«

Und in fetten Lettern flehen die Autoren des Aufrufs zum Schluss:

»Arbeiter und Arbeiterinnen! Laßt euch nicht von der Verhetzung der unabhängig-spartakistischen Putschisten beirren! Laßt den 1. Maitag der Revolution nicht durch Exzesse besudeln. Die unabhängig-spartakistische Putschtaktik führt nicht vorwärts, sondern rückwärts, bringt Anarchie und Gewalttaten, zeitigte den feigen Meuchelmord vom 12. April, machte die Verhängung des Belagerungszustandes nötig. Wir bauen auf die Vernunft der sächsischen Bevölkerung, wir appellieren an die jahrzehntelange politische Schulung der sozialdemokratischen Arbeiterschaft.
Der Bezirksvorstand der sozialdemokratischen Partei von Groß-Dresden«

Mai 1919: Die Kriegsfackel einmal um den Erdball

Der 1. Mai 1919 verläuft in Sachsen vergleichsweise problemlos, der Ausnahmezustand wirkt.

Die Kommunisten üben sich nach dem Mord an Gustav Neuring, dem Minister für militärische Angelegenheiten, in Scheinheiligkeit und gerieren sich als Opfer: Die Kommunistische Partei Gross Dresden beschwert sich beim Ministerium des Innern über das Verbot ihrer Zeitung »Der Kommunist« sowie die Verhaftung einiger Genossen:

»Die Kommunistische Partei Gross Dresden erhebt entschiedenen Protest gegen die Vergewaltigung unserer Organisation und unserer Presse. Am 14. April wurde durch bewaffnete Soldaten, sowie Kriminalpolizei ohne jedweden Anlass unsere Expedition, Breitestraße 22, III. ausgeräumt, sämtliche Geschäftsbücher, Broschüren, Zeitungen sowie die Zeitungskasse widerrechtlich von oben erwähnten Organen konfisziert. Laut Umfrage soll diese Vergewaltigung im Zusammenhang mit der Ermordung des Kriegsminister Neuring stehen. Wir erheben schärfsten Protest gegen solche Unterstellung, und verwerfen jederzeit solche Gewaltakte, Morde etc. an politischen Führern und Personen. Unsere Partei steht auf dem Boden der Aufklärung und Erziehung der Volksmassen, es wäre ja Selbstmord, durch Gewaltakte einer Minderheit, die breite Masse des Volkes zu beeinflussen.«

Die Kommunistische Partei Gross Dresden fordert die sofortige Freilassung von vier inhaftierten Genossinnen und Genossen – darunter ein gewisser Frenzel, der die Gewalt im Blockhaus maßgeblich ausgelöst, sich selbst die Hände jedoch nicht schmutzig gemacht hat.

Nachdem der 1. Mai von Linken dominiert wurde, demonstrieren jetzt auch rechtsgerichtete Bevölkerungsgruppen. Vor allem der Reichsbund der Kriegsbeschädigten, Kriegsteilnehmer und Kriegshinterbliebenen fordert zur »Demonstration! am Sonntag, 4. Mai 1919, vormittags 10 Uhr, am Hauptbahnhof (Wiener Platz).« Gefordert wird von dieser Seite ein neues Mannschafts- und Hinterbliebenenversorgungsgesetz, eine sofortige wesentliche Erhöhung der Bezüge der Kriegsbeschädigten, Kleidergeld für aus dem Lazarett Entlassene und Hinterbliebene, beschleunigte Wohnungsfürsorge und Bereitstellung ausreichender Reichsmittel für die soziale Kriegsbeschädigten-Fürsorge: »Kameraden, erscheint in Massen! Gestaltet die Demonstration zu einer eindrucksvollen Kundgebung!«

In die aufgeladene Stimmung hinein dringen die ersten Nachrichten aus Paris, wo seit dem 18. Januar 1919 die Siegermächte des Weltkrieges unter Ausschluss der Besiegten tagen. Nun, am 7. Mai 1919, wird der deutschen Delegation ein erster Entwurf des Vertrags überreicht – das Werk der großen Drei auf Seiten der Alliierten: US-Präsident Wilson, der britische Premierminister David Lloyd George und der französische Ministerpräsident Georges Clemenceau. Inzwischen haben sich in der französischen Hauptstadt Tausende eingefunden, um an dieser Mega-Konferenz des frühen 20. Jahrhunderts teilzunehmen – Staats- und Regierungschefs, Diplomaten, Wirtschaftsexperten, Völkerrechtler, Geheimdienstler, Journalisten …

Neben den Gesandten der Großmächte Frankreich, Großbritannien und USA sind Vertreter jener Länder angereist, die auf Seiten der Alliierten gekämpft haben und jener, mit denen das

Deutsche Kaiserreich und Österreich-Ungarn verbunden war. Länder, die teilweise schwere Opfer zu beklagen hatten und mitunter nur Aufmarschgebiete waren: die Armenier, an denen sich die Türken schwer rächten, das fast völlig zertretene Belgien, Brasilien und China, das Deutschland 1917 den Krieg erklärte. Französisch-Indochina war ebenso involviert wie die afrikanischen Nord-Kolonien Frankreichs Tunesien, Marokko und besonders Algerien, das schwere Angriffe der Deutschen auf seine Häfen erlitt. Wer überhaupt blieb verschont?

Chile hatte seine Häfen für deutsche Kriegsschiffe geöffnet, Venezuela wiederum die Alliierten mit Öllieferungen unterstützt. Die Kriegskoalitionen waren am Ende kaum noch zu überschauen. Die Bulgaren erklärten den Serben den Krieg, Großbritannien wiederum den Bulgaren. Die Deutschen warfen den Portugiesen den Fehdehandschuh hin, die Rumänen den Österreichern und Ungarn. Neben den Vereinigten Staaten von Amerika erklärte auch Kuba dem deutschen Kaiserreich den Krieg, das Osmanische Reich wiederum den USA. Russland stieg aus und steckt nun in einem mörderischen Bürgerkrieg.

In Paris vertreten sind auch die britischen Dominions: Australien musste ebenso wie Neuseeland besonders im italienischen Gallipoli traumatische Verluste hinnehmen, kanadische Truppen standen bei der Schlacht von Vimy fest an der Seite britischer Truppen …

Die Kriegsfackel war einmal um den Erdball geworfen worden und hatte ihn entflammt. Die Schlachtfelder blitzen auf in den Pariser Gesprächen – Verdun und Flandern, aber auch die Wüsten des Orients und die Dschungel Afrikas: Soldaten aus fünf Kontinenten hatten aufeinander eingeschlagen, im Krieg blieben am Ende mehr als neun Millionen Soldaten und geschätzte zehn Millionen Zivilisten.

Wie ist das alles möglich gewesen? »Der ganze Quellenbestand steckt voller Schuldzuschreibungen«, umfasst der Historiker Christopher Clark die Dynamik, die letztlich 1914 in den Kriegsausbruch führte, »denn es ist eine Eigenart dieser Krise, dass alle Handelnden dem Gegner aggressive Absichten unterstellten und sich selbst defensive Intentionen bescheinigten.« Nicht zu leugnen ist, dass Berlin und Wien die ersten fanatischen Krieger losschickten. Nur das zählt nun, im Jahre 1919. Und die Antwort lässt die gebeutelten Völker der Gegenseite aufatmen: Deutschland wird die Alleinschuld zugewiesen!

Die Strafe ist massiv: Der vorgelegte Vertrag von Versailles zwingt Deutschland zur Abtretung großer, darunter rein deutscher Gebiete. Er reduziert die deutsche Wirtschaftskraft empfindlich und belastet das Land mit unbegrenzten Reparationszahlungen. Indem er auch die deutsche Wehrverfassung bestimmt, greift er tief in die Entscheidungsbefugnisse des Reichsparlamentes ein und schafft ein System der Kontrolle über das besiegte Land. Erst spät wird es gelockert und noch später beseitigt. So heißt es in Artikel 231:

»Die alliierten und assoziierten Regierungen erklären und Deutschland erkennt an, daß Deutschland und seine Verbündeten als Urheber aller Verluste und aller Schäden verantwortlich sind, welche die Alliierten und assoziierten Regierungen und ihre Angehörigen infolge des ihnen durch den Angriff Deutschlands und seiner Verbündeten aufgezwungenen Krieges erlitten haben.«

Artikel 232:

»Die alliierten und assoziierten Regierungen erkennen an, daß die Hilfsmittel Deutschlands nicht ausreichen, um die vollständige Wiedergutmachung aller dieser Verluste und aller dieser Schäden sicherzustellen, indem sie der ständigen Verminderung dieser Hilfsmittel Rechnung tragen, die sich aus den anderen Bestimmungen dieses Vertrages ergibt. Die alliierten und assoziierten Regierungen verlangen indessen und Deutschland übernimmt die Verpflichtung, daß alle Schäden wieder gutgemacht werden, die der Zivilbevölkerung jeder der alliierten und assoziierten Regierungen und ihrem Eigentum während der Zeit, da diese Macht sich im Kriegszustand mit Deutschland befand, durch den erwähnten Angriff zu Lande, zur See und aus der Luft zugefügt sind, und überhaupt alle Schäden, wie sie in der Anlage I näher bestimmt sind (…)«

Und so geht es fort.

Im ganzen Land kommt es zu Kundgebungen der Fassungslosigkeit bei Bekanntgabe der Friedensbedingungen. Reichspräsident Friedrich Ebert, ein Gegner der Unterzeichnung, bringt auf zwei Kundgebungen am 9. und am 18. Mai sein Entsetzen zum Ausdruck:

»Der ehrliche Friedenswille unseres schwer duldenden Volkes fand die erste Antwort in ungemein harten Waffenstillstandsbedingungen. Das deutsche Volk hat die Waffen niedergelegt und alle Verpflichtungen des Waffenstillstandes, so schwer sie waren, ehrlich gehalten. Trotzdem setzten unsere Gegner 6 Monate lang den Krieg durch Aufrechterhaltung der Hungerblockade fort. Das deutsche Volk trug alle Lasten im Vertrauen auf die durch die Note vom 5. November von den Alliierten gegebene Zusage, daß der Friede ein Frieden des Rechts auf der Grundlage der 14 Punkte Wilsons sein würde. Was uns statt dessen jetzt in den Friedensbedingungen geboten wird, widerspricht der gegebenen Zusage, ist für das deutsche Volk unerträglich und auch bei Aufbietung aller Kräfte unerfüllbar (...)«

Ebert trifft die Stimmung in der Bevölkerung. Entsetzen herrscht in allen Parteien.

Am 12. Mai 1919 kommt die Verfassungsgebende Deutsche Nationalversammlung zum ersten Mal in Berlin zusammen, provisorisch in einem Universitätssaal. Reichsministerpräsident Philipp Scheidemann von der SPD verliest seine »Erklärung der Regierung über die Friedensbedingungen« als »Kundgebung gegen den Gewaltfrieden«, in dem Wilson zum Heilsbringer mutiert, Clemenceau aber zum Kerkermeister. Er sieht sechzig Millionen Deutsche schon hinter Stacheldraht und Kerkergittern und Deutschland am Ende aus der Welt wegradiert:

»Dieser Vertrag ist so unannehmbar, daß ich heute noch nicht zu glauben vermag, die Erde könne solch ein Buch ertragen, ohne daß aus Millionen und Abermillionen Kehlen aus allen Ländern ohne Unterschied der Partei, der Ruf erschallt: ›Weg mit diesem Mordplan!‹ Wir haben Gegenvorschläge gemacht. Wir werden noch weitere machen. Wir sehen, mit Ihrem Einverständnis, unsere heilige Aufgabe darin, zu Verhandlungen zu kommen. Dieser Vertrag ist nach Auffassung der Reichsregierung unannehmbar.«

An dieser Stelle verzeichnet das Protokoll: »Minutenlanger brausender Beifall im Hause und auf den Tribünen. – Die Versammlung erhebt sich. – Erneutes, stürmisches Bravo und Händeklatschen.« Die Stimmung im Saal ist einmütig, von Rechts bis Links.

Die deutschen und österreichischen Kommunisten bringen am 13. Mai 1919 eine Flugschrift aus Wien herüber, die ebenfalls ohne Zögern zur Sache kommt:

»Ein Aufruf der kommunistischen Internationale zum Frieden von Versailles: Nieder mit dem Frieden von Versailles! Es lebe die kommunistische Weltrevolution!«

Der Aufruf richtet sich an die Werktätigen der ganzen Welt und geißelt die Bosheit und Rachgier der imperialistischen Bourgeoisie:

»(...) Internationale Gendarmen – das sind die anglo-französischen und amerikanischen Imperialisten, die sich für Vertreter der Welt-›Demokratie‹ ausgeben. Alle Illusionen sind zerstört. Die Masken sind gefallen. Das Märchen von der Liga der Völker verblüht, bevor es Zeit gehabt hat, aufzublühen. Nach den Versailler Friedensbedingungen wird es nicht gelingen, viele Arbeiter mit der Völkerliga zu ködern. Die Völkerliga, an deren Wiege der Schlächter Clemenceau steht, ist von der ganzen Welt als Räuberliga entlarvt, welche die vielen Millionen der Werktätigen Europas ans Kreuz schlägt. Der Versailler Friede legt sich mit seiner ganzen Last in erster Linie auf die Arbeiterklasse Deutschlands. Es erübrigt sich zu sagen, daß die Sympathien der kommunistischen Internationale, die Sympathien der ehrlichen Arbeiter der ganzen Welt auf Seiten der deutschen Arbeiterklasse liegen.«

Ein paar Schimpfkanonaden weiter, in denen der Zorn gegen die Regierung Scheidemann, Ebert und Noske verstärkt, die internationale Klassensolidarität beschworen wird, richtet sich der Aufruf an die

»*Arbeiter Deutschlands! Arbeiter Oesterreichs!* – Jetzt seht ihr, dass ihr keine andere Wahl habt, als unverzüglich die Regierung von Verrätern, die sich Sozialdemokraten nennen, tatsächlich aber niedrige Agenten der Bourgeoisie sind, zu stürzen. Ihr seht jetzt, wozu Euch die Politik Scheidemanns und Noskes geführt hat. Ihr seht, dass Eure einzige Hoffnung die proletarische Weltrevolution ist (...)«

Unterzeichnet hat den weltumspannenden Kampfaufruf am 13. Mai 1919 der Präsident des Exekutivkomitees der Kommunistischen Internationale, Grigori Sinowjew. Es handelt hier sich um die 3. Internationale, deren Präsident Sinowjew seit zwei Monaten ist. Auf Drängen von Lenin ist sie im März 1919 in Moskau gegründet worden. Sinowjew, ein enger Vertrauter Lenins, wird in den Dreißigerjahren auf Geheiß von Stalin ermordet werden. Doch geht er selbst nicht eben zimperlich mit dem Leben anderer Menschen um: »Wir müssen 90 der 100 Millionen Rußlands für unsere Sache gewinnen«, befand der Bolschewik im September 1918 bei einem Treffen von Kommunisten in Petrograd, »den übrigen haben wir nichts zu sagen, sie müssen vernichtet werden.« Leider bleibt es nicht bei Worten.

In die gleiche Kerbe, wenn auch gemäßigter im Ton, haut der sächsische Räte-Kommunist Otto Rühle, dessen Aufsatz zum Thema Versailles in den Publikationen »Die rote Fahne«, »Der rote Soldat« und »Die kommunistische Jugend« erscheint. Rühle fordert »keine feige Halbheit des Wollens, keinen Pakt mit der Bourgeoisie, Bekenntnis zum reinen Rätesystem. Die einzige Rettung ist beim Bolschewismus!« Doch im Unterschied zu den Bolschewiki geht Rühle nicht über Leichen. Er ist Pädagoge, nicht Demagoge. Und dass er die Rettung im Bolschewismus sieht, das wird sich ändern, sobald er ihn kennenlernt.

***

Am 8. Mai 1919 wird die Leiche von Gustav Neuring am Kötitzer Fährhaus angeschwemmt, nicht weit von Coswig an der Elbe entfernt. Der Schädel des Toten ist vollständig zertrümmert. Damit steht fest, dass der Minister durch Schussverletzungen ums Leben gekommen ist. Er wird in Gegenwart des Gemeindevorstandes und des örtlichen Gendarmen zunächst aus dem Fluss geborgen. Gleichzeitig wird die Militärpolizei Groß Dresden benachrichtigt. Die bittet die Witwe von Gustav Neuring zwecks Identifikation um ein Foto ihres Mannes. Der Staatsanwalt Dr. Stelzner und der Gerichtsarzt Dr. Oppe werden aus ihren Wohnungen geholt und zum Fährhaus Kötitz gefahren. Ein Lastwagen mit einem Sarg ist unterwegs. Über Cossebaude wird die Leiche Gustav Neurings schließlich um ein Uhr nachts auf die Sezierstation im Dresdner Landgericht Münchner Platz gebracht.

Dresden, Blick von der Marienbrücke auf die Altstadt

Fieberhaft werden Zeugen vernommen. Schwer ist es, aus dem Gewirr von Leugnungen, zutreffenden Schilderungen und eher vagen Beobachtungen die Wahrheit herauszufinden.

Am 20. Mai 1919 berichtet der Dresden-Korrespondent des »Berliner Tageblatt« unter der Schlagzeile »Der Prozeß gegen die Mörder Neurings. 70 Angeklagte«:

»H. Dresden, 19. Mai – Der Prozeß gegen die Mörder des sächsischen Kriegsministers Neuring wird im Juni vor dem Dresdener Schwurgericht zur Verhandlung kommen. Wenn die Verhandlung bisher noch nicht stattfand, so lag das daran, daß nicht weniger als 70 Angeklagte und über 400 Zeugen zu vernehmen waren. Hauptschuldiger ist der Angeklagte Pietsch, der mit mehreren anderen Angeklagten beschuldigt wird, Neuring in die Elbe hinabgestoßen zu haben. Unter den Angeklagten befinden sich auch einige Frauen. Eine von ihnen hatte Neuring noch in dem Augenblick, wo man ihn über das Brückengeländer in den Strom hinabstieß, mit ihrer Hutnadel einige Male ins Gesicht gestochen. Einer der Hauptangeklagten ist der bekannte Kommunist Frenzel, von dem feststeht, daß er durch Hetzreden eine gewalttätige Stimmung schuf. Die Dauer des Prozesses dürfte auf etwa zwei Wochen zu veranschlagen sein.«

Schon jetzt ist absehbar, dass der Prozesstermin im Juni nicht zu halten ist. Auch tendiert das Gericht immer mehr dazu, die unmittelbar für den Mord Verantwortlichen von denen abzutrennen, die eine moralisch üble, doch kaum justiziable Rolle gespielt haben. Vor allem gegenüber den Kriegsbeschädigten und Lazarettinsassen will die Regierung Milde walten lassen. Denn unter den Untersuchungshäftlingen befinden sich zahlreiche Lazarettinsassen, die keinen politischen Hintergrund haben, sondern auf Zuruf mitgegangen sind und durchaus mitrandaliert haben. Für etliche bitten nun auch Angehörige um Milde.

***

Dresdens Ministerien sind militärisch bewacht, die Zentrale der SPD samt »Volkszeitung«, dazu weitere Orte, die zum Ziel kommunistischer Angriffe werden könnten. In Dresden bleibt es ruhig über den Mai. Doch wie ist die Lage draußen im Land? Der Stadtrat von Großenhain berichtet ans Sächsische Ministerium des Innern, dass Flugblätter vor Fabriken verteilt wurden, auf denen die Arbeiter Sachsens zum Kampf gegen die Regierung aufgestachelt werden:

»Arbeiter Sachsens! Die rechtssozialistische Regierung des Herrn Gradnauer hat über ganz Sachsen Belagerungszustand und Standrecht verhängt. Die Ermordung des Kriegsministers Neuring hat ihr den Vorwand gegeben, ihre reaktionären Pläne, die Herr Fräßdorf beim Auseinandergehen der Sächsischen Volkskammer enthüllt hat, in die Tat umzusetzen. Diese Maßnahme richtet sich nicht gegen die Reaktion, die immer frecher ihr Haupt erhebt, sondern gegen die Arbeiterschaft. Sie war vorbereitet schon vor der Ermordung Neurings. Der rechtssozialistische Justizminister Harnisch hat zugegeben, *daß die erste Bekanntmachung über den Belagerungszustand schon vor der Ermordung Neurings vorbereitet worden ist.* Es handelt sich also um einen planmäßig vorbereiteten Anschlag gegen die revolutionäre Arbeiterschaft. (…) In den industriellen Gegenden Sachsens verlassen die Arbeiter die rechtssozialistischen Führer, die sie nach der Revolution an das Bürgertum verraten und um die Früchte der Revolution betrügen wollen. Die Arbeiter gehen in immer größeren Scharen zu den radikalen Parteien über. Das Vertrauen zu den rechtssozialistischen Führern ist dahin. Die sächsische Arbeiterschaft erwacht immer mehr und erkennt die Wahrheit. *Wo bleibt der Sozialismus? Wo bleibt die sozialistische Demokratie? Wo bleibt der Kampf gegen die Gegenrevolution? (…) Regierung und Bürgertum arbeiten Hand in Hand,* um die Arbeiterschaft niederzuhalten und um den bürgerlichen Staat zu retten. Unterstützt von der Regierung, *wird das Treiben der Gegenrevolution täglich frecher.*«

Die Verfasser des Flugblattes schrecken auch vor atemberaubenden Lügen nicht zurück:

»Die Regierung hat auf harmlose Demonstranten in Dresden, die vor der Dresdner Volkszeitung demonstrierten, mit Maschinengewehren schießen und Handgranaten werfen lassen. Sie hat während des Generalstreiks in Leipzig die Eisenbahnschienen aufreißen lassen, um die Zufuhr von Lebensmitteln und Milch nach Leipzig zu unterbinden.«

Die Kommunisten wollen die Umwälzung sofort – nach sowjetischem Modell, von dessen menschenverachtender Praxis sie nicht annähernd eine Vorstellung haben. Und wenn ja, würde sie das von ihren Umsturzversuchen abbringen? Sie übernehmen das Rot/Weiß-Muster der Bolschewiki: Rot die bolschewistischen Revolutionäre und Weiß die bürgerlichen Konterrevolutionäre:

»Es werden unter dem Vorwand des Grenzschutzes *Weiße Garden* gebildet. Mit Hilfe von Weißen Garden ist der *Arbeiterrat in Pirna abgesetzt* worden. Gegen die *streikenden Bergarbeiter* im Zwickauer und Oelsnitzer Gebiet hat die Regierung Gradnauer *Truppen aufgeboten*, obgleich die zivilen und militärischen Behoerden im Streikgebiet vor der Entsendung von Truppen gewarnt haben. Die *Universität Leipzig* ist *geschlossen* worden, damit die Studenten, zu einem großen Teil Reserve-Offiziere, sich den weißen Garden anschließen können. Die *Klassenjustiz* arbeitet wie früher im Interesse des Bürgertums. Die Staatsanwälte erheben dreist Anklage gegen revolutionäre Handlungen (…)«

Wird es ihnen gelingen, die sächsische Regierung zu stürzen?

***

Einer der Offiziere, die mit ihren Truppen den Belagerungszustand absichern, ist der Hauptmann Arnold Friedrich Vieth von Golßenau, der sich später Ludwig Renn nennen wird. Vieth von Golßenau ist ein Berufsoffizier aus Sachsen, ein Adliger mit Stammsitz in Golßen, Niederlausitz, der noch mit dem Königshaus verbandelt ist: Sein Vater, ein Musikprofessor, war bis zum Umsturz auch Erzieher am königlichen Hof. Dadurch hatte Arnold Friedrich einen engeren Kontakt zum sächsischen Kronprinzen, der noch immer anhält. Das ist untertrieben: Vieth von Golßenau, ein empfindsames und kränkelndes Kind, wurde gemeinsam mit dem sächsischen Kronprinzen erzogen. 1910 entschied sich der junge Mann fürs Militär und diente im 1. Königlich-Sächsischen Leib-Grenadier-Regiment Nr. 100, einem der feudalsten sächsischen Regimenter. Von Anfang an hatte er einen Widerwillen gegen den Dünkel und die inhaltslosen Formen seines Standes empfunden.

Die vier Kriegsjahre über war Vieth von Golßenau Kompanieführer, teils auch Bataillonsführer an der Westfront. Er überlebt und bleibt nach Kriegsende zunächst bei der Fahne. Später wird er einen Roman über den Krieg verfassen, der nichts aufbauscht und auch seine Erschütterung über die Schrecken des Krieges nicht verbirgt. Doch er wird auch den Sinn des Militärs gutheißen in Bezug auf die Tugenden, die der Krieg im Menschen erwecken kann, auf Tapferkeit, Opfermut, Kameradschaft. Er sieht ein Ethos der Pflicht, in dem der Mensch sich selbst überwindet. Die Brüderlichkeit der Frontsoldaten ist für ihn wie ein Orden der Tapferen, den er scharf gegen »die da hinten«, gegen die Etappe und selbst gegen die Meuterer vom November 1918 abgrenzt.

Nun, in diesem Frühjahr, schützt er als Hauptmann der Dresdner Sicherheitspolizei die vom Volk gewählte Regierung. Er ist überzeugt davon, dass der Belagerungszustand angesichts dieses grausamen Mordes und der weiterhin drohenden Gefahr richtig ist.

Die »Sicherheitstruppe« in Sachsen ist nach seiner späteren Auskunft immer noch mehr als das, was die SPD im Reich hinbekommen hat. Golßenau sieht sie als Versuch der sächsischen Regierung, eine Truppe zu schaffen, die als Minimum die vollzogene Umwälzung von der Monarchie zur Parlamentsherrschaft anerkennt. Das ist viel im Jahr 1919. Und auch die Grenzjägerbataillone und sächsischen Freikorps versuchen in Absprache mit der Gradnauer-Regierung, Tote prinzipiell zu vermeiden.

1919 steht Arnold Friedrich Vieth von Golßenau dem Kommunismus fern, weil ihn das »intellektuelle und gefährliche Geschwätz Trotzkis« abstößt, er lehnt dessen »geistreich schillernden Stil« gefühlsmäßig ab. Erst Stalins »schlichte Sachlichkeit«, die er als »einfach und klar« empfindet, wird ihn überzeugen. Er wird sich zum Kommunisten wandeln und 1928 in Ludwig Renn umbenennen; die Kameradschaft der Frontsoldaten wird er in der Solidarität der Rot-Frontkämpfer wiederfinden.

***

Im Zivilleben gibt es umfassende Engagements; sie gehen weniger in die Geschichtsbücher ein. Unter dem Stichwort »Landaufenthalt für Stadtkinder« verschickt der Stadtbund Dresdner Frauenvereine für die kommenden Sommerferien Plakate in sächsische Dörfer:

»Landfrauen helft!

Der Krieg ging zu Ende. Anders, als deutsche Herzen es erhofften. Schwere, dunkle Wolken liegen über unserem Vaterlande. Und dennoch! Es gilt dem Licht, das sich hinter der dichtesten Wolkenwand birgt, *es gilt der Sonne den Weg zu bahnen*, damit ihre sieghafte Kraft doch endlich wieder das Dunkel der Zeit durchdringt. Deutsche Landfrauen! In vier Jahren der Not habt Ihr den blassen Kindern der Städte Eure Herzen und Häuser geöffnet. Davon, von Euerm Opfermut und Eurer Liebe wird die Geschichte dieses Kriegs der Nachwelt Kunde geben. Ihr habt gezeigt, was deutsche Frauen leisten können in selbstloser Liebe. *Helft unserem Vaterlande auch in der kommenden schweren Zeit!*

Ungeheuer ernst, weit ernster, als es bisher in der Öffentlichkeit laut geworden ist, sind die Folgen der Unterernährung in den Städten. Die Lebensmittelnöte sind noch lange nicht zu Ende. Ihr wißt, was das für unsere Kinder, für Deutschlands Jugend bedeutet. Und wenn das Vaterland mit jedem Jahr größere Opfer von Euch verlangt – nehmt die Stadtkinder auch in diesem Sommer bei Euch auf! Es geht ja um alles, es geht um die Zukunft des Vaterlandes. (…)

Denkt, wieviel Kummer und Weh der Wirrwar der Zeit in so manches Kinderleben bringt! In der Erregung der Gegenwart findet sich das kindliche Denken nicht mehr zurecht, und die Sehnsucht wird immer brennender, aus dem unruhvollen Treiben der Großstadt hinauszukommen, hinaus auf blumige Wiesen, in grünende Wälder.

Tausende von Kindern danken Euch, Ihr deutschen Landfrauen, mit der ganzen Wärme ihres Kinderherzens, ohne den Dank immer in die richtigen Worte fassen zu können. Und Tausende von Kindern bitten Euch: Nehmt uns auf, wenn der Sommer kommt!

Listen zur Eintragung der Aufnahmebereitwilligen werden wieder, wie in den Vorjahren, durch die Vertrauenspersonen Eurer Ortschaft in Umlauf gesetzt werden.«

Juni 1919: Kategorischer Imperativ mit dem Revolver in der Hand

Das Land steht Kopf. In Versailles haben die Siegermächte Deutschland einen Vertrag diktiert, der noch Wochen später lähmend auf Deutschland liegt und unter den Besiegten Wut und Ohnmachtsgefühle hervorruft: Deutschland soll die Alleinschuld am Ausbruch des Krieges aufgebürdet werden! Unterzeichnet wird der Vertrag wohl erst Ende des Monats, doch die Einzelheiten sind bereits in aller Munde: Ja, war das Deutsche Reich denn allein für diesen Krieg verantwortlich?

Durchgesickert ist: Schon die Fahrt der deutschen Delegation nach Versailles soll grauenhaft gewesen sein, wie der Journalist Victor Schiff, der mit der Delegation mitgereist war, kurz darauf in Zeitungsinterviews berichtete: Demonstrativ langsam fuhr der Zug, sobald man auf französisches Gebiet kam – damit die Deutschen genügend Zeit hatten, alles zu betrachten, was sie in vier Jahren zerstört hatten: Kirchenruinen, eingebrochene Dächer, kein ganzes Haus mehr, nur Notquartiere – und Steine, Steine, Steine … Tiefaufgewühlte Erde, von Schützengräben durchzogen, abgesplitterte Baumstämme, ein Granattrichter neben dem anderen. Das Pflanzenreich durch Giftgasangriffe verdorrt. In Paris angekommen, durften die Deutschen gar nicht an den Entscheidungen teilnehmen.

Doch nicht die schuldhaften Machthaber des Kaiserreichs müssen jetzt die Verantwortung übernehmen, sondern die erste demokratisch gewählte Regierung in der deutschen Geschichte. Was für eine Hypothek!

Das Erwachen, das Nachdenken, das Grübeln der Intellektuellen hält ein halbes Jahr nach Kriegsende an. Wie haben sie 1914 so denken und handeln können, wie für sie selbst heute kaum noch nachvollziehbar ist? Über neunzig Vertreter der deutschen Bildungselite, Künstler und Intellektuelle, verbreiteten 1914 einen Aufruf, in dem sie den Angriff auf Belgien rechtfertigten. Doch auch in Frankreich und England ließ sich der Chauvinismus in den Gehirnen und Gefühlen nieder: Romain Rolland berichtet im Frühsommer 1919 von den Schuldgefühlen zahlreicher Intellektueller: »Ihrer Weisheit gewiß, haben sie überheblich, unversöhnlich Millionen junger Leben dem Triumph der Wahngebilde ihres Geistes geopfert. Die Geschichte wird es nicht vergessen.« Ein paar Jahre zuvor hatte ihm der Physiker und Pazifist Albert Einstein geschrieben: »Die Gelehrten der verschiedenen Länder gebärden sich, wie wenn ihnen (…) das Großhirn amputiert worden wäre.« Auch auf britischer Seite war nur auf wenige Kriegsgegner Verlass wie zum Beispiel Bertrand Russell.

Unter dem Eindruck der Schrecken des Ersten Weltkrieges definiert Ernst Bloch die geistige und sittliche Leidenschaft, die dem revolutionären Ethos innewohnt, als »kategorischen Imperativ mit dem Revolver in der Hand«. Für ihn entwerfe der Messianismus eine das Elend und die Ungerechtigkeit der Gegenwart radikal transzendierende Zukunft. Bloch beruft sich dabei auf christliche, heidnische und jüdische Quellen. Nein, der Krieg ist noch keineswegs Vergangenheit.

Jüdische Religionsphilosophen setzen sich scharf mit dem erlebten Kriegstaumel auch jüdischer Offiziere auseinander und ebenso mit den revolutionären Auswüchsen der so schwierig beginnenden Demokratie. »In den Moderduft des europäischen Leichenfeldes mischt sich messianischer Hauch« warnte der Frankfurter Isaac Breuer noch vor Ende des Krieges und mahnte, sich von den Torheiten der säkularen Geschichte abzuwenden und sich wieder der Tora, ihren Geboten und gesetzlichen Vorschriften zuzuwenden. Auch der Historiker und jüdische Philosoph Franz Rosenzweig, der in stetem Dialog mit seinen christlichen Freunden steht und mit ihnen eine gemeinsame Frühschrift von Hegel und Hölderlin entdeckt hatte, ruft in diesem Nachkriegsjahr die Juden auf, sich aus der säkularen Geschichte zurückzuziehen. Dr. Rosenzweig selbst hatte sich freiwillig an die Front gemeldet, war im Krieg als Sanitäter und bei der Artillerie eingesetzt. Dort erkannte er für sich die Konsequenzen: Noch an der Ostfront begann er sein Buch »Der Stern der Erlösung«, in dem er energisch die These vertrat, das jüdische Volk solle sich von der Geschichte – die eine Angelegenheit souveräner Staaten sei – fernhalten und es sich versagen, an Bemühungen um den Bau einer vollkommenen Welt mitzuwirken. Vor allem der politischen Betätigung sollten sie widerstehen. Rosenzweig sieht sich als konservativ und hat tiefbekümmert den Zusammenbruch des Deutschen Reichs und die Abdankung des Kaisers mitverfolgt. Besonders die kommunistischen Attacken von 1918/19 empören ihn. Die Revolutionäre beschimpft er als »Naivusse« und »Pacificusse«, die eine unheilige Allianz mit »15- bis 18-jährigen Munitionslümmeln« eingegangen seien. Er sieht sich selbst als zwangsläufigen Vernunftrepublikaner.

Im völligen Gegensatz zur konservativen Haltung seines Freundes bekennt sich Martin Buber dazu, sowohl Zionist als auch Sozialist zu sein, und bekundet ausdrücklich seine Sympathie mit den Revolutionären von 1918/19. Im Mai 1919 ist er noch immer schwer gezeichnet vom Tod seines Münchner Freundes Gustav Landauer, der am 2. Mai von Freikorpssoldaten ermordet wurde.

Gerade Landauer, sein engster und liebster Freund war es doch, auf dessen Geheiß er nach München gekommen war, um sich aus erster Hand mit der Revolution vertraut zu machen.

Im Februar 1919 verbrachte er eine, wie er sagte, »tiefbewegende Woche« in der Gesellschaft der Münchner Revolutionäre, wobei er häufig mit Kurt Eisner und seinen Genossen zusammenkam. Eisner hatte den sanften Anarchisten Gustav Landauer schon zu Beginn der Novemberrevolution zur Teilnahme an der Revolution in Bayern mit den Worten eingeladen: »Was ich von Ihnen möchte, ist, daß Sie durch rednerische Betätigung an der Umbildung der Seelen mitarbeiten.«

Martin Buber verließ München am Morgen des 21. Februar 1919 – dem Tag, an dem Eisner dem Mordanschlag zum Opfer fiel. Und nur zehn Wochen später, am 2. Mai, wurde sein Freund Gustav Landauer ermordet. Langsam sickern Einzelheiten der Tragödie durch: Nach der gewaltsamen Niederschlagung der Münchner Räterepublik durch Freikorpsverbände wurde der Freund am 1. Mai im Haus Kurt Eisners in Großhadern verhaftet und zunächst nach Starnberg zum Gruppenkommando West gebracht. Am nächsten Tag transportierte ihn das Freikorps Weilheim, zusammen mit drei Starnberger Arbeiterräten, zum Zuchthaus Stadelheim. Gustav Landauer soll dort schwer misshandelt und dann erschossen worden sein.

Nun, nach dessen Martyrium und Tod, sieht Martin Buber in seinem Freund einen zum Märtyrer gewordenen Idealisten, einen sanften Anarchisten, der sein Leben für den zum Scheitern verurteilten Versuch gegeben hat, die Ära einer Politik ohne Gewalt heraufzuführen. Er wird sich fortan der Aufgabe widmen, das Gedächtnis und die Vision Landauers in Ehren zu halten.

***

Und die Kirchen – wie verarbeiten sie diesen ungeheuren Zivilisationsbruch? Ist es für sie überhaupt einer, hat dieses Denken einen Platz in den Kirchen dieser Umbruchzeit? Was ist mit christlichen Soldaten, deren Hemmschwellen beim Töten wegfielen, auch beim Töten von Zivilisten? Was ist mit den Feldpredigern?

Der Zusammenbruch des Kaiserreiches stürzt die beiden großen Kirchen in Deutschland in eine tiefe Krise: »Monarchistisch« und »Kaisertreu« sind nicht mehr gefragt. Die Flucht des Kaisers, der Sturz der alten Fürstenhäuser und die Ausrufung der Republik haben sowohl in der protestantischen als auch in der katholischen Kirche einen Schock ausgelöst. Geistig ist dieser historische Moment nichts weniger als eine Katastrophe. Doch ist nicht zu übersehen, dass der 9. November 1918 für den Protestantismus und den Katholizismus eine unterschiedliche Bedeutung besitzt. Für den Protestantismus bedeutet die Revolution nicht nur das Ende seiner traditionellen rechtlichen Ordnung, sie nimmt ihm auch seinen politischen Rückhalt und gefährdet seine wirtschaftlichen Grundlagen. Gerade der Sturz der Monarchien beraubt den deutschen Protestantismus der tragenden Säulen seiner kirchlichen Verfassung: Seit der Reformation waren die Landesherren in den evangelischen Territorien des Reiches zugleich Inhaber des Kirchenregiments – durch nahezu vier Jahrhunderte. So formal das am Ende auch geworden sein mag, gab es doch bis zum November 1918 in den evangelischen Landeskirchen Deutschlands keine irgend bedeutsamen Entscheidungen in personeller oder organisatorischer Hinsicht, die nicht im Namen des jeweiligen Landesherrn getroffen worden wären. Dies auch in Sachsen, wo der Monarch ein katholischer war, die protestantische Kirche aber von überbordender Dimension. Dramatisch nun auch der Gesinnungskonflikt: Die allsonntäglichen Gebete für den Landesherrn und seine Familie – was wird damit? Welche Fürbitten treten nun in der neuen, stark antikirchlichen Demokratie anstelle von: »Walte mit Deiner Gnade über unserem König und seinem ganzen Hause. Segne unsern Kaiser und alle seine Angehörigen, und sei des deutschen Reiches und Volkes starker Schutz und Schirm«?

Ähnliche Probleme gibt es auch auf katholischer Seite. Doch mildert hier die größere Distanz der lateinischen Messe etwas die Schärfe des Konflikts. Im brodelnden Bayern gab bereits am 15. November 1918 der Münchner Erzbischof Michael von Faulhaber eine Empfehlung an den bayrischen Episkopat weiter, »an Stelle der Königsoration nach dem Sonntagsamt eine andere Oration einheitlich einzulegen, um den Ausfall der alten nicht allzu sehr auffallen zu lassen«. Doch keineswegs in allen Diözesen wird das Königsgebet gleich gehorsam abgeschafft, es gibt innerkirchliche Proteste.

Die politische Krise der protestantischen Kirche ist um etliches tiefer als die der katholischen. Wo soll sie sich ansiedeln? Im Gegensatz zum Katholizismus, der in der Zentrumspartei nun eine zuverlässige und parlamentarisch erfahrene politische Vertretung besitzt, hat der Protestantismus keine eigene politische Gruppierung, auf die er sich stützen kann. Das hat historische, aber noch mehr theologische Gründe: In der historischen Entwicklung hatte der Protestantismus keine eigene Partei nötig, solange das landesherrliche Kirchenregiment selbstverständlich auch seine politische Vertretung wahrnahm. Es wäre ihm, insofern er lutherisch geprägt war, aber auch schwergefallen, die Gründung einer evangelischen Partei theologisch zu rechtfertigen, da die lutherische Lehre von den beiden Reichen diese Möglichkeit im Prinzip ausschließt. So findet sich der deutsche Protestantismus nach dem Sturz der Monarchien ohne politische Vertretung wieder – ohne die Möglichkeit, seine Wünsche und Forderungen im politischen Feld unmittelbar zu artikulieren. Und dies in einer Situation, die politisches Handeln dringlicher macht als je zuvor. Denn mit dem Umsturz sind nun jene Parteien an die Macht gekommen, von deren Politik viele Kirchenleute im besten Fall eine loyale Trennung von Kirche und Staat, im schlimmsten Fall eine Kirchenverfolgung nach russischem Muster zu erwarten haben.

Dresden, Frauenkirche

Die Kirche hat in diesem Frühjahr 1919 mit einer Austrittswelle zu kämpfen. Und in Sachsen zudem mit einer neuen Regierung, die den Religionsunterricht in den Schulen stark einschränkt – »Freiwilligkeit bei der Teilnahme am Religionsunterricht« heißt nun die neue Regel. Außerdem beschließt die Volkskammer ein Kirchenaustrittsgesetz, das den unbürokratischen Kirchenaustritt für alle Jugendlichen ab vollendetem 14. Lebensjahr gestattet.

»Ist Gott für uns, wer mag wider uns sein?«, hieß es 1914 von evangelischen Kanzeln. »Gott mit uns« stand auf den Koppeln der

Soldaten. Ohne Gott ging es in kein Gefecht. Die Religion war tröstlich – für die Frauen und Kinder daheim, für die Soldaten in ihrer Todesangst. Man konnte Kerzen aufstellen, beten, in die Kirche gehen.

Die traditionelle protestantische Abneigung gegen Katholiken wurde verlagert, denn schließlich gab es unterschiedliche Konfessionen auch innerhalb der Truppen: Die preußischen Soldaten waren mehrheitlich protestantisch. Doch sie konnten nicht so antikatholisch auftreten wie im zivilen Leben, sie hatten ja auch Rheinländer, Bayern oder Westfalen in ihren Reihen. Also wurde das Antikatholische auf die Belgier und die Franzosen projiziert.

Doch was ist mit der Schuld eines Christenmenschen – war das im Krieg nie eine Kategorie des inneren Wägens? »Herr Rektor Jobst war Theolog/für Gott und Vaterland«, erinnerte sich der angehende Dresdner Lehrer Erich Kästner noch lange. »Und jedem, der in den Weltkrieg zog/gab er zuvor die Hand (…)« Noch schärfer hat das der Berliner Schriftsteller, Anarchist und Antimilitarist Erich Mühsam formuliert, im März 1917 – in einem fünfstrophigen Kriegslied, in dem Gott jeden Refrain ziert:

»Angeschossen, – hoch geschmissen, –
Bauch und Därme aufgerissen.
Rote Häuser – blaue Äther –
Teufel! Alle heiligen Väter! …
Mutter! Mutter!! Sanitäter!!!
So stirbt der edle Kriegerstand,
in Stiefel, Maul und Ohren Sand
und auf dem Grab drei Schippen Sand –
mit Gott, mit Gott, mit Gott,
mit Gott für König und Vaterland.«

Erich Mühsam mobilisierte mit seinen Texten pazifistische Bewegungen, deshalb wurde er bis zum Kriegsende unter Zwangsarrest gestellt.

Für September 1919 plant die protestantische Kirche Deutschlands ihren ersten Evangelischen Kirchentag – er wird in Dresden stattfinden. Wird es dort auch Eingeständnisse persönlicher Schuld als Christ geben … oder werden ausschließlich politische, rechtliche und verwaltungstechnische Fragen erörtert, deren Klärung durchaus dringend geboten ist?

***

Bewegung kommt nun auch in den Neuring-Prozess. Tatsächlich konzentriert sich Ende Juni 1919 die Anklage jetzt auf jene, welche die Mordtat maßgeblich angeheizt und begangen haben und deren Schuld auch beweisbar ist. Die wegen Mordes und Beihilfe zum Mord Angeklagten werden damit deutlich ausgedünnt. Das heißt nicht, dass alle 52 minder Verdächtigen aus der Untersuchungshaft entlassen werden: Einige Beschuldigte werden außer Strafverfolgung gesetzt, weil sich kein zur Überführung ausreichendes Beweismaterial gegen sie ergeben hat. Bei anderen wiederum liegt auch jetzt noch ein ausreichender Tatverdacht vor, doch ist die Beweislage dünn und eine Verurteilung beim gegenwärtigen Stand nicht zu erzielen, wie der Untersuchungsrichter dem Justizminister durchgibt, der auch ständig von der Staatsanwaltschaft informiert wird. Ein Beschuldigter wird nicht entlassen, weil er sich zusätzlich noch wegen »versuchter Notzucht« in Haft befindet. Ein Linksradikaler bleibt in Haft wegen anderer Delikte, die er im März 1919 in Pirna verübt hat, wie »Verbrechen gegen das Sprengstoffgesetz durch Verwahrung von Handgranaten« bzw. »Bildung bewaffneter Haufen«. Andere werden als beteiligte Rädelsführer der »Zusammenrottung am Blockhaus« beschuldigt und dafür, die versammelte Menge zur Nichtablieferung der gebrauchsfähigen Waffen aufgefordert zu haben. Angehörige des Militärs befinden sich noch im Juni in militärischer Sicherheitshaft, doch auch gegen sie wird keine Anklage wegen Mordes erhoben.

In einer Reihe von Teilanträgen an die V. Strafkammer begründet Staatsanwalt Metzner sein Vorgehen:

»Die Angeschuldigten stellen das ihnen zur Last Gelegte in Abrede. In jedem Falle ist nur ein Tatzeuge vorhanden und auch diese können sich auf den Wortlaut der Ausführungen des Angeschuldigten nicht besinnen, sondern nur dem Sinne nach angeben, was sie als Inhalt der Reden aufgefasst haben.

Bei dieser Beweislage ist zu einer Verurteilung nicht zu gelangen, da eine irrige Auffassung der Zeugen nicht ganz ausgeschlossen ist.

Ich beantrage daher den Angeschuldigten (...) mangels hinreichender Beweise außer Verfolgung zu setzen.
Dresden, den 18. Juni 1919. Der Staatsanwalt (Metzner)"

Als die Staatsanwaltschaft Dresden der V. Strafkammer des Sächsischen Schwurgerichts schließlich ihre 26-seitige Anklageschrift zustellt, mit beigefügten Verweisen auf die Zeugenaussagen, erinnert sie erstmals umfassend an den politischen Hintergrund der Mordtat:

»Die Ereignisse vom 12. April 1919 gehen in ihren ersten Anfängen weit zurück und wurzeln in dem allgemeinen, durch die Revolution besonders geförderten Streben nach wirtschaftlichen Vorteilen. Dazu treten politische Momente, die durch die wirtschaftlichen Forderungen nur verdeckt werden sollten. Bereits seit Ende November 1918 waren Bestrebungen des Sanitätspersonals auf wirtschaftliche Besserstellung im Gange. Von der allgemeinen Demobilisation war das Sanitätspersonal naturgemäß ausgeschlossen worden, da noch zahlreiche Verwundete zu pflegen waren. Durch den Rückzug waren überdies alle Feld-, Kriegs- und Etappenlazarette gezwungen gewesen, sämtliche Patienten nach der Heimat abzuschieben. Dies hatte eine starke Belastung der Heimatlazarette herbeigeführt.«

Als nach der Revolution die Sicherheits- und bald darauf auch die Grenzschutzformationen geschaffen wurden, bewilligte man deren Angehörigen neben anderen Vergünstigungen eine Tageszulage von 5 Mark. Das schwer arbeitende Sanitätspersonal verlangte daraufhin Gleichstellung:

»Das Bestreben des Sanitätspersonals einschließlich der Militärkrankenwärter ging nun dahin, vor allem in der Löhnung den Sicherheitstruppen, die den Polizeidienst in der Heimat versahen, gleichgestellt zu werden. Außerdem wollten sie eine Gewähr dafür haben, daß sie bei ihrer künftigen Entlassung, selbst wenn diese sich länger hinziehen sollte, die gleichen Vergünstigungen bekämen, wie die sofort zur Entlassung kommenden sonstigen Heeresangehörigen. Es handelte sich da vor allem um Entlassungsgeld, -anzug und den sogenannten Existenzurlaub, d.h. um einen 14-tägigen Urlaub zum Suchen einer Zivilstellung unter Fortgewährung von Löhnung und Verpflegung.

Es fanden nun allerlei Beratungen statt, insbesondere nahmen sich die damals noch in Tätigkeit befindlichen Soldatenräte der Sanitätsformationen der Sache an. Die auch der Regierung unterbreiteten Forderungen wurden nicht erfüllt; die Verhandlungen zogen sich bis in den März hin.«

»Regierung« – das meint hier die in Berlin sitzende, für das ganze Land zuständige Reichsregierung. Doch als Ansprechpartner für das sächsische Sanitätspersonal und die Kriegsverwundeten gilt das heimatliche Ministerium für Militärwesen.

Die Staatsanwaltschaft bedauert, nicht alle Einzelheiten völlig aufklären zu können, da die Beteiligten, unterstützt von ihren Rechtsanwälten, leugnen, Details abstreiten oder verschweigen, wo immer sie können:

»Mit großer Wahrscheinlichkeit ist aber folgendes als feststehend zu erachten: Die Bewegung des Sanitätspersonals ist offenbar rein wirtschaftlichen Beweggründen entsprungen. Es hat sich nicht feststellen lassen, daß politische Motive mit die Triebfeder der Bestrebungen gewesen sind, doch daß Einflüsse von außen die Sache unter dem Deckmantel der wirtschaftlichen Forderungen zu einem politischen Putsch haben benutzen wollen.

Wohl aber ist dies als erwiesen anzusehen, soweit die Lazarett-Kranken bzw. Ambulanten und die Rumpfverbände in Frage kommen. Diese sind das Opfer kommunistischer Agitationen geworden.

Der Minister Neuring, der als energischer Mann in der jetzigen Regierung galt, war den Spartakisten ein Dorn im Auge. Auf seinen Sturz wurde seit längerer Zeit hingearbeitet. Ihm sollte der Sturz der Regierung folgen, gegen die in den unabhängigen und kommunistischen Zeitungen und Versammlungen seit längerer Zeit planmäßig agitiert wurde. Nach den bisherigen Erfahrungen wollte man es nicht mit Waffengewalt versuchen, sondern hoffte, auf andere Weise zum Ziele zu kommen. Die gewaltsame Beseitigung Neurings sollte das Zeichen zum Sturze der Regierung und zur Ausrufung der Räterepublik geben.

Zunächst wurde die planmäßige Hetze unter den Verwundeten aufgenommen. Es ergibt sich aus zahlreichen Äußerungen, daß eine große Wut gegen Neuring in das Volk, besonders unter die Soldaten, getragen wurde. Daß die sächsische Regierung von sich aus nicht in der Lage war, die Forderungen der Verwundeten usw., soweit sie Geldansprüche betrafen, zu erfüllen, war den parlamentarisch geschulten Führern natürlich klar. Aber das tat nichts. Man schob alles dem Minister in die Schuhe.

Der Schornsteinfeger Karl Hünig, seinerzeit Soldatenrat beim Jägerbataillon 13, hat oft geäußert: Die jetzige Regierung würde in kurzer Zeit gestürzt. Neuring werde keines natürlichen Todes sterben.

Ferner hatte bereits mehrere Wochen vor der Tat eine Demonstration der militärischen Hilfsarbeiter stattgefunden, bei der Schimpfreden und Drohungen gegen den Minister ausgestoßen worden waren.

In den Lazarettversammlungen der letzten Tage vor dem 12. April hatte es an Drohungen nicht gefehlt. Hosemann hat gedroht, den Minister herunterzuholen und ihm den Schädel einschlagen zu wollen. Alting hat am 11. April gelegentlich einer Hetzrede im Lazarett erklärt: ›Morgen passiert etwas.‹«

Eine weitere Zeugenaussage beweist, dass es sich um eine wohlüberlegte Tat und keineswegs um einen plötzlichen Exzess handelte.

»(…) wenn auch die Ausführung der Tat nicht von vornherein erweislich den einzelnen Personen zugeteilt war. Es genügte den kommunistischen Führern, die Soldaten zunächst in höchste Erregung zu bringen, sodaß sie dann, ohne sich selbst durch die nackte Tat beteiligen zu müssen, die Durchführung ihres Planes gewährleistet sahen, wenn die erregte Menge zur Tat schritt.

Am 17. Juni 1919 beschließt das Gesamtministerium, das Verfahren gegen jene Beteiligten niederzuschlagen, die nicht unmittelbar an Gräueltaten und der Tötung des Ministers beteiligt waren. Ende des Monats werden die Haftbefehle gegen sie aufgehoben, ein Teil von ihnen aus der Untersuchungshaft entlassen.

Die Anklage im Mordprozess richtet sich nun nur noch gegen diejenigen Personen, bei denen der Beweis für ihre Beteiligung an den Misshandlungen und der Tötung des Ministers Neuring sicher erscheint: Der Kaufmann Hans-Günther Fritze, der Maschinenschlosser und Humorist Karl Krebs, der Schlosser Otto Allner, der Hochbautechniker Willy Schreiber, der Schlosser Gustav Thamm, der Bierverleger Rudolf Merkel, der Seemann Rudolf Bartzsch, der Bäcker Max Becker, der Tischler Heinrich Heynemann, der Bäcker Georg Gottlöber und der Dekorationsmaler Emil Pietzsch.

Nun steigen deren Anwälte in die Bütt, um ihre Mandanten zu entlasten, Zeugen als unglaubwürdig zu diffamieren und dem vorgesehenen Richter der V. Strafkammer des Landgerichtes Dresden die Unschuldsbeteuerungen ihrer Mandanten zu überbringen. Für die wird es nun ernst. Der angeklagte Seemann Georg Rudolf Bartzsch versucht, sich aus der Affäre zu ziehen, indem er sich als unzurechnungsfähig darstellt. Er habe eine Gehirnsyphilis, schildert er weitschweifend, doch die ärztliche Untersuchung durch den Gerichtsmediziner, Medizinalrat Dr. Oppe, bestätigt das nicht. Ähnliches versucht auch der Dekorationsmaler Emil Pietzsch: Er sei einmal von einem Pferd mit dem Huf gegen den Kopf geschlagen worden und zudem durch traurige Zustände in der Familie nerven- und gemütskrank geworden. 1918 habe er dreimal versucht, sich durch Leuchtgas und Pulsaderschnitte umzubringen. Er habe ständig Schwindel und Erregungszustände, habe einen starken Geschlechtstrieb und schon zwei bis drei

Jahre nach der Eheschließung Geschlechtsverkehr mit Mädchen gesucht. Der erste Selbstmordversuch 1918 sei von ihm in Gemeinschaft mit einem Mädchen begangen worden, mit dem er in einem Fremdenhof abgestiegen war. Auch dieser Angeklagte hat kein Glück und wird für die ihm zur Last gelegte Strafhandlung im Zusammenhang mit dem Mord an Gustav Neuring verantwortlich gemacht. Der Prozess wird nun für die zweite Julihälfte 1919 terminiert.

***

In den mühevoll zu bewältigenden Alltag der Bürger brechen immer wieder Nachrichten über Schiebereien und ähnlich kriminelle Vorgänge ein. Sie erhöhen die Anfälligkeit für Gerüchte. Deshalb fallen auch solche wie das um die Schätze des Grünen Gewölbes bei nicht wenigen Bürgern auf fruchtbaren Boden. Unter dem Titel »Falsche Gerüchte über das Grüne Gewölbe« mahnt die »Dresdner Volkszeitung« am 26. Juni 1919:

»Ueber das Grüne Gewölbe gehen immer noch Notizen durch die sächsische und auswärtige Presse, in denen gesagt wird, daß die wertvollsten Diamanten in den Kunstgebilden durch falsche Steine ersetzt worden seien und in denen noch andre abenteuerliche Gerüchte über die Sammlung verbreitet werden.

Wie die Sächsische Politische Landeskorrespondenz von maßgebender Stelle erfährt, beruhen diese Mitteilungen durchweg auf Unwahrheit. Wahrscheinlich sind die Gerüchte dadurch entstanden, daß infolge der allgemeinen Unsicherheit die Krönungsinsignien und die sogenannten Kronjuwelen auf Veranlassung der vorgesetzten Dienstbehörde des Grünen Gewölbes in sicheren Gewahrsam innerhalb Sachsens gebracht worden sind. Die Schränke, in denen diese Kostbarkeiten seither untergebracht waren, sind jetzt mit entsprechenden Angaben versehen. Im übrigen wurde jedoch keinerlei Veränderung an der berühmten Sammlung vorgenommen. Vor allem sind von der Verwaltung niemals echte Steine durch falsche ersetzt worden. Soweit das Grüne Gewölbe Nachahmungen von Edelsteinen enthält, handelt es sich um Stücke, die bereits vor Jahrhunderten als Nachahmungen aufgenommen, im Inventar und auch im Führer durch das Grüne Gewölbe als solche bezeichnet sind.«

Auf die kürzlich abgeschlossene Überprüfung während der Schließung des berühmten Museums wird verwiesen, die keinerlei Beanstandungen hervorbrachte. Zum Schluss folgt ein Seitenhieb auf weniger seriöse Journalisten-Kollegen:

»Es ist zu bedauern, daß sächsische Blätter sich zur Verbreitung von Sensationsnachrichten und völlig grundlosen Angaben über pflichtwidrige Beeinträchtigungen der Sammlung des Grünen Gewölbes hergegeben haben, ohne sich vorher an maßgebenden Stellen über den wirklichen Tatbestand zu informieren.«

Juli 1919: »Warum wir den Frieden unterzeichnen müssen«

Wochenlang hält die Vertragszumutung von Versailles Volk und Politiker in Atem. Die Weimarer Nationalversammlung muss eine Antwort geben! Aber welche? Die Politikerin Dr. Käthe Schirmacher aus Danzig gehörte noch Jahre zuvor der Frauenbewegung an. Nun, im Jahr 1919, sitzt sie für die Deutschnationale Volkspartei im Parlament, gehört hier dem völkischen Parteiflügel an. Und wird zwei Jahre später niederschreiben, wie sie und ihre Partei gestimmt haben:

»Die Entscheidung, ob ja, ob nein zum ›Frieden‹ von Versailles, rief mich Mitte Juni nach Weimar zur Abstimmung, und dann noch einmal Anfang Juli zur ›Ratifizierung‹.

Oh, Kreuzesfahrt und Seelenqual! Es war alles so ungeheuerlich, daß man sich im Unwirklichen, Gespenstischen glaubte. ›Lemuren‹, ging es mir durch den Sinn. Sie sitzen auf Gräbern. Erstarrend war die Sitzung mit der Generalität, spät abends in dem hohen, kahlen Schwurgerichtssaal in Weimar: die Ostmark wolle sich wehren? Dann Generalstreik; nicht drei Tage dauere die Herrlichkeit. Die Sozialisten Hörsing und Gehl sprachen so.

Vor der Entscheidung sammelten sich noch einmal, interfraktionell, die ostmärkischen Abgeordneten. Wir Nationalen: ablehnen,

ablehnen, es geht gegen Ehre und Bestand. Ein Zentrumsabgeordneter aber sprach den Satz: ›Eine Ehre, die ein Volk zum Kirchhof macht, ist keine Ehre.‹ Da sprangen wir Nationalen auf, warfen die Stühle an die Wand, die Türen schlugen, zornig, empört strömte alles die Treppen hinunter. Ich ging mit Richter, Ostpreußen, der laut schrie; da trafen wir auf ein Knäuel Abgeordneter. Es waren Zentrumsleute: ›Was ist? Was geschieht? Was hat er gesagt?‹ Das Wort lief durch den Knäuel, und ich rief in wildem Zorn: ›Es ist das Wesen der Ehre, daß man dafür stirbt. Aber dies Volk stirbt nicht.‹«

Ausgerechnet ein langjähriger Militär setzt sich nun vehement für die Annahme des Versailler Vertrags ein – Berthold von Deimling, Ex-General der Infanterie und im Krieg vor allem durch unnachgiebige Härte bekannt, für seine Verdienste vom Kaiser in den Adelsstand, wegen seiner Eigenmächtigkeiten aber 1917 in den Ruhestand versetzt. Aus dem Militär ausgeschieden, verändert sich seine Gesinnung rasch, Deimling baut eine kritische Distanz zum militaristischen Milieu auf und macht sich Positionen des bürgerlichen Pazifismus zu eigen. Er tritt bereits 1918 für allgemeine Abrüstung ein und den Beitritt Deutschlands zum Völkerbund. Vor allem aber gehörte Berthold von Deimling der deutschen Delegation in Paris an, er steht durchaus im Stoff.

Und zwar ist er kein Abgeordneter, hat aber einen Zugang zu den meisten Sitzungen der verfassungsgebenden Weimarer Nationalversammlung. Denn sein Schulfreund ist Constantin Fehrenbach von der Zentrumspartei – nun Präsident der Nationalversammlung. Er genehmigt dem zum Frieden bekehrten General im Sommer 1919 den einen oder anderen Zutritt als Zuhörer bei Sitzungen. Deimling ist sehr beeindruckt vom Weimarer Verfassungsakt und auch von der Vereidigung des ersten Reichspräsidenten Friedrich Ebert.

Im »Badener Tageblatt« vom 23. Juni 1919 begründet Bertold von Deimling: »Warum wir den Frieden unterzeichnen müssen«. In drastischen Bildern baut er bewusst eine Drohkulisse auf:

»Wenn wir den Frieden nicht unterzeichnen, werden am nächsten Montag die Feinde von allen Seiten in Deutschland einrücken.

Von Westen: Franzosen, Marokkaner, Siamesen, Annamiten, Kanadier, Australier, Amerikaner, Engländer, Belgier. Von Norden, über die Ostsee kommend: Engländer; von Osten die Polen; von Südosten die Tschechen und Slowaken; von Süden die Italiener.

Noch einmal wird uns durch dieses Völkergemisch eindringlich vor Augen geführt, welch gewaltigen, aber auch welch aussichtslosen Kampf wir vier Jahre lang geführt haben, den Riesenkampf gegen die ganze Welt.

Süddeutschland wird hermetisch von der Schweiz abgeschlossen werden durch Besetzung des Rheins von Basel bis Konstanz. Die feindlichen Kolonnen werden vorrücken bis zur Linie Ulm-Würzburg. Man wird die Mainlinie besetzen, um Süddeutschland von Norddeutschland zu trennen.

Das Lied ›Nicht mehr scheidet uns der Main‹ ist ausgeklungen.

Unser Industrie- und Ruhrkohlengebiet wird der Feind in die Hand nehmen und wird Bremen, Hamburg, Berlin besetzen. – Unseren im Westen und Süden stehenden Truppen bleibt nichts anderes übrig, als nach der Mitte Deutschlands zu flüchten, wenn sie nicht in Kriegsgefangenschaft geraten wollen.

Es wird Kriegszustand bei uns herrschen, d.h., auf gut deutsch: Der Feind kann mit uns machen, was er will. Wir können nur mit den Zähnen knirschen und die Hand im Hosensack ballen. Es wird sein wie einst in den Niederlanden unter Herzog Alba.

Wir müssen die Feinde verpflegen; daß die Schwarzen dabei eine gute Klinge schlagen und einer so viel futtert wie zwei Weiße, weiß ich aus Südwestafrika. – Die Milchkühe, die sie brauchen und noch einige dazu, werden sich die Franzosen aus den Ställen holen; sie werden die Maschinen aus den Fabriken fortführen und sich bei alldem darauf berufen, daß wir es in Nordfrankreich und Belgien ebenso gemacht hätten.

Post, Telegrafen, Eisenbahnen werden gesperrt, alle Bankguthaben beschlagnahmt, und die durch Hunger und Drangsal heruntergekommene und nicht mehr voll arbeitsfähige Million deutscher Kriegsgefangener wird ausgetauscht werden gegen eine Million neuer Kriegsgefangener.

Die Folgen dieser Zustände und der vollkommenen Unterbindung jeglicher Lebensmittelzufuhr werden Plünderungen und katastrophale Umwälzungen im Innern sein.«

Wie ein Menetekel malt der General seine düstere Prognose an die Wand, falls jetzt die bleierne Schwere siegen sollte oder gar der Chauvinismus der Deutschnationalen. Deimling ist ein Patriot, und auch er empfindet die im Vertrag festgeschriebene Alleinschuld Deutschlands als so ungerecht wie jeder andere im Reich. Vor allem aber ist er ein erfahrener Stratege: Es ist ihm ernst damit, Deutschland aus dem Schock und der Lähmung herauszuholen. Deshalb setzt er noch eine Horrorvision drauf:

»Das Schlimmste vom Schlimmen aber ist, daß unter dem Einfluß der feindlichen Besetzung das Deutsche Reich unrettbar in seine Gliedstaaten auseinanderfallen wird.

Unser heiliges Lied ›Deutschland, Deutschland über alles‹ wird ausgeklungen sein, denn es wird kein Deutschland mehr geben. Finis Germaniae!

Anders aber, wenn wir den Frieden unterzeichnen! Dann hört die Blockade auf, es kommen Lebensmittel herein, Handel und Verkehr spinnt sich wieder an. Die gegnerische Geschäftswelt hat schon jetzt den dringenden Wunsch, mit uns wieder Geschäfte zu machen. Zuversicht und Hoffnung wird in die Gemüter zurückkehren, das fleißige deutsche Volk wird wieder arbeiten, weil es endlich wieder wissen wird, wozu, und weil das Leben wieder Sinn und Zweck gewinnen wird. Wir werden aus der jetzigen Weltuntergangsstimmung mit ihren Spielbanken und Foxtrott-Tänzen wieder herauskommen.

Freilich, hart wird das Leben sein, ein Leben voll Arbeit und von größter Einfachheit und Bescheidenheit. Ein bescheidenes Leben sind wir aber all die Kriegsjahre her gewöhnt, und besser als jetzt werden wir es allemal bekommen, sobald nur erst der Friede da ist. – Die Kriegsgewinnler allerdings und die Schieber, die werden ihren Reichtum opfern müssen, soweit sie ihn nicht bereits ins Ausland gerettet haben.

(…)

Ich bin der Meinung, daß die Wahrung unserer Ehre nicht dadurch erreicht wird, daß wir uns jetzt vollends von den ins Land einmarschierenden Feinden totmachen lassen, sondern dadurch, daß wir uns wieder mit aller Kraft emporzuarbeiten suchen, daß wir der Welt durch die Tat beweisen, daß wir immer noch das tüchtige deutsche Volk sind, das die anderen dringend zum eigenen Gedeihen brauchen. In dieser Tat besteht die wahre nationale Ehre, nicht aber in heroischen Gesten und Phrasen.

Deshalb laßt es endlich Frieden werden!«

Deimling schwärmt nicht von der neuen Demokratie, er sieht sich als Vernunftrepublikaner. Doch er vollzieht mit seiner flammenden Rede die dringend notwendige politisch-moralische Distanzierung vom alten Kaiserreich.

Diese Haltung teilt er mit dem jungen Theodor Heuss, mit dem er nun sogar in einer Partei ist, der linksliberalen Demokratischen Partei. Die Abgeordneten vom Zentrum schließen sich an, auch die Abgeordneten der SPD. Reichspräsident Friedrich Ebert, wie die meisten Abgeordneten zunächst ein Gegner der Unterzeichnung, hat die unübersehbaren Folgen einer Ablehnung erkannt und gibt in einer programmatischen Rede nun die neue Marschrichtung vor:

»Die Reichsregierung hat mit der Zustimmung der Nationalversammlung erklärt, den Friedensvertrag zu unterschreiben.

Schwersten Herzens, unter dem Druck der rücksichtslosesten Gewalt, nur in dem einen Gedanken: unserem wehrlosen Volk neue Kriegsopfer und Hungerqualen zu ersparen.

Der Friede ist geschlossen! Nun wahrt und sichert den Frieden!

Das erste Erfordernis ist: Vertragserfüllung.«

Auch Matthias Erzberger, der Führer der Zentrumspartei, befürchtet als Folge eines deutschen NEIN den Einmarsch der alliierten Truppen in Deutschland, gesonderte Friedensverträge mit einzelnen deutschen Ländern und letztlich ein Auseinanderbrechen des Reiches.

Es ist ein zutiefst unpopulärer politischer Kurs im Weimarer Reich! Die Strategie des vollständigen Nachgebens sämtlicher alliierter Forderungen ist der breiten deutschen Öffentlichkeit, die noch nicht wirklich realisiert hat, dass dieser Krieg verloren ist und Deutschland gegenüber den Siegermächten de facto keinerlei Verhandlungsspielraum besitzt, nicht zu vermitteln. Die innere Verweigerung des »Diktatfriedens« dominiert nicht nur unter den Konservativen, sondern reicht bis weit in das linksliberale und sogar pazifistische Lager.

***

Klar ist: Deutschland steht mit dem Rücken zur Wand – vor sich die halbe Welt, die Sieger des Krieges. Deren Jubel aber fällt kurz aus, denn auch auf ihrer Seite herrscht eine unglaubliche Erschöpfung zum Ende des Krieges, von der sie sich nur allmählich erholen.

Vor allem herrscht inzwischen Hass gegenüber allem, was deutsch ist. Das war noch vor kurzem anders, zum Beispiel in der britischen Kolonie Neuseeland, ganz am anderen Ende der Welt. Neuseeland war stets die getreueste der englischen Kolonien. Doch beschränkten sich die Brücken seiner Bewohner zur alten Welt vor Kriegsausbruch keineswegs nur auf Mutter England. Vor der Jahrhundertwende kreuzten in unregelmäßigen Abständen auch Schiffe aus dem Deutschen Reich auf. Zeitweise ankerten in Wellington oder Auckland mehr deutsche Schiffe als englische – Fregatten, die auf Namen wie »Hertha«, »Helgoland« oder »Leipzig« getauft waren. Und obwohl es sich meistens um Kriegsschiffe handelte, herrschte beim Landgang der Matrosen stets Harmonie zwischen Einheimischen und Gästen.

Die Deutschen zeigten sich von ihrer manierlichen Seite: Als die »Hertha« 1876 mehrere Monate auf der Nordinsel vor Anker lag, gab die Mannschaft ein Benefizkonzert zugunsten Ucklander Waisenhäuser. Deutsche Siedler aus Pommern oder dem Rheinland feierten Wiedersehen mit ihren Landsleuten, für die Docker fiel reichlich Arbeit an.

Oder die drei Schiffe der kaiserlichen deutschen Kriegsmarine, die 1890 mit Salutschüssen im Hafen von Wellington einliefen, um Kohle und andere Vorräte aufzufüllen – ein Besuch, der in einen ausgedehnten Landgang mündete. Die etwa tausendköpfige Besatzung der drei Fregatten blieb ein paar Wochen und belebte die Straßen der Hauptstadt. Die Matrosen kamen gut an, sie sahen gepflegt aus und benahmen sich vorbildlich. Die Offiziere nahmen an offiziellen Veranstaltungen teil, an Bällen und Pferderennen. Und so konnte die Wellingtoner Tagespresse von herzlichen Begegnungen zwischen der einheimischen Bevölkerung und den deutschen Seeleuten berichten, winkte reichlich weibliches Geschlecht beim Abschied zur Reling hinauf.

Dieser Besuch von 1890 markiert in etwa den Höhepunkt einer freundschaftlichen Beziehung zwischen der Gründung des Deutschen Reiches und dem Ausbruch des Ersten Weltkriegs. Selbst dann noch erinnerten sich ältere Einwohner von Auckland und Wellington an Zeiten, in denen deutsche Matrosen durch die Städte flanierten, die willkommen waren. Dass deren Kriegsmarine durch die Südsee kreuzte, um die Handelsbasen deutscher Kaufleute zu sichern, wurde so lange nicht als störend empfunden, so lange das Mutterland Großbritannien die Deutschen nicht als Bedrohung empfand.

Mit dem Wechsel zum 20. Jahrhundert begann sich die Harmonie jedoch zu verflüchtigen. Vor dem Hintergrund einer wachsenden kolonialen Rivalität zwischen Deutschland und England liefen nun deutsche Schiffe immer seltener ein. Für die britische Seeherrschaft im südpazifischen Raum stellte die deutsche Kriegsmarine mehr und mehr eine Bedrohung eigener Interessen dar, und diese Spannungen übertrugen sich auf das kleine Neuseeland, das über keine eigene Kriegsflotte verfügte und auf englischen Schutz angewiesen war.

Auch das Gebaren der Deutschen änderte sich – mit zunehmender Präsenz in dieser fernen Region wuchsen germanische Kolonialallüren. Bisher war das Deutsche Reich eher ein Nachzügler unter den gefräßigen Großmächten gewesen: Zwar gab es längst deutsche Handelsmissionen in Mikronesien, auf Tonga, Tokelau und den Fidschi-Inseln. Doch galt Bismarck lange Zeit als Vertreter des Freihandels und Gegner einer staatlichen Verantwortung gegenüber kolonialer Expansion, bevor er dem Druck deutscher Siedler und einheimischer Koloniallobbyisten nachgab. Nun holte man nach: 1900 wurde – nach gütlicher Einigung mit den Amerikanern, denen der Ostteil der Insel gehörte – im Westen von Samoa die deutsche Flagge gehisst. Die Deutschen besetzten einen Teil Neuguineas, den sie in »Kaiser-Wilhelms-Land« umbenannten, dazu ein paar umliegende Inseln, die sie »Bismarck-Archipel« tauften, ein Dank an den deutschen Reichskanzler. Und eben West-Samoa, das »Juwel unserer deutschen Schutzgebiete«, etwas isoliert gelegen zwischen amerikanischen und britischen Besitzungen isoliert.

Noch immer vergleichsweise friedlich ging die Kolonialisierung vonstatten. Die Deutschen waren keineswegs unbeliebt in der Fremde – ihre Gouverneure verhielten sich im Großen und Ganzen taktvoll und respektierten die vorherrschende Kultur, statt auf Teufel komm raus zu plündern. Als der deutsche Gouverneur auf Samoa 1911 nach Berlin zurückkehrte, folgte ihm die Bitte der samoanischen Häuptlinge, er möge bald zurückkehren. Auch hatte man sich bikulturell gemischt – noch heute gibt es Samoaner, die auf Namen wie Schaffhausen, Schwenke, Jahnke oder Schuster hören. Der Handel blühte, und Deutschland hatte immer regeren Anteil daran.

So friedlich wie begonnen, fand die deutsche Kolonialzeit im Südpazifik ihr Ende: 1914, mit Ausbruch des Krieges, eroberte Neuseeland im Auftrag der britischen Kriegsmarine als ersten Kriegsakt West-Samoa, die deutsche Verwaltung ergab sich ohne jeden Schusswechsel. Ähnlich verlief die Übernahme der anderen deutschen Kolonialgebiete: Archipele wie Neu-Mecklenburg oder Neu-Pommern wurden kurzerhand in »Neu-Irland« und »Neu-Britannien« umgetauft, Australien übernahm das Kaiser-Wilhelms-Land.

Doch friedlich blieb es keineswegs, die Deutschen wurden nun der Kriegsfeind. Neuseeland, fest an der Seite der britischen

Krone, trat in den bewaffneten Kampf ein und fand sich damit zum ersten Mal in seiner Geschichte in eine internationale militärische Auseinandersetzung verstrickt: Mehr als 100 000 Männer des kleinen Landes zogen nun in einen Krieg, der eigentlich weit weg war – in einem Land mit zu dieser Zeit nicht viel mehr als einer Million Einwohnern wurde damit nahezu jeder zehnte Neuseeländer in den Weltkrieg hineingezogen. Gemeinsam mit der australischen Kolonie stellten sie das Australian and New Zealand Army Corps (ANZAC).

Das unerfahrene ANZAC-Corps überquerte den Suez-Kanal, ritt auf Kamelen durch Syrien, kämpfte in der Infanterie, in der Luftwaffe, bei der Marine. Sogar ein Maori-Freiwilligenkontingent wurde losgeschickt, trotz des Wunsches der britischen Regierung, »Eingeborenen«-Truppen von einem Krieg zwischen »weißen Rassen« fernzuhalten. Neuseeländische Soldaten marschierten durch Palästina, das ferne Frankreich und Belgien. Und erlitten auf der italienischen Halbinsel Gallipoli eine traumatische Niederlage.

Die Abneigung gegen alles Deutsche wuchs im Laufe des Krieges, die einstige Freundschaft verkehrte sich in erbitterte Feindschaft. Vor allem, als 1915 ein deutsches Torpedo das Linienschiff »Lusitania« voller Zivilisten an Bord versenkte, brachen sich antideutsche Gefühle massiv Bahn: Zunächst wurden die Schaufenster des Fleischerladens eines deutschen Einwanderers von einer aufgebrachten Menge demoliert, dann kamen die Geschäfte alteingesessener Firmen mit deutschen Namen dran, Namen wie »Hallensteins« oder »Dresden Piano Company«.

Als die HMS »New Zealand« während der blutigen Seeschlacht 1916 bei Jütland auf den Schlachtkreuzer »Moltke« feuerte, hatte die Besatzung bereits ein klares Feindbild. Und als ein Jahr später ein neuseeländisches Passagierschiff von einer deutschen Mine in die Tiefe gerissen wurde, kam bei den friedlichen Neuseeländern purer Hass auf – wer einen deutschen Namen trug, tat nun gut daran, ihn so schnell wie möglich zu anglisieren.

Obschon Neuseeland auf der anderen Seite des Globus lag, überstiegen die Kriegsanstrengungen des Landes alle Proportionen. Die Bewohner der idyllischen Doppelinsel gerieten in den letzten Kriegsjahren völlig aus dem Tritt: Da war der endlose Strom von verwundeten Heimkehrern und die wirtschaftliche Belastung. Da waren die Neurosen und Traumata, welche die Kriegszeit produzierte und die sich nun in Kanäle ergossen, weit von ihren Quellen entfernt. Sektierertum machte sich breit und produzierte einen zweiten Krieg an der Heimatfront: Allein mehr als 4000 Kinder mussten zeitweilig von staatlichen Institutionen betreut werden, weil ihre Eltern oder Mütter mit der Situation nicht mehr zurande kamen.

Und wer hatte diesen Krieg begonnen? Am Ende quoll der Hass auf alles Deutsche über.

Gehört Neuseeland 1918 also zu den Siegermächten? Offiziell schon, doch eben nur offiziell: Fast 17 000 Männer waren auf den Schlachtfeldern geblieben – ein Verlust, der im Verhältnis zur Bevölkerungszahl höher lag als der Belgiens. Insgesamt 50 000 Gefallene und Verwundete hatte das Land zu verkraften – die Hälfte aller Soldaten, die in den Krieg gezogen waren. Und nun, unmittelbar nach Kriegsende, raffte eine Grippe-Epidemie noch ein halbes Zehntausend der geschwächten Menschen hinweg. Das Land befand sich auch während der Vertragsverhandlungen von Versailles am Ende seiner Kapazitäten. Warum sollten Neuseelands Bürger Mitleid mit den Deutschen haben?

***

Zu Beginn des Juli 1919 finden die angekündigten Entlassungen infolge des Gnadenerlasses des Gesamtministeriums für ein reichliches Dutzend Untersuchungshäftlinge statt. Jene der am gewaltsamen Angriff auf das Ministerium für Militärwesen am 12. April 1919 Beteiligten wiederum, die noch Militärangehörige sind, sind zwar ebenfalls »außer Verfolgung gesetzt«, was den Tatbestand der Ermordung von Minister Neuring betrifft, werden aber als Militärangehörige »der Staatsanwaltschaft zur Verfügung gestellt zur Entschließung über Vollstreckung der militärischen Sicherheitshaft«, wie die 5. Strafkammer des Landgerichts Dresden bekannt gibt.

Schon lange vor seiner Ermordung hatte die kommunistische Propaganda den eher milden Sozialdemokraten Gustav Neuring zur Horrorfigur aufgebaut. Angesichts des baldigen Prozessbeginns halten seine Freunde und Mitstreiter es deshalb für notwendig, in einem Schreiben an den »Herrn Präsidenten des Schwurgerichts« den tatsächlichen Charakter und das Wirken Neurings herauszustellen, das später während des Prozesses verlesen wird:

»Aus den Aussagen mehrerer Zeugen geht hervor, dass der ermordete Minister Neuring von vielen Seiten als ›Bluthund‹, als ›Lump‹, als ›Haderlump‹, als ›Soldatenschinder‹ bezeichnet worden ist. Einige Angeklagte sollen nach Aussagen der Zeugen ferner gesagt haben: ›Um den ist's nicht schade!‹ oder: ›Es ist unglaublich, dass es immer noch Leute gibt, die den Neuring bedauern!‹

(...)

Minister Neuring wurde vom ersten Tage seiner Tätigkeit von den radikalen Kreisen der Arbeiterschaft gedrängt, das alte Heer so schnell wie möglich abzubauen. Das versprach er auch, insbesondere den drängenden Leipzigern. Als er aber, sein Wort haltend, ernstlich daran ging, den Plan auszuführen, warfen sich ihm gerade diejenigen in den Weg, die ihn vorher gedrängt hatten. Es stellte sich heraus, dass in ihrem Kreise mit dem Abbau vorerst nur die Entlassung der Offiziere gemeint war. Weil aber Neuring auch die Entlassung der Mannschaften und insbesondere auch der Soldatenräte der aufgelösten Truppen verfügte, setzte eine planmäßige Hetze gegen ihn ein. In der Presse der Radikalen wurde er in der unerhörtesten Weise beschimpft und verleumdet, wurde der Wahrheit zuwider behauptet, Neuring schaffe ›Weiße Garden gegen die Arbeiter‹, Neuring sei ein ›sächsischer Noske‹, ein ›Verräter an der Revolution‹ u.a.m. (...) In den Versammlungen der Radikalen wurde behauptet, für die Offiziere sei Geld da, nicht für die Kriegsbeschädigten – obwohl sie wussten, dass Löhnungszulagen und Entschuldungssummen Sache des Reiches sind.

Durch diese Verleumdung wurde jene gehässige Stimmung erzeugt, die dann sich in wüsten Beschimpfungen entlud. Ein Recht zu solchen Beschimpfungen hatte niemand! Neuring kam den Gesuchstellern, den fordernden Deputationen und den oftmals kommenden Demonstranten in kameradschaftlichster Weise entgegen. Was in seiner Macht stand, bewilligte er stets, eine große Anzahl von Protokollen, die ich geführt, gibt darüber jede gewünschte Auskunft. Selbst in den Fällen, wo ihm die Hände gebunden waren, d.h., wo die Reichsgesetzgebung einem weiteren Entgegenkommen im Wege stand, verwandte sich Neuring in beinahe leidenschaftlichem Eifer in Berlin und Weimar für Milderung von Härten, Beseitigung von Ungerechtigkeiten und namentlich für weitgehendstes Entgegenkommen namentlich gegenüber den Kriegsbeschädigten. (...)

Aus alledem geht hervor, dass die Beschimpfungen und die Gewalt allein eine Folge politischer Brunnenvergiftung waren.

Ich bin es dem Andenken des Toten, der seit 15 Jahren mein Freund war, schuldig, vor Gericht die Wahrheit über ihn zu bezeugen.

gez. Bruno Kirchhof«

Soweit der Nachfolger Gustav Neurings als Minister für militärische Angelegenheiten.

***

Nun, da für den 21. Juli 1919 der Mordprozess angesetzt ist, werden für die elf zur Anklage stehenden Untersuchungshäftlinge Gutachten von Medizinalrat Dr. Oppe erstellt. Sie werden auf ihren Geisteszustand hin untersucht, um die Frage zu klären, ob sie für ihre Taten verantwortlich zu machen sind. Der Gerichtsarzt nimmt seine Untersuchungen in Gründlichkeit und Fairness gegenüber den Häftlingen vor. Trostloses kommt in seinem Gutachten allemal ans Licht:

Der am 29.12.1885 geborene Schlosser Gustav Bruno Ernst Thamm, welcher angeklagt ist, an den zur Ermordung des Kriegsministers Neuring führenden Unruhen teilgenommen zu haben, ist von mir auf seinen Geisteszustand untersucht worden. Er hat mir angegeben, dass seine Mutter eine leicht aufgeregte Persönlichkeit sei; ihr Vater habe sich aufgehängt, weil das Geld nicht gelangt habe. Er selbst habe wiederholt Diphterie und Keuchhusten und Masern durchgemacht, auch schon in der Kindheit mehrere Verletzungen erlitten, die eine bleibende Folge aber nicht gehabt hätten.

Am 13. Januar ds. Js. sei er bei den Aufläufen vor dem Haus der Dresdner Volkzeitung durch eine Handgranate so schwer am rechten Bein verletzt worden, dass ihm dieses abgenommen werden musste; er habe bis kurz vor dem 12. April im Krankenhaus gelegen und sei noch nicht völlig geheilt gewesen.

Seiner Beschreibung nach stammt Thamm aus ländlichen Verhältnissen, der Vater besitzt eine kleine Wirtschaft. Als Bäcker ausgebildet, ist er schon vor langer Zeit nach Sachsen eingewandert. Zuletzt hat er als Schlosser gearbeitet. Seine Ehe scheint dadurch etwas beeinflusst gewesen zu sein, dass die Frau Krämpfe hatte, er nennt sie hysterisch. Immerhin sagt er, dass die Ehe im grossen und ganzen friedlich verlaufen sei.

Thamm klagt noch über zeitweilige Kopfschmerzen, schlechten Schlaf und Schmerzen im Beinstumpf.

Die Untersuchung ergibt einen an sich kräftigen und gut genährten Menschen, dessen rechter Oberschenkel in der Mitte abgetragen ist, die Wunde ist gut verheilt. Die inneren Organe sind gesund, von nervösen Erscheinungen finden sich nur Zittern der Lider und Finger und Unruhe der Zunge. In seinem Wesen macht Thamm namentlich zum Beginn der Untersuchung einen gereizten Eindruck; im weiteren Verlauf wird er zugängiger und ruhiger. Dabei zeigt sich, dass er geistig gut veranlagt ist, es fehlt ihm aber die Grundlage einer guten Schulbildung, ein Mangel, der sich bei ihm hart mit dem Bestreben gestossen hat, sich weiter zu bilden und Schriften zu lesen, die selbst einem Gebildeten Schwierigkeiten verursachen. So gibt er an, dass er ganz abgesehen von den Klassikern Haeckel und Kant zu lesen versucht habe. Seine Ausführungen erscheinen wiederholt unklar.

Anzeichen einer Geisteskrankheit sind bei ihm nicht vorhanden. Bei der Beurteilung der Zurechnungsfähigkeit wird man seine gesteigerte Reizbarkeit zu berücksichtigen haben, die sich vielleicht schon aus einer erblichen Belastung seitens der Mutter herleitet und durch seine schwere Verletzung gefördert worden ist. Man wird des weiteren zu berücksichtigen haben, dass die Vorgänge des 12. April zur Erregung der angesammelten Volksmasse geführt hatten. (...)
Dr. Oppe, Medizinalrat«

Doch da gibt es auch die anderen – Rechtsanwälte, die einen skrupellosen Eifer entfalten, um ihre Mandanten doch noch rauszuboxen. Der Verteidiger des Bierverlegers Otto Rudolf Merkel, welcher nach Zeugenaussagen zielgerichtet auf den Kopf des in der Elbe bereits um sein Leben ringenden Gustav Neuring geschossen haben soll, fordert nun, durch augenärztliche Untersuchung die Sehkraft des Brillenträgers Merkel erneut festzustellen. Auch bezichtigt er einen Zeugen, dem sein Mandant gestanden habe, an der Ermordung Neurings beteiligt gewesen zu sein, der Geldgier. Er fordert, die Vermögensverhältnisse dieses Zeugen zu überprüfen, da die Auslobung einer kleineren Summe für verwertbare Zeugenaussagen durch die Staatsanwaltschaft der Grund für dessen Falschaussage gewesen sein könnte. Gegen den Bierverleger Otto Rudolf Merkel gibt es noch weitere Zeugenaussagen. Am 9. Juli 1919 wird gegen ihn ein zweiter Haftbefehl erlassen, denn hier droht Fluchtgefahr.

Der Prozess rückt näher. Einige der Pflichtverteidiger schauen offenbar mit Bangen auf das Kommende, der eine oder andere versucht, sich mit »anderweitigen Verpflichtungen« zu drücken, jedoch vergeblich. Fürchten sie die Rache der Linksradikalen? Diese Sorge treibt offenbar auch etliche Zeugen um. Nachdem erste Zeugen im Schwurgerichtssaal nicht erschienen sind, stellt die Staatsanwaltschaft für jene acht Zeugen, die am 25. Juli aussagen sollen – darunter ein Augenarzt, ein Unteroffizier und stellvertretender Kanzleidiener, drei einzelne Frauen ohne Berufsangabe und ein Polizeiwachtmeister – die Folgen eines Nichterscheinens vor Augen:

»Nach § 50 der Strafprozeßordnung sind Zeugen, die ohne genügende Entschuldigung nicht erscheinen, in die durch das Ausbleiben verursachten Kosten sowie zu einer Geldstrafe bis zu 300 Mark und für den Fall, daß diese nicht beigetrieben werden kann, zur Strafe der Haft bis zu 6 Wochen zu verurteilen, auch ist ihre zwangsweise Vorführung zulässig.

Falls Sie den in dieser Ladung angegebenen Aufenthaltsort inzwischen verlassen haben oder bis zu dem Termine noch Ihren Aufenthaltsort wechseln sollten, wollen Sie hiervon schleunigst Anzeige machen.

Dresden den 24. Juli 1919
~~Königliche~~ Staatsanwaltschaft
Stelzner.«

Das »Königliche« ist durchgestrichen.

Im Gegensatz zu einigen verunsicherten, gar ängstlichen Zeugen gibt es ein riesiges journalistisches Interesse an diesem Prozess. Schon zu Beginn des Monats wendet sich der Bezirksverein Dresden im Landesverband der Sächsischen Presse in Sorge an den Oberstaatsanwalt:

»Hierdurch erlauben wir uns, Sie darauf aufmerksam zu machen, daß die für die Presse bestimmten Plätze zur Berichterstattung für den Neuring-Prozess angesichts der zu erwartenden grossen Beteiligung der Presse zweifellos nicht ausreichen werden. Wir bitten daher, wenn irgend möglich, noch eine Anzahl Plätze, sei es auf der Tribüne, sei es im Saale, schaffen lassen zu wollen, denn es liegt zweifellos sowohl im Interesse des Staates und der Rechtssprechung, dass eine möglichst umfassende und zuverlässige Berichterstattung erfolgt.
Mit bestem Dank im voraus (...)
Hochachtungsvoll
M. Bandmann, 1. Schriftführer«

Während pro sächsischer Zeitung sich mindestens ein Korrespondent ankündigt, wartet eine Berliner Agentur mit einer Geschäftsidee auf, die eine einzige Berichterstattung maximal verkauft: die in Berlin-Südende ansässige »Deutsche Journalpost Schweder & Hertzsch«, die sich spezialisiert hat auf Zeitungskorrespondenz für »Gerichts-, Kongreß- und Tagesnachrichten«. Sie verfügt außer in Berlin noch über eigene »Correspondenzbureaus« in Leipzig und Wien. Doch auf dem offiziellen Briefbogen der »Deutschen Journalpost« reihen sich etwa achtzig Zeitungen aus Deutschland aneinander, die von ihr beliefert werden – von der »Berliner Morgenpost« über das »Kölner Tageblatt« und die »Hamburger Nachrichten«, vom »Bayrischen Kurier«, dem »Schwäbischen Merkur« bis zur »Breslauer Zeitung«. Wiesbaden, Bremen und Cassel, Danzig, Darmstadt, Leipzig und Hannover, Halle, Chemnitz, Lübeck – der Bericht eines einzigen Korrespondenten findet eine maximale Verbreitung.

Am Montag, dem 21. Juli 1919, beginnt schließlich um 9 Uhr der Prozess »In der Strafsache gegen Allner und Genossen« wegen Mord im Schwurgerichtssaal des Landgerichts Dresden, Münchner Platz 3.

Der Prozess gegen die elf Angeklagten dauert nur wenige Tage. Die Anklage konzentriert sich hier nur noch auf den Mord an Gustav Neuring, Minister für militärische Angelegenheiten – und wer in welcher Weise dazu beigetragen hat. Bereits am Ende des Monats Juli geht der Prozess zu Ende.

Die Urteile fallen erschütternd niedrig aus. Der Grund dafür ist nirgendwo notiert. Möglich, dass das Gericht die aggressive Stimmung dämpfen will, um endlich die Tür zur Demokratie zu öffnen, eine Versöhnungsgeste also gegenüber den nach wie vor umsturz- und auch tötungswilligen Linksradikalen. Möglich wäre auch eine Nachsicht gegenüber den kriegsbeschädigten Beteiligten, deren Situation in der unmittelbaren Nachkriegszeit alles andere als rosig ist. Unter den fünf Angeklagten jedenfalls, die freigesprochen werden, befinden sich sowohl Schlosser Thamm als auch der Schlosser und Humorist Krebs. Freigesprochen wird auch Sanitätsunteroffizier Fritze, dessen Verlobte dem Prozess beiwohnt. Die anderen sechs Urteile lauten: je zwei Jahre und sechs Monate Gefängnis; ein Jahr und sechs Monate Gefängnis; zwei Jahre Gefängnis. Und nur der Angeklagte Rudolf Georg Bartzsch wird zu drei Jahren Gefängnis verurteilt und zum Verlust der bürgerlichen Ehrenrechte auf fünf Jahre.

Enttäuschung und Entsetzen sind landesweit groß ob dieser Urteile. Die Stimmungslage nach der Urteilsverkündung fasst die »Deutsche Allgemeine Zeitung«, zu dieser Zeit liberalkonservativ ausgerichtet und in Berlin ansässig, am 27.7.1919 zusammen. Sie trifft damit nicht nur den Ton der demokratischen deutschen Presse, sondern auch einer großen Bevölkerungsmehrheit:

»Der Prozeß gegen die Mörder des sächsischen Kriegsministers Neuring geht seinem Ende entgegen. Die Vernehmung der Angeklagten und der Zeugen hat nichts ergeben, was geeignet wäre, das Gefühl der Abscheu, das diese grauenvolle Tat überall erwecken mußte, in irgendeiner Weise zu mildern oder dem menschlichen Empfinden verständlicher werden zu lassen. Es kann kein Zweifel darüber bestehen, daß die Grausamkeit und Erbarmungslosigkeit, mit der in diesem Falle die Mörder ihr Opfer in den Tod gezerrt haben, nur aus der Siedehitze der Massenerregung heraus geboren werden konnte, die wiederum ein Schreckenskind der Agitation derer darstellt, die in der fluchwürdigen Verhetzung des Proletariats gegen alles Bestehende ihren Daseinszweck erblicken.

Die Angeklagten bestreiten samt und sonders ihre Schuld. Es ist ein unsagbar widerwärtiges Bild, wie diese Maulhelden und Schreier, die sich nicht genug tun konnten in der unmenschlichen Quälerei ihres wehrlosen Opfers, vor dem Richterstuhl in jämmerlichster Feigheit nervös zusammenbrachen, in schlotternder Furcht um ihr Leben! Man kann es verstehen, daß die Führer der radikalisierten Massen gar eifrig bestrebt sind, jede Gemeinschaft mit diesem Auswurf der Menschheit weit von sich zu weisen. Aber mögen sie nun mit noch so entsetzten Gebärden abweisend die Hände gegen sie ausstrecken: ihre zum mindesten indirekte Mitschuld an dieser bestialischen Mordtat bleibt im Urteil der großen Gesamtheit des Volkes bestehen für alle Zeit.

Die Mörder werden dem Urteil ihrer Richter nicht entgehen; die Mitschuldigen aber werden fortfahren in ihrem verbrecherischen Tun und Treiben und leichten Herzens, vom sicheren Hort ihrer Unangreifbarkeit (...) bis einst – in sicher nicht allzu ferner Zeit – auch für die unheilvollen Anstifter der große Gerichtstag kommen wird, an dem die Volksmassen, nach zurückgewonnener Selbstbestimmung, über ihre Verführer das längst verdiente Verdammungsurteil sprechen werden.«

Die DDR-Diktatur wird die Mordtat nach bekanntem propagandistischem Muster in ihr Gegenteil verkehren. Von nun an steht in den Geschichtsbüchern:

»Im April 1919 wurde der sozialdemokratische Kriegsminister Gustav Neuring von rechtsgerichteten Demonstranten aus seinem Büro verschleppt und in der Elbe ertränkt; die Regierung sah sich gezwungen, den Ausnahmezustand über Sachsen zu verhängen und löste bei dieser Gelegenheit die in Leipzig noch immer existierende Räterepublik auf.«

Diese Lüge findet sich auch hundert Jahre nach dem Mord und dreißig Jahre nach dem Mauerfall noch in einigen Geschichtsbüchern der Demokratie.

August 1919: Es ist heiß im August

Die Ohnmachtsgefühle, die etliche Deutsche ob drohender Gebietsabtretungen heimsuchen, halten sich in Sachsen in Grenzen: Weder bewohnen sie Eupen, das jetzt an Belgien fällt, noch wohnen sie in der Mitte Westpreußens, die nun zum polnischen Korridor wird. Sie wohnen nicht im Memelland, das nach Artikel 99 des Versailler Vertrags an die alliierten Mächte abgetreten werden muss und später Litauen zugeschlagen wird. Die Sachsen sind keine Danziger, die unter Kontrolle des Völkerbundes geraten. Sie sind keine Bewohner Elsass-Lothringens und auch keine Saarländer. Schleswig, das nun teilweise zu Dänemark gehören soll, ist sehr weit entfernt. Sachsen hat Glück, es liegt günstig in der Mitte Deutschlands. Am nächsten befindet sich noch das Hultschiner Ländchen mit seinen etwa 48 000 Bewohnern, die gerne deutsch bleiben würden, aber nun an die Tschechoslowakei abgetreten werden sollen. Die Tschechen und Polen werden mit Grenzjägern ferngehalten.

In Dresden regt man sich auch darüber nicht sonderlich auf. Es ist heiß im August 1919: Die Bewohner gehen baden – in der Elbe oder einem Freibad. Sie erwandern die Umgebung, gehen tanzen und suchen die Gaststätten auf, insofern sie das Geld dazu haben. So berichtete schon am 15. Juni 1919 die »Pirnaer Volkszeitung«:

»Ein Strandleben, wie es selbst in den größten Seebädern nicht anders zu beobachten ist, hat sich seit Eintritt der warmen Tage zwischen den Elbbrücken am Neustädter Ufer entwickelt. Oft zu Tausenden tummeln sich jung und alt im frischen Wasser des Elbstromes oder nehmen auf den breiten Wiesenflächen vor dem Finanzministerium und dem Garten des japanischen Palais ein Sonnenbad, so daß sich dem Auge des Zuschauers ein selten farbenreiches Bild darbietet (...)«

Das beschriebene ist auch das beliebteste einer ganzen Reihe von Elbbädern, in denen sich die Dresdner zwischen Cossebaude und dem Blauen Wunder im Wasser tummeln – in der Stadtmitte meist auf der Neustädter Seite mit ihren ausladenden Elbwiesen. Und gerade auf denen gibt es auch Ärger, wie das Blatt weiter berichtet:

»Infolge der Kriegsnöte haben sich viele Familien der Kleintierzucht zugewendet. Besonders die Kaninchen- und Ziegenhalter suchen nun oft Futter auf Wiesen und Feldrainen. Oft kommen Personen mit Körben, Säcken, ja selbst mit Wagen, um für ihre Ziegen Grünfutter zu holen, ohne indeß dazu berechtigt zu sein. Für den Besitzer bringt das Verdruß und außerdem kränkt ihn auch, daß durch den Badebetrieb das Gras niedergetreten wird. So sehr nun auf der einen Seite auch selbst jede Handvoll Futter gebraucht wird, so dürfte aber doch andererseits auch zu beachten sein, daß eine Stadt wie Dresden derartige Wiesenflächen, wie gerade die Elbwiesen, der Bevölkerung zur Förderung der Gesundheit zur Verfügung stellen muß.«

Es sind die vielen kleinen Probleme des Alltags, deren Erörterung sich wieder der Vorkriegszeit annähert.

So nimmt sich die Presse jetzt im August 1919 mal wieder die Gastwirte vor – den »Trinkzwang in den Gasthäusern« prangert die »Dresdner Volkszeitung« Anfang August an:

»Ein in der gestrigen Stadtverordnetensitzung eingebrachter Antrag ersuchte den Rat, bei der Verpachtung städtischer Räumlichkeiten zum Gastwirtschaftsbetriebe die Pächter zu verpflichten, keinen offenen oder verschleierten Trinkzwang auszuüben und stets auch alkoholfreie Getränke von guter Beschaffenheit in genügender Auswahl zu angemessenen Preisen zu führen. (...) Ganz gleich, wie man zum Alkohol stehe, jedenfalls solle die Jugend alkoholfrei erzogen werden. Außerdem gäbe es auch Erwachsene, die den Wunsch hätten, in Gasthäusern zu verkehren, ohne gezwungen zu sein, alkoholische Getränke zu genießen. In vielen Gasthäusern müßten die Gäste die Speisen teurer bezahlen, wenn sie nicht auch gleichzeitig ein Glas Bier verzehren, dann seien auch die alkoholfreien Getränke verhältnismäßig teurer als die alkoholhaltigen.«

Wie gesagt, das sind schon Themen der Friedenszeit. Zwei Monate zuvor hatte die Breslauer Abendausgabe des »Vorwärts« unter dem Titel »Kein Alkohol – keine Geisteskrankheiten« mit Zahlen belegt, dass der Mangel an Alkohol während der Kriegsjahre auf »die Zahl der Geisteskrankheiten eine höchst segensreiche Einwirkung ausgeübt« und es in Breslau 1918 gar keine Alkoholtoten gegeben habe.

Das ändert sich nun im ersten Friedensjahr. Auch das Lebenstempo beginnt sich zu verändern. Gierig hält man Ausschau nach dem Kinoprogramm, auch Kinder und Jugendliche: Um das Geld für eine Kinokarte zusammen zu bekommen, verdienen sich Pfiffige die nötigen Pfennige mit dem Sammeln von Wasserflöhen oder dem Verteilen von Werbezetteln.

Traditionelle Formen der Freizeitgestaltung nehmen wieder zu wie Ausflüge in Parkanlagen, in die Dresdner Heide oder irgendein anderes Ziel der schönen Umgebung. Das Wandern ist für die Familien von Arbeitern und kleinen Angestellten erschwinglich. Und gesund allemal.

Vor allem das Jugendwandern hat wieder Konjunktur, in ganz Deutschland. Der jugendliche Aufbruch aus den Zwängen wilhelminischer Etikette und ihrer Rohrstockpädagogik begann schon um die Jahrhundertwende mit der »Wandervogel«-Bewegung: Schülergruppen fanden sich zusammen und begannen mit einzelnen Lehrern, längere Ausflugs- und Wanderfahrten zu unternehmen. Das lief noch ziemlich unpolitisch ab, nach dem Motto »Latsch, latsch – die Heide blüht ...« Der in Steglitz bei Berlin gegründete Wandervogel strahlte auf Jugendliche in ganz Deutschland aus, auch auf Sachsen. Er war ein Phänomen und Teil einer bildungsbürgerlichen Reformbewegung, die nicht denkbar war ohne die wohlwollende Unterstützung und Anleitung vieler Älterer – Lehrer, Pfarrer und Eltern. Jugendliche erkoren nicht Bier, sondern Kakao zu ihrem Lieblingsgetränk. Getreu der Überzeugung »Wer sich an der Größe und Schönheit der Natur und der Kunst in ihren vielfältigen Formen berauschen kann, der braucht keinen Alkohol« wanderten enthusiastische Gymnasiasten durch Sachsen, Thüringen oder die böhmischen Länder. Die Liedersammlung »Zupfgeigenhansl« war aus den Rucksäcken der Wandervögel bald nicht mehr wegzudenken. Sie fochten Sängerwettstreite aus, und Blockflöte sowie Gitarre – seit dem Biedermeier kaum noch verwendete Instrumente – kamen wieder in Mode. Statt in die Kneipe zog es Jugendliche ins Grüne. Erstmals begannen Mädchen und Jungen zusammen zu wandern. Doch dann kam der Krieg, den über 7000 deutsche Wandervögel nicht überlebten. Dadurch rückten auch Mädchen in die Führungspositionen auf. Nicht Dresden, sondern Leipzig war vor dem Krieg das Zentrum der Wandervogelbewegung in Sachsen.

Nun, nach dem Weltkrieg, entwickelt sich eine Bündische Jugend quer durch religiöse und parteipolitische Präferenzen. Der Krieg und die damit verbundenen Radikalisierungen laden selbst das Wandern ideologisch auf. Aus England kam 1911 der Boy Scout herüber, dadurch gründete sich auch in Germany der Deutsche Pfadfinderbund. Und obwohl die Pfadfinderbewegung sich rasch weltweit ausbreitet, kristallisiert sich eine deutsche Besonderheit heraus – es gibt enge Kontakte und auch ein gemeinsames Wandern von Pfadfindern, Wandervögeln und anderen Jugendbünden. Erstaunlich ist: Trotz des noch nachschwelenden Krieges kommen militärähnliche Formen wie Gruß, Tracht, Einteilung in Gruppen, Abzeichen, Aufnahme und Prüfung bei den Jugendlichen gut an. Der sächsische Pfadfindertag 1919 in Pirna steht unter der Leitung eines ehemaligen Husarenoffiziers. In Pirna nimmt erstmals auch eine vierzig Mädchen starke Pfadfinderinnengruppe teil, mit eigenen, weiblichen Führungskräften.

Dresden entwickelt sich rasch zum beliebtesten Versammlungsort der Pfadfinder, und 1920 findet in Hermsdorf unweit der sächsischen Hauptstadt zum ersten Mal in Sachsen ein Ferienaufenthalt der Pfadfinder statt, wie sich ein Teilnehmer erinnert:

»Kiefernbretter bildeten den Unterbau für die ›Zelthütten‹, Moosstreifen verstopften die Ritzen, die Zeltbahnen bildeten ein pyramidenförmiges Dach, von welchem die Pfadfinderfahne leuchtete. Freunde und Förderer leisteten Hilfe: ein Fabrikant aus dem benachbarten Ottendorf gab Bretter für die Hütten, der Pfarrer von Grünberg erlaubte die Benutzung eines der Kirche gehörigen, abgeholzten Waldstreifens, der Besitzer der Holzschleiferei steuerte Balken und Türpfosten bei und der Inhaber des Grünberger Steinbruchs spendete alte Fenster.«

Die Bünde, die sich jetzt gründen, tendieren kaum mehr zum Internationalismus, eher wollen sie das geprügelte Deutschland wieder zur Glanzzeit erheben. Hier mag das Ausgestoßensein durch den »Versailler Schandvertrag« eine Rolle spielen. So erklärt der auf dem Lauenstein im August 1919 gegründete »Jungdeutsche Bund«:

»Wir Jungdeutschen wollen aus der Kraft unseres Volkstums eigenwüchsige Menschen werden, unter Überwindung der äußeren Gegensätze eine wahrhafte Volksgemeinschaft aller Deutschen schaffen und ein Deutsches Reich als Grundlage und Gestalt unseres völkischen Lebens aufbauen helfen.«

Vor allem die kleineren Bünde propagieren nun verstärkt völkische Ziele. So z.B. die ebenfalls 1919 gegründete »Sächsische Jungenschaft«, die sich rasch in 64 Ortsgruppen organisiert und denen 1152 männliche Mitglieder im Alter von zwölf bis dreißig Jahren angehören.

Doch es gibt auch andere Zeichen: Der Dichter und Landesjugendwart der Evangelisch Lutherischen Landeskirche Sachsens Fritz Riebold initiiert die Christliche Pfadfinderschaft Deutschlands, und die hat in ihrem Bekenntnis einen durchaus offenen und kirchenkritischen Ansatz:

»Wir wollen kämpfen für die innere Befreiung unseres Volkes von Sünde und Schuld, von allen Volksgiften und -lastern. Brechen wollen wir mit einem Scheinchristentum, das eigentlich nur ein modernes Heidentum ist. Der Kampf für die Königsherrschaft Jesu fordert von uns immerwährende Liebe und Hilfsbereitschaft. Zu dieser Bereitschaft lassen wir uns in unseren Pfadfinderstunden äußerlich und innerlich rüsten.«

Nachvollziehbar, dass Riebolds christliche Pfadfinderbewegung mit Beginn des Nationalsozialismus sofort verboten wird. Verboten werden kurz danach alle Jugendbünde, die meisten werden direkt in die Hitlerjugend überführt.

Doch zu Beginn der Weimarer Zeit existiert auch noch jene Arbeiterjugendbewegung, die bereits Ende des 19. Jahrhunderts in München gegründet wurde. Sie sucht Auswege aus dem täglichen Existenzkampf der Arbeiter mit einem oft vierzehnstündigen, verschleißenden Arbeitstag, mit katastrophalen Wohn- und Hygieneverhältnissen, vor allem in den rasch wachsenden Großstädten. Im Rahmen der Arbeiterbewegung tun sich die Naturfreunde hervor, die 1909 als erste sächsische Ortsgruppe auch eine in Dresden gründen – später weitere in Leipzig, Radeberg, Falkenstein/Vogtland, Zwickau und Chemnitz. Und 1917, mitten im Krieg, wird am Zirkelstein bei Schöna das erste selbsterbaute sächsische Naturfreundehaus eingeweiht. 1919 ist es längst ein Ausgangsort für Wander- und Klettertouren, aber auch eine soziale und politische Begegnungsstätte. Gerade die wildromantische Sächsische Schweiz stellt ein beliebtes Ziel für die Dresdner Naturfreunde dar. Und im November 1919 wird noch eine Klettersektion gegründet. Gewandert wird in allen Altersstufen, auch muss es nicht immer die Sächsische Schweiz sein.

Naturfreunde-Hütte

In den Schulen Dresdens wird das Jugendwandern beinahe zum Pflichtprogramm im Heimatkunde-Unterricht. Favorit ist das Wandern zur Bapisnauer Pappel auf den Höhenzügen südlich von Dresden, von wo aus das Elbtal mit den Türmen der dicht bebauten Altstadt gut zu überblicken ist. Bei der Erschließung, Beschilderung und Kartierung neuer Wanderrouten durch die Stadt und ihre Umgebung erwerben sich Dresdner Lehrer, die in Vereinen wie »Sächsischer Heimatschutz« oder »Dresdner Geschichtsverein« wirken, große Verdienste. Sie stellen unter dem Titel »Dresdner Wanderbuch« oder »Geschichtliche Wanderfahrten« kleine Hefte zusammen, die eine zunehmende Breitenwirkung entfalten und Jugendlichen zu Kenntnissen über Geschichte, Kultur und Natur der Stadt und ihrer Umgebung verhelfen. Ein Lehrpfad im

Zschonergrund wird angelegt, noch viele verwunschene Ecken sind zu entdecken. Es wird auch wieder mehr Schach gespielt und Esperanto gelernt.

Das berühmte Schützenfest auf der Dresdner Vogelwiese wird erst im kommenden Jahr steigen, doch erste Kinderkarussells drehen sich bereits. In den Gasthäusern der Umgebung bieten Puppenspieler Marionetten- und Kaspertheateraufführungen; sehr beliebt ist dabei die aufgehübschte Lebensgeschichte des erzgebirgischen Wildschützen Karl Stülpner.

Die mehr als hundert Dresdner Turn- und Sportvereine kommen zügig in Gang, die damit befassten Gremien haben alle Unterstützung der Regierung: Das Streben nach Licht, Luft und Sonne sowie der ungehinderte Zugang zu Sport- und Erholungsstätten ist eine alte Forderung der Arbeiterbewegung, doch auch ein fester Bestandteil in der Ideenwelt bürgerlicher Reformer. Das Amt für Leibesübungen plant kommunale Jugendherbergen, Erholungsheime für Schulkinder sollen errichtet werden – nicht nur in Dresden, sondern auch im Erzgebirge und sogar in Ahlbeck an der Ostsee. Ein großes Defizit besteht auch hier darin, dass die Unterteilung der Vereinslandschaft nach Weltanschauung und sozialem Stand sich seit dem Krieg noch vertieft. So ist allein die Dresdner Turnerschaft zu Beginn der Zwanzigerjahre in drei Fraktionen gespalten: die bürgerliche »Deutsche Turnerschaft«, die fünfzig Vereine mit etwa 20 000 Turnern umfasst, die »Freie Turnerschaft« im Arbeiter Turn- und Sport-Bund (ATSP), die vierzehn Vereine und fast 9000 Mitglieder hat, sowie der deutschvölkische »Deutsche Turnerbund« mit vier Vereinen und etwa 1000 Mitgliedern.

Daneben gibt es auch konfessionell gebundene Sportvereine wie den jüdischen Bar Kochba (Sternensohn). Dieser Name erinnert an den Anführer des zweiten jüdischen Aufstandes gegen die Römer in den Jahren 132 bis 135 n. Chr. Bereits im Januar 1919 hat sich ein jüdischer Jugendverein gegründet. Es gibt einen deutsch-jüdischen Wanderbund und ab 1919 die Dresdner Gruppe der Makkabi-Bewegung.

Dürfen jüdische Mitglieder im Wandervogel sein? Darüber entbrannte 1913/1914 eine heftige Debatte. Zum gängigen Argumentationsmuster werden langgehegte Stereotypen: Juden seien zu wenig natürlich, zu intellektuell, zu individualistisch, körperlich schwach und somit nicht für Gruppen passend. Infolge der Debatte schloss der Gau Sachsen der Wandervogelbewegung nach einer Änderung seiner Satzung die jüdischen Mitglieder aus. Andere Regionalgruppen dagegen, am deutlichsten der »Deutsche Wandervogel Groß-Berlin«, protestierten entschieden gegen die Diskriminierung der jüdischen Mitglieder.

***

In Sachsen sind Schulferien im August. Schon im letzten Sommer durfte die zwölfjährige Johanna Lindner aus Dresden die Schule wechseln, dank der jüdischen Gemeinde, die dem Mädchen nun das Schulgeld für die Bürgerschule bezahlt. Vorher ging Johanna in die Bezirksschule, die ist für alle und kostet nichts. Johanna gehört zu den Armen. Ihre Mutter stammt aus Ungarn, sie selbst aber ist in Dresden geboren:

»Meine Mutter stammte aus Szenitz in Ungarn, dort hatten ihre Eltern ein kleines Häuschen mit einem Fuhrunternehmen. Durch dieses Fuhrunternehmen hatte meine Mutter von klein auf mit Pferden zu tun gehabt. Und wäre sie nicht so ein Pferdenarr gewesen, gäbe es mich gar nicht. Doch das mit den Pferden wurde auch unser Verhängnis.

Bevor meine Mutter als junge Frau nach Deutschland auswanderte, war sie in Ungarn verheiratet. Ihre Eltern waren ja orthodoxe Juden, und so wurde meine Mutter nach altem jüdischen Brauch verheiratet. Nein, um Liebe ging es dabei nicht, es wurde nach den Vermögensverhältnissen des Mannes geschaut. Mein Großvater hat also den zukünftigen Ehemann meiner Mutter ausgesucht. Das war hart für sie, aber das war eben damals so.

Ihr Ehemann war ein Buchdrucker, und er war gar kein schlechter Kerl. Zur Hochzeit schenkte er seiner Braut eine lange goldene Kette, wie sie früher von den Frauen getragen wurden. Und auch noch anderen Schmuck. Aber zu einer richtigen Familiengründung ist es nicht mehr gekommen: 1905, nach nur zwei Ehejahren, starb der Mann meiner Mutter an der für Buchdrucker typischen Bleikrankheit. Meine Mutter war nun also eine junge Witwe. Sie fühlte sich nicht mehr wohl in dieser Stadt, weil alle über sie redeten – so packte sie ihr Köfferchen, nahm ihren Hochzeitsschmuck und wanderte nach Deutschland aus.«

Als Johannas Mutter 1905 in Dresden ankommt, meldet sie sich bei der Israelitischen Gemeinde. Die vermittelt ihr in der Nähe des Altmarktes eine Kammer und Arbeit:

»In den folgenden Jahren arbeitete sie in einer Fabrik als Schneiderin und fertigte Posamenten – also Zierbänder, Kordeln, Volants und so. Dafür braucht man eine besondere Geschicklichkeit, und die hatte meine Mutter. Dieses Handwerk hatte sie ja zuhause in Ungarn gelernt.

So, nun kommt aber das Verhängnis mit den Pferden. In Dresden-Reick gibt es eine Pferde-Rennbahn, die gab es damals auch schon. Wie gesagt, meine Mutter liebte Pferde, sie war ja mit ihnen aufgewachsen. Und so ging sie regelmäßig nach Reick zu den Pferderennen und verlor dort ihr mühsam erarbeitetes Geld beim Wetten.

Meine Mutter war eine schöne Frau, und so lernte sie bald auf der Rennbahn einen Mann kennen: Clemens Oskar Hähnel. Er war damals Handelsreisender, wurde dann Direktor der Firma, bei der er arbeitete. Es soll ein eleganter, charmanter Mann gewesen sein. Meine Mutter sah ihn als eine gute Partie an und hoffte, durch ihn die deutsche Staatsbürgerschaft zu erhalten. Hähnel kam nur ab und zu nach Dresden, er wohnte in Pausitz, in der Nähe von Wurzen und besaß dort ein großes Villengrundstück.

Zwischen ihnen begann eine Liebesgeschichte. Für meine Mutter war es überhaupt die erste wirkliche Liebe, die sie erlebte. Die Beziehung dauerte etliche Monate. Hähnel gab ihr seine Adresse und kam jetzt häufiger nach Dresden, wo er ja geschäftlich zu tun hatte. Meine Mutter vertraute ihm. Und eines Tages war sie schwanger. Sie hat es ihm sofort geschrieben.«

Clemens Oskar Hähnel bricht nun abrupt die Beziehung ab. Eine Geliebte in Dresden wollte er, aber nicht noch ein Kind. Denn Kinder hat er bereits zwei – der elegante, charmante Mann ist ein verheirateter Familienvater. Und er lebt nicht in der Nähe von Wurzen, sondern dicht bei Leipzig. Nun, er hat eine Schwäche für schöne Frauen, doch ein mieser Kerl ist er nicht – Hähnel leugnet nicht, wie üblich, dass er der Vater des unehelichen Kindes ist. Über seinen Rechtsanwalt und ein Vormundschaftsgericht lässt er regeln, dass das in Dresden geborene Mädchen, das die Mutter Johanna nennt, eine gute schulische Ausbildung erhält – dafür überweist er der Mutter 3000 Mark. Die darf das Geld allerdings nicht für andere Zwecke nutzen.

1907 kommt Johanna auf die Welt, doch die Mutter liebt das Kind nicht, sie liebt nur Pferde:

»Gleich nach der Geburt brachte meine Mutter mich zu einer Pflegemutter. Die war sehr gut zu mir und versuchte, mich zu adoptieren. Dazu kam es aber nicht, denn sie erkrankte plötzlich schwer und starb. Da war ich 2 Jahre alt. Und nun kam ich für weitere vier Jahre in eine andere Pflegschaft, das wurde damals von den Behörden arrangiert. Mit 6 Jahren kam ich zum ersten Mal zu meiner Mutter.

Während der ganzen Zeit, die ich in Pflegschaft war, hat meine Mutter mich nicht ein einziges Mal besucht. Sie hat auch nie mit mir darüber gesprochen, warum sie mich weggegeben hat. Sehr viel später habe ich erfahren, dass die zweite Pflegemutter mich nicht wieder herausgeben wollte und dann sehr um mich getrauert hat.

Warum aber holte meine Mutter mich plötzlich zu sich? Sie hatte einen neuen Mann kennengelernt und sah nun die Chance, eine richtige deutsche Frau zu werden, mit einem deutschen Mann und einer in Dresden geborenen Tochter. Der Mann hieß Karl Samel und war Schneidermeister. Er war kein Jude und stammte ursprünglich aus Preußen. Dieser Mann war furchtbar – er wollte mich nicht und wollte auch nicht, dass meine Mutter mich nun zu sich holte. Da er aber selbst keine Kinder kriegen konnte, hat er mich nach der Hochzeit 1913 adoptiert. Diese Adoption ist später von den Nazis annulliert worden, weil ich als Tochter einer jüdischen Mutter als Jüdin galt.«

Der Stiefvater misshandelt das Kind. Und so ist Johanna froh, als 1914 der Krieg ausbricht und er als Schneidermeister eingezogen wird. Er wohnt nun in Kasernen, taucht selten auf in seiner Uniform. Diese Zeit lässt sich aushalten.

Inzwischen wohnen sie in der Kreuzstraße 11, direkt über der Bauernschänke »Katakomben«. Der Besitzer der Gaststätte verkauft nebenbei noch Totenschädel und sonstigen Trödel. Ihre Wohnung verfügt über riesige Zimmer, eines davon ist die Schneiderstube, und hier arbeitet ihre Mutter nun. Innentoiletten gibt es noch nicht in Johannas Haus, und auch für einen Luxus wie Gas und Elektrizität braucht es noch ein paar Jahre. Noch spenden nur die Petroleumlampen Licht.

Johanna Lindner, die jetzt Johanna Samel heißt, wird in der Bezirksschule eingeschult. Dass ihr leiblicher Vater einen ziemlichen Batzen Geld für ihre Ausbildung hinterlassen hat, weiß sie nicht. Ist das Geld nun doch auf der Pferde-Rennbahn weggeschmolzen? Johanna gilt als armes Kind. Als solches jedenfalls ist sie in der Jüdischen Gemeinde eingetragen:

»Und als armes Kind durfte ich in den Sommerferien ins jüdische Kinderferienlager nach Ober-Rochwitz fahren, das lag sehr schön am Rande von Dresden. Für mich war das wie ein Märchenland: Es gab dort Schaukeln und eine Schwester Lea mit einem weißen Häubchen. (…)

Die drei, vier Wochen in den Sommerferien in Ober-Rochwitz, das waren die schönsten Wochen meiner Kinderzeit (…)«

Mit großer Sicherheit dürfte das Mädchen Johanna in dieser Ferienkolonie für die Kinder ärmerer Gemeindemitglieder der Abgeordneten des Sächsischen Landtags Julie Salinger begegnet sein. Denn die kümmert sich seit 1909 in ihrer Freizeit um das Ferienheim in Ober-Rochwitz.

Die aus Ostpreußen stammende Abgeordnete gehört 1919 mit ihrem Mann Julius Salinger, Mitinhaber einer Schuhwaren-Großhandlung, und ihrem Sohn Paul zu den anerkannten jüdischen Einwohnern Dresdens. Sie wirken konsequent im Sinne des jüdischen Liberalismus und verstehen sich als deutsche Staatsbürger jüdischen Glaubens. Julie Salinger sitzt seit Februar für die Deutsche Demokratische Partei in der Sächsischen Volkskammer, als erste Frau hielt sie hier eine Ansprache. Aktiv ist die Familie in der Israelitischen Religionsgemeinde zu Dresden. Der Vater ist Gemeinderatsmitglied. Sohn Paul Salinger wird in den späten Zwanzigerjahren geschäftsführender Vorsteher der Israelitischen Religionsgemeinde sein. Und Mutter Julie ist in der Gemeinde schon seit der Übersiedelung ihrer Familie von Ostpreußen nach Sachsen aktiv. Über die Jahre initiierte sie die Gründung mehrerer Frauenvereine innerhalb der Gemeinde wie den Israelitischen Frauenverein, dazu einen Kinderhort.

Julie Salinger geht es um die Neubestimmung des Platzes eines bürgerlich und konfessionell orientierten Frauenvereins in der Weimarer Republik. So wirkt sie parallel zur Gemeindearbeit im Stadtbund Dresdner Frauenvereine mit, ist sie eine erprobte Mitstreiterin von Marie Stritt und Katharina Scheven bei der Förderung der sozialen und rechtlichen Stellung der Frauen in der Gesellschaft. Ihr zentrales Anliegen ist es, für Familien die sozialen Existenzbedingungen zu sichern. Darunter versteht sie vor allem Arbeit, Mindesteinkommen, Lebensmittelversorgung, Wohnung sowie eine gesicherte Gesundheitsbetreuung im umfassenden Sinne und den Zugang aller zu Bildung und Kultur.

Ein solcher Zugang war vor der Weimarer Zeit nur in sehr beschränktem Umfang für ärmere Schichten möglich. Doch gerade in Sachsen entsteht nun durch eine parlamentarische Mehrheit der Arbeiterparteien schon 1919 das umfassende Konzept einer Schulreform, mit der Begriffe wie Einheitsschule, Allgemeine Volksschule, Weltliche Schule, Arbeitsschule oder Selbstverwaltete Schule Einzug halten. Vieles davon wurde schon von Pädagogen in der Kaiserzeit angedacht und in kleinem Rahmen ausprobiert. Doch erst jetzt mit der beginnenden Demokratie kommt der Reformprozess richtig in Gang, durch das politische und pädagogische Engagement der organisierten Volksschullehrerschaft – vor allem durch den Sächsischen Lehrerverein und seine Bezirksverbände in Leipzig, Dresden und Chemnitz.

Parallel dazu wird die gesetzliche Grundlage im Landtag geschaffen: Schon im Juli 1919 hat das Parlament ein »Übergangsgesetz für das Volksschulwesen« verabschiedet, das in wesentlichen Punkten bis 1933 Bestand haben wird. Mit diesem wird die bisherige, ständisch geprägte Organisation des sächsischen Schulwesens mit einfacher, mittlerer und höherer Volksschule – Bezirksschule, Bürgerschule und höhere Bürgerschule – aufgehoben und durch eine allgemeine, schulgeldfreie Volksschule ersetzt, eine Art Einheitsschule. Für alle Kinder gilt gleichermaßen ein Sockel mit einer obligatorischen vierjährigen Grundschulzeit. »Mit Rücksicht auf Begabung und Leistung« sieht das neue Gesetz auch die Einrichtung von Bereichen vor, die sich auf das 9. und 10. Schuljahr erstrecken dürfen und ebenfalls schulgeldfrei bleiben. Zur Förderung lernschwächerer Kinder dürfen »Nachhilfeklassen« eingerichtet werden.

Es ist ein vor allem sozialdemokratisches Konzept, das von den meisten konservativen Politikern und Eltern nicht mitgetragen wird, erst recht nicht die geplante Gemeinschaftsschule für Jungen und Mädchen. Und als in Sachsen als Vorreiter auch noch der Religionsunterricht in der Schule abgeschafft werden soll, was der Begriff Weltliche Schule umschreibt, hagelt es auch juristisch Klagen. Dieser Teil des neuen sächsischen Schulgesetzes muss aufgrund einer Entscheidung des Reichsgerichts vom November 1920 wieder zurückgenommen werden. Die meisten Kinder in sächsischen Schulen werden damit in Volksschulen weiterhin in ihrer Konfession und von entsprechenden Lehrern unterrichtet. Es gründen sich christliche Elternvereine, die darauf achten, dass nicht alles Religiöse aus den Schulen verschwindet. Ein größeres Einverständnis herrscht darin, dass körperliche Züchtigungen von nun an verboten sind. Dieser Passus wird 1933 wieder verschwinden, zusammen mit dem gesamten demokratischen Schulgesetz.

Die pädagogischen Veränderungen spürt die Schülerin Johanna in ihren letzten beiden Schuljahren zumindest ansatzweise. Bis dahin erlebt sie die alten Methoden:

»Ich bin eine 8-Klassen-Schülerin gewesen. Damals gab es in meiner Gegend eine Bezirksschule, eine Bürgerschule und für Leute mit Geld das Gymnasium. Aber wir hatten ja gar kein Geld – und dass das verschwundene Geld meines leiblichen Vaters sogar für ein Gymnasium gereicht hätte, davon hatte ich nicht den Hauch einer Ahnung. Von diesem Vater sowieso nicht (...)

Also ich kam erstmal in die Bezirksschule, da gab es Prügel mit einem Stöckchen. Es begann ja der Krieg, als ich in die Schule kam, da waren keine männlichen Lehrer mehr zu sehen. Und wir hatten eine Lehrerin, die war ein unwahrscheinlicher Drachen. Sie hatte so einen kleinen Stock, den hatte sie fast immer in der Hand. Und wenn man ein paar Minuten zu spät kam und man lärmte mit den Holzpantoffeln, weil die Beine halb erfroren waren, dann schlug sie zu. Das hat sehr weh getan.«

Wenn Religionsunterricht ist – und das bedeutet an ihrer Schule evangelischer Religionsunterricht –, muss Johanna als Jüdin das Klassenzimmer verlassen. Dann treibt sie sich ein bisschen in der Schule herum und kommt zur nächsten Stunde wieder rein. Da fühlt sie sich einsam.

Während des Krieges wird Handarbeitsunterricht groß geschrieben. Die Schülerinnen lernen Stricken und Häkeln – angefertigt werden Liebesgaben für die Soldaten an der Front. Doch auch nach dem Krieg sind Handarbeiten eine nutzvolle Sache. Das Mädchen hat fast immer Hunger:

»Bei uns zuhause gab es meist ganz wenig zu essen, und zwar Kohlrüben, Kohlrüben und nochmals Kohlrüben. Etwas Süßes kannte ich von zuhause gar nicht. Nur, wenn ich zu Kindergeburtstagen eingeladen war, habe ich mich schon deshalb riesig darauf gefreut, weil es dort Kuchen gab. (...)

Uns ging es eher schlecht – obwohl meine Mutter ja arbeitete, hatte sie nie Geld. Oft hat sie mal wieder auf ihre Pferde gesetzt, dann blieb der Tisch ganz leer. Und dann hieß es, sich irgendwo anzustellen, wo eine Hilfsorganisation etwas umsonst ausgab. Da fing ich immer an zu weinen, denn sich dort anzustellen hieß: Wanzen kriegen! Damals war Dresden so verwanzt, dass einem beim Anstellen die Wanzen die Kleider herunterliefen. Die anderen, die dort standen, waren ja auch arme Leute. Meine Mutter stellte sich meist zuerst an, dann musste ich sie ablösen. Und jedes Mal habe ich mindestens eine Wanze mit nach Hause gebracht. Dresden ist erst nach dem großen Bombenangriff im Zweiten Weltkrieg sauber geworden.

Wenn wir gar nichts zu essen hatten, sagte meine Mutter manchmal: ›Jetzt gehst Du zum goldenen Rathausesel, wo die Droschken halten, machst einen Knicks und hältst die Droschkentür auf. Wenn dann die Damen mit ihren langen Kleidern aussteigen wollen, dann sagst Du: Gestatten Sie, gnädige Frau, darf ich Ihnen helfen? Und dabei hebst Du den langen Rock mit der großen Borte an und machst danach noch einen Knicks.‹

Also, das hat schon geklappt, da fiel meistens etwas ab. Für diese Art des Geldverdienens zog meine Mutter mir einen Mittelscheitel, machte zwei Zöpfchen und band mir links und rechts Schleifen ins Haar. An den Rathaus-Droschken herrschte natürlich

Konkurrenz. Es gab ja auch Jungs, arme Jungs, die auch die Droschkentür aufhielten. Wir waren so eine Art Clique, viele Jungen und zwei Mädchen. Wenn eine Droschke kam, ging das Wettrennen los. Manchmal haben wir uns sogar untereinander geschlagen, manchmal ganz doll. Ich war aber ziemlich frech und bin da nicht weggegangen, bevor ich mein Brötchengeld zusammen hatte.«

Kleidung, auch daran erinnert sich Johanna, bekamen sie aus der jüdischen Gemeinde:

»Die Ärmeren von uns bekamen aus den jüdischen Kaufhäusern Sachen geschenkt, und zwar solche, die vorher im Schaufenster gelegen hatten und dadurch ein bisschen verblichen waren. So bekam ich also immer meine Garderobe von den Goldmanns und den Alsbergs, die ich mir sonst nicht hätte kaufen können. Aber natürlich war ich damit nicht alleine, es gab viele arme Juden. In der Synagoge wurden alle abgegebenen Sachen gesammelt, und die Gemeinde hat es dann verteilt.«

Johanna erinnert sich auch im hohen Alter noch gut an die Synagoge – an eine große Gemeinde, mit Armen und Reichen:

»In der Synagoge hatten die reichen Juden alle einen bestimmten Platz, der aber bezahlt werden musste. Meine Mutter und ich hatten nichts bezahlt, und so mussten wir in der Synagoge stehen. Das hat uns aber nichts ausgemacht. Ich war ja ein Kind, und da sagte schnell mal eine: ›Komm, setzt Dich daneben oder auf meinen Schoß.‹«

1919, Johanna Lindner ist nun zwölf Jahre alt, geht sie bereits in die Bürgerschule, dank der Zuschüsse der jüdischen Gemeinde.

Hier, auf der Schule in der Silbermannstraße, trifft sie auf mehrere jüdische Kinder, zum Beispiel auf Lea Langer, die zwei Jahre älter ist als sie. Ihr Vater Moses Langer hat auf der Brüdergasse ein zweistöckiges Geschäft mit Möbeln und Bekleidung. Jahre später wird Johanna Lea Langer wiedertreffen – da heißt sie bereits Lea Grundig und ist mit dem Maler Hans Grundig verheiratet.

»Ich kam jetzt zum Hebräisch-Unterricht zu Frau Dr. Eva Stein. Sie hatte ein bisschen den Armendienst in der Gemeinde übernommen und wurde meine Religionslehrerin. Der Religionsunterricht fand in Räumen am Sachsenplatz statt.«

Nun, da der Stiefvater aus dem Krieg zurückgekehrt ist, herrscht für das Mädchen eine dramatisch schwere Zeit. Sobald die Mutter nicht im Haus ist, begrapscht er Johanna und schlägt sie brutal. Die Nachbarn rufen mehrfach die Polizei, und eine Fürsorgerin von der Kirche übernimmt jetzt die Betreuung der heranwachsenden Jugendlichen. Gemeinsam mit der jüdischen Religionslehrerin wird schließlich entschieden, das Mädchen aus dem Haus zu nehmen: Sie bekommt ein winziges Zimmer bei einer alleinstehenden, krebskranken Dame, die froh darüber ist, dass sie jemanden hat, der sie betreut. 5,50 Mark kostet das Zimmerchen pro Monat – es hat ein Bett, einen Klappstuhl, eine Petroleumlampe und ein Radio.

Johanna Lindner

Wer weiß schon, wenn er jung ist, wie sein weiteres Leben verlaufen wird? 1919 ahnen nur sehr wenige, dass die holprig begonnene Demokratie keine fünfzehn Jahre halten wird. Und trotz starkem und in der Kaiserzeit noch gewachsenem Antisemitismus ist ein Massenmord an Juden in diesem Nachkriegsjahr mit seinen hochdekorierten jüdischen Offizieren nicht vorstellbar.

Die großartige und warmherzige Politikerin Julie Salinger wird in Theresienstadt umkommen. Johanna Lindner aber, die 1934 nach ihrer Hochzeit mit dem Kunstschlosser und Maler Max Krause Johanna Krause heißt, hat einen Schutzengel, der sie durch die schlimmsten Todesspiralen begleitet: 1933 wird sie wegen Führerbeleidigung inhaftiert, im Jahr darauf von einem Dresdner Polizisten vergewaltigt und in die Elbe gestoßen. Johanna überlebt, weil sie gut schwimmen kann. Max, ihr liebender Mann, wird von Gestapo-Kommissar Schmidt wegen Rassenschande misshandelt. Als er zur Wehrmacht eingezogen wird, leert er dort im Lazarett den Spucknapf eines Tbc-Kranken, um entlassen zu werden und seine Frau zu beschützen. Max Krause leidet den Rest seines Lebens an Tuberkulose.

Doch am Ende kann er seine jüdische Frau nicht retten – Johanna wird 1944 abgeholt, da ist sie im siebten Monat schwanger. In einer Dresdner Frauenklinik wird ihr das voll lebensfähige Kind aus dem Leib geschnitten, die junge Mutter sterilisiert und dann direkt ins KZ Ravensbrück überstellt. Dort entgeht sie dem Gaswagen nur durch einen Registrierfehler: Die verantwortliche SS-Frau verpasst der Angekommenen aufgrund von deren Führerbeleidigung den roten Winkel als Politische; dass sie auch eine Jüdin ist, bleibt unbemerkt.

Im Frühjahr 1945 ist Johanna in einem KZ-Außenlager im Egerland eingesetzt, als das Lager hastig geräumt wird, weil die amerikanischen Truppen auf das Egerland zurollen. Hunderte ausgemergelter Häftlingsfrauen werden nun auf einen Todesmarsch getrieben und unterwegs von der sich absetzenden SS in einer Scheune zusammengeschossen. Nur drei von hunderten Frauen überleben – darunter die typhuskranke Johanna, die schon vorher irgendwo unbemerkt zusammengebrochen war.

Die mehr tote als lebendige junge Frau wird von katholischen Schwestern einigermaßen aufgepäppelt und von den amerikanischen Befreiern dringend davor gewarnt, als Jüdin in die sowjetisch besetzte Zone zurückzukehren. Doch diese Frage stellt sich für Johanna nicht – sie will zurück zu ihrem Mann! Im Visier der

Gestapo hatte sich der Maler unauffällig ins Erzgebirge zurückgezogen und dort überlebt.

Nun könnte es ein Happy End geben, doch das bleibt den beiden versagt. Denn der Judenhass ist auch in der frühen DDR noch stark präsent. Hakenkreuze an den Fenstern des Paares werden bald zur Alltagserfahrung und auch, dass die Polizei die Täter demonstrativ nicht findet. Und jener Polizist, der Johanna Krause 1935 vergewaltigte und in die Elbe stieß, steht nun als Parteisekretär der SED vor ihr. Verzweifelt um Aufklärung ringend, wird die verfolgte Jüdin 1957 erneut inhaftiert, nunmehr wegen Staatsverleumdung …

Keines dieser lebensbedrohenden Momente ist 1919 bei jenem zwölfjährigen Mädchen Johanna Lindner vorhersehbar, das nun die Bürgerschule besuchen darf und durch die jüdisch-christliche Zusammenarbeit zweier Frauen aus der Wohnung genommen wird, um sie vor den Misshandlungen des Stiefvaters zu bewahren.

September 1919: Gottesfürchtig und königstreu – das war gestern

In Dresden findet im September 1919 der angekündigte Evangelische Kirchentag statt, auf dem die Landeskirchen Deutschlands zusammenkommen. Das Hauptziel ist die Gründung eines Kirchenbundes. Doch gehen die Christen auch an die Wurzeln ihres großen Umbruchs oder beschränkt der Kirchentag sich auf organisatorische und finanzielle Fragen?

Es gibt eine Kirchenaustrittswelle, und es gibt Konflikte wegen des Religionsunterrichts. Das Ausmaß mag in der Weimarer Republik von Land zu Land verschieden sein, doch verschont bleibt kein Geistlicher von den Erschütterungen des Wechsels von der Monarchie zur Demokratie.

In Sachsen, dem Stammland der Arbeiterbewegung, ging mit der frühen Industrialisierung bereits ein Autoritätsverlust der Kirchen einher – insbesondere bei der in Sachsen dominierenden evangelischen Kirche. Im Gegensatz zur katholischen Kirche, die auch soziale Anliegen thematisiert, wurde die evangelische vor allem als Stütze der Monarchie wahrgenommen; die in den städtischen Ballungszentren konzentrierten Arbeiter erreichte sie nur unzureichend. Nun, nach der Revolution im November 1918, nimmt die Kirchenaustrittsbewegung stark zu. Erschwerend hinzu kommt eine besonders in Sachsen ausgeprägte freidenkerische Ausrichtung in der sächsischen Sozialdemokratie.

Bei der kleineren katholischen Kirche sieht es mit den Austritten nicht ganz so dunkel aus. Für sie hatte der Weltkrieg vor allem zur Folge, dass das Vereinsleben nahezu zum Erliegen kam: Weder die jedes Jahr feierlich begangenen Stiftungsfeste noch besondere Jubiläen konnten in der Weise veranstaltet werden, wie sie traditionell üblich und zur Integration der Vereinsmitglieder notwendig waren. Besonders der katholische Gesellenverein litt unter starker Personalnot – allein in Dresden waren bis 1917 176 aktive und Ehrenmitglieder eingezogen worden, 21 von ihnen sind gefallen. Auch die Liste der Gefallenen aus den Kirchgemeinden ist lang.

Die Seelsorge indes lief in gewohnter Weise weiter und wurde nur in Einzelfällen von der Einberufung Geistlicher behindert. Die zwei Kaplanstellen in Dresden-Neustadt und in Johannstadt konnten vertretungsweise besetzt werden. Die katholischen Gemeinden litten, wie auch die evangelischen, unter Versorgungsmängeln, die sich nicht zuletzt beim Papier für die konfessionelle Presse zeigte.

Bis um die Jahrhundertwende hat sich die Anzahl der Katholiken in der sächsischen Hauptstadt verdreifacht. Auch die Eingemeindung der Vororte Cotta, Löbtau, Pieschen und Strießen brachte noch einmal rund tausend Katholiken hinzu. Trotz Zunahme von Mitgliedern durch Einwanderungen in der Kaiserzeit befindet sich der sächsische Katholizismus jedoch noch immer in der absoluten Minderheit. Im Jahre 1910 waren von den 548 308 Einwohnern Dresdens gerademal 43 929 katholisch. Das liegt immerhin um einige Prozente über dem sächsischen Durchschnitt.

Die von einem wachsenden Selbstbewusstsein begleiteten, zaghaften Aufbrüche wurden mitunter als Bedrohung des sächsischen Luthertums interpretiert: Die Hoffnung der Katholiken auf ein gleichberechtigtes Neben-, wenn schon nicht Miteinander, hatten sich allerdings bisher nicht erfüllt. Lediglich die Garnisonskirche in der Albertstadt, die für die Gottesdienste von Militärangehörigen und ihre Familien gebaut wurde, diente – getrennt in zwei Teile – beiden Konfessionen.

Zurück zum Evangelischen Kirchentag: Die Selbstbesinnung nach dem verheerenden Weltkrieg bleibt aus, erst recht das Rütteln an der Frage persönlicher Schuld. Es sieht so aus, als hätten die protestantischen Christen, wie andere Deutsche auch, den Krieg als Kampf zwischen deutscher Kultur und westlicher Zivilisation begeistert bejaht – Luthertum einerseits gegen Calvinismus und Katholizismus andererseits. Pazifistische Ideen wurden unter Berufung auf Luthers Rechtfertigungslehre bekämpft, wonach der Krieg zur gefallenen Schöpfung gehört – und immer gehören wird.

Ein kaum vernehmbares Stimmchen drang aus Konstanz herauf. Am 2. August 1914, als der nationale Rausch die Völker Europas erfasst hatte, knieten Deutsche, Franzosen und Engländer im Gebet miteinander – sie beteten für Frieden und um wachsende Liebe füreinander. Eine sehr kleine Schar Christen befand sich in jenem ehemaligen Dominikanerkloster, in dem der böhmische Reformator Jan Hus inhaftiert war, als 1414 das Konstanzer Konzil tagte. 500 Jahre später wollten Protestanten dort ein zweites Konzil von Konstanz abhalten und eine internationale christliche Friedensorganisation gründen. Darunter ein Quäker, ein Anglikaner, von deutscher Seite der Berliner Pfarrer Siegmund-Schultze, der mit Frau, Schwester und Theologiestudenten zusammenlebte und mit ihnen Jugend- und Bildungsarbeit unter Arbeitern betrieb und der auch Gustav Heinemann faszinierte. Dem Berliner Pfarrer war klar: Krieg widerspricht dem Willen Jesu und »steht als Sünde vor dem Gewissen einer christlichen Nation«.

In einem Telegramm beschworen die in Konstanz versammelten Frauen und Männer die Staatsoberhäupter Europas und der USA: Als »christliche Herrscher« sollten diese »die christliche Zivilisation vor der Katastrophe bewahren und die Kraft christlichen Geistes in menschlichen Angelegenheiten geltend machen.« Von den Kanzeln deutscher Kirchen, ob evangelisch oder katholisch, klang es an diesem August-Sonntag 1914 ganz anders. Rund 200 Kilometer nördlich von Konstanz, im Städtchen Wildbad, hielt der evangelische Ortsgeistliche eine Predigt, wie sie in diesen Tagen typisch war. Er erinnerte die ausziehenden Soldaten und ihre Angehörigen an die Befreiungskriege gegen Napoleon. Damals hätten die Bräute es als ihren Stolz und ihre Ehre angesehen, »ihr Liebstes begeistert dem Vaterland zu opfern«.

Und der Kirchentag in Dresden? Am Lutherischen Dogma wird nicht gerüttelt. Doch die Teilnehmer sind hin- und hergeworfen zwischen Vergangenheit und Zukunft. Wie tief der Schmerz um den Verlust der alten, ihnen zutiefst vertrauten Ordnung ist, zeigt sich in der Eröffnungsrede des Kirchentags durch Präsident D. Moeller aus Berlin:

»Die Herrlichkeit des deutschen Kaiserreichs, der Traum unserer Väter, der Stolz jedes Deutschen ist dahin. Mit ihr der hohe Träger der deutschen Macht, der Herrscher und das Herrscherhaus, das wir als Bannerträger deutscher Größe so innig liebten und verehrten. (…) Wir können nicht anders, als hier feierlich es bezeugen, welcher reiche Segen von den bisherigen engen Zusammenhängen von Staat und Kirche auf beide – auf den Staat und die Kirche –

und durch beide auf Volk und Vaterland ausgegangen ist. Und wir können weiter nicht anders, als hier feierlich zu bezeugen, wie die Kirchen unseres Vaterlandes ihren fürstlichen Schirmherren, mit ihren Geschlechtern vielfach durch eine vielhundertjährige Geschichte verwachsen, tiefen Dank schulden, und wie dieser tiefempfundene Dank im evangelischen Volke unvergeßlich fortleben wird.«

Die Ansprache zeigt mehr als Treue gegenüber dem Gestern, von Innigkeit ist die Rede und von Schmerz.

Im Anschluss stehen handfeste wirtschaftliche Probleme auf der Tagesordnung, eine große Unsicherheit des Finanzzustandes: Die Abhängigkeit vom Staat ist groß. Die Geistlichen sind in banger Sorge, die Zuschüsse von staatlicher Seite könnten nicht ausreichen für ihr berufliches Überleben. Die Trennung von Kirche und Staat, nach dem Prinzip »Religion ist Privatsache« in vielen deutschen Staaten unmittelbar nach dem Umsturz proklamiert und häufig mit einer angekündigten Streichung aller staatlicher Zuschüsse verbunden, hat die Kirchen in eine völlige Unsicherheit über ihre finanzielle Zukunft stürzen lassen.

Der Protestantismus steht den neuen Verhältnissen nicht in unversöhnlicher Feindschaft gegenüber. Viele respektieren das Neue und versuchen, sich konstruktiv einzubringen. Doch muss nun ausgerechnet noch der Religionsunterricht gestrichen werden?

***

In Sachsen greift auf Grundlage der parlamentarischen Mehrheit der Arbeiterparteien in der Volkskammer ein umfassendes schulisches Reformkonzept. Im Juli 1919 wurde bereits ein Übergangsgesetz für das Volksschulwesen erlassen, in dem das ständisch geprägte Volksschulwesen mit einfacher, mittlerer und höherer Volksschule (Bezirks-, Bürger- und höhere Bürgerschule) aufgehoben und durch die schulgeldfreie allgemeine Volksschule ersetzt wird – mit der für alle Kinder verpflichtenden vierjährigen Grundschule als Unterbau.

Eine der wichtigsten Festlegungen des neuen Schulgesetzes, dass Religionsunterricht »in der allgemeinen Volksschule nicht mehr erteilt werde« – was letztlich der Einführung der weltlichen Schule gleichkommt –, muss aufgrund einer Entscheidung des Reichsgerichts vom November 1920 wieder zurückgenommen werden. Die meisten Kinder in Sachsen werden damit weiterhin in Volksschulen ihrer Konfession und von entsprechenden Lehrern unterrichtet.

Das Sächsische Übergangsschulgesetz bündelt viel Positives: Es ächtet jegliche körperliche Züchtigung und räumt den Lehrern einen Freiraum für selbständiges pädagogisches Arbeiten ein. Zur Unterstützung der gesamten Schularbeit können »Elternräte« gebildet werden. Obwohl ursprünglich nur als Zwischenlösung gedacht, hat das nur leicht abgewandelte Übergangsschulgesetz bis 1933 Bestand.

Erste (sozial-)demokratische Reformversuche gab es bereits in Dresden, in kleinerer Form seit etwa 1911. Leicht reformiert wurde also schon in der Kaiserzeit, auch fanden die pädagogischen Ideen die Unterstützung des konservativen Oberbürgermeisters Blüher. Nun, unter einer sozialdemokratischen Regierungsmehrheit, wird das Reformmodell in ein Gesetz gefasst.

Gemischte Volksschulklasse in Dresden

Der neuen Offenheit fühlen sich auch die Pädagogen selbst verpflichtet. Im September 1919 gibt der Dresdner Lehrerverein das aktuelle »Dresdner Lehrerbuch 1919« heraus. Hier findet sich das »Verzeichnis sämtlicher Lehrkräfte der Volks-, Hilfs- und Fortbildungsschulen der Stadt Dresden (einschl. des Ehrlichschen Gestifts), der katholischen Schulen, der Schule des Vereins zu Rat und Tat, des Pestalozzistiftes, der Kinderanstalten im Marienhof und der Staatlichen Taubstummenanstalt, innerhalb der Gruppen dem Dienstalter nach geordnet«. Das Netz der Schulen ist engmaschig über die Stadt gespannt. Die 55 Dresdner Bürger- und Bezirksschulen werden nun umbenannt, seit Ostern 1919 existiert die einheitliche Volksschule. Auffällig ist bei den 53 Schulleitern der Stadt, dass die meisten von ihnen in den Fünfziger- und Sechzigerjahren des 19. Jahrhunderts geboren wurden, es sich also um Jahrgänge handelt, denen das Trauma des Weltkrieges erspart blieb. Im Zuge der neuen Offenheit stehen auch alle Lehrer und Lehrerinnen mit ihren Privatadressen im neuen Lehrerbuch. Auch die Ruheständler sind mit Privatadressen aufgeführt.

Viele der sächsischen Volksschullehrer knüpfen an die Revolution ein Ende des »alten Bildungssystems«, wie es mit der Monarchie einherging. So hoch das Niveau der Lehrerausbildung, vor allem im Vergleich zu anderen Ländern, bisher auch gewesen sein mag – ihnen sitzen die Lehrermaßregelungen und disziplinarischen Strafen durch die »Obrigkeit« noch im Nacken, als sie vor dem Krieg heftig ein neues Volksschulgesetz diskutierten. Von den Konservativen einschließlich der evangelisch-lutherischen und der katholischen Kirche kam keinerlei Unterstützung. Ja, die Kirche solle stärker in den Hintergrund! Nach Aussage von SPD-Kultusminister Wilhelm Buck sind 1919 von 26 Seminardirektoren noch zwölf Theologen. Anlässlich der Beratungen zum Übergangsschulgesetz in der Sächsischen Volkskammer am 27. März 1919, hatte der Kultusminister ausgeführt:

»Ich weiß sehr wohl, daß in den Seminaren, fast an allen 26 in Sachsen, an alten Überlieferungen und Traditionen noch streng festgehalten wird, daß der Flügelschlag der Zeit nicht über die Mauern der Seminarumzäunungen gedrungen ist.«

Im Haushaltsausschuss werden Klagen darüber geführt, »daß in einzelnen Seminaren teils in offener, teils in versteckter Form Druck auf die Schüler ausgeübt wird, sich am Gottesdienst und an anderen Andachten zu beteiligen«.

Die Probleme hinsichtlich des Religionsunterrichtes teilt die katholische Kirche seit der Novemberrevolution mit der evangelischen Kirche. Und geradezu vehement kämpfen die Deutschnationalen gegen die Schulreform; ihre Argumente speisen sich sowohl aus deutschvölkischem als auch aus evangelisch-christlichem Gedankengut. Damit wächst die scharfe Gegnerschaft dieser Partei zur Weimarer Demokratie.

Der Konflikt zwischen Schule und Kirche existiert, seit sich die Machtverhältnisse verschoben haben. »Gottesfürchtig und königstreu« – das war gestern. Die von den Reformern konzipierte »neue« Schule zielt auf den Abbau von Bildungsprivilegien und die Herstellung gleicher Bildungschancen für die unteren sozialen Schichten. Sie zielt auf die gemeinsame Unterrichtung von Kindern unterschiedlicher sozialer Herkunft, auf eine Erziehung zu wechselseitigem Verständnis füreinander, zur Toleranz gegenüber Andersdenkenden und zur Stärkung des Gemeinschaftsgefühls. Nicht mehr blinder Gehorsam und Untertanengeist sind gefragt, sondern ein auf Vernunft, Einsicht, Verantwortungsbewusstsein und Pflichtgefühl basierendes demokratisches Zusammenarbeiten in der Schule. Dem natürlichen Bewegungs- und Erlebnisdrang der Kinder folgend, soll der Unterricht durch regelmäßige Wanderungen und das Erkunden der sie umgebenden Natur und Arbeitswelt aufgelockert werden. Neben den intellektuellen Fähigkeiten wird als Ziel der Reform auch die künstlerisch-ästhetische und körperliche Entwicklung betont. In dieser Vielfalt ist das sächsische Modell beispielgebend für andere deutsche Regionen.

1919 sind das noch Pläne. Versuchsschulen sollen in Dresden als eine Art Arbeitsschulen entstehen, und schon ein halbes Jahr später wird die 46. Volksschule am Georgplatz (die bisherige I. Bürgerschule) gegenüber dem Neuen Rathaus mit einer Einarbeitungsphase als Versuchsschule beginnen. Unermüdlich wirbt der Dresdner Lehrerverband auf Informationsveranstaltungen und Versammlungen um Vertrauen in seine reformpädagogischen Pläne bei der anfangs noch misstrauisch bis feindselig eingestellten Elternschaft.

Bis zum Schluss protestiert eine Elternfraktion um den Frauenkirchenpfarrer Ernst Artur Schuknecht mit Eingaben beim Schulamt und dem Stadtverordnetenkollegium. Ihr Protest richtet sich nicht nur gegen die Umwandlung der betreffenden Schule, sondern überhaupt gegen die Einführung der allgemeinen Volksschule und die damit verbundene Auflösung der Bürgerschulen. Diese Eltern lehnen die Beseitigung der Standesschule vehement ab, verweisen auf die Nachteile, die durch die »plötzliche Durchmischung der Volksschulkinder« entstehen würden, und beschweren sich über die »grobe Mißachtung ihrer Rechte«. Der Schulausschuss hält diesen Einwänden entgegen, dass es sich hierbei nicht um »Rechte handelt, sondern um die Beseitigung von Vorrechten«, welche die Bürgerschulen vor den Bezirksschulen bisher hatten. Verwiesen wird darauf, dass es den Eltern schließlich freigestellt sei, ihre Kinder in eine Versuchsschule zu schicken. Der Protest beschränkt sich schließlich auf eine Minorität – nur wenige Eltern melden ihre Kinder tatsächlich von der 46. Volksschule ab.

Im höheren Schulwesen erfahren die pädagogischen und organisatorischen Grundlagen zunächst keine wesentlichen Änderungen, erst 1926 wird das Sächsische Volksbildungsministerium eine Denkschrift dazu herausgeben. Zuvor wird es lediglich eine Gabelung ab der Obersekunda in eine sprachlich-historische und eine mathematisch-naturwissenschaftliche Richtung geben.

Im Universitätsbereich preschen die Leipziger vor – revolutionär, wenn auch nicht erfolgreich. So veröffentlicht die »Leipziger Volkszeitung« am 22. Juli 1919 eine »Erklärung«:

»Die revolutionäre Studentengruppe erklärt anläßlich der Wahl des Herrn Geheimen Hofrats Brandenburg zum Rektor der Universität Leipzig, daß sie die heutige Gestaltung und Tätigkeit der

Hochschule grundsätzlich ablehnt, also auch an der Wahl eines Rektors nicht interessiert ist. Sie weist aber auf die für die Stärke der augenblicklichen chauvinistischen Bewegungen bezeichnende Tatsache hin, daß im 9. Monat der Revolution an einem neutral sein wollenden wissenschaftlichen Institut ein Hofrat an die Spitze gestellt wird, der sich während des Krieges und noch danach hervorragend als reaktionärer Alldeutscher betätigt hat.
I.A. gez. Höfer, stud. cam. et jur.«

***

An die Leipziger Universität zieht es gerade jetzt den inzwischen 21-jährigen Erich Kästner. Er hat dem Lehrerberuf entsagt. Am König-Georg-Gymnasium hatte er ein hervorragendes Abitur abgelegt und dafür das Goldene Stipendium der Stadt Dresden erhalten. Nun will er studieren. Mit Einverständnis seiner Eltern hat er die Universität Leipzig ausgewählt und sich dort fürs Wintersemester 1919 eingeschrieben – für die Fächer Germanistik, Geschichte, Philosophie, Zeitungskunde und Theaterwissenschaft. Der angehende Student aus Dresden ist von seiner Natur her wissensdurstig. Doch steigert sich sein Aufbruchsfieber noch vor dem Hintergrund, dass es allesamt Lieblingsfächer sind, die er belegt.

Noch bevor das Jahr zu Ende geht, fühlt sich der junge Erich Kästner wohl am Studienort Leipzig. Die Stadt hat noch eine ganze Menge mehr zu bieten als die Uni: ein pulsierendes Flair, vor allem im Zentrum, in dem auch das Universitätsgebäude liegt. Die Leipziger Messe beeindruckt ihn ebenso wie das Theater, für das er von Beginn an Lust hat, Rezensionen zu verfassen. Es gibt Kabaretts und Cafés, in denen man Tageszeitungen und Illustrierte lesen kann. Noch kann Erich Kästner sich solchen Luxus nur selten leisten, doch spürt der angehende Autor schon jetzt: Derartige Cafés könnten seine Lieblingsarbeitsplätze werden. Dafür allerdings müsste er – trotz des Dresdner Stipendiums und der Unterstützung durch seine Eltern – noch ein bisschen was hinzuverdienen. Wie viele seiner Kommilitonen beginnt auch Kästner mit Hilfsarbeiten auf der Leipziger Messe: Er trägt Plakate durch die Straßen, verkauft Kataloge und riecht noch wochenlang nach Rosenöl, als er an einem ungarischen Parfümstand aushilft.

Im Studium ist er von Ehrgeiz gepackt, es ist doch alles zu spannend, was er lernt. Und schon im ersten Studienjahr erscheinen in einer Sammlung mit dem Titel »Dichtungen Leipziger Studenten« drei seiner Gedichte.

Zwei Frauen lässt Erich Kästner in Dresden zurück. Da ist zuallererst seine Mutter Ida Kästner: Sie war völlig einverstanden mit der Leipzig-Wahl, der Abstand zwischen beiden Städten ist ja nicht allzu groß und es gibt passable Zugverbindungen. Erich hat der Ortswechsel etwas aus der Umklammerung seiner Mutter befreit und das tut gut. Doch schreiben sich die beiden fast täglich Briefe, und darin vertraut der 21-Jährige seiner Mutter all seine Sorgen und Ängste an, doch auch seine Entdeckungen. Wenn die Zeit für einen Brief nicht reicht, schickt er eine Ansichtskarte. Durch seine Post, aus seinem Blickwinkel, lernt die Mutter peu à peu Leipzig kennen. Ida Kästner wiederum kümmert sich nach wie vor intensiv um ihren Sohn. Sie wäscht seine Wäsche und schreibt ihm, was er essen und wie er sich anziehen und dass er weniger rauchen soll. Die Symbiose hält auch über die Distanz.

Doch da gibt es noch eine zweite Frau in Dresden, mit der Erich Kästner nun im Briefwechsel steht, und dies keineswegs hinter dem Rücken seiner Mutter. Es ist Ilse Julius – seine erste Liebe. Noch ist Ilse mehr junges Mädchen als Frau – noch nicht einmal achtzehn Jahre alt, hat sie sich in diesem Sommer 1919 in den nur drei Jahre älteren Erich Kästner von der Königsbrücker

Straße verliebt. Und auch bei ihm klopft das Herz inzwischen heftig. Ilse Julius' Elternhaus ist ebenfalls nicht sonderlich begütert, und auch sie hat ein gespanntes Verhältnis zu ihrem Vater, hingegen eine enge Beziehung zu ihrer Mutter. Das verbindet. Und Ilse ist eine kluge junge Frau, die etliche Jahre später an der TH Dresden Chemie studieren wird – eine Seltenheit für Mädchen in dieser Zeit.

Die Beziehung des verliebten Paares steht indes unter keinem guten Stern. Kästner hat sich von Dresden wegbewegt, und er wird auch in Zukunft nur noch besuchsweise zurückkehren. An eine feste Bindung oder gar Heirat möchte er jetzt überhaupt noch nicht denken. Doch trotz der räumlichen Trennung fühlen sich beide zueinander hingezogen. Meist treffen sie sich, wenn er zu Besuch in Dresden ist, mitunter kommt sie nach Leipzig.

Trotz dieser widrigen Umstände wird die Beziehung zwischen Erich Kästner und Ilse Julius über einen Zeitraum von acht Jahren halten.

Oktober 1919: Kokoschkas (seelische) Gesundung

Seit Beginn des Herbstsemesters ist der Wiener Maler Oskar Kokoschka Professor an der Akademie der bildenden Künste Dresden auf der Brühlschen Terrasse – vor allem befördert durch das Engagement des »Revolutionären Studentenrates«. Als Professor erfreut er sich außerordentlicher Beliebtheit. Betritt er die Ateliers seiner Schüler, trägt er meist einen grauen Anzug und schöne Schuhe. Doch nähert er sich ihnen zugleich als Freund, mit dem Grundsatz: »Ich bin kein Professor, sondern der Assistent von dem da oben.« Großzügig bessert er die Reisekasse der Schüler auf, aus eigener Tasche. »Kokoschka wußte Liebe in die Herzen der Menschen zu pflanzen, die um ihn waren«, werden die sich später erinnern. Auch er selbst mag den künstlerischen Nachwuchs:

»In der Akademie stand mir ein geräumiges Atelier mit dem Blick auf die Elbe zur Verfügung. Zum ersten Mal war ich wie ein richtiger Maler eingerichtet, denn gewöhnlich male ich Porträts lieber in der den Leuten gewohnten Umgebung, Landschaften andererseits vor der Natur von einem hohen Standpunkt aus, der mir einen ausgewählten Überblick erlaubt.

Nach meinem täglichen Rundgang durch die Schülerklassen, wobei ich eingehend die Arbeit jedes Schülers kritisch mit ihm zusammen beurteilt hatte, durften die Schüler auch mich besuchen. Ich liebte den persönlichen Kontakt und stand ihnen, so gut ich es vermochte, in ihren persönlichen und materiellen Nöten bei. Statt des an Akademien üblichen offiziellen Verhaltens von Meister und Schüler zog ich eine Beziehung von Mensch zu Mensch vor, weil ich der Meinung bin, daß die Persönlichkeit den Künstler ausmacht.«

»Ein Problem gab es bei der Professur noch zu lösen«, wird sich Kokoschka ein halbes Jahrhundert später erinnern:

»Ich hätte als deutscher Staatsangestellter meine österreichische Staatsangehörigkeit aufgeben und Reichsdeutscher werden müssen. Im sächsischen Kultusministerium erklärte ich dem für meine Angelegenheit zuständigen Staatsbeamten, daß ich meine Zugehörigkeit zu dem Lande, wo ich geboren und dessen Geschichte die meine ist, nicht einfach wie ein Hemd zu wechseln gedächte, um einen Paß zu erhalten. Jahre nachher, während des Anschlusses Österreichs an das Reich, als ich als ›entarteter Künstler‹ meiner Staatsangehörigkeit verlustig ging, begann ich anders darüber zu denken.«

Inzwischen logiert Kokoschka nicht mehr in Nähe des Sanatoriums – bei »Mutter Nachtwey« in der Pension Felsenburg, zusammen mit seinen Freunden, dem Dramatiker Walter Hasenclever und einigen Schauspielern –, sondern ziemlich dicht am Ort seines neuen Wirkens:

»Inzwischen war ich auf Wunsch des Direktors der Dresdener Kunstsammlung, Dr. Hans Posse, in eins der Kavaliershäuser im Großen Garten übersiedelt. Posse hat mich als Mitbewohner gesucht, um zu vermeiden, daß die Behörden ihm einen weniger willkommenen Mieter einquartieren. Es herrschte Wohnungsnot.«

Sein langes Logieren am Weißen Hirsch, in ständiger ärztlicher Betreuung und in Gesellschaft von Gleichgesinnten, half dem Maler aus Wien, seine schweren äußeren Wunden weitgehend zu heilen. Und auch seine seelische Gesundung hat längst begonnen. Gerade das erste Friedensjahr 1919 ist dabei ein Meilenstein. Der Weg führt durch die Malerei: Mit leuchtenden Farben und überbordender Bildphantasie malt Kokoschka gegen Mutlosigkeit und Depression an. Tapfer spachtelt er Farbe – und spürt zunehmend das Dunkel von seiner Seele weichen.

Zum Sinnbild dieses neuen Auflebens wird »Die Macht der Musik« – ein Gemälde in einer tiefen, glühenden Buntheit. Fast zwei Jahre lang wird Kokoschka daran malen, er experimentiert, verwirft, übermalt. Dargestellt in bisher nie dagewesenen leuchtenden Primärfarben wird eine Posaune blasende Gestalt, die wie ein Engel der Verkündigung in der Linken eine Malve hält. Ein eben noch am Boden zusammengekauerter Knabe wird vom Schall der Posaune geweckt und zuinnerst getroffen. Mit aufgerissenen Augen und fast in Abwehr erhobenen Armen versucht er, aus dem Bild zu fliehen. Der Schrecken aber weicht noch im Aufspringen dem Staunen und Ergriffensein. Ein Tier läuft davon – im Hintergrund, in eine von Wolken verschattete, stellenweise vom Licht erhellte Landschaft …

In einer ganzen Reihe ähnlich farbenprächtiger Bilder lockt der fast zu Tode verwundete Maler durch leuchtende Komplementärkontraste aus der Farbe Hitze und Kälte heraus. Farbe ist es auch, die in seinen Elblandschaften triumphiert:

»Zu jener Zeit hatte ich den einen oder anderen Blick vom Fenster der Akademie auf die Elbe gemalt. Noch nie hatte ich in einem so hell erleuchteten Saal gearbeitet, doch das geistige Licht, von dem ich träumte, habe ich in meinem Bild ›Die Macht der Musik‹

gefunden. Es hieß zuerst ›Die Schwachheit und die Stärke‹ und befindet sich heute im Museum von Eindhoven.«

Inmitten des Großen Gartens zu wohnen – wem ist das schon vergönnt. Der Weg zur Arbeit, ein täglicher Blick in die sich jahreszeitlich wandelnde Natur. Und erst die lukullischen Annehmlichkeiten:

»Dr. Posse hatte eine Wirtschafterin, vor der er Respekt hatte. An Sonntagen war ich zum Mittagessen bei ihm eingeladen, das noch der Kriegszeit entsprach, jedoch mit Rotwein und Champagner festlich beendet wurde. Von beiden Getränken hatten wir einige Kisten erwerben können, die während des Krieges von Frankreich nach Dresden verschleppt und nun feilgeboten wurden. Dr. Posse verfehlte nie, wenn ich bei Tisch Platz nahm, daran zu erinnern, daß die Stühle, auf denen wir saßen, mit der gegerbten Haut der Hintern der Hofdamen aus der Zeit Augusts des Starken bespannt waren, daß man also mit Vorsicht ihre Zartheit zu berücksichtigen habe. Beim Kaffee brachte er das Gästebuch, das er vor seiner Haushälterin strengstens geheimhielt und bei deren Erscheinen sofort in der Lade verschloß. Ich mußte lustige pornographische Bilder hineinmalen, denen er mit Gold- und Silberfarben mit viel Konzentration erst den richtigen Glanz gab.

Die Haushälterin hatte mir einen alten Mann empfohlen, der in besseren Zeiten in einem Schloß Kammerdiener gewesen ist. Er sollte meine Wohnung in Ordnung halten. Er hatte die unangenehme Gewohnheit, mir beim Tisch zu predigen, er war ein Pietist; dabei kam der Daumen seiner mit einem Baumwollhandschuh bekleideten Hand gefährlich in die Nähe meiner Kohlsuppe. Doch ich ließ es lange geduldig über mich ergehen.«

Bei Dr. Posse ist auch ein »hübsches, junges sächsisches Ding namens Hulda« beschäftigt. Verständlicherweise hat der Wiener Maler die junge Frau lieber um sich als den alten Pietisten:

»Hulda wurde von mir Reserl genannt, eine in Österreich übliche Abkürzung des Namens der heiligen Therese. Sie spielte bei mir die Rolle einer Kammerzofe, wofür ich ihr ein Häubchen und eine Batistschürze nebst schwarzen Seidenstrümpfen aus dem Warenlager eines Landsturmmannes verschaffte, der sich in Paris einige Jahre umgesehen hatte. Sie zog sich nur um, wenn sie Dienst bei mir hatte.

Da ich Männer nicht ausstehen konnte – ich dachte, ihre Hände wären mit Blut befleckt –, wies sie viele Besucher an der Tür mit den Worten ab: ›Der Herr Rittmeister liegt im Bett und denkt.‹ Das Mädchen hatte Mutterwitz und konnte köstlich im Scherz erschrecken, wenn sie von der Haushälterin im anderen Flügel des Hauses gerufen wurde, und Reserl verwandelte sich schnell zurück in die gewöhnliche Hausmagd Hulda.«

Und dann ist da noch die Sache mit der Puppe: Von der Wiener Puppenmacherin Hermine Moos hat Kokoschka sich Ende 1918 eine lebensgroße Puppe nach dem Bilde Alma Mahlers anfertigen lassen, von der er emotional noch keineswegs losgekommen ist. Als die Puppe in Dresden eintraf, löste sie Entsetzen aus, von der erhofften Erotik keine Spur, wie er im April 1919 an Frl. Moos schrieb:

»Die äußere Hülle ist ein Eisbärenfell, das für eine Nachahmung eines zottigen Bettvorlegerbären geeignet wäre, aber nie für die Geschmeidigkeit und Sanftheit einer Weiberhaut (...) Ferner ist das Skelett, das ich Sie immer bat, möglichst noch mit Leim oder dergl. zu stärken, schon bei der Ankunft so weich geworden, daß

Arme und Beine eher wie mit Mehl gefüllte Strümpfe baumeln als wie ein Glied mit Fleisch und Knochen. (…) Die ganze Geschichte klappt zusammen wie ein Fetzenbündel.«

Als Augenweide und Ersatzgeliebte taugt das Stoffscheusal also nicht. Trennen mag sich der vor Jahren verlassene Liebhaber, der wegen Alma Mahler fast sein Leben im Krieg verloren hätte, jedoch nicht davon. Und so wird sie eines Tages vom Weißen Hirsch mit einer Kiste in den Großen Garten transportiert:

»Endlich war eine große Kiste vor unserem Pavillon abgestellt worden, darin verpackt in dicke Sägespäne die Puppe. Der alte Mann, mein Diener, hatte davon bereits erfahren und war über meinen Lebenswandel nun ganz aus der Fassung. Er muß infolge der spektakulären Ankunft der Puppe einen apoplektischen Anfall bekommen haben. Reserl fand ihn nach langem Suchen bekleidet in seiner Kammer. Er hatte sich nicht gerührt. Dann kündigte er mir seine Dienste auf, und ich mußte ihn gehen lassen. Es war tragikomisch, als er mit seinem Köfferchen das Haus verließ, den Wedel in der Hand, mit dem er das Treppengeländer abstaubte.«

Oskar Kokoschka reizt das Spiel mit der Puppe nun aus: Reserl soll die Kammerzofe seiner Puppe werden, für die er ebenfalls Pariser Unterwäsche und Kleider gekauft hat. Sie soll zudem Gerüchte über den Liebreiz und die mysteriöse Herkunft der »Stillen Frau«, wie Kokoschka den ausgestopften Balg nennt, unter die Leute bringen:

»(…) zum Beispiel, daß ich einen Fiaker gemietet hätte, um sie an sonnigen Tagen ins Freie zu fahren, eine Loge in der Oper, um sie herzuzeigen.

Bei einem großen Fest mit meinen Freundinnen und Freunden mit Champagner wollte ich das Dasein meiner Lebensgefährtin dann beenden, um welche so viele wilde Geschichten in Dresden kursierten. Ein Kammerorchester der Oper war bestellt, die festlich gekleideten Musiker spielten im Becken der barocken Gartenfontäne, die Wassergarben kühlten den heißen Abend. Wir alle hatten viel getrunken. Fackeln waren entzündet. Eine venezianische Kurtisane, für ihre Schönheit berühmt, hatte es sich, in Erwartung einer Rivalin, nicht nehmen lassen, die ›Stille Frau‹ von Angesicht zu Angesicht zu sehen. Sie muß sich wie eine Katze vorgekommen sein, die einen Schmetterling fangen will, der hinter dem Glasfenster flattert, denn sie verstand das ganze nicht.
Reserl paradierte die Puppe wie bei einer Modenschau, die Kurtisane fragte mich, wie teuer die Puppe gewesen sei und ob sie jemand ähnle, den ich geliebt hätte (...) Bei dem Gelage hat die Puppe ihren Kopf verloren und ist mit Rotwein übergossen worden. Wir waren alle betrunken.

Früh am nächsten Morgen, als das wilde Fest fast vergessen war, schellte die Polizei am Haustor. Die Schupos hatten einen dringenden Verdacht zu klären: Man habe gemeldet, im Garten liege eine Leiche. ›Was für eine Leiche?‹ fragte ich. Auch Direktor Posse war geweckt worden, und noch in den Schlafröcken gingen wir in den Garten hinunter, wo die Puppe, wie von Blut übergossen, mit abgerissenem Kopf lag. Auch die Polizisten mußten lachen, trotzdem haben sie mich wegen Erregung öffentlichen Ärgernisses notiert. Aber dank Dr. Posses Verbindungen ging es noch glimpflich ab. Das öffentliche Ärgernis mußte auf jeden Fall entfernt werden. Ich rief die Müllabfuhr.«

***

Otto Griebel ist ab Herbst 1919 Student an der Kunstakademie, er ist jetzt Schüler von Robert Sterl. Im Spätsommer darf er, zusammen mit Pol Cassel, der ebenfalls zum Freundeskreis um Felixmüller gehört, in den oberen Räumen des Kunstsalons Richter ausstellen – er zeigt, was seit Kriegsende entstanden ist. Es sind vor allem kleinformatige, abstrakte Kompositionen.

Kunstakademie Brühlsche Terrasse

Hat sich die Stimmung in der Kunstwelt gedreht? Den jungen Wilden, in denen zugleich noch der Krieg steckt, wird schon jetzt keine Schonzeit mehr eingeräumt:

»Der Erfolg war, daß mich der Kritiker Dr. Felix Zimmermann im Dresdner Anzeiger ziemlich herunterriß und schrieb, die von mir gezeigten Bilder und Zeichnungen seien ›traurige Kuriositäten unserer Zeit.‹

Auch dem Bildhauer Eugen Hoffmann erging es von seiten der Kritik nicht besser als uns. Aber was hatte das schon zu bedeuten; den Mut und auch die Lust zum Weitertun konnten die Zeitungsschreiber nicht untergraben. Sie verhinderten lediglich, daß Kunstsammler oder Behörden etwas ankauften. Allein der Maler Bernhard Kretzschmar nahm das nicht so einfach hin, sondern erschien eines Tages wütend in einer Zeitungsredaktion und drohte dort dem Kritiker, der ihn heruntergemacht hatte, mit einem Knüppel.«

Die Kunst ist das eine, doch wollen sie auch politische Bekenntnisse ablegen. Weit mehr, als im sächsischen Bevölkerungsdurchschnitt, fühlen sich die jungen Maler zur Kommunistischen Partei hingezogen, vor allem zu charismatischen Rednern wie Otto Rühle. Otto Griebel trat im Bann der Münchner Räterepublik in die KPD ein. Conrad Felixmüller wird 1919 ebenfalls KPD-Mitglied, tritt 1924 allerdings schon wieder aus.

Die im Herbst 1919 an der Kunstakademie Neuaufgenommenen werden auf der Brühlschen Terrasse offiziell von Professor Lührig eingeführt. Dann wird den Schülern der Professoren Gußmann und Sterl je ein Atelier am Antonplatz auf der Neustädter Seite zugewiesen, unter dem Dach eines Hochhauses. Zu Robert Sterl gehören Walter Jakob, Otto Meister und Otto Griebel. Zu den Gußmann-Schülern zählen unter anderem Otto Dix, Peter August Böckstiegel und Bernhard Kretzschmar. Gemalt wird wie besessen. Otto Dix hat an seiner Ateliertür einen Zettel angebracht, auf dem steht: Störende Besuche unerwünscht! Seinen alten Kommilitonen und Mitsoldaten Otto Griebel empfindet er offenbar nicht als störend:

»Trotz des Zettels ließ mich Dix, der wie ein Berserker arbeitete, immer wieder bei sich ein und zeigte mir seine neue Produktion.

Es waren Bilder der Seemanns- und Hurenromantik mit eingeklebten Stammbuchblümchen, Aktfototeilen oder Gaze- und Flitterzutat. Von Böckstiegel und Kretzschmar merkte man hier oben nicht viel, sie hielten die Türen fest verschlossen.«

Dix schleudert tätowierte Weiber und Pieschener Hafen-Matrosen auf die Leinwand, Artisten und Prostituierte, Kriegskrüppel, seinen Urologen und immer wieder – zwischen Riesenbrüsten und Holzbeinen – sich selbst. Er provoziert, will berühmt werden oder berüchtigt – und ist schon bald beides. Als bekennender Sexist hält er sich – so er nicht in seinem Atelier oder in einer Elblandschaft zu finden ist – bevorzugt an der Front der großen Brüste auf. Als Otto Griebel ihn für die KPD werben will, lässt er ihn wissen, er trage seinen Parteibeitrag lieber in den Puff.

Seelisch ist der junge Maler schwer vom Krieg gezeichnet. Seine Gefühls- und Gedankenwelt mit ihrer überwuchernden Phantasie und dem deutlichen Hang zum Sadomasochismus gleicht 1919 der Gefühls- und Gedankenwelt eines Hieronymus Bosch. Dix' Kopf ist ein Schlachtfeld. Doch herrscht dort keineswegs das Chaos, die Symbolik seiner Werke wie den Selbstbildnissen »Prometheus«, »Sehnsucht oder Männerkopf«, wie »Mädchen und Tod«, »Familie Felixmüller« oder »Auferstehung des Fleisches« samt seiner kosmischen und Hurenbilder folgen einem wertneutralen Nebeneinander von hässlich und schön, gut und böse – Kategorien, die für Dix so nicht gelten. 1958, in seinem »Gespräch im Wartezimmer«, wird er sein jeglichen Konventionen des »Höchsten Schönen« zuwiderlaufendes, dionysisches Lebens- und Kunstverständnis noch einmal kurz darstellen: »Ich brauche die Verbindung zur sinnlichen Welt, den Mut zur Hässlichkeit, das Leben ohne Verdünnung.« Auch bei anderen Gelegenheiten schildert er sein relativiertes Schönheitsverständnis: »Ich war gar nicht so aus auf die Darstellung des Häßlichen. Alles, was ich gesehen habe, ist schön.«

***

Wie viele Frauen hat die Kunst-Akademie nun aufgenommen in diesem Studienjahr 1919/20 – dem Aufbruch in eine neue Zeit? Ein Thema war das für den »revolutionären Studentenrat« nicht. Auch der Akademische Rat drängt sich keineswegs danach, Frauen aufzunehmen – es sind ja Schwierigkeiten zu erwarten, zum Beispiel im Aktsaal, wo es nicht schicklich wäre, beide Geschlechter gemeinsam nackte Modelle zeichnen zu lassen.

Dennoch, ein Anfang ist gemacht: Bereits im April 1919 wurde in einem Nachtrag zur Satzung der Akademie grundsätzlich die Zulassung von Frauen zum Studium festgelegt. Wirksam wird dies nun mit dem Wintersemester 1919/1920. Was jedoch nicht bekanntgegeben wurde: Der Akademische Rat hat von vornherein eine Art Numerus clausus für Frauen beschlossen. In einem Schreiben vom 25. Juli 1919 haben der Akademiesekretär v. Nostitz-Wallwitz und Studienprofessor Lührig dem Ministerium des Innern mitgeteilt: »(…) auch wird darauf hingewirkt werden, die Zahl der weiblichen Studierenden tunlichst zu beschränken.«

Im Wintersemester 1919/20 werden also zunächst nur drei Frauen zum Studium der Malerei zugelassen: Irene Rüther, Erica Scherffig und Ilse Wandollek.

An der Zurückhaltung wird sich wenig ändern: Zwischen 1919 und 1933 werden an der Akademie etwas weniger als 18 Prozent der Studenten Frauen sein.

Für Anna Elfriede Wächtler, eine hochbegabte zwanzigjährige Malerin, kommt die vorsichtige Öffnung der Akademie für Frauen zu spät. Mit sechzehn Jahren, mitten im Krieg, begann sie ihr

Studium an der Dresdner Kunstgewerbeschule, im Fach Mode und weibliche Handarbeiten zunächst, dann wechselte sie in die Angewandte Graphik. Ihre Freundin Londa von Berg ist mit Felixmüller liiert, und so gehört auch Elfriede Wächtler schon von Beginn an zum Umkreis der Dresdner Sezession Gruppe 1919.

Sie wohnt und malt inzwischen in jenem großen vierfenstrigen Zimmer in der Rietschel-, Ecke Ziegelstraße, in dem zuvor Felixmüller sich einquartiert hatte. Und die Faszination der fernen bolschewistischen Revolution mündet bei Elfriede in ein Kostüm, das sie schon optisch aus dem Rahmen fallen lässt:

»Elfriede nannte sich Nikolaus Wächtler«, erinnert sich Otto Griebel, »trug kurzgeschnittenes Haar, dazu eine Russenbluse mit Gürtel, auf dem Kopf einen Männerhut und rauchte Pfeife. Unter uns hieß man die merkwürdige Kollegin, die sehr begabt war, nur ›Laus‹. Sie schuf expressionistische Zeichnungen, Lithos und Bilder. Ihr Geld zum Lebensunterhalt verdiente sie sich durch Batikarbeiten, schöne, phantasievoll gestaltete Wandbehänge und Kissendecken, die zu dieser Zeit in Mode gekommen waren.«

Doch ein Gruppenmensch ist die junge Malerin nicht. Ihr 1919 geschaffener Holzschnitt »Die Nachtwandlerin« zeigt eine Frau auf der Suche nach dem Licht. Auch sie selbst ist auf der Suche – politisch, künstlerisch, menschlich. Im Mittelpunkt ihrer Arbeiten stehen während der gesamten Schaffenszeit Gestalt und Antlitz des Menschen. Der zur Dresdner Sezession gehörende Dichter Rudolf Adrian Dietrich beobachtet, »daß sie eine gewisse Anonymität wie einen Schutzmantel ihres Schaffensdranges liebte. Den Außenstehenden mochte sie leicht als Einzelgängerin erschienen sein, da sie sich nicht viel um Äußeres kümmerte.« Sie erschien dem Dichter »immer als eine sich hinter äußerer Unbekümmertheit verschließende, aber genau die zarten Nuancen des Lebens beobachtende Wesenheit«.

Auch Otto Griebel erinnert sich in diese Richtung:

»Der Pfemfertkreis, die Künstlergruppe der Dresdner Sezession, und in dieser vor allem Otto Dix und Felixmüller, die Dichter Dietrich und Theodor Däubler, der öfters in Dresden weilte, Kokoschka, die Wigman, das war die uns umgebende intellektuelle Atmosphäre.«

Bei allen Sympathien für die Sezessionisten mit ihren revolutionären Visionen für Gesellschaft und Kunst bewahrt sich die junge Malerin doch ein Stück Distanz, gehört dieser Künstlergruppe nie an.

Elfriede Wächtler im Jahr 1917

Elfriede Wächtler wird ein furchtbares Schicksal erleiden. Noch ist davon jedoch nichts zu spüren: Sie verliebt sich in den jungen Maler Kurt Lohse, arbeitet so besessen wie alle Künstler in diesem Nachkriegsjahr und fühlt sich zum Tanz von Mary Wigman hingezogen.

Überall in Deutschland etablieren sich in der Weimarer Zeit im deutschsprachigen Raum neben den alteingesessenen Schulen für Ballett, Gesellschaftstanz und Anstandsunterricht auch neue Schulen für Tanz und Gymnastik.

Als eine der ersten geht 1919 aus der Neuen Schule für angewandten Rhythmus in Hellerau bei Dresden, die bereits 1910 gegründet wurde, die neue Schule Hellerau für Rhythmus, Musik und Körperbildung hervor. Und sie verbindet sich mit neuen Namen: Die in Gesang, rhythmischer Gymnastik und Montessori-Pädagogik ausgebildete Amerikanerin Christine Baer-Frisell geht hier mit einem Team ans Werk.

1919 kommt auch die berühmte Tänzerin und Choreografin Mary Wigman im Rahmen ihrer ersten Gastspielreise nach Dresden. Die kreative Atmosphäre der Stadt inspiriert sie. Die Presse ist voll des Lobes über »die große Mary Wigman«, die schon bald zu einer der einflussreichsten Initiatoren eines neuen, modernen Bühnentanzes jenseits von Ballett und idealisierter Antike wird. Und als sie im Frühjahr 1920 endgültig in Dresden sesshaft wird, ist nicht nur Elfriede Wächtler hingerissen. Mary Wigman eröffnet eine eigene Tanzschule an der Bautzner Straße. Ihre ersten Tanzschöpfungen werden bereits in Berlin, in Wien und in Zürich bejubelt, später wird sich ihr Ruhm auf London und New York ausweiten.

Was aber ist das Faszinierende an dieser Choreografin und Tänzerin, woraus entwickelt Mary Wigman ihre Tanzfiguren?

In ihren wenigen Aufzeichnungen schildert sie beispielsweise in ihrem Zyklus »Schwingende Landschaft – eine Tanzschöpfung in sieben Sätzen« ihr Erlebnis eines Stierkampfes: das Drama in der Arena und die Zurufe der Menge, die in ihrer Begeisterung oder ihrem Spott keinen Unterschied zwischen den beiden Kampfpartnern macht, dem Menschen und dem Stier. Sie erzählt von ihrer Heimfahrt in die heraufdunkelnde Nacht hinein, während der sich der Aufruhr ihres Blutes allmählich sänftigt:

»Ich wußte sofort, daß ich das Erlebnis dieses Tages im Tanz festhalten und gestalten würde. Ich wollte fechten lernen, wollte Unterricht in spanischem Tanz nehmen. Aber es wurde weder ein Stierkampf noch ein spanischer Tanz daraus. Es wurde der ›Festliche Rhythmus‹, in dem die sonnendurchglühte Landschaft mittanzte.«

In einem anderen der sieben Tänze strebt sie die strengen Formen sakraler Gotik an, einen »ersten beschwörenden Höhepunkt, getragen durch ein in der Starrheit der Kreuzesform gehaltenes Gesicht der Nacht«.

Erst, als sie sich tief in die Komposition dieser Nachtvision versenkt hat, wird ihr klar, dass sich hier das Erlebnis der Soldatenfriedhöfe in den Vogesen materialisierte, die »Kreuze der Namenlosen, Massengräber … kein Baum, kein Gras, kein Strauch, selbst die Natur schien haltgemacht zu haben vor dieser Stätte der grenzenlosen Verlassenheit«.

Die Kampfhaltung der Tänzerin richtet sich auch gegen das traditionelle Ballett. Und hier steht sie keineswegs allein; die Jugend reagiert, zumindest in Deutschland, nach dem Ende von Krieg und Kaiserzeit durchaus negativ auf den »Puppenladen in Tüll und Chiffon«, wie das Ballett plötzlich herablassend genannt wird, mit seiner Stereotypie der Pirouetten und Arabesken. Die festgelegten Gesten – ein Griff mit der Hand an die Herzseite bedeutet Mutter, ein Griff an die andere Seite ist die stumme Vokabel für Vater – wirken plötzlich auf verärgernde Weise komisch. Und auch den Volkstänzen und Menuetts und Gavotten fehlt jede Beschwingung. Die Kostüme für die Tänzer sind nach alter Opernweise geschneidert und dem Tutu in den klassischen Etüden fehlt ganz und gar jener Sinnenreiz, den die herb-süßen Ballettgemälde eines Degas ausstrahlen. Das finden zumindest die Anhänger des neuen Tanzes. So auch die Ballettschülerin Gret Palucca, die sich dem neuen Tanz zuwendet – zunächst bei Heinrich Kröller in München, danach bei Mary Wigman in Dresden, wo sie 1925 ihre eigene Schule gründen wird.

Die junge Welt der ersten Nachkriegsjahre ist nicht nur eine Welt von Kriegsversehrten und Aufbruch-Verhinderten, sie ist auch eine Welt von Tänzern. Die überschlanken Mädchen und die hageren, dem Schützengrabentod entronnenen Jünglinge werden nicht müde in ihrer Hingabe an die neuen, in enger Umfassung ausgeübten Steps und Trotts. Sie tanzen oft pausenlos in den Ballsälen und Dielen, sie tanzen bei den Fünf-Uhr-Tees in Musikcafés und Hotelhallen; und auch im Zauber stiller Häuslichkeit wird getanzt, wo zwischen den Möbeln nur irgendwie ein Raum frei ist. Es scheint, als wolle man sich im Tanzen von den Schrecken des Krieges lösen und überdies noch mit der steifen Haltung der verflossenen Generationen abrechnen.

Wer wie Oskar Kokoschka täglich zweimal den Großen Garten durchquert, sieht hie und da kleine Gruppen junger Frauen, die sich etwas abseits vom Weg in Tanz oder künstlerischer Gymnastik üben. Ab und zu gesellt sich auch Elfriede Wächtler dazu.

November 1919: Der erste Jahrestag der Revolution

»Lord Byron erwachte eines Morgens und fand, daß er berühmt sei; die Dresdner erwachten am Morgen des 9. November 1918 und fanden, daß sie, die sich in einem Königreiche schlafen gelegt, nun in einer Republik lebten«,

resümiert zum ersten Revolutionsjubiläum der Dresdner Philosophieprofessor Dr. Friedrich Purlitz und steigt tiefer in die Geschichte hinein:

»Eins der gewaltigsten Ereignisse der Geschichte, das man sich sonst nur als von Guillotine und Jakobinermützen begleitet vorstellen konnte, die Ersetzung des Königtums durch die Republik, war über Nacht vor sich gegangen, und zwar, wie Fritz Reuter sagt, ›allens mit Orndlichkeit‹, nur das Offizierskasino des 2. Grenadierregiments Nr. 101 hatte daran glauben müssen; es war der Zerstörungswut einer Anzahl Soldaten anheim gefallen. Auch die Hoflieferantenwappen an den Geschäften verschwanden bereits in wenigen Tagen.«

Wie war das vor einem Jahr? An die friedliche Neuordnung erinnert Friedrich Purlitz noch einmal, an das fast harmonische Ersetzen einiger aus der königlichen Verwaltungslaufbahn hervorgegangenen Minister durch sozialdemokratische Parlamentarier – doch wirklich zunächst nur einige: Statt eines blutigen Umsturzes, einer unablässig herabsausenden Guillotine oder den Lenin-Trotzki'schen Massenerschießungen haben sich die neuen sächsischen Politiker vor allem der Mehrheitssozialisten dafür entschieden, auch das Wissen und die Fähigkeiten ihrer Vorgänger mit in die neue Zeit zu nehmen. In gegenseitigem Respekt empfing also der königliche Innenminister Graf Vitzthum von Eckstädt bereits im Oktober 1918 die sozialdemokratischen Landtagsabgeordneten Fräßdorf und Sindermann. Es gab mehrere von gegenseitigem Respekt getragene Gespräche zur Reform der beiden Kammern, ein bisschen diskutierte auch der König mit. Und als am Ende die Sozis mitteilten, die Fraktion hege starke Bedenken gegen die derzeitigen Inhaber der Ministerposten, mit Ausnahme des erst seit dem 1. Juli 1918 amtierenden Justizministers Dr. Heinze, zeigten die nun ausrangierten Minister durchaus Verständnis. Die Schärfe kam ja vor allem von den Unabhängigen Sozialdemokraten, der USPD. So wurden Hindernisse aus dem Weg geräumt und Zugeständnisse gemacht:

»(…) auf der Bahn zu Reformen im liberalen Sinne. Am 5. November entwickelte Minister Dr. Heinze in der Zweiten Kammer das Programm der neuen Regierung und wiederholte seine Darlegungen am folgenden Tage in der Ersten Kammer. Es war die letzte Sitzung des sächsischen Oberhauses. Die Zweite Kammer hielt noch am 7. und 8. November kurze Sitzungen ab, dann gehörte der sächsische Landtag nach 87jährigem Bestehen der Vergangenheit an.

Die rasch vollzogene Parlamentarisierung der Regierung konnte nämlich nicht verhindern, daß die revolutionäre Bewegung, die sich seit dem 3. November von den deutschen Hafenstädten aus über das Reich zu ergießen begann, auch Sachsen ergriff. Am 8. November abends brach die Revolution im Anschluß an eine erst harmlos scheinende Kundgebung unzufriedener Verwundeter auf dem Altmarkt in Dresden aus; es bildete sich ein vorläufiger Arbeiter- und Soldatenrat, der in der Nacht zum 9. November die Leitung der gesamten Geschäfte der Garnison Dresden in seine Hände nahm. Die königliche Familie verließ noch in derselben Nacht Dresden.

Nun überstürzten sich die Ereignisse, ohne daß es jedoch zu Blutvergießen kam. Die unabhängige Sozialdemokratie bildete am 9. November einen Exekutivausschuß, der sich ebenfalls Arbeiter- und Soldatenrat nannte und die tatsächliche Gewalt von dem in der vorhergehenden Nacht gebildeten Arbeiter-und Soldatenrat übernahm, ehe noch der Bürgerschaft der abermalige Wechsel der Regierung zum Bewußtsein kam. Größere Trupps der Unabhängigen besetzten das Generalkommando, das Telegraphenamt, das Postamt, das Polizeipräsidium und das Rathaus. Spätabends kam dann zwischen beiden sozialistischen Gruppen eine Einigung dahin zustande, daß ein vereinigter revolutionärer Arbeiter- und Soldatenrat geschaffen wurde, worin sich die Angehörigen beider sozialdemokratischer Parteien zu gemeinsamer Arbeit zusammenfanden. In der Nacht zum 10. November machten sie durch einen Aufruf an das sächsische Volk bekannt, daß der König seines Thrones entsetzt sei und die Dynastie Wettin aufgehört habe zu existieren. Die erste Kammer wurde aufgelöst, für die künftige, auf dem Einkammersystem beruhende Volksvertretung wurden Neuwahlen auf der Grundlage des allgemeinen, gleichen, unmittelbaren und geheimen Wahlrechts für alle über 20 Jahre alten Männer und Frauen angeordnet.«

Soweit die Rückschau im Jahr darauf. Und wenigstens in Dresden kann man von einer friedlichen Revolution sprechen – ein Begriffspaar, das fast im gesamten 20. Jahrhundert noch die europäische Ausnahme bleiben wird. Wie aber sieht es um den 9. November 1919 herum draußen aus, welche Informationen dringen in die sächsische Hauptstadt?

Die »Dresdner Neueste Nachrichten«, eine »Unabhängige Tageszeitung mit Handels- und Industrie-Zeitung«, bietet ihren Lesern in der Wochenendausgabe »Sonnabend, 8. November 1919« auf der Titelseite die Übersicht über das aktuelle Geschehen außerhalb Sachsens. Zunächst geht es in die Reichshauptstadt, die kaum zur Ruhe kommt:

»Keine Generalstreikneigung: Ein Schlag ins Wasser (Eigener Drahtbericht); Berlin, 7. November
Der Generalstreik, der von den kommunistischen und unabhängigen Hetzern zum Jahrestag der russischen und deutschen Revolution in Szene gesetzt werden sollte, um den zweiten Umsturz herbeizuführen, hat sich dank der rechtzeitigen Gegenmaßnahmen der Regierung als ein vollkommener Schlag ins Wasser erwiesen. Der Metallarbeiterstreik, der schon seit Wochen nicht leben und nicht sterben konnte, kann schon jetzt als gescheitert gelten. Die verzweifelten Versuche, die Arbeiterschaft aufs Neue aufzupeitschen und zur Fortsetzung des aussichtslosen Unternehmens aufzustacheln, können darüber nicht hinwegtäuschen. Im Laufe des Donnerstags sind bei einer Reihe Berliner Firmen die Arbeiten, wenn auch in beschränktem Umfange, wieder aufgenommen worden. Die Zahl der Arbeitswilligen vermehrt sich von Tag zu Tag. (...)

Auch die Hilfsaktion der Straßenbahner, die allmählich die Öffentlichkeit davon überzeugt haben, daß, wo es gilt, unser Wirtschaftsleben lahmzulegen, sie beileibe nicht fehlen dürfen, ist im ganzen Umfange steckengeblieben. Nur ein Fünftel der gesamten Angestellten der Straßenbahn blieb am Donnerstag morgen zwar den Betrieben fern. Ihre Resistenz vermochte aber nicht, den Straßenbahnverkehr lahmzulegen. Wenn die elektrischen Bahnen in den ersten Morgenstunden des Donnerstags noch nicht mit derselben Vollzähligkeit und Pünktlichkeit verkehrten – eine Erscheinung, die übrigens vor allem die Arbeiter als berufsmäßige Frühaufsteher auszubaden hatten – so war doch bereits um die Mittagsstunde der Groß-Berliner Straßenbahnverkehr völlig wieder im Lot. Als die Ausständigen nämlich merkten, daß ihr Beispiel bei der überwiegenden Mehrheit der Kollegen keine Nachahmung fand, stellten sie sich nach und nach im Laufe des Tages alle wieder zur Aufnahme der Arbeit ein und der ganze Betrieb konnte dann fast ungestört vor sich gehen, so daß Berlin vor dem in trüber Erinnerung stehenden bekannten Verkehrselend bewahrt blieb.«

***

»Ratifikation im November
Tondern, 7. November
Auf einem Festessen, das zu Ehren des Reichskanzlers stattfand, führte der Reichskanzler u.a. aus: ›Wir haben jetzt die Pflicht, uns mit den Bestimmungen des Friedensvertrages so gut als möglich abzufinden und ich lebe der Hoffnung, daß dieser Friedensvertrag *nicht unveränderlich* ist, sondern daß es uns gelingen wird, im Laufe der Jahre wesentliche Veränderungen herbeizuführen. Alles das, was uns hier auferlegt ist, ist einfach unerfüllbar. Was Nordschleswig betrifft, so können wir von den Grundsätzen der Gerechtigkeit der Demokratie und des nationalen Selbstbestimmungsrechts nichts dagegen haben, wenn, was dänisch ist, dänisch wird. Aber wir müssen auch verlangen, daß, was deutsch ist, deutsch bleibt. Wir wissen nicht, wann der Zeitpunkt der Ab-

stimmung kommen wird, *aber wir wissen doch mit einer bestimmten Gewißheit, daß der Friedensvertrag im Laufe des November von der Entente ratifiziert werden wird* und daß dann auch der Zeitpunkt der Abstimmung nicht allzu fern sein wird. Wir werden die Möglichkeit haben, mit der dänischen Regierung zu einer Verständigung zu gelangen.‹

›Es ist nicht richtig‹, erklärte der Kanzler weiter, ›daß Deutschland vor dem Staatsbankrott steht. Wir können in kurzer Zeit unsre Ausfuhr in einer Weise steigern, wie wir es gar nicht für möglich halten, wenn wir Kohlen und Rohstoffe haben. Die Fähigkeit des deutschen Volkes wird uns vorwärts bringen, wenn einmal die geistige Verwirrung überwunden sein wird, und es sprechen alle Anzeichen dafür, daß wir sie überwinden werden.‹«

Das klingt ein bisschen wie das Pfeifen im Walde. Auch heißt der Reichskanzler schon seit Monaten nicht mehr Friedrich Ebert, auch nicht mehr Philipp Scheidemann. Der neue, auch er von der SPD, heißt Gustav Bauer. Wie lange wird er das Amt ausüben?

Erste Anzeichen von Inflation ziehen sich durch die deutsche Gesellschaft. Und nicht nur die Links- auch die Rechtsradikalen sammeln sich. Normalität ist noch nirgendwo zu sehen – von allen Stimmungen in der deutschen Bevölkerung gibt es entweder zu viel oder zu wenig.

Und doch, da ist auch das zarte Pflänzchen Verständnis für das besiegte Land und ein Denken über Europa, das endlich zum Frieden zusammengefügt werden sollte.

***

Rechtsaußen und Linksaußen sind auch Ende 1919 in permanenter Frontstellung. Auf der Rechten tummeln sich seit Anfang

1919 vornehmlich junge Männer in Freikorps- und Freiwilligenverbänden sowie in kommunalen Einwohnerwehren, die sich in ihrer Ablehnung der neuen Ordnung einig sind und sich längst in Geheimbünden gegen die verhassten »Novemberverbrecher« zusammengeschlossen haben. Das Zentrum der sächsischen Linksradikalen wiederum war und ist noch immer Leipzig und der dort verankerte, gewaltbereite Flügel der USPD: Seine Führer planten schon zu Beginn des Jahres eine zweite Revolution gegen die Dresdner SPD-Landesregierung. Sie hatten Ende Februar mit einem Generalstreik-Ausruf eine Eskalation heraufbeschworen, die fast das gesamte öffentliche Leben der Messestadt lahmlegte. Es wurde handgreiflich: Eine Gruppe von USPD-Funktionären samt Anhang hatte Anfang März mit geladenen Gewehren das Leipziger Rathaus gestürmt und vom nationalliberalen Oberbürgermeister 400 000 Mark erpresst. Und kurz darauf wurden aus den Heeresbeständen eines Leipziger Armeekorps Waffen an die Streikenden verteilt.

Die Dresdner Regierung unter Ministerpräsident Georg Gradnauer versuchte zunächst, der Krise auf dem Verhandlungsweg Herr zu werden. Doch dann folgte vier Wochen später in Dresden die Ermordung von Minister Gustav Neuring – und nun wurde der Belagerungszustand über ganz Sachsen verhängt, in Leipzig besetzten die Truppen des ehemaligen kaiserlichen Offiziers Maercker die Stadt: Verfassungsmäßige Zustände sind wieder herzustellen! Alle Versuche, eine Diktatur von rechts oder links zu errichten, sind energisch abzuweisen! Im Fall von Leipzig waren es die KPD und USPD, deren Zeitungen vorübergehend verboten wurden und unter deren Polit-Aktivisten es zu Verhaftungen kam.

Noch in der zweiten Jahreshälfte flackern bürgerkriegsähnliche Zustände auf, auch in Sachsen. So werden am 8. August 1919 bei blutigen Straßenkämpfen und Plünderungen in Chemnitz 29 Menschen getötet und einige hundert verletzt. Am Chemnitzer

Hauptbahnhof metzeln Spartakisten eine Reichswehrtruppe grausam nieder. Daraufhin verfassen die Bürgerräte verschiedener sächsischer Städte, darunter der Dresdner Bürgerrat, ähnlich lautende Flugblätter mit dem Titel »Was will Spartakus?«:

»Unser Kampf geht nicht um einige Gramm Butter, um ein Pfund Mehl oder mehr. Wir wollen die politische Macht. Wir wollen die ganze Welt erobern. *Was erreicht Spartakus?*

Ein Augenzeuge aus Chemnitz: ›Eine an sich harmlose, aber in sich vielleicht berechtigte Lebensmittel-Demonstration der Frauen ist von den Spartakisten und Kommunisten unter Benutzung des von auswärts zugereisten Gesindels zu einem verbrecherischen Putsch benutzt worden. Die Folge davon war wilde Schießerei und bestialische Ermordung von Soldaten der in Chemnitz auf dem Bahnhof eingefahrenen Reichswehr. Die von der Reichswehr mitgeführten Vorräte, Ausrüstungsgegenstände, Gewehre, Maschinengewehre, Minenwerfer wurden von der Menge geplündert und verschleppt. *Der ganze Stadtmob befand sich in einem wahren Blutrausch!* Verwundete wurden von der Bahre herabgestürzt und zu Tode geschlagen und getrampelt; ein Wort des Mitleids oder des Bedauerns genügte, um die Menge sofort auf den zu hetzen, von dem es geäußert war. Die auf dem Bahndamm fliehenden Soldaten wurden mit Knüppeln totgeschlagen. Die Zahl der Opfer ist bei weitem größer als bisher angegeben.‹

Und der Bürger? Schläft er weiter?

Erkennt die Gefahr! Schützt Euch! Organisiert Euch!

Dresdner Bürgerrat
Mitglied des Reichsbürgerrats und des Landesbürgerrats Sachsen«

Ein Abschnitt ist dem Flugblatt beigefügt, mit dem man dem Bürgerrat beitreten kann.

Der Reichsbürgerrat wurde am 5. Januar 1919 in Berlin ins Leben gerufen – als Spitzenorganisation zahlreicher Bürgerräte, die im Zuge der Novemberrevolution ein bürgerliches Gegengewicht zu den Arbeiter- und Soldatenräten schufen. Denn gerade die bürgerlichen Politiker und Stadtgremien, auch viele kirchlichen, sahen sich durch die rasanten Novemberereignisse von einer linken Mehrheit an den Rand gedrängt.

Eine überparteiliche Sammlungsbewegung ist entstanden, in der Politiker und Intellektuelle von der Deutschen Demokratischen Partei DDP bis hin zur Deutschnationalen Volkspartei DNVP zusammenarbeiten. Übereinstimmung gibt es da nicht unbedingt, vor allem nicht hinsichtlich der Frage, ob man die SPD bekämpfen oder mit ihr zusammenarbeiten solle. Vereinzelte linksliberale Stimmen verwerfen die Novemberrevolution nicht in Bausch und Bogen und erkennen sie als tief in ihren eigenen Verhältnissen angelegt, während die Mehrheit auch ein Jahr nach der Novemberrevolution in ihr eine » sinnlose Kopie der russischen Vorgänge« sieht.

Das Überparteiliche rückt mehr und mehr in Richtung der DNVP, deren Politiker und Wählerschaft Deutsch-Konservative und Frei-Konservative umfasst, Christlich-Soziale und Deutsch-Völkische, dazu große Teile des kirchlichen Protestantismus, besonders des Luthertums. Man wird sehen, wie sich die Bürgerräte im Frühjahr 1920 positionieren …

Die noch im Entstehen begriffene parlamentarische Demokratie von Weimar stößt jedoch nicht nur in Teilen des Bürgertums auf Ablehnung, auch in weiten Kreisen des Militärs, der Industrie und der Banken, in Adelskreisen.

Antisemitische Töne, für einige Parteien und Gruppierungen seit Jahrzehnten Alltag, greifen zunehmend in öffentlichen Räumen und sie werden denunziatorischer. Ende November 1919 melden sich die »Deutschvölkischen Blätter« aus Hamburg zu

Wort – unter dem Titel »Das verjudete Landestheater« sollen die Leser einen speziellen Blick auf das Dresdner Theater werfen:

»*Jüdische Schauspieler* am Landestheater zu Dresden (ehemals Königl. Opern- und Schauspielhaus). Seit Ausbruch der Revolution haben sich die besten Kräfte der ehemals weltberühmten Dresdner Oper nach und nach zurückgezogen. Neue Sänger sind an deren Stelle getreten, darunter auffallend viele Juden. Die bekannteste Persönlichkeit ist wohl Gertrud Streczelewitz, die auch an den Veranstaltungen der Dresdner Spartakisten ihre Kunst in den Dienst der kommunistischen Sache stellt. So sang die Streczelewitz bei einer von den Spartakisten und den unabhängigen Sozialdemokraten veranstalteten Trauerfeier der Genossin Luxemburg eine Rache-Arie. (Soll wohl bildlich gemeint sein, denn Gertrud Streczelewitz ist Schauspielerin). Und der sächsische Staat besoldet eine solche ›Künstlerin‹ auf Kosten der Steuerzahler, statt ihr den Laufpaß zu geben.«

Noch nicht ahnend, dass dieser Judenhass in nicht allzu langer Zeit eine tödliche Dimension bekommen wird, kommentiert dazu ein Redakteur des »Pirnaer Tageblatts« ironisch:

»Um es den Deutschvölkischen Blättern recht zu machen, müßte das Dresdner Schauspielhaus also seine Künstler vor dem Engagement genau auf Rassereinheit und deutschvölkische Glaubenstüchtigkeit untersuchen. Das Können wäre demnach Nebensache. Aber die Sache ist zu komisch, als daß es sich lohnte, ernsthaft darauf einzugehen. Die Dresdner Künstler werden sich hoffentlich durch diese alberne Fanatisme des orthodoxen Germanistenblättchens nicht irritieren lassen und trotz allem deutsch-völkischen Haßgeschrei festhalten an dem Freiheitsgesetz der Kunst.«

Physische Gewalt nimmt bereits im Nachkriegsjahr ein Ausmaß an, das schon die beginnende Weimarer Zeit deutlich von der Kaiserzeit abhebt. Zwischen beidem liegen unvorstellbar brutale Kriegsjahre, welche die moralischen Parameter um Kontinente verschoben haben. »Du sollst nicht töten«? Klingt weltfremd, irgendwie.

Als äußerst brutal gelten die Mitglieder der Freikorps. Obschon selbst meist bürgerlicher Herkunft, steht ihre Kritik an der bürgerlichen Gesellschaft der der Spartakisten an Schärfe in nichts nach. Auch hier herrscht oft wilder Hass auf die junge Demokratie, besonders in den Reihen der irregulären Freikorps und der nationalradikalen Bünde. Ausschlaggebend ist bei den meisten die Angst vor dem Bolschewismus, der von Heimkehrern aus russischer Kriegsgefangenschaft befeuert wird.

Neben Offizieren und Unteroffizieren sind Studenten in den Freikorps stark vertreten, auch Gymnasiasten. Appelle richten sich an Schüler und Studenten, selbst Behörden appellieren an die Jugend. So veröffentlicht der Preußische Minister für Wissenschaft, Kunst und Volksbildung bereits im März 1919 einen »Aufruf an die akademische Jugend Preußens«:

»Noch einmal heißt es: Freiwillige vor! Heute winken keine Siegeskränze, heute trägt euch nicht der Aufschwung eines in ernster Kriegsnot geeinten Volkes (...) Die deutsche Wehrmacht liegt in Trümmern, die Flut des Bolschewismus droht unsern Grenzwall im Osten zu durchbrechen, die Hydra der Anarchie und des Bürgerkrieges erhebt im Innern ihr Haupt. Rette Dein Vaterland, deutsche Jugend!«

Dasselbe Ministerium gibt einen Monat später einen Erlass heraus, wonach Schüler, die das 17. Lebensjahr vollendet haben, in den Einheiten für den Grenzschutz oder im Freiwilligen Landesjägerkorps dienen können. Ihnen wird versichert, dass sie in die nächste Klasse versetzt würden, wenn sie ihren Dienst geleistet hätten. In manchen Gebieten errichten Freikorpsführer Schulen, in denen junge Soldaten weiterhin Gymnasialunterricht erhalten.

Studenten und Schüler genießen den Ruf, im Gefecht ein überdurchschnittliches Maß an Härte an den Tag zu legen. Vor allem aus dieser Altersstufe wird sich später der Kern der politischen Aktivisten rekrutieren, die nach 1920 ihren eigenen Krieg gegen die Spartakisten fortführen werden, gegen die »Erfüllungspolitiker« und die französischen Besatzungstruppen an der Ruhr. Doch auch ehemalige Angestellte, die mit Kriegsende in die Arbeitslosigkeit gespült wurden, sind in den Freikorps vertreten; Bauern, die durch den doch beträchtlich hohen Sold von etwa zehn Mark pro Tag und die Aussicht auf Siedlungsland in den deutschen Ostgebieten angezogen werden. Auch sind die Freikorps ein Unterschlupf für kriminelles Gelichter aus allen Schichten.

Dennoch, im Auftreten der Freikorps in Sachsen zeigt sich ein gewisser Unterschied zu anderen Regionen: Zu massiven Kämpfen wie in Berlin, München oder dem Ruhrgebiet kommt es nicht und auch nicht zu Gräueltaten vergleichbaren Ausmaßes. Bei den Streiks und beim Aufruhr wird meist das Maerckersche Landesjägerkorps eingesetzt, das quantitativ größte und einer traditionellen Heereseinheit ähnlichste Freikorps. Zu Schusswechseln mit Toten und Verletzten kommt es in Halle, doch verhalten sich Maerckers Soldaten im Ganzen korrekt und diszipliniert.

***

Bereits im Oktober 1919 hat sich der landesweite Deutsche Reichsverband für Frauenstimmrecht in Erfurt aufgelöst. Es war ein angemessener Schritt, denn der Zweck seiner Gründung vor drei Jahren ist erfüllt – den Frauen das allgemeine und gleiche Wahlrecht zu erkämpfen!

»Nach der allgemeinen politischen Umwälzung durch die Novemberrevolution hat sich unser Verband« – wie Marie Stritt als Vorsitzende noch immer staunend zusammenfasst – »urplötzlich vor die völlig überraschende, bei normaler Entwicklung erst in Jahrzehnten zu erwartende Tatsache der restlosen Erfüllung seiner Forderungen gestellt gesehen.«

Bereits die dritte Generation deutscher Frauen kämpft nun für ihre Rechte. Und es wird weitergehen, nur die Schwerpunkte ändern sich. Bereits im Dezember 1918 begannen die Diskussionen darüber, wie nun weiter mit dem Reichsverband zu verfahren sei: Umbenennen? Auflösen? Die Organisation bestand im Januar 1919 aus zehn Landesvereinen, elf Provinzialvereinen und 86 Ortsgruppen mit insgesamt etwa 10 000 Mitgliedern. Nun, da den Frauen das Wahlrecht zugestanden wurde und juristisch für die Zukunft verankert ist, häufen sich die Austritte.

Der Vorstand entscheidet sich nach mehrstündiger Debatte deshalb für seine Auflösung und damit gegen ein langsames Dahinsiechen, welches die großen Leistungen bei der Durchsetzung des Frauenstimmrechts vor dem November 1918 entwerten würde. Das publizistische Organ des Reichsverbandes, »Die Staatsbürgerin«, vermeldet in einem von Marie Stritt verfassten Leitartikel mit dem Titel »Zum Abschluß« nüchtern: »Am 5. Oktober des Jahres hat sich der Reichsverband für Frauenstimmrecht in seiner zweiten Hauptversammlung in Erfurt *aufgelöst*, nachdem er als einheitliche Organisation dreieinhalb Jahre bestanden hatte.« Die Verfasserin betont auch, dass der Verband durch den erzielten Erfolg überflüssig geworden sei.

Viele Aufgaben entfallen jetzt. Die Kontakte zur internationalen Stimmrechtsbewegung aber – die weiterarbeiten wird, bis auch in anderen Ländern das Frauenwahlrecht durchgesetzt ist – kann die wohl prominenteste deutsche Vertreterin Marie Stritt insofern aufrechterhalten, als der Weltbund für 1920 einen Kongress nach Genf einberufen hat und die Berliner Reichsregierung Marie Stritt die Delegation zu diesem internationalen Kongress überträgt, an dem sich Deutschland erstmals nach dem Kriege wieder offiziell beteiligt.

Auch darüber hinaus wird die nunmehr 65-jährige Frauenrechtlerin aus Dresden nicht die Hände in den Schoß legen. Sie hat durchaus noch »Kraft und Mut und Freudigkeit«, weiter an der Umgestaltung der Welt mitzuwirken. Und sie empfiehlt ihren Mitstreiterinnen einen Goethe-Spruch, den sie immer wieder für sich entdeckt: » Zu neuen Ufern lockt ein neuer Tag!«

Dezember 1919: Wir brauchen Wohnungen!

Von den drei Frauen, die im Februar 1919 in die Volkskammer Sachsens einzogen, sind am Ende des Jahres nur noch zwei präsent: Julie Salinger für die Deutsche Demokratische Partei und Helene Wagner für die SPD. Gemeinsam mit ihren männlichen Abgeordnetenkollegen brüten sie in diversen Ausschüssen über anfallende Themen und gehen die dringendsten Nachkriegsaufgaben an.

Neben Arbeit und Bildung ist der Wohnungsbau ein Problem, das 1919 keineswegs nur Sachsen belastet: Seit Ende des Weltkrieges fehlen in ganz Deutschland ca. eine Million Wohnungen. Schon vor 1914 herrschte durch den Wandel vom Agrar- zum Industriestaat ein latenter Wohnungsmangel. Nun aber gibt es einen sprunghaften Anstieg von Eheschließungen und Haushaltsgründungen – einerseits durch die Rückkehr demobilisierter Soldaten und andererseits durch die Aufnahme von Flüchtlingsfamilien aus ehemals deutschen, nun aber besetzten Gebieten. Hinzu kommen vielerorts menschenunwürdige Wohnverhältnisse. Gleichzeitig steigen schon seit Jahren Baukosten und Mieten. Eine langfristig angelegte, an den wirtschaftlichen Erfordernissen und den Bedürfnissen der Menschen orientierte Wohnungsbaupolitik ist nötig. Die Bekämpfung der Wohnungsnot wird zu einer der wichtigsten Aufgabe der staatlichen Fürsorge.

Die Gesetze werden auf Reichsebene entwickelt. Neben der Linderung einer akuten Notlage soll nun auch privaten Spekulationen mit Grund und Boden sowie mit Hausbesitz vorgebeugt werden. Verhindert werden soll vor allem der unkontrollierte Anstieg der Mieten aufgrund der starken Nachfrage bei geringem Angebot – eine Aufgabe, die auch hundert Jahre später noch keineswegs gelöst ist.

Im europäischen Vergleich herrscht in Deutschland eine hohe Wohndichte, und in Sachsen ist sie durch hoch entwickelte Industriestandorte besonders ausgeprägt. Nur der umfangreiche Neubau von Wohnungen kann zum Abbau des eklatanten Mangels beitragen. Und da mit der Weimarer Republik auch ein neues Menschenbild einzieht, geht es hier nicht um die üblichen Mietskasernen, sondern um bezahlbare, helle, gesunde Kleinwohnungen. Da gibt es viel zu tun. Doch die Mehrheit der sächsischen Abgeordneten zieht da an einem Strang: Hier gilt es, nachzufordern! So werden von der Berliner Reichsregierung bis 1921 allein für Sachsen ca. 71 Millionen Mark für das Wohnungswesen bereitgestellt. Doch grollt am Wirtschaftshimmel bereits die Inflation …

Am 9. Dezember 1919 erlässt die Volkskammer in Dresden eine Verordnung, nach der die Vergabe von Darlehen und Hypotheken gemeinnützigen Bauvereinigungen vorbehalten ist – stets geknüpft an die Einhaltung vorgegebener Richtlinien. Unterstützt werden hier Baugenossenschaften mit einer speziellen Klientel wie Bergarbeiter und Eisenbahner, dazu Stiftungen wie z.B. die Frauenwohnhilfe, aber auch der kommunale Wohnungsbau.

Und wie finanziert sich das Ganze auf Landesebene? Über eine Mietzinssteuer auf alle Wohnungen und Häuser, die vor 1918 errichtet wurden. Auf diese Weise werden auch die Kommunen zur Gegenfinanzierung herangezogen. Ein Geflecht von kommunalen und staatlichen Baumaßnahmen entsteht. Auch senken die Normierung von Bauteilen und die Erprobung billiger Bauweisen allmählich die Kosten. Ein Wettbewerb entsteht zwischen der privaten Bauwirtschaft und sich neu gründenden, gewerkschaftsnahen

Bauhütten, die etwas billiger produzieren. 1929, also zehn Jahre später, werden in Sachsen noch immer 155 000 Wohnungssuchende verzeichnet, bevor die Weltwirtschaftskrise den Wohnungsbau fast zum Erliegen bringt. Doch jetzt, im Ausklang von 1919, entfaltet sich bereits eine rege Bautätigkeit, und darüber berichten gern auch die Zeitungen. Es sind Nachrichten, die dazu beitragen, dass sich der Blick Vieler endlich nach vorn richtet – dass sich Hoffnung über den noch immer in ihren Träumen anhaltenden Horror schiebt. Kommunale Siedlungen entstehen, in denen die Menschen auch hundert Jahre später noch gerne wohnen.

Julie Salinger von der Deutschen Demokratischen Partei bringt klug und charmant, aber unverdrossen in ihren Anfragen an die männlichen Abgeordneten der Volkskammer Frauenforderungen und Personalvorschläge auf den Tisch:

»480. Interpellation
Eingegangen am 17. Dezember 1919
Ist die Regierung bereit, das Wohlfahrtspflegegesetz vom 30. Mai 1918 zweckentsprechend auszugestalten und erfahrene Frauen an verantwortliche und leitende Stellen im Interesse der Frauen- und Kinderfürsorge zu berufen?
Dresden, den 17. Dezember 1919, *Frau Salinger*«

Helene Wagner von der SPD – die zweite Frau in der Volkskammer – sitzt neben dem Prüfungs- nun auch im Haushaltsausschuss. Nach wie vor kümmert sie sich um Schwangere, unentgeltliche Geburtshilfe und die Verbesserung der wirtschaftlichen Situation von Hebammen. Doch ihr Aufgabenfeld hat sich um den Schutz schwangerer Frauen erweitert, die in Arbeit sind, und um eine Schulspeisung für alle Kinder, da eine ausreichende Versorgung gerade des armen Teils der Bevölkerung nicht gewährleistet ist. Sie schlägt frühzeitig Volksküchen und Freitische in allen Gemeinden vor. Da wegen zu hoher Gaspreise viele Familien nicht mehr kochen, mahnt die Abgeordnete aus Chemnitz an, einen Teil der Nahrungsmittel nicht an die Familien zu verteilen, sondern als Mittagessen in der Schule zuzubereiten.

Man sollte sich die Arbeitsbedingungen im frühen 20. Jahrhundert noch einmal vor Augen halten: Während es hundert Jahre später nur wenige Minuten braucht, um sich per Internet optimal zu vernetzen, muss sich eine Politikerin wie Helene Wagner 1919 ans fleißige Briefeschreiben machen und einen der wenigen, noch keineswegs gemütlichen Züge erwischen, um auch in abgelegene Gemeinden Sachsens zu gelangen und dort ihre Pläne zur besseren Versorgung vor allem der ärmeren Schichten darzulegen.

Nur drei Jahre später, als in Deutschland die Inflation ausbricht, wird Helene Wagner mit drastischen Worten in ihrer Ausschussarbeit einen Einblick in die aktuellen Verhältnisse geben: So werden beispielsweise von 40 000 Dresdner Schülern täglich 800 die Schule aufgrund von Schwächezuständen versäumen, werden mehr alte Leute an Entkräftung sterben als bisher.

Das Abgeordnetenhaus ist für ganz Sachsen zuständig, und so kommen eben auch die Probleme des ganzen Landes auf den Tisch. Die Abgeordneten nehmen sich der meisten Probleme parteiübergreifend und konstruktiv an. Manches Geschehen wirft ein Schlaglicht auf das Menschenbild des frühen 20. Jahrhunderts – es bedarf einer dringenden Reform, wie ein Bericht aus Meusdorf zeigt, einer Erziehungseinrichtung am Rande von Leipzig:

»Eine Revolte im Heilerziehungsheim Meusdorf
Am 27. Oktober 1919 verlangten die Zöglinge in der Bibelstunde statt über Religion mit dem Direktor über die schlechte Kost zu reden. Der Direktor wollte sich darauf nicht einlassen, sondern

die beiden Sprecher durch Erzieher abführen lassen. Der eine der Zöglinge zog daraufhin ein Messer, während der andere sich mit einem Knüttel zur Wehr setzen wollte. Bei dem Tumult rissen alle Kinder mit Ausnahme der größeren Burschen aus, deren Wünsche der Direktor nun entgegennahm.

Als am Sonnabend früh die Suppe angeblich nichts taugte, revoltierten die Zöglinge, weigerten sich zu arbeiten, holten die schon Arbeitenden zurück, stürmten im Hause herum und wollten den Direktor sprechen, der die Hilfe der Polizei anrief.

Als das Polizeiauto ankam, hatten die Lehrer schon die beiden Anführer herausgegriffen, mit Gummiknütteln bearbeitet und in Zellen gesperrt. Die übrigen Zöglinge gingen wieder an ihre Arbeit. Da alles wieder ruhig war, zog die Polizei wieder ab.

Am Sonnabendmittag holten Aufseher den einen eingesperrten Zögling aus seiner Zelle, um ihn nach Dösen zu bringen. Da er sich widersetzte, wurde er mit Gummiknütteln geschlagen. Der andere Eingesperrte wurde später von der Polizei abgeholt.

Am Montag erhielten alle an dem Krawall beteiligten Zöglinge in Gegenwart des Direktors und des Lehrers Bischoff *Stockschläge als Strafe*.

Soweit die Mitteilung, die uns zugeht. Ob durch bessere Kost die Ursache der Unruhe beseitigt worden ist, haben wir bis jetzt nicht erfahren. Wir fordern aber die Kreishauptmannschaft dringend auf, die Angelegenheit einmal *gründlich zu untersuchen* und sich nicht bloß mit Berichten der Direktion zu begnügen.«

***

Frauenthemen rücken auch auf kommunaler Ebene weiter ins Zentrum der Öffentlichkeit. Marie Stritt wird im Dezember 1919 vom Dresdner Stadtverordnetenkollegium in den Rat der Stadt gewählt und am 7. Januar 1920 als ehrenamtliche und damit unbesoldete Stadträtin der linksliberalen Deutschen Demokratischen Partei (DDP) vereidigt. Gemeinsam mit ihr werden noch zwei weitere Politikerinnen in den Stadtrat gewählt: Diese drei Frauen sind die ersten Stadträtinnen, die es jemals in Dresden gegeben hat! Das lässt sich spannend an …

Einige Jahre später wird die ehemalige Schauspielerin Stritt über das veränderte Klima in ihrem politischen Umfeld staunen, das sich nun den drei Stadträtinnen und auch den zehn ersten weiblichen Stadtverordneten Dresdens gegenüber entfaltet:

»Irgendwelcher Widerstand, wie er sich etwa vorher gegen die Mitarbeit der Frauen gezeigt hatte – und es hat daran natürlich nicht gefehlt! – machte sich, wenigstens nach außen, kaum noch bemerkbar. Auch im Publikum und in der Presse fand man sich überraschend schnell mit der neuen Einrichtung ab, an die man noch vor kurzem die schlimmsten Befürchtungen und Prophezeiungen geknüpft hatte – so, als ob es nie anders gewesen wäre. Die Zeit hat Siebenmeilenstiefel an.«

***

Kurz vor Weihnachten gibt es im Zirkus Sarrasani mal wieder Proteste statt Elefanten und Clowns, doch der Zorn der Versammelten ist nachvollziehbar: »Protestversammlung« titelt der »Dresdner Anzeiger«:

»Gestern Nachmittag ½ 3 Uhr fand im Zirkus Sarrasani eine stark besuchte, von der Arbeitsgemeinschaft Dresdner Gastwirtsangestellten-Verbände einberufene Protestveranstaltung statt, an der auch zahlreich die Mitglieder des Allgemeinen Deutschen Musikerverbandes, die Arbeitgeber im Gast- und Saalwirtsgewerbe und die der interessierten Berufe, wie Bäcker, Konditoren, Köche, Destillateure, Brauer, Fleischer, Produktenhändler und Feinkosthändler teilnahmen. Über den einzigen Punkt der Tagesordnung: Die Stellungnahme zu der am 1. Januar 1920 beabsichtigten Schließung sämtlicher gastwirtschaftlicher Betriebe infolge der neuen Schleichhandelsverordnung nahm, nachdem der Vorsitzende A. Schwarz die Erschienenen begrüßt hatte, als Referent Bezirksleiter Oskar Jahr das Wort. Er wies auf die durch das neue Wuchergesetz eingetretene Verschärfung in der Bestrafung derjenigen hin, die Lebensmittel zum Wiederverkauf im Wege des Schleichhandels erwerben.

Zirkus Sarrasani

Die Bewegung gegen das Gesetz habe sich von Berlin aus über ganz Deutschland verbreitet; überall verlange man, daß der Gastwirt nicht unter die Schieber und Schleichhändler gerechnet, sondern als Verbraucher angesehen werde. Der Schleichhandel werde durch das Gesetz nicht beseitigt. Kaufe der Gastwirt für seine zahlreichen Gäste nicht das Fleisch, so erwerbe es der wohlhabende Mann. In seinem Schlußwort gedachte er der Folgen, welche die Massenkündigungen von Tausenden von Angestellten nach sich zögen (...)«

In einer Entschließung wissen sich alle Anwesenden

»(...) mit der Regierung und dem ganzen Volke darin eins, daß gegen das immer mehr überhandnehmende Schieber- und Wuchertum energisch eingeschritten werden muß, wenn wir uns von diesen gewissenlosen Vampyren befreien wollen. Die Vertreter der hier erschienenen Berufszweige sind alle zur tatkräftigen Mitarbeit gern bereit. Ganz energisch legt aber die gesamte Versammlung Protest dagegen ein, daß das ehrliche Gastwirtsgewerbe im neuen Wuchergesetz diesem verabscheuungswürdigen Gesindel gleichgestellt wird.«

***

Der »Dresdner Kalender 1920« ist erschienen. Und der Begründer des Freistaates Sachsen und erste Ministerpräsident Georg Gradnauer von der SPD richtet darin ein mahnend-aufmunterndes Wort an die zahlreichen Leser, zeichnet aber zugleich ein pessimistisches Bild der Gegenwart. Es knirscht auch in seiner Regierungspartei: Gegen den Mehrheitswillen von Partei und Fraktion hat er vor wenigen Wochen erst eine Koalition mit der linksliberalen Deutschen Demokratischen Partei durchgesetzt, ihnen vor allem das Finanzministerium übergeben.

»Der neue Weg
von Ministerpräsident Dr. Georg Gradnauer
Nach schweren Kriegsjahren und erschütterndem Zusammenbruch ist unser Volk von Siechtum aller Art heimgesucht. Düster ist die Gegenwart, ungewiß ist die Zukunft. Noch immer belastet uns die Frage: Ist der Verfall auch der letzten Volkskraft zu befürchten? Oder gibt es Möglichkeiten des Aufstiegs und baldiger Erneuerung? Wohl ist es verständlich, daß die Frage durch unser Volk geht, ob es so kommen mußte und wer die Schuld an all dem Unheil trägt. Doch auch das wäre nur ein Zeichen der schweren Krankheit, die uns befallen, wenn wir übermäßig im Vergangenen wühlen und im Zwist über Verlorenes die Kräfte, die uns noch geblieben sind, vergeuden wollten. Die ganze Wahrheit über das Unheil des Weltkriegs und die Ursachen der Kriegsverlängerung wird sich erst späterer Geschichtsforschung enthüllen, und es wird gewiß das Wort Jaurès seine Wahrheit behalten: ›*Jedes* Volk schritt mit einer Fackel in der Hand durch die Straßen Europas, und nun ist der Brand da.‹

(…) Mag man die deutsche Novemberrevolution verherrlichen oder schelten, mag man eine ruhigere Entwicklung für gedeihlicher erachtet haben: in jedem Falle war diese Revolution die unausweichliche Folgewirkung alles dessen geworden, was ihr vorausgegangen war.

(…) Die Sozialdemokratie gedachte durch umfassende Reformen auf allen Gebieten des öffentlichen Lebens Staat und Gesellschaft demokratisch und sozialistisch auszugestalten und umzugestalten. Nun aber wurde ihr die übelste Erbschaft zuteil, und die unlösliche Aufgabe sollte sie lösen, aus Niederlage und aus unendlichem Elend schnell eine neue, bessere Welt aufzubauen. Wie viel lieber hätte die Sozialdemokratie anderen die Aufgabe überlassen, das wiedergutzumachen, was sie verschuldet hatten!

Aber keiner war da, diese Aufgabe zu übernehmen. Die Sozialdemokratie mußte in die Bresche treten, um noch viel schlimmeres Unheil von unserem Volke abzuwenden.

Das deutsche Volk, besiegt und krank, bekam die harte Faust der Sieger zu fühlen, die den Frieden verschleppten, die Hungerblockade fortdauern ließen, um schließlich den schmählichen Gewaltfrieden von Versailles uns aufzuerlegen. In seinem Innern aber wurde unser Volk vom Fieber der Streiks und der bolschewistischen Gewalttaten zerwühlt. Und nun stehen wir vor den ungeheuren Schwierigkeiten, wie das Wirtschaftsleben wieder in Gang gesetzt, wie in diesem Winter die notwendige Kohle aufgebracht, wie die industriellen Arbeitermassen beschäftigt und ernährt werden sollen.

(...)

Und dennoch! Die Zeichen fehlen nicht, die vor Verzweiflung bewahren und uns zu neuem Hoffen ermutigen. Kann je vergessen und verloren sein, was dieses Volk in den Jahrzehnten vor dem Kriege auf allen Gebieten menschlicher Betätigung geleistet, was es in den Kriegsjahren selbst Heroisches vollbracht hat? Ist es nicht gleich einem Wunder, daß dieses Volk im Ansturm von fünf Weltteilen nicht völlig ausgelöscht wurde?

(...)

Durch die Revolution sind für Deutschland Bestrebungen zur Erfüllung gelangt, die schon durch das ganze 19. Jahrhundert sich angebahnt haben: Freiheit und deutsche Einheit. Deutschland ist ein demokratischer Staat geworden mit dem freiesten Wahlrecht seiner Staatsbürger, der Männer und der Frauen. Zugleich mit der Gewährleistung des vollen Selbstbestimmungsrechts unseres Volkes erfüllt sich mehr und mehr der Traum vergangener Generationen, die Überwindung früherer Kleinstaaterei, der engere Zusammenschluß der deutschen Stämme, die

Herbeiführung der Reichseinheit in Staatsform, Wirtschaft und allgemeiner Kultur.

(...)

Das neu werdende deutsche Volk wird aber auch in seinen Beziehungen zu der Umwelt der auswärtigen Nationen neue Wege verfolgen. Wohl können wir nicht wissen, ob der furchtbarste aller Kriege, den zu erleben wir verurteilt waren, der letzte Krieg auf Erden gewesen sein mag. Aber unsere gesamte Kraft muß dafür eingesetzt werden, daß die Wiederkehr solchen Weltunheils nach menschlichem Ermessen ausgeschlossen wird. Selbst die Sieger des Krieges bluten aus tausend Wunden und haben auf lange hinaus von den wirtschaftlichen Verwüstungen, die der Krieg angerichtet hat, aufs schwerste zu leiden. Daher darf es nicht unsere Aufgabe sein, die uns auferlegten unerträglichen und unerfüllbaren Friedensbedingungen durch eine Politik der Rache und durch die Spekulation auf neue kriegerische Entscheidungen zu beantworten. Vielmehr wollen wir den Kampf gegen die Friedensbedingungen mit den Mitteln des Rechts führen. Und auch für das Völkerleben muß der Grundsatz der gegenseitigen Hilfeleistung als höchstes Gesetz aufgestellt werden. So wird der Internationalismus der Menschenliebe, der als bester sittlicher Gehalt der alten Religionen uns überliefert worden ist, in neuen Wirklichkeitsformen wiedererstehen.

Unser Leben wäre nicht lebenswert, wenn wir nicht den Glauben an uns selbst und an eine bessere Zukunft wiederzugewinnen vermöchten. Wir brauchen einen neuen Glauben, neue Ideale. Wandern wir durch unsere Fluren und Wälder, und von überall her mag neue Heimatfreude in uns fluten! Pilgern wir zu den Wunderwerken unserer alten gotischen Dome, zu den Schöpfungen unserer großen Dichter, Denker und Künstler! Das Volk, aus dem Goethes Faust, Kants Buch vom Ewigen Frieden und Beethovens erhabene Symphonien hervorgegangen sind – es wird sich aus den Abgründen der Gegenwart wieder erheben und unter den Völkern der Erde sein würdiges Werk verrichten!«

***

Den Romanisten Victor Klemperer zieht es nach Dresden. Er hat sich an der Technischen Hochschule beworben, unterstützt von einigen Kollegen. Mitte Dezember nun flattert die Antwort in seinen Münchner Briefkasten – transportiert von der Deutschen Reichspost, wie sie nun heißt. Und nicht mehr der Kaiseradler ziert den Brief, sondern ein Posthorn:

»Sonntag, 14 Dez. 19 gegen Abend.
Ich habe gestern Abend meine Berufung nach Dresden, Ordinariat für romanische Sprachen in der Allgemeinen Abteilung, erhalten. Der Brief eines unleserlichen Geheimrats ist vom 12 Dez. u. eingetroffen am Unheil bringenden 13. Die Techn. Hochschule hat Euer Hochwohlgeboren vorgeschlagen; das Ministerium hat beschlossen, dem Vorschlag näher zu treten und mich mit den Verhandlungen betraut. Wollen Sie nach Dresden ins Ministerium kommen?

– Ich bin noch so benommen u. erschüttert, daß das Glücksgefühl nur erst zeitweilig durchdringt. Es kommt eine Magenverstimmung u. schwere Abspannung hinzu, ich halte mich heute überhaupt nur mühsam aufrecht u. denke manchmal: nur das Glück erleben. Denn daß es ein gewaltiger Glücksfall u. Fortschritt ist, empfinde ich deutlich. Zur Arbeit war ich heute unfähig.«

Problemlos scheint die Berufung in Dresden nicht durchgegangen zu sein, wie Klemperer noch am selben Abend in einem Telefonat mit seinem wohl engsten Münchner Vertrauten, Prof. Karl Vossler, herausfand:

»Die ganze am Telefon so eigentümliche Rede gewinnt Bedeutung, da mir Voßler gestern noch einmal sagte, er wisse von Heiß, daß antisemitische Strömungen gegen mich gewirkt hätten. Durch sie verlor ich den Posten das erstemal, u. gegen sie habe Voßler nach Curtius' Ablehnung leidenschaftlich an Walzel geschrieben. Er habe ihm ›Feuer unterm Arsch‹ gemacht u. es eine Gemeinheit genannt, daß man mich, der ich an der Front gestanden, der ich mich im Ausland bewährt hätte, zurückweisen wolle (...)

Montag Nachm 15. XII 19
Ich war Vormittags bei Matt, ordnungsgemäße Meldung machen. Er war bereits durch eine Anfrage des Dresdener Ministeriums instruiert. So ist denn alles offiziell sichergestellt. Matt gratulierte mir sehr u. hält den Posten für wertvoll. Ich schicke nun einen eingeschriebenen Brief nach Dresden, ich würde mich am Sonnabend dort vorstellen, falls sie nicht telegraphisch einen andren Tag vor dem 7. Januar bestimmten. Ich sagte Matt, ich möchte hier noch den Professortitel haben, u. er versprach ihn bestimmt für spätestens Januar. Ob ich einen Zwischensemester-Kurs erhalte, ist noch ungewiß. Wenn nicht, gehen wir vielleicht schon im Februar (...)

Das ist das Schöne an meiner Berufung: ich bin auf alle Fälle im Hafen, u. doch liegt alles vor mir, fange ich jetzt erst so recht eigentlich an. Es kann mir nichts Übles mehr geschehen, und noch viel Gutes – ich meine in sozialer, wissenschaftlicher, finanzieller Hinsicht.«

***

Am Heiligen Abend hat der Expressionismus ein bisschen Pause: Elfriede Wächtler feiert mit ihren Eltern und dem kleinen Bruder gemütlich und gutbürgerlich Weihnachten. Otto Dix ist ins thüringische Gera zu seinen Eltern gefahren, seine Geschwister sind auch da. Die Eltern quält die Frage: Was hat der Krieg aus dem Jungen gemacht? Vorher lernte er noch brav Esperanto, malte Elblandschaften und gewann einen Plakatwettbewerb für den Zoologischen Garten. Und jetzt malt er tätowierte Weiber … Der Mutter gelingt es, erst Bescherung und Weihnachtskarpfen durchzusetzen, bevor Otto die Eltern auf dem Sofa als Modell platziert.

Otto Griebel, Conrad Felixmüller und Kurt Lohse könnten, da sie als Bolschewisten Weihnachten grundsätzlich ablehnen, nun auf der Brücke »Blaues Wunder« stehen und mit Rotwein auf die Revolution anstoßen. Wahrscheinlich feiern sie aber doch ein bisschen mit Mutter, Frau oder Freundin.

Oskar Kokoschka verbringt das Fest bei seinen Schauspielerfreunden – oben in der »Felsenburg«, am Weißen Hirsch.

In den Kneipen Dresdens spielen Männer, die kein Zuhause haben, Schach – an Weihnachten erbarmt sich immer jemand und gibt einen aus.

Januar 1920: Männliche Anmaßung

Ein Jahr, nachdem die Frauen Deutschlands das Stimmrecht errungen haben, werden sie harsch kritisiert. Zunächst sind in der 83. Sitzung der Sächsischen Volkskammer am 22. Januar 1920 eine Reihe von Petitionen abzuarbeiten, gefolgt vom aktuellen Finanzbericht. Der Schwerpunkt dieses Donnerstags ist – angesichts des noch immer vorhandenen, weit gefächerten Elends in der Bevölkerung – die Wohlfahrtspflege. Ein Wohlfahrtspflegegesetz muss her, darin sind sich alle Abgeordneten einig: Die Tuberkulosebekämpfung ist über das Jahr 1919 nicht recht in Gang gekommen, auch die Bekämpfung der Geschlechtskrankheiten nicht, die Krüppelfürsorge, der Mutterschutz, der Frauenschutz, der Arbeiterinnenschutz, die Säuglingsfürsorge, der Kinderschutz, die Jugendfürsorge, die Wohnungsfürsorge, die Gewerbehygiene und etliches mehr. Es hakt an allen Enden.

In diesem Zusammenhang folgt nun laut Sitzungsprotokoll eine harsche Kritik an den Frauen und deren mangelnden Aktivitäten in der Gesellschaft. Das Wort ergreift Julius Fräßdorf, Präsident der Sächsischen Volkskammer und langjähriger Streiter für die Rechte von Arbeitern; Fräßdorf saß für seine Aktivitäten zu Zeiten der Monarchie im Gefängnis. Nun also liest er dem anderen Geschlecht die Leviten, begleitet von heiteren männlichen Zwischenrufen. Gemeint sind damit nicht die momentan nur noch zwei verbliebenen, äußerst tatkräftigen weiblichen Abgeordneten Julie Salinger von der Deutschen Demokratischen Partei und Helene Wagner von den Sozialdemokraten. Gemeint ist die Mehrheit der sächsischen Frauen:

»Nun hat Frau Abgeordnete Salinger ausgeführt, die Gleichberechtigung der Frau sei noch lange nicht durchgeführt. Ganz richtig, aber daran werden die Frauen nun gefälligst selbst mitarbeiten müssen und von den Männern nicht alles erwarten dürfen.

(Sehr gut!)

Sie sind jetzt politisch Gleichberechtigte und nun sollten sie sich auch entsprechend betätigen. Wie haben wir Arbeiter ringen müssen, um unsere politische Gleichberechtigung zu erzwingen. Den Frauen ist die politische Gleichberechtigung gewissermaßen in den Schoß gefallen. Es ist ihnen eigentlich – ich möchte natürlich nicht rückwärts revidieren – zu leicht geworden, und deshalb schätzen sie die politische Gleichberechtigung nicht in dem Maße, wie sie geschätzt werden sollte. Bei den Nationalwahlen gingen die Frauen noch, wenn ich so sagen darf, ins Zeug. Bei der Volkskammerwahl war schon bei einem Teile das Interesse geschwunden, und bei den Gemeindewahlen schwand es noch weiter. ›Was ist denn die Wahl weiter?‹ hieß es. Sie hatten sich darunter etwas ganz anderes, etwas Pikanteres vorgestellt.

(Heitere Zustimmung)

Ich sage also, die Frauen müssen nur selbst tätig sein und von ihren Rechten auch Gebrauch machen. Daß sie das nicht tun, habe ich in langjähriger Tätigkeit bei den Ortskrankenkassen erfahren. Auf dem Gebiet der Krankenversicherung hatten die Frauen von jeher die Gleichberechtigung. Sie haben davon außerordentlich wenig Gebrauch gemacht. Sie sollten es viel mehr tun; dazu möchte ich hierbei anregen.

Es kann aber in alle Wege nicht gehen, tüchtige, interessierte Männer etwa von Stellen zu entfernen und dafür uninteressierte Frauen zu setzen, nur damit Frauen dort sitzen. Darauf kommt es nicht an, sondern es kommt darauf an, daß an den Stellen, wo freiwillige Arbeit notwendig ist, diejenigen sitzen, die das größte Interesse und Verständnis haben. Ich wünsche nichts sehnlicher, als daß die Frauen ganz besonders in der Wohlfahrtspflege tätig werden.«

Darauf antwortet zunächst die SPD-Abgeordnete Helene Wagner aus Chemnitz. Danach erteilt Vizepräsident Richard Lipinski (USPD der Abgeordneten Julie Salinger das Wort:

»Meine Herren und Damen! Gestatten Sie mir, daß ich zunächst die wirklich erfreuliche Übereinstimmung des ganzen Hauses inbezug auf die Notwendigkeit der Wohlfahrtspflege und der Ausgestaltung des Wohlfahrtspflegegesetzes feststellen kann.

(...)

Aber ich muß nun Herrn Abgeordneten Fräßdorf auch noch darauf antworten, wenn er meint, daß die Frauen nun selbst etwas dazu tun müßten, um die Gleichberechtigung zu erlangen, daß sie es nicht den Männern überlassen sollten, ihnen dazu zu verhelfen.

Ja, meine Herren und Damen, meine Interpellation war mit ein Anstoß dazu, darauf hinzuweisen, daß die Frauen diese Gleichberechtigung auch bei Staatsanstellungen haben sollten. Erkämpfen brauchen sie sie nicht mehr. Sie ist bereits in der Reichsverfassung festgelegt, und wir haben ein volles Recht, zu verlangen, daß darauf Rücksicht genommen wird. Wenn außerdem Herr Abgeordneter Fräßdorf meint, daß kein tüchtiger Mann durch eine uninteressierte Frau verdrängt werden soll, dann muß es eben die tüchtigste, die bestorientierteste und die bestgeschulteste sein; denn nur dann hat sie ein Recht, an diese Stelle zu kommen, genau so wie auch nur der beste, tüchtigste Mann an seiner Stelle stehen soll (...)«

***

Erste belastbare Zahlen der sächsischen Toten des Weltkrieges werden veröffentlicht: 123728 Soldaten und Offiziere sind gefallen und gestorben zwischen 1914 und 1918, etliche folgten noch im Jahr 1919. Die Gefallenenzahlen haben die Standesämter des letzten Wohnortes der Soldaten geliefert sowie 628 im Laufe des Krieges ausgegebene Verlustlisten der sächsischen Armee. Wer noch nachgemeldet wird, zählt von nun an als ziviler Toter. Als vermisst gelten noch immer 17899 sächsische Soldaten und Offiziere.

Der September 1914 galt als der verlustreichste Monat des Krieges überhaupt, auch für das sächsische Offizierskorps. Allein im ersten Gefecht der Sachsen, einem unbedeutenden Erkundungsgefecht bei Dinant, verloren die beiden sächsischen Jägerbataillone zusammen sechs Offiziere. Das Kgl. Sächs. Schützenregiment »Prinz Georg« Nr. 108 war mit 76 Offizieren in den Krieg gezogen, am 30. September 1914 verfügte es noch über fünfzehn. Leutnant Oltscher von der Etappenstation Cambrai wurden allein am 16. November 1914 neunzehn Koffer gefallener Offiziere des Kgl. Sächs. Reserve-Infanterieregiments Nr. 241 gebracht ... Das scheint lange zurück und ist doch nicht verarbeitet. Für alle Soldaten und Offiziere sind Kriegerdenkmale errichtet – in Hochschulen, auf öffentlichen Plätzen.

Nun, im Jahr 1920, kommt ein neues Reichsversorgungsgesetz für die Kriegsbeschädigten heraus:

»Der Beschädigte hat Anspruch auf Rente, solange seine Erwerbsfähigkeit um wenigstens 15 vom Hundert gemindert oder seine körperliche Unversehrtheit schwer beeinträchtigt ist.«

Dazu setzt die Verordnung folgende Sätze fest:

»Verlust eines Beines oder eines Armes: 50 vom Hundert
Verlust eines Unterschenkels oder eines Unterarmes: 40 vom Hundert
Verlust eines Fußes: 30 vom Hundert
Verlust von drei oder mehr Fingern einer Hand einschließlich des Daumens: 30 vom Hundert
ausschließlich des Daumens: 20 vom Hundert
Verlust des Daumens allein: 20 vom Hundert
Verlust der ganzen Kopfhaut: 20 vom Hundert
Verlust eines Auges: 20 vom Hundert
falls kein künstliches getragen werden kann: 30 vom Hundert
Halbseitenblindheit: 40 vom Hundert
Verlust eines Kiefers oder seines größeren Teils: 30 vom Hundert
Verlust des Gaumens: 20 vom Hundert
Verlust aller Zähne: 20 vom Hundert
Verlust beider Ohrmuscheln: 20 vom Hundert
Erheblicher Gewebeverlust der Zunge mit schwerer Sprachstörung: 30 vom Hundert
Verlust des Kehlkopfes: 50 vom Hundert
Völliger Verlust der Nase: 50 vom Hundert
Stinknase: 30 vom Hundert
Abstoßend wirkende Entstellungen des Gesichts: 20–50 vom Hundert
Verlust beider Hoden, des männlichen Gliedes oder der Gebärmutter: 30 vom Hundert
Verlust der Milz oder einer Niere: 20 vom Hundert

Widernatürlicher After; Urin- oder Darmfistel: 20 vom Hundert
Verlust des Afterschließmuskels; starker Mastdarmvorfall: 30 vom Hundert

Andere Schäden, die den hier aufgezählten gleichzuachten sind, sind entsprechend zu berücksichtigen. Ein Vertreter des Reichsarbeitsministeriums erklärt auf Anfragen von Journalisten, daß die Sätze nach dem Gutachten der ärztlichen Sachverständigen abgestuft sind.«

***

Wie nach jedem gesellschaftlichem Umsturz wird unter den Straßennamen des vorherigen Regimes aufgeräumt. Auch in Dresden ist das so. In verschiedenen Zeitungen fallen die Vorschläge und Einwände je nach politischer Couleur auch verschieden aus. In der »Dresdner Volkszeitung« folgt eine kreativ-sozialdemokratische Variante:

»Wir sind nicht Fanatiker genug, ältere Namen wie *Moritz-, Friedrich-, Amalien-, Theresien-, Marien-* und *Annenstraße* (Wer waren diese Leute?, werden die meisten Dresdner fragen) sofort umbenennen zu wollen, wenn auch eine der beiden letzteren gut und gerne Poststraße heißen könnte, die kein Vernünftiger in Löbtau suchen wird. Jedoch daß die *Wettinerstraße* ihren Namen behalten müsse, sehen wir nicht ein. Sie könnte *Briesnitzer Straße* benannt werden, besonders, weil die Zeit abzusehen ist, wo der Name des uralten Ortes Briesnitz infolge von Einverleibung des Ortes in Dresden von der Landkarte verschwunden sein wird.

Daß man dem *Bismarck-* und dem *Moltkeplatz* ihre alten Namen *Prager-* und *Räcknitzplatz* wiedergibt, halten wir für selbstverständlich; die *Reichsstraße,* die von ersterem ausgeht und so kurz ist wie das kapitalistische ›Reich‹ selbst, das jetzt wirklich zu einem ›Arm‹ geworden ist, mag wohl zum Andenken bestehen bleiben; für die *Lindenau-* und andre nach älteren Politikern benannte Straßen mögen unsre Kinder passende Namen aussuchen, jedoch die *Sedanstraße* muß auf alle Fälle verschwinden und auch die nach dem Ultrareaktionär Ackermann benannte Straße verlangt eine Umbenennung. Gerade sie zeigt uns, daß der frühere nationalliberal-reaktionäre Rat in Verbindung mit der Regierung nicht die geringste Rücksicht auf die Volksgefühle genommen hat, und so können wir es nicht unbillig finden, wenn endlich auch Marx, Engels, Lassalle, Bebel und Wilhelm Liebknecht in unserm Stadtplane Berücksichtigung finden; letztere haben ja auch im Sächsischen Landtag durch jahrelange Tätigkeit den revolutionären Umschwung vorbereiten helfen.

In der *Neustadt* hat der alte, richtungsweisende Bautzner Platz die nichtssagende Bezeichnung *›Albertplatz‹* erhalten; jener ist wieder herzustellen. Die *Bautzner Straße* geht von ihm ab und man könnte ihr auch gleich wieder ihre Fortsetzung, die einst zu ihr gerechnet wurde, jetzt aber *Schillerstraße* heißt, angliedern. Schiller paßt in diese Gegend gar nicht; er gehört zu Goethe – die jetzige Beuststraße wäre sehr passend nach ihm zu benennen.

Vom jetzigen Albertplatz führt die *Königstraße* nach dem früheren Palais-, jetzt Kaiser-Wilhelm-Platz – ein Name so nichtssagend wie der andre. Da im Japanischen Palais sich jetzt die Landesbibliothek befindet, wären Büchereiplatz und Büchereistraße wirklich bezeichnende Namen. Wenn man die in der Nähe liegende *Kaiserstraße* – kurz, wie die neue deutsche Kaiserherrlichkeit – nicht wieder zur Leipziger Straße, wozu sie früher gerechnet wurde, schlagen will, so mag man sie immerhin Japanische Straße nennen – als ›Feinde‹ haben sich die Japaner im Weltkriege zur Schande der weißen Rasse jedenfalls am korrektesten benommen.«

Bald wird es eine Diktatur mit Hitler-Straßen geben, danach eine Diktatur mit Lenin-Straßen, und hundert Jahre später wird der Albertplatz wieder Albertplatz heißen und die Königstraße wieder Königstraße.

Februar 1920:
Von Spielern und Prostituierten

Noch immer ist es bitterkalt – nicht nur im Elbtal, sondern im ganzen Deutschland. Im Dezember und zweimal auch im Januar brach in Dresden und Umgebung die Elektrizitätsversorgung zusammen. Die »Dresdner Neuesten Nachrichten« meldeten schon kurz vor Weihnachten:

»*Dresdens Elektrizitätsversorgung in Gefahr*
Wie wir hören, erhalten die städtischen Elektrizitätswerke *so geringe Kohlenzufuhren*, daß die Versorgung Dresdens mit Elektrizität ernstlich gefährdet erscheint. Die maßgebenden Stellen haben sich jedoch in der Hoffnung, daß sich die Zufuhren wieder bessern werden, augenblicklich *noch nicht zu weiteren Einschränkungsmaßnahmen entschlossen*. Für die Dresdner Umgebung, die zu einem Teile durch das Elektrizitätswerk Gröba mit Strom versorgt wird, wird die Situation gegenwärtig dadurch verschärft, daß, wie wir aus Meißen erfahren, das Gröbaer Werk gestern infolge eines *Maschinenschadens* in der Zentrale Lauchhammer die *Stromlieferung* zum Teil für Dresden überhaupt ganz *einstellen* mußte. Die Dauer dieser Betriebsstörung läßt sich noch nicht übersehen.«

Offenbar bleibt es nicht bei dieser einen Störung. Viele sitzen im Eisigkalten, auch der Maler und Kriegsheimkehrer Otto Griebel hat zurzeit ein natürliches Verlangen nach Wärme. Am 11. Januar 1920 hat er bereits seinem Künstlerkollegen Behrens-Hangeler nach Bielefeld geschrieben:

»Dresden (Bei 3° Kälte)
(...) Ich muß jetzt den ganzen Tag spazieren gehen oder als Familientäuscher warme Frühstücke schinden; denn es ist kalt. Ab 19. Januar gibts wieder Kohle. Ich soll 75 Lithografien handkolorieren – ich soll immer! Ob wir wollen oder nicht, wir leben nun einmal im dunkelsten Deutschland (ganz kleine rote Pünktchen auf riesengroßer schwarzer Fläche). Meine Wirtin, die dem Verein ernster Bibelforscher angehört, sagte mir zwar, 1926 käme ein neuer Messias, doch ich glaube, daß der auch bloß privat auftritt oder mit handsignierten Postkarten von sich selber hausieren geht. Freue mich lieber auf den 19., wo es Kohlen gibt!

Die nächste Ausstellung meiner Bilder werde ich wohl im Dresdner Fernheizwerk machen – so was zieht Besucher! Außerdem haben wir in Dresden (ehem. Haupt- und Residenzstadt von Sachsen) nicht eine einzige Möglichkeit, Bilder der Gegenwart aufzuhängen. Es langt gerade noch bis Nolde und Pechstein.

Ich friere mit herzlichem Gruß für Sie (und gelegentlich auch für H. Leverenz)

Ihr Otto Griebel (Inh. eines möbilierten Zimmers und d. Eis. Kreuzes II. Klasse)«

***

Schauen wir ein letztes Mal in die Volkskammer, die im Laufe des Jahres 1920 in »Sächsischer Landtag« umbenannt wird: Eine Handvoll weiterer Politikerinnen gesellt sich 1920 zu Julie Salinger und Helene Wagner. Noch immer wirken die wenigen weiblichen

Abgeordneten exotisch. Tapfer schieben sie Themen in die Debatten, die bis vor einem Jahr komplett unterbelichtet waren.

Dazu kommt die Philologin und Studienrätin Dr. Doris Bünger, die ab 1920 sechs Jahre lang als einzige Frau neben siebzehn Männern Abgeordnete der Deutschen Volkspartei (DVP) im Sächsischen Landtag sein wird – jene nationalliberale Partei, die vor allem Beamte und Gelehrte der Mittel- und Oberschicht vertritt. Zehn Jahre im Landtag wird sich die Abgeordnete Mily Bültmann von der Deutschnationalen Volkspartei (DNVP) für die Belange ihrer Mitmenschen einsetzen. Die 35-jährige Elise Thümmel, Mutter zweier Kinder, zieht für die USPD in den Sächsischen Landtag ein. Und Dr. Else Ulich-Beil wird 1920 als erste Frau in die sächsische Regierung berufen; im Landtag verstärkt sie neben Julie Salinger die Reihen der Deutschen Demokratischen Partei (DDP). Und auch die Musikkritikerin Eva Büttner von der SPD ist eine große Bereicherung.

Nach einem Jahr Parlamentsarbeit haben sich die Frauen in ihre Arbeit eingefuchst. Besonders Else Ulich-Beil und Julie Salinger von der Deutschen Demokratischen Partei sind erfolgreich in ihren Petitionen. Die gelten unter anderem den noch immer anhaltenden, durch den Krieg verursachten sozialen Verwerfungen in der Gesellschaft. Und sie betreffen in erster Linie Frauen, denn deren Leben ist besonders hart: Ehemänner sind aus dem Krieg nicht zurückgekehrt, sind Invaliden, sind schwer traumatisiert. Beengte Wohnverhältnisse und hohe Arbeitslosigkeit tragen dazu bei, dass im Arbeitermilieu und dem sogenannten Kleinbürgertum traditionelle Familienstrukturen kaum mehr existieren. Frauen ängstigen sich vor einer Schwangerschaft, weil sie bereits Kinder haben, deren Versorgung sie kaum noch sicherstellen können oder weil sie unverheiratet sind. Unverheiratete Mütter werden noch immer als »unmoralisch« gebrandmarkt, haben Schwierigkeiten beim Finden einer Arbeitsstelle; ihre Kinder sind rechtlich ehelichen Kindern nicht gleichgestellt. Darum sehen Frauen in der Aufklärung über Verhütungsmethoden einen wesentlichen Beitrag zu ihrer Emanzipation. Nach dem geltenden § 184 StGB aber ist die Propagierung von Verhütungsmitteln verboten. Dagegen formiert sich starker Widerstand – und das nicht nur in Sachsen. Hier setzt sich im Landtag Else Ulich-Beil für eine Aufhebung dieses Straftatbestandes ein, wobei sie sich zugleich dafür ausspricht, unseriösen Anbietern von sogenannten Wundermitteln das Handwerk zu legen.

Die weiblichen Abgeordneten im Landtag schauen stets auch über den sächsischen Tellerrand hinaus, wie z.B. in der Anfrage 652, die von Frau Dr. Ulich-Beil und Frau Salinger für den Februar 1920 geplant war, jedoch noch einiger Recherchen bedurfte und sich so um ein Vierteljahr verzögerte:

»Ist die Regierung bereit, bei der Reichsregierung unverzüglich anzufragen, ob es wahr sei, daß in Mainz, Ems, Wiesbaden, Ludwigshafen, Saarbrücken und anderen besetzten deutschen Städten von der französischen Besatzungsarmee für die schwarzen Truppen die Beschaffung öffentlicher Häuser durch die deutschen Stadtverwaltungen verlangt worden sei, da sonst ›deutsche Frauen, Mädchen und Knaben die Weigerung zu büßen hätten‹?

Der Engländer Morel berichtet in der Londoner Zeitschrift ›Daily Herald‹ über die infolge der Besetzung mit schwarzen Truppen hervorgerufenen schmachvollen Zustände, durch die deutsche Frauen, Mädchen und Knaben schutzlos den tierischen Gelüsten der Neger preisgegeben sind.

Auch die Pariser ›Clarté‹ berichtet von Fällen der Vergewaltigung und des Verschwindens junger Mädchen aus dem Saartal, von aufgefundenen Frauenleichen als Opfer der Neger.

Nur vereinzelt sind in der deutschen Presse Mitteilungen über solche Greuel aufgetaucht. (...) Noch schweigt die deutsche Reichsregierung, nur der Württembergische und der Bayrische Landtag haben, angeregt von Frauenseite, Stellung zu der Frage der schwarzen Greuel genommen.

Ist die Regierung gewillt, unverzüglich bei der Reichsregierung angesichts der Enthüllungen über die schmachvollen Zustände im besetzten deutschen Gebiet vorstellig zu werden und gegen die den deutschen Frauen und der Zivilisation angetane Schmach zu protestieren?
Dresden, am 17. Mai 1920
Frau Dr. Ulich-Beil. Frau Salinger.«

***

Auch der Stadtbund Dresdner Frauenvereine, nun unter Vorsitz von Marie Stritt, der vielleicht erfahrensten Frauenrechtlerin, ist in reichlich Basisarbeit eingebunden. Inzwischen sind die Vereinsfrauen politisch so weit qualifiziert, dass sie sich trotz zum Teil konträrer politischer Standpunkte in den Grundanliegen weiblicher Emanzipation als konsensfähig erweisen – und das über Jahre.

Sie fordern die Pflichtfortbildung für Mädchen ein, bereiten die Errichtung einer Werkoberschule mit polytechnischer Ausrichtung vor – und nehmen als Modell die Versuchsschule, wie sie gerade am Dresdner Georgplatz entsteht. Schul- und Lehrpläne müssen reformiert werden, mehr weibliche Leitung in der städtischen Verwaltung verankert. Die rechtliche Gleichstellung unehelicher Kinder ist ein Dauerbrenner, die Prostitution ist einzudämmen. Für notwendige Gesetzesänderungen sind Entwürfe zu liefern, der Zusammenschluss gegen die Schließung städtischer

Mütterheime zu organisieren. Und dann stehen langfristige Vorhaben an, die schon beim Durchdenken Freude bereiten: die Einrichtung von Kinderlesestuben, Jugendherbergen, Mütterkurse, Sexualaufklärung; eine kostenlose Rechtsberatung ist bereits seit 1919 eingeführt.

Viel Arbeit steht an, und doch herrscht auch eine weitgehend euphorische Stimmung – sie dürfen endlich nicht nur mitdenken, sondern auch mithandeln. Etliche der beteiligten Frauen haben eine akademische Ausbildung, arbeiten als Juristin, Lehrerin, Schulleiterin. Unterstützt wird der Stadtbund auch durch Vorträge der Frauen aus dem Abgeordnetenhaus, vor allem durch Julie Salinger und Else Ulich-Beil.

In den späten Zwanzigern wird es bereits eine Freitischhilfe geben, als Antwort auf die Verarmung der Mittelschichten. Dann werden Essenmarken für Bedürftige ausgegeben, die in Gaststätten des Frauenvereins für alkoholfreie Kultur eingelöst werden können oder in einer der Volksküchen oder Vertragsgaststätten.

Vorhaben gibt es viele. Dass es mit der neuen Demokratie bereits in dreizehn Jahren wieder vorbei sein wird, ahnt im Stadtbund noch niemand.

***

Auch zu Beginn des zweiten Friedensjahres schlagen die Amplituden heftig aus, in verschiedene Richtungen: Neben dem verbreiteten Hunger – in den Wintermonaten flankiert von heftigem Frieren – steht das Schlemmen der wenigen Reichen. Und mehr als in der Vorkriegszeit wird den Lastern gefrönt. So knüpfte die neue Sozialkorrespondentin des kirchlich geprägten »Meißner Tageblatt« schon vor Wochen an die Arbeitslosennot in der sächsischen Hauptstadt mahnend an:

»Und in allem diesem Elend und trotz der Unsicherheit des nächsten Tages feiern *Schlemmertum und Vergnügungssucht Orgien*, wie sie nur bei einem seelisch niedergebrochenen Volke möglich sind und nur ertragen werden bei einer starken Zerrüttung der staatlichen Autorität, deren Machtmittel weder hinreichen, das Verbrechertum in Schach zu halten, noch eine offene Verhöhnung der Gesetze zu verhindern. Kaum hat man in Dresden die berüchtigten *Spielklubs* behördlich geschlossen, so sucht sich die Spielleidenschaft andere Wege, ohne daß es zunächst gelingt, der Förderung dieser Leidenschaft und der weiteren Vernichtung vieler Existenzen durch sie einen Riegel vorzuschieben. Auf dem ›Weißen Hirsch‹ bei Dresden und in verschiedenen Spielhöllen der Stadt sollen an manchem Abend Hunderttausende dem Spielteufel geopfert worden sein, und es wird vermutet, daß das noch heute, wenn auch mit größerer Vorsicht, in gewissen ›feinen‹ Lokalen und Privathäusern geschieht, deren Besitzer oder Mieter aus der Schwäche ihrer Mitmenschen bei Sekt und Leckerbissen ein Vermögen gewinnen.

Mit naiver Selbstverständlichkeit wird jetzt in Dresden die Spielsucht von gewissen Vereinen und in bestimmten Wirtschaften beim Skat gefördert. Es wurde kürzlich bei einem Preisskat der erste Preis auf 20 000 Mk., der zweite auf die Hälfte festgesetzt, ein ›Trostpreis‹ auf 2000 Mark und außerdem zahlreiche *andere, die auch nicht gering* waren. Man hat diese Preise dann auf 7500 und 5000 Mark ermäßigt, aber immerhin sind das noch Summen, die lediglich zur Aufpeitschung der Spielleidenschaft dienen, geeignet, unseren niedergetretenen Volkscharakter noch weiter zu zerrütten. *Und kein Schutzmann legt die Hand auf derartiges Spiel. Hat es doch große Mühe gekostet, die Dresdner Kinder und Jugendlichen von den üblen Spielautomaten fernzuhalten.*«

***

Auch die Prostitution bleibt landesweit ein Thema. Da gibt es unterschiedliche Zugriffe: »Die Polizeisitten der Sittenpolizei« titelte die »Rheinische Zeitung« Mitte November 1919 und warf einen Blick in die Nationalversammlung:

»Wie wir schon mitteilten, haben sämtliche weibliche Abgeordneten der Nationalversammlung, von den Deutschnationalen bis zu den ›Unabhängigen‹, beantragt, die Reglementierung der Prostitution aufzuheben und die Sittenpolizei durch Organe der Gesundheitspflege und Fürsorge zu ersetzen. Daß selbst die rechtsstehenden Parteien für diesen vernünftigen Vorschlag zu haben waren, beweist den Einfluß nicht nur des Frauenwahlrechts, sondern auch der demokratischen Staatsform auf die Gestaltung der Gesetze. Solange die breiten Massen der Bevölkerung keine große Macht hatten, hielten die bürgerlichen Parteien an der ›Sittenpolizei‹ fest. Die Konservativen und Liberalen waren sogar mit dem infamsten Zuhältertum, der Ausbeutung der Prostitution durch *Bordelle*, einverstanden. Das Zentrum hat sich für diese gemeingefährliche Einrichtung nicht offen ausgesprochen, aber wenig dagegen unternommen und an der Sittenpolizei festgehalten.

Leider hat die Revolution auf dem Gebiete der Prostitution bis jetzt nicht einmal so weit Wandel geschaffen, wie es nach Lage der schon im kaiserlichen Deutschland geltenden Gesetze hätte geschehen müssen (…)«

Und wie stehen die Sachsen zu diesem schlüpfrigen Thema? »Der Einfluß der Prostitution auf unser Volksleben«, so greifen es die »Zittauer Nachrichten« auf und berichten erstmal, wie es in Hamburg aussieht:

»Über dieses ernste Thema sprach am Dienstagabend im Saale der ›Volksküche‹ der Missionar der Hamburger Mitternachtsmission Rudolf Springer. Es waren dunkle Bilder, die der Redner vor Augen und Gemüt führte. Er wies nach, daß die Prostitution, deren primitive Wurzeln in der ältesten Völkergeschichte zu finden seien, jederzeit den Kulturfortschritt gehemmt habe und mit die Ursache war am Untergang der Völker. Die Prostitution sei nicht ein Produkt der Kultur, sondern ein Ueberbleibsel aus der Unkultur.

Die Bordelle seien die Hochschulen aller Perversitäten sowie der Hauptherd der Geschlechtskrankheiten. Die kasernierte Prostitution sei zum Massenbetrieb gesteigert worden. So zum Beispiel habe die Altonaer Behörde die Zahl der allabendlich in die Bordellstraßen einströmenden Männer und Jünglinge auf 4000 bis 5000 geschätzt. Schüler höherer Lehranstalten, Konfirmanden und heranwachsende Jugend kommen nach den Bordellstraßen, denn jeder kennt die Straßen und wird lüstern gemacht nach abenteuerlichen Streifzügen durch dieselben. Die ärztliche Kontrolle sei, nach Prof. Forell gesagt, eine Vortäuschung und geschehe im Galopp. 80 % aller reglementierten Dirnen hätten bereits böse Krankheiten durchgemacht (...)

Der Einfluß der Prostitution auf unser Volksleben ist, wie der Redner weiter ausführte, äußerst verderblich, denn erstens lenkt sie den sexuellen Aufschluß auf schiefe Bahn und bringt vielfach die Jugend zu Fall, ehe ihr eine Aufklärung in keuscher Weise gegeben wird. Zweitens verleitet sie die Jugend zu sehr frühem Geschlechtsverkehr, wodurch die geistige und körperliche Entwicklung gestört wird (...)«

In den »Unabhängigen Volkszeitungen, Dresden und Pirna« kommt die russische Sozialistin und Feministin Alexandra Kollontay unter dem Titel »Die Prostitution und ihre Ursachen« zu Wort:

»Die Prostitution ist zweifelsohne eines der wichtigsten Probleme, besonders für die Jugend. Sie ist das furchtbare Erbe der kapitalistischen Gesellschaft, und niemand hat ein größeres Interesse daran, dieses Uebel auszurotten, als gerade die proletarische Jugend.

Die kapitalistische Gesellschaft duldet die Prostitution. Auf Grund ihrer christlichen Moral behauptet sie, daß es immer junge Männer mit angeborenen verbrecherischen Trieben geben wird, und daß es vergebliche Liebesmühe bedeute, gewisse Frauen von jenem Laster befreien zu wollen, das sie dauernd zu Sklavinnen macht. ›Es gibt kein Heilmittel gegen dieses Uebel‹, sagen die Pharisäer aus der Schule des italienischen Wissenschaftlers Lombroso, ›Prostitution hat es immer gegeben und wird es immer geben.‹

Diese bürgerliche Auffassung von der Prostitution widerspricht jedoch jeder Erfahrung der Geschichte und des Lebens. Unzählige Fragen legt uns diese Auffassung vor: Woher kommt es, daß es so viele perverse und verbrecherische ›Individuen‹ gerade dann gibt, wenn ein Land unter den Folgen von Krieg, Arbeitslosigkeit, Armut und Hunger leidet?«

Das Bordell, das im Dresden der Nachkriegszeit kaum einer so häufig besucht wie der Maler Otto Dix, ist ein dezenter Dauerbrenner der Zeitungen. Fast mehr noch die geheimnisumwitterte männliche Sexualität.

So richtig erforscht ist da vieles noch nicht am »Geschlechtlichen« des Mannes. Und so kommen auch Leser in den »Zittauer Nachrichten« zu Wort, die von diesem Thema gleichermaßen abgestoßen und angezogen sind – so wie Herr Finke von der Kulturliga:

»Ich habe am Sonnabend zum *ersten* Male den scheinbar sehr beliebten Freiherrn von Reitzenstein über eines seiner scheinbar sehr beliebten Themen reden hören, trotzdem ich seinen Plakaten in vielen Städten schon begegnet bin. (...)

Was mir besonders auffiel, war die Betonung des Geschlechtlichen unter Hinweis auf *rein chemische Vorgänge*, ohne daß v. R. dabei gezeigt hätte, welches denn wieder der Urgrund *dieser* Vorgänge ist. *Innere Sekretionen gewisser Drüsen* sind für v. R. ein Entschuldigungsgrund für geschlechtliche Begebenheiten, an denen die ›Moralisten‹ Anstoß nehmen! Die ›Sekretion‹ steigert den ›Trieb‹, folglich ist der Mensch *unschuldig* an dem Trieb! Da v. R. Vergleiche liebt, um seine Gegner lächerlich zu machen, sei ihm hier ebenfalls mit einem Vergleich gedient: *Salzige Speisen steigern den Durst, folglich ist der Alkoholiker entschuldbar!*«

***

Es gibt reichlich von jener Hochkultur, für die Dresden berühmt ist. Da sind neben Oper und Theater die Sinfonie-Konzerte: Allein während des Winterhalbjahres 1919/1920 finden im Opernhaus vierzehn Anrechtskonzerte statt, deren Komponisten auch hundert Jahre später noch ihre Zuhörer erfreuen: Mozart, Beethoven, Dvořák, Berlioz, Bruckner, Debussy, Haydn, Spohr, Strawinsky, Brahms, Lalo, Tschaikowsky, Strauß ... Dazu Uraufführungen von Paul Büttner, dem Professor für Komposition am Dresdner Konservatorium, und einigen im 21. Jahrhundert völlig vergessenen Komponisten.

Lotte Witt vom Wiener Burgtheater tingelt mit ihrem Soloprogramm »Der fröhliche Goethe« durch Dresden. Es gibt volkskundliche Darbietungen auf der Prager Straße; der Schauspieler Friedrich Erhard liest das gesamte Epos von Klopstocks »Messias«

und lässt die »Dresdner Neueste Nachrichten« jubeln: »Es war das Vollkommenste, was man je von Erhard gehört hat.« Die lieben Kleinen lockt ein lustiger Kindernachmittag: »Max und Moritz«, mit Schattenbildern. Dies alles natürlich für jene, die den Eintritt bezahlen können; lediglich bei den Konzerten kann man zum halben Preis die Generalprobe besuchen.

Doch dann ist eine Kultur in die bisherige Residenzstadt eingebrochen, die ursprünglich eine Sprachattacke gegen den Krieg war und in ihrer Hässlichkeit niemals eine Erfindung aus der beschaulichen Stadt an der Elbe hätte sein können – der Dadaismus. Er wird im Frühjahr 1920 noch einige Folgen haben, doch zunächst sind nicht viel mehr als die revolutionären Künstler der Dresdner Sezession davon begeistert. George Grosz, Berliner und großer Dada-Fan, erklärt, worum es sich hier eigentlich handelt:

»Künstlerisch waren wir damals ›Dadaisten‹. Wenn das überhaupt etwas zum Ausdruck brachte, so war es eine schon lange gärende Unruhe, Unzufriedenheit und Spottlust. Jede Niederlage, jeder Umbruch zu einer neuen Zeit gebiert derlei Bewegungen. In einer anderen Epoche hätten wir ebensogut Flagellanten sein können. Dada, soweit ich seine Geschichte kenne, kam aus Zürich. Dort hatten im Krieg ein paar Dichter, Maler und Musiker das Cabaret Voltaire gegründet. Hugo Ball leitete es, mit Hilfe von Richard Hülsenbeck, Hans Arp, Emmy Hennings und ein paar anderen internationalen Künstlern. Das Programm war nicht eigentlich politisch, es war modern futuristisch. Den Namen Dada fanden Ball und Hülsenbeck, als sie willkürlich ein französisches Lexikon aufschlugen und blind auf ein Wort zeigten. Das Wort war zufällig da da, das heißt Schaukelpferdchen.

Hülsenbeck brachte Dada nach Berlin, wo die Sache sofort politische Züge annahm. In Berlin wehte ein anderer Wind: die ästhetische Seite wurde zwar beibehalten, aber immer mehr durch eine Art anarchistisch-nihilistischer Politik verdrängt.

Als Dadaisten hielten wir ›Meetings‹ ab, bei denen wir gegen ein paar Mark Eintrittsgeld nichts taten, als den Leuten die Wahrheit zu sagen, das heißt, sie zu beschimpfen. Wir nahmen kein Blatt vor den Mund. Wir sagten: ›Sie alter Haufen Scheiße da vorne – ja, Sie dort mit dem Schirm, Sie einfältiger Esel‹ (...) oder ›Lachen Sie nicht, Sie Hornochse!‹

Antwortete einer, und natürlich taten sie das, so riefen wir wie beim Militär: ›Halts Maul oder Du kriegst den Arsch voll!‹ und so weiter, und so weiter (...)

Das sprach sich schnell herum, und bald waren unsere Meetings und unsere Sonntagvormittagsmatineen ausverkauft und voll von sich amüsierenden und sich ärgernden Menschen. Es ging soweit, daß wir ständig Sicherheitspolizei im Saal haben mußten, weil es dauernd Schlägereien gab. Später wurde es so toll, daß wir immer bei der zuständigen Polizeistelle um eine Sondergenehmigung einkommen mußten. Wir verhöhnten einfach alles, nichts war uns heilig, wir spuckten auf alles, und das war Dada. Es war weder Mystizismus noch Kommunismus noch Anarchismus. All diese Richtungen hatten ja noch ein Programm gehabt. Wir aber waren der komplette, pure Nihilismus, und unser Symbol war das Nichts, das Vakuum, das Loch.«

Am 18. Februar 1920 gibt es im Dresdner Curio-Haus eine Dada-Soiree, die zu einer handfesten Schlägerei führt.

Zwei Plakate klebten plötzlich am Portal des Curio-Hauses:

»Was ist dada? Eine Kunst? Eine Philosophie? Eine Feuerversicherung? Oder: Staatsreligion? Ist dada wirkliche Energie? Oder ist es ... Garnichts, d.h. *alles*?«

Was genau da losgeht, erlebt ein übervoller Saal, unter ihnen Elfriede Wächtler, Kurt Lohse, Pol Cassell und Otto Dix. Johannes Baader, Oberdada aus Berlin, liest »Mein letztes Leichenbegängnis«. Besser gesagt, er liest es nicht: Pfeife rauchend läuft er auf der Bühne herum, sehr lange. Die Zuschauer werden aufgefordert, ihn genau zu beobachten. Dadaist Hausmann brabbelt über klassische Beziehungen zur Mittelstandsküche. Eine Weile vergeht, dann nehmen die Protestrufe zu. Als Richard Huelsenbeck das »Dadaistische Manifest« vorträgt, schwillt der Protest an. Und als die Berliner schließlich ins Publikum rufen, die gesamte bisherige Literatur, von Goethe bis Hasenclever, gehöre ins Klosett und runtergespült, stürmen einige Zuschauer die Bühne. Ein Student ruft: »Volk Goethes – und das lässt Du Dir gefallen!« Es kommt zum Tumult, im Saal quietschen Kindertrompeten, Leute wollen ihr Eintrittsgeld zurück, Gegner und Fans von Dada prügeln sich. Oberdada Baader wird ein Zahn ausgeschlagen. Er wird in Elfriede Wächtlers Atelier gebracht und verarztet. Eine Freundschaft entsteht … Dada bleibt 1920 Kult bei den Dresdner Künstlern. Aber nicht bei allen.

Frühjahr 1920: Die Herrschaft der 100 Stunden

Deutschland kommt nicht zur Ruhe: Einer Anweisung der alliierten Militärkontrollkommission folgend, löst Reichswehrminister Gustav Noske Ende Februar 1920 die in der Armee hochgeachtete, rund 5000 Mann starke Marinebrigade des Korvettenkapitäns Hermann Ehrhardt sowie das Freikorps Loewenfeld auf. Dem widersetzt sich der ranghöchste General der sogenannten Vorläufigen Reichswehr, Walther von Lüttwitz, dem auch noch die Kommandogewalt über zwei Reichswehrdivisionen in Berlin und Dresden entzogen wurde.

Kapp-Putsch in Berlin, Besetzung des Regierungsviertels, Absperrung am Potsdamer Platz

Am Tag zuvor hat er sich mit dem ostpreußischen Bankdirektor und Reichstagsabgeordneten Wolfgang Kapp getroffen, der schon seit 1918 in rechtsradikalen Zirkeln von einer Gegenrevolution zur Abschaffung der Republik träumt. Nun scheint die Stunde gekommen: Am Morgen des 13. März marschieren 5000 Marinebrigadisten ins Berliner Regierungsviertel ein, um die sozialdemokratisch geführte Reichsregierung zu stürzen. Einige der Truppen haben bereits das Hakenkreuz am Stahlhelm. Kapp und von Lüttwitz erklären sich zur »Regierung der Ordnung, der Freiheit und der Tat«, Wolfgang Kapp ernennt sich zum neuen Reichskanzler. Freiwilligenverbände und demokratiefeindliche Einwohnerwehren unterstützen ihn, dazu Teile der Reichswehr. Auf der anderen Seite bilden sich Arbeiterräte und Aktionsausschüsse, die den Widerstand gegen die Putschisten organisieren. Gewerkschaften rufen zum Generalstreik auf, Linksradikale zum bewaffneten Kampf.

Nur knapp zuvor hat die vorgewarnte Reichsregierung Berlin verlassen und ist in die sächsische Hauptstadt geflohen.

Am 14. März 1920 meldet der »Dresdner Anzeiger«:

»*Die Reichsregierung in Dresden*

Dresden, 13. März. Folgendes Telegramm ist an die Regierungen sämtlicher Länder gerichtet worden:

Putschversuch gewissenloser Abenteurer, hinter denen kein ernsthafter Politiker steht, hat die Regierung veranlaßt, zwecks Vermeidung von Blutvergießen Berlin zu verlassen. Die verfassungsmäßige Regierung hat ihren *Sitz in Dresden* und ist die einzige, die das Chaos verhindern kann. Wir ersuchen, den dienstlichen Verkehr mit uns aufrechtzuerhalten und alle Beziehungen zu den Staatsstreichlern in Berlin abzulehnen.

Der Reichspräsident: Ebert.

Die Reichsregierung: Bauer, Müller, Giesberts, Noske, Koch, Geßler«

Doch die militärische Lage in Dresden ist ihnen zu unsicher: Zwei Tage später flieht die Ebert-Regierung weiter Richtung Süden, nach Stuttgart. Inzwischen legt der von den Gewerkschaften ausgerufene Generalstreik Betriebe und Verkehr in ganz Deutschland lahm, in Berlin hocken die Putschisten bei Kerzenlicht in der Reichskanzlei.

In Dresden kommt es am 15. März zunächst zu Massenkundgebungen gegen den Militärputsch, zu denen die SPD und die USPD aufrufen, doch bald schon zu bürgerkriegsähnlichen Zuständen: Geschossen wird im Zwinger, am Theaterplatz, unter der Brühlschen Terrasse, am Postplatz.

Und die Künstler?

Wegen des lärmenden Jahrmarktes unter der Brühlschen Terrasse – es ist Ostern – hat sich Otto Dix zum Landschaftsstudium in die Sächsische Schweiz abgesetzt. Doch sein Freund Otto Griebel greift ins Geschehen ein:

»Am 15. März 1920 hielt man eben den Osterjahrmarkt in unserer Stadt ab. Als ich mit einem Bücherbrett für mein Atelier unter dem Arm die Budenreihen der Hauptstraße durchschritt, tauchte plötzlich ein Panzerwagen auf, der in Richtung Altstadt weiterfuhr. Nichts Gutes ahnend, folgte ich dem Gefährt und erreichte gerade noch den Platz vor der Sophienkirche, als der Panzerwagen in die dort versammelte Menge feuerte und die ersten Getroffenen aufs Pflaster fielen.

Zunächst mußte ich abwarten, bis der Panzerwagen zum Postplatz abschwenkte. Dort hatten Genossen bereits das Telegrafenamt besetzt, auf das vom Palasthotel Weber her Zeitfreiwillige der Reaktion aus den Fenstern herüberschossen. Auch der Panzerwagen feuerte unablässig. Schon lagen überall Tote und Verwundete umher.

Nun begannen auch wir uns mit Waffen kräftigst zu wehren. Einige besonders entschlossene Genossen griffen einen der Panzerwagen durch Schüsse und Handgranaten an, der plötzlich vor dem Stadtwaldschlößchen an einem Baum festrammte und stehenblieb. Das Gefährt war erledigt; aus seinem Innern sickerte Blut.«

Ein Postbeamter berichtet am 16. März im »Dresdner Anzeiger«, wie sich der Kampf vom Postplatz in den Zwinger verlagerte, in dem die Gemäldegalerie Alter Meister beheimatet ist:

»Nach 3 Uhr kam ich vom Schloßplatz mit den demonstrierenden Postbeamten, die ein Hoch auf die Ebert-Regierung ausgebracht hatten, nach dem Postplatz. Dort war eine große Menschenmenge versammelt; ich wußte nicht, was sich dort abspielen würde. Vor dem Haupteingang des Telegraphenamtes wogte eine Menschenmenge unter Geschrei und mit geballten Fäusten auf und ab. Dann wieder rannten alle auseinander. 5 Minuten vor 4 Uhr erschien das Panzerauto. Wer darin saß, ist mir unbekannt, ebenso, wer das Postgebäude besetzt hatte. Mit der Überschrift: ›Straße frei, es wird scharf geschossen!‹ rollte es ungefähr viermal um den Postplatz herum. Dann bog es links nach dem Droschkenhalteplatz ein; es fuhr zu kurz und riß einen ungefähr 50 bis 60 Jahre alten Mann um, dem es den Oberschenkel auffuhr, so daß der Knochen frei lag. Seine Gattin stand dahinter und wurde ohnmächtig.

Da sprang ein ungefähr 18-jähriger junger Mensch gegen das Auto, riß das Maschinengewehr in die Höhe und kam mit dem Kopf vor das Fenster. Daraus schoß ihm ein Reichswehrsoldat mit dem Revolver in die Schläfe, sodaß er tot niederstürzte. Das war der erste Tote.

Als das Auto den Mann umgerissen hatte, fuhr es nach der Haltestelle der Linie 23. Da hatte ein Zivilist eine scharfe Handgranate nach dem Auto geworfen. Allerdings traf sie das Auto nicht, sondern erst einen Meter dahinter. Daraufhin wurde von den Fenstern des Telegraphenamtes auf das Auto geschossen, das das Feuer sofort erwiderte, allerdings nur blind schoß.

Die Leute stoben auseinander. Rücksichtslos strebte alles in die Seitenstraßen. Ein Kriegsverletzter, ein Krüppel, wurde umgerissen, die Leute über ihn weg, die Krücken zerbrachen, es fand sich keine helfende Hand. Drei- oder viermal kreiste das Auto noch um den Postplatz, bis es plötzlich verschwand und Reichswehrsoldaten von der Sophienstraße aus mit roten Flaggen winkten und riefen: ›Straße frei, es kommt ein Sturmangriff!‹

Nun stürzten wir alle vom Stadtwaldschlößchen in die Zwingeranlagen, verbargen uns im Gebüsch und mußten dann fliehen und kamen auf die Zwingerhöhe. Dort fühlten wir uns sicher. Nach 5 Minuten kamen auch dorthin die Schüsse. Von den Dächern schossen die Maschinengewehre, die wir nicht gesehen hatten. Nun flohen wir wieder über das Gehege hinab, den Berg hinunter nach dem Zwingerteich (...)«

Als die Kämpfe abgeflaut sind, bleiben im Stadtzentrum 59 Tote und 200 Verwundete zurück.

Doch auch die Kunst kommt nicht ungeschoren davon: Im Zwinger hat eine verirrte Kugel das Fenster der Gemäldegalerie durchschlagen und sich Rubens' »Bathseba im Bade« in den Kopf gebohrt!

Oskar Kokoschka ist fassungslos. Wutschnaubend läuft der sonst so sanfte Professor am darauffolgenden Tag durch die Gänge der Akademie. Er verfasst ein Plakat, das er mit seinen studentischen Anhängern druckt. Darin richtet er sich – bezugnehmend auf die durchbohrte Bathseba:

»(...) an alle, die hier in Zukunft vorhaben, ihre politischen Theorien, gleichviel ob links-, rechts- oder mittelradikale, mit dem Schießprügel zu argumentieren, die flehendlichste Bitte, solche geplanten kriegerischen Übungen nicht mehr vor der Gemäldegalerie des Zwingers, sondern etwa auf den Schießplätzen der Heide abhalten zu wollen, wo menschliche Kultur nicht in Gefahr kommt.«

Noch in der Nacht kann man Oskar Kokoschka und seine Studenten in der Stadt Plakate kleben sehen. Der Text des Plakates findet sich kurz darauf in etwa vierzig Zeitungen, deutschlandweit. Doch jetzt kommt die Sache erst richtig in Fahrt, denn nun schlägt der Berliner George Grosz mehr bösartig als dadaistisch zu; ihm zur Seite der kommunistische Künstler John Heartfield. Unter dem Titel »Der Kunstlump« drucken sie einen Hass-Artikel gegen Kokoschka, den »Schöpfer psychologischer Spießerportraits«, und würzen ihn mit ihren Klassenkampf-Parolen:

»Kokoschkas Äußerungen sind ein typischer Ausdruck der Gesinnung des gesamten Bürgertums. Das Bürgertum stellt seine Kultur und seine Kunst höher als das Leben der Arbeiterklasse. Auch hier ergibt sich wiederum die Folgerung, daß es keine Versöhnung geben kann zwischen der Bourgeoisie, ihrer Lebenseinstellung und Kultur, und dem Proletariat. *Wir begrüßen mit Freude, daß die Kugeln in Galerien und Paläste, in die Meisterbilder der Rubens sausen statt in die Häuser der Armen in den Arbeitervierteln!*

Es gibt nur eine Aufgabe: Mit allen Mitteln, mit aller Intelligenz und Konsequenz den Zerfall dieser Ausbeuterkultur zu beschleunigen.

Jede Indifferenz ist konterrevolutionär!

Wir fordern alle auf, Stellung zu nehmen gegen die masochistische Ehrfurcht vor historischen Werten, gegen Kultur und Kunst!

Insbesondere bitten wir um Übermittlung von Stellungnahmen gegen den Aufruf Kokoschkas! Wir wollen die Stimmen gegen solche Lumpen und die hinter ihnen Versteckten sammeln und nach Möglichkeit der Öffentlichkeit übergeben.

Von Euch, Arbeiter, wissen wir, daß Ihr Eure Arbeiterkultur ganz allein schaffen werdet, ebenso wie Ihr Eure Klassenkampforganisationen aus eigener Kraft geschaffen habt.«

Oskar Kokoschka

Die nunmehr politischen Gegner Kokoschkas kleben die vergrößerte Polemik von Grosz und Heartfield für Passanten sichtbar an die Türen der Kunstakademie. Für sie ist er von nun an ein Reaktionär. Oskar Kokoschka ist tief verletzt. Deutschland beginnt, ihm zu misshagen, es drängt ihn raus hier, nicht nur aus Dresden.

***

Am 17. März 1920 geben in Berlin Kapp und Lüttwitz auf, Kapp setzt sich nach Schweden ab. Die Brigade Ehrhardt tötet am 18. März vor dem Brandenburger Tor noch zwölf Demonstranten, zieht sich dann aber zurück. Die Regierung von Friedrich Ebert kommt wieder nach Berlin.

Der Offizier Arnold Vieth von Golßenau, der 1918 als gewählter Bataillonsführer nach Dresden zurückgekehrt war und seitdem Hundertschaftsführer der sozialdemokratisch ausgerichteten Sicherheitspolizei war, weigerte sich während des Kapp-Putsches, auf Riesaer Arbeiter schießen zu lassen. Er lässt sich zum Hauptmann degradieren und scheidet noch im Frühjahr aus dem Militär aus. Einige Jahre später veröffentlicht er als Ludwig Renn sein erstes, in 39 Sprachen übersetztes Buch »Krieg«.

Am 22. April 1920 wird Georg Gradnauer als Ministerpräsident Sachsens vom linken Flügel seiner Partei zum Rücktritt genötigt, gehört aber weiterhin der Weimarer Nationalversammlung an. Die Kluft zwischen ihm und den vor allem in Chemnitz und Leipzig angesiedelten Linken der SPD hatte begonnen, als er im Herbst 1919 eine Koalition mit der bürgerlichen, linksliberalen Deutschen Demokratischen Partei eingegangen war, statt die Wiederannäherung an die USPD zu suchen. Nun, während des Kapp-Putsches, hatte sich gezeigt, dass die von Gradnauer mehrfach mit Dank überhäuften Maercker-Truppen sich plötzlich für »neutral« erklärten und damit kein ausreichender Schutz für die nach Dresden geflüchtete Reichsregierung garantiert war. Auch hatten Zeitfreiwilligenkontingente das sozialdemokratische Leipziger Volkshaus zusammengeschossen.

***

Victor und Eva Klemperer sind auf dem Weg nach Dresden, wo Klemperer an der Technischen Hochschule als Ordinarius für Romanistik erwartet wird. Am Tag zuvor in Leipzig, am 15.April 1920, notiert er in sein Tagebuch:

»Nach Dresden gehe ich mit weniger Freude als Sorge: das Geld, der Antisemitismus, die Kollegen, die technische Vorlesung, die Wohnung. Zugleich aber gehe ich auch mit einigem Stolz u. einer gewissen Wurstigkeit hin. Schließlich: ich bin Ordinarius u. ›mir kann keiner.‹ Nun sind noch letzte Reisevorbereitungen u. Gänge hier, und um 12. 27 Abfahrt.

Freitag, 16 April 1920. Abends 1/2 10
»Der Zug ging über Döbeln u. Meißen. Die ganze Landschaft weißblühend. Obstplantagen. Felsige Partieen. Die Albrechtsburg am Fluß. Um 1/2 5 in Dresden. In ein Café am Altmarkt. Telephoniert an verschiedene Pensionen. Schlechte Aussichten. Wanderung begonnen. Fehlschlag um Fehlschlag. Eine Wirtin hielt uns für Ungarn u. wollte nur Deutsche nehmen, eine schauspielerte wie eine alte Schmierentragoedin, eine war sehr schwer von Begriffen. Alle waren sehr teuer. Eva mit eiserner Energie schleppte mich weiter u. weiter. Ins südliche Villenviertel hinter dem Bahnhof. Schließlich heißt es hier: morgen würden 2 Zimmer frei. Mit voller Pension 38 M., dazu für Wäsche, Licht, Bedienung noch rund 2 M. täglich.

Wir behielten uns Entscheidung vor, schleppten uns zum Bahnhof zurück, aßen, gingen in ein gegenüberliegendes Hôtel. (›Monopol‹)

Ein winziges Zimmerchen für 20 M. ohne Steuer etc. (Die Morgenrechnung betrug 33 M.) Mir war auf mürrische Verzweiflung Fatalismus gefolgt.

Heute ausgeschlafen – Eva jetzt mehr entzwei als ich – u. sofort telephonisch die Zimmer gemietet. Nach langem Frühstück – aber vorher war ich lange in der Techn. Hochschule – schleppte uns ein Dienstmann die beiden Koffer her. Die Zimmer ganz entzückend. Das Haus liegt hoch in einem blühenden Garten, in einer Villenstr. Am Schlafzimmer ist ein Balkon, von dem sieht man auf die Stadt hinab mit ihren Türmen u. darüber hinweg auf die Uferhügel. Abends Lichter, auch auf einen Turm, auch hoch u. fern, Loschwitz. Und die blühende Straße. Und der blühende Garten. Ostbäume, Rhododendren, Azaleen. Vor allem weiß, aber auch Farben, doch Weiß in unglaublicher Fülle, Üppigkeit, Reinheit. (...)

Sonnabend Nachm ½ 4 Dresden 17/4 20
Gestern Vorm. u. vor dem Frühstück also war ich zum ersten Mal in der Hochschule am Bismarckplatz, einem ziemlich alten u. nicht übermäßig pompösen Kasten, an einem schönen Schmuckplatz gelegen. Dort standen bemützte Studenten, u. im Treppenaufgang hingen schleifenreiche Kränze neben Photographieen u. Gedenktafeln. Ich erfuhr auch gleich, daß man der Zeitfreiwilligen halber erst am 3. Mai beginnt. Man ist also nationalistisch hier, woran ich nicht gezweifelt habe ... Ich ließ mir das romanische Seminar aufschließen.«

***

Oskar Kokoschka, der einen 7-Jahresvertrag von 1919–1926 als Professor an der Kunstakademie abgeschlossen hat, ist seit der vernichtenden Attacke seines Malerkollegen George Grosz (an die dieser später nicht mehr erinnert werden will), seelisch angeschlagen, er hält es nicht mehr aus – in Dresden, in Deutschland. Mitte Juni 1920 nimmt er Urlaub und fährt zu seinen betagten Eltern nach Wien.

Ausblick ins Düstere

Nach dem missglückten rechtsradikalen Putsch normalisiert sich auch in Sachsen das Leben. Lediglich im Vogtland hält der Linksradikale Max Hoelz mit seinen bewaffneten Anhängern die Menschen noch einige Wochen in Atem. Mit einem Gesetz vom Juni 1920 werden alle Arbeiterräte in Sachsen aufgelöst, die staatlichen und kommunalen Behörden übernehmen wieder allein die öffentliche Gewalt.

Am 14. November 1920 wird auf Grundlage der Verfassung des Freistaates Sachsen der Sächsische Landtag gewählt – in allgemeinen, gleichen, freien und geheimen Wahlen, wie schon in der Volkskammer im Jahr zuvor. Doch das Bild zeigt sich zerfaserter: Von nun an werden sieben Parteien im Parlament vertreten sein: Von den 96 Abgeordneten gehören nun 27 der SPD an, 20 der Deutsch-Nationalen Volkspartei, 18 der Deutschen Volkspartei, 13 der USPD, 9 der Kommunistischen Partei Deutschlands, 8 der Deutschen Demokratischen Partei und ein Abgeordneter der katholischen Zentrumspartei. Die Wahlergebnisse spiegeln die Unruhe, auch in den folgenden Landtagswahlen kann keine der Parteien die absolute Mehrheit mehr erringen, kommt es zu Zerwürfnissen, einer SPD-Minderheitsregierung und Misstrauensvoten. Nach der Landtagswahl 1929 werden bereits fünf Abgeordnete der Nationalsozialistischen Deutschen Arbeiterpartei im Sächsischen Parlament Platz nehmen.

Auf Reichsebene sieht es noch bedenklicher aus: Die ersten regulären Wahlen zum Deutschen Reichstag am 6. Juni 1920 zeigen bereits ein mentales Unbehagen gegenüber der neuen Republik. Hatten die drei großen demokratisch orientierten Parteien bei den Wahlen zur Nationalversammlung vom Januar 1919 noch eine klare Mehrheit von 76 Prozent der Stimmen für die »Weimarer Koalition« erringen können, so rutschen SPD, katholisches Zentrum und Deutsche Demokratische Partei anderthalb Jahre später in eine Minderheit von 43 Prozent. Gegen Ende der Weimarer Demokratie, im Sommer 1932, werden die extremistischen Parteien – Hitlers NSDAP, die KPD und die Deutschnationale Volkspartei – im Reichstag über eine Mehrheit verfügen, die offen antidemokratisch ist und auf die Überwindung der Weimarer Republik zielt.

Noch ist es nicht soweit, doch welcher Demokrat fühlt sich hier sicher? Die Reichswehr, durch den Versailler Vertrag auf 100 000 Mann reduziert, bildet eine Art Staat im Staate – die neue, demokratische Idee eines Staatsbürgers in Uniform greift bei den Militärs nicht; sie rüsten erst einmal auf, und sei es, um ein neues Selbstbewusstsein zu entwickeln.

Und verhielten sich die politischen Kräfte der alten obrigkeitsstaatlichen Ordnung zunächst abwartend, so treten sie nun wieder lautstark und aggressiv auf. Georg Escherich, Chef der bayrischen Heimwehr, dreht 1920 die Geschichte:

»Das Erbe bodenständiger Staatsüberlieferung wird in den Schmutz gezogen, während der Staatsgedanke der Defätisten und Deserteure, denen wir doch in der Hauptsache den Zustand völliger Ohnmacht verdanken, als unser Retter hingestellt wird.«

Die Dolchstoßlegende blüht, die Jagd ist eröffnet: 1921 wird im Schwarzwald Matthias Erzberger von der katholischen Zentrumspartei, der Unterzeichner des Waffenstillstandes, getötet. Die Morde durch aktive junge Reichswehroffiziere und Freikorpsleute aus der deutschvölkischen Szene nehmen zu. Ihre Opfer sind Kommunisten, Sozialdemokraten, liberale und katholische Demokraten.

Im Juni 1922 trifft es den Kasseler Oberbürgermeister und ersten Ministerpräsidenten der Republik, den Sozialdemokraten Philipp Scheidemann – er entgeht nur knapp einem Blausäureattentat. Doch nur wenige Wochen später wird der jüdische Außenminister Walter Rathenau von der Deutschen Demokratischen Partei, der soeben den Vertrag von Rapallo zwischen Deutschland und Russland unterzeichnet hat, in Berlin erschossen. Die Täter, wie schon bei Erzberger, gehören zur rechtsextremen Organisation Consul.

Die prekäre wirtschaftliche Lage zu Anfang der Zwanzigerjahre verschärft die Unzufriedenheit vor allem unter den Arbeitern. Im mitteldeutschen Industriegebiet, in dem der Braunkohlebergbau und die chemische Industrie dominieren, kommt es in den frühen Zwanzigerjahren fortwährend zu Streiks, zu Zusammenstößen zwischen Arbeitern und der Polizei sowie zu Diebstählen in den Fabriken und landwirtschaftlichen Betrieben. Hier haben die Linksparteien ihre Hochburg – im Kreis Halle-Merseburg ist die KPD mit fast 30 Prozent stärkste Kraft.

Zuständig für das mitteldeutsche Gebiet ist die preußische Landesregierung – die aber weiß, dass sich hier seit den Märzaufständen 1920 noch zahlreiche Waffen in den Händen der Arbeiter befinden. Sie irrt sich nicht.

Und nun kommt wieder Max Hoelz, der Linksradikale mit Hang zur Anarchie, ins Spiel: Er schafft es, eine Streikbewegung in der Gegend um Mansfeld-Eisleben in einen gewaltsamen Aufstand zu verwandeln – mit bewaffneten Übergriffen auf Polizeibeamte, Brandstiftungen, Plünderungen, Bankraub, Sprengstoffattentate auf Eisenbahnstrecken und entgleisten Zügen. Angesichts dieser Gewalt entgleitet sogar der KPD-Führung in Halle zeitweilig das Heft des Handelns.

Der Aufstand droht auf den Freistaat Sachsen überzugreifen, doch schlagen die Bombenattentate gegen Justizgebäude in Dresden, Leipzig und Freiberg fehl. Allerdings kommt es nun in Hamburg zu blutigen Zusammenstößen zwischen Arbeitern und Polizei, sodass der Senat den Ausnahmezustand über die Elbestadt verhängen muss. Das ist noch nicht das Ende der Eskalation: Als Reichspräsident Friedrich Ebert am 24. März 1921 den nichtmilitärischen Ausnahmezustand für Hamburg und Mitteldeutschland erklärt, ruft die KPD den Generalstreik im ganzen Reich aus, um die Republik zu stürzen. Der Aufruf wird kaum befolgt, doch kommen bei diesen Märzkämpfen mehr als hundert Menschen ums Leben, werden 3000 Aufständische festgenommen.

***

Diese gewaltsame Destabilisierung übersteht Sachsen glimpflich. Das Parlament versucht, die Bälle flach zu halten, aus eigener, unguter Erfahrung. Mit der Verfassung des Freistaates Sachsen vom Oktober 1920 hat sich dieser fest in die Weimarer Republik eingebunden, dabei jedoch einiges an Selbständigkeit verloren, wie die Finanz- und Eisenbahnhoheit. Die Internationale Elbekommission nimmt 1921 in Dresden ihre Beratung zur Regelung der Elbeschifffahrt auf. In Leipzig wird der Staatsgerichtshof für das Deutsche Reich eröffnet. Ihm wird sich 1922 Wolfgang Kapp nach zweijährigem schwedischen Exil stellen, um seine Motivation für den Putsch darzulegen. Kapp stirbt noch in der Untersuchungshaft an Krebs.

Das Ringen mit Argumenten statt mit Waffen, einhundert Jahre später schon vertrauter politischer Vorgang in Europa, fällt nicht nur den Militärs schwer und hat sich ab 1933 ohnehin wieder erledigt. Ein sozialdemokratischer deutscher Beamtenbund wird 1922 in Leipzig gegründet. Im selben Jahr lehnt der sächsische Landtag den Regierungsantrag ab, den 1. Mai und den 9. November zu gesetzlichen Feiertagen zu erklären.

Die Stunde der Nationalsozialisten ist noch nicht gekommen: Zwar gründet sich in Zwickau 1921 die erste außerbayerische NSDAP-Gruppe, setzt von hier aus die Expansion der Partei Richtung Dresden, Chemnitz, Leipzig ein – doch wird die NSDAP Ende 1922 in Sachsen zunächst verboten.

Schmerzhaft sind die Nadelstiche gegenüber der Kirche: Ein Gesetz verfügte bereits 1921 die Trennung des Kirchen- und Schuldienstes für Volksschullehrer. Nun wird durch eine Verordnung des sächsischen Kultusministers Lehrern und Schülern für religiöse Veranstaltungen an nichtgesetzlichen Feiertagen keine Befreiung vom Unterricht mehr erteilt.

1923 besetzt Frankreich das Ruhrgebiet, zudem rast eine Inflation durch Deutschland, die auch Teile des Bürgertums in die Armut stürzt. Die Republik scheint ihrem Ende nahe. Im Oktober 1923 schreibt der Schriftsteller Alfred Döblin, die Menschen »haben jetzt Millionen, Milliarden und versuchen vergeblich, dafür einzukaufen«. Erst Ende 1923 kann die Währungskatastrophe durch eine Ersatzwährung, die Rentenmark, abgefangen werden.

Und schleppten sich die ersten Weimarer Regierungen von Krise zu Krise, so geht es unter Gustav Stresemann nun für ein paar Jahre bergauf. Stresemann, der Vorsitzende der Deutschen Volkspartei, wird im Krisenjahr 1923 kurzzeitig Reichskanzler und danach bis zu seinem Tod Reichsminister des Auswärtigen. Unter ihm, der aus der Wirtschaftspraxis kommt, tritt eine gewisse Stabilisierung ein, die bis zum Ausbruch der Weltwirtschaftskrise 1929 und darüber hinaus anhält. Gustav Stresemann trägt zur Verbesserung der Beziehungen mit Frankreich bei, sein Ziel: Beendigung der außenpolitischen Isolation Deutschlands sowie eine friedliche Revision des Versailler Vertrages. Er vermag es, seinen französischen Amtskollegen Aristide Briand mit seiner Idee anzustecken. 1926 erhalten beide gemeinsam den Friedensnobelpreis, was im selben Jahr die Aufnahme des Deutschen Reiches in den Völkerbund zur Folge hat.

Der Mythos von den Goldenen Zwanzigern mag sich vor allem aus diesen mittleren Weimarer Jahren speisen. Denn zwischen hoher Politik und nach wie vor stattfindenden rechts- und linksradikalen Attacken geschieht ja auch Erfreuliches: In Berlin-Tempelhof wird ein Flughafen eröffnet. Der erste Zeppelin überquert von Friedrichshafen aus den Atlantik. Die gesundende Rentenmark wird 1925 in Reichsmark umbenannt. Im selben Jahr sind im Deutschen Reich bereits 200 000 PKW und 100 000 Motorräder zugelassen. Frankreich beginnt das Ruhrgebiet zu räumen. Mit der Entwicklung des Tonfilmes geht es rapide voran, und Max Schmeling wird 1927 Europameister im Halbschwergewicht. Elektrische Schnellzüge nehmen ihren Betrieb auf …

Mit der Weltwirtschaftskrise 1929 geht es dann steil bergab. Massiv wird die repräsentative Demokratie nun wieder von Nationalsozialisten und Kommunisten angefeindet, obwohl beide gern das Parlament als Bühne für ihre Agitation nutzen. Das vorläufige Ende des demokratischen Parlamentarismus kommt mit der Machtergreifung der Nationalsozialisten, auch in Sachsen: Nachdem Adolf Hitler am 30. Januar 1933 Reichskanzler geworden ist und seine Koalition aus rechtsextremen Parteien bei den Reichstagswahlen vom 5. März 1933 die Mehrheit erreicht hat (NSDAP 43,9 Prozent, Kampffront Schwarz-Weiß-Rot 8,0 Prozent), verordnet der nationalsozialistische Reichskommissar für Sachsen, Manfred v. Killinger, am 4. April 1933 die Gleichschaltung des Landesparlaments. Die Fraktionen des Sächsischen Landtags werden nach dem Stimmenanteil bei der letzten Reichstagswahl umgebildet. KPD und SPD wird selbst das nicht mehr gestattet. Das von der NSDAP kontrollierte Restparlament bleibt ohne jeden politischen Einfluss. Formell existiert es noch bis zum 30. Januar 1934.

***

Unvorstellbares geschieht jetzt mit jenen, die sich so vehement für die Errichtung und den Ausbau der Demokratie eingesetzt haben, mit allen Gegnern des Nationalsozialismus und den Deutschen jüdischer Herkunft.

Ex-Ministerpräsident Georg Gradnauer, der von 1921 bis 1932 die Sächsische Gesandtschaft in Berlin leitete, wird 1933 durch das NS-Regime in »Schutzhaft« genommen. 1944 erfolgt eine zweite Verhaftung – Gradnauer wird jetzt ins KZ Theresienstadt verschleppt und dort der Gruppe jüdischer »Prominenter« zugeordnet. In Theresienstadt erlebt er auch das Kriegsende.

Marie Juchacz, jene Abgeordnete der SPD, die 1919 als erste Frau im demokratisch gewählten Reichstag eine Rede hielt und im gleichen Jahr die Arbeiterwohlfahrt gründete, emigriert mit dem Machtantritt der Nationalsozialisten zunächst ins Saargebiet; als die Bevölkerung des Saarlandes für den Anschluss ans Deutsche Reich votiert, flieht sie weiter durch Frankreich und 1941 schließlich über Martinique nach New York. Dort wird sie 1945 die Arbeiterwohlfahrt USA – Hilfe für die Opfer des Nationalsozialismus gründen.

Und die ersten Frauen des Sächsischen Landtags, was wird nun aus ihnen? Die am meisten respektierte unter ihnen, die gebürtige Ostpreußin Julie Salinger, ist nach der NS-Machtübernahme kaum noch in der Dresdner Öffentlichkeit zu sehen. Es geht ihr schlecht: Ihr Mann, der Rechtsanwalt Julius Salinger, starb bereits 1921. Nun kommt auch ihr Sohn Paul 1933 auf ungeklärte Weise zu Tode. Ihre Wirkungsfelder – die Deutsche Demokratische Partei und die demokratische Frauenbewegung – sind verboten und haben sich aufzulösen. Doch das ist nur der Anfang. Julie Salinger muss die stufenweise Entrechtung und Misshandlung von Mitgliedern ihrer jüdischen Gemeinde erleben und 1938 den Synagogenbrand. Zwei Jahre später wird die bekannteste sächsische Abgeordnete gezwungen, aus ihrer Wohnung auszuziehen, gemeinsam mit ihrer Schwester Minna wird sie in das Judenhaus Bautzner Straße 20 eingewiesen. Beide Frauen werden 1942 von den Nazis enteignet und noch im selben Jahr ins Konzentrationslager Theresienstadt deportiert. Dort sterben Julie und ihre Schwester nach kurzer Zeit infolge der unmenschlichen Haftbedingungen.

Die USPD-Abgeordnete Anna Geyer aus Leipzig, die nur ein halbes Jahr lang ihr Mandat in der Volkskammer wahrnahm und dann ihrem Mann nach Hamburg und Berlin folgte, hat sich während der Zwanzigerjahre wieder der SPD zugewandt. Nun erleidet auch sie ein Emigrationsschicksal: Getrennt von ihrem Mann flieht Anna Geyer mit ihrer Tochter über Tschechien, Frankreich und Portugal in die USA, wo sie sich den deutschen Emigranten zuordnet: Sie verfasst Artikel für Emigrantenzeitungen und wirkt im German-American Council for the Liberation of Germany from Nazism mit.

Von der Chemnitzer Sozialdemokratin Helene Wagner, die 1919 mit Julie Salinger und Anna Geyer als erstes Frauen-Trio in die Sächsische Volkskammer einzog und im Landtag bis 1926 Abgeordnete blieb, verliert sich von 1933 an die Spur. Auch Tag und Ort ihres Todes sind nicht bekannt.

Das Ende der Demokratie und all das damit verbundene Grauen muss Marie Stritt nicht mehr miterleben, sie stirbt 1928 mit 73 Jahren an einem Herzleiden. In zahlreichen Nachrufen werden ihr Engagement, ihre Intelligenz und rednerische Begabung gewürdigt, unter anderem im Journal »Die Frau« der Nr. 36/1928:

»Das Beste und Höchste, was von einem Menschen gesagt werden kann, ist, daß seine formende Hand in der Gestaltung seines Wirkungsfeldes der geschichtlichen Rückschau unauslöschlich erkennbar bleibt. Es sind nicht viele Frauen, die in diesem höchsten Sinne Führerinnen waren. Marie Stritt gehörte zu ihnen!«

Drei Totenfeiern gibt es für die Verstorbene: Zunächst nimmt auf dem Tolkewitzer Friedhof in Dresden ein kleiner Kreis Abschied von Marie Stritt. Dem Wunsch der Verstorbenen entsprechend spricht Else Ulich-Beil die Worte des Abschieds, sehr persönlich und auf die lebenslange Verbundenheit Marie Stritts mit Siebenbürgen verweisend. Im Oktober 1928 gedenkt die deutsche und internationale Frauenbewegung ihrer programmatischen Führerin in einer großen Trauerfeier in der Aula der Dresdner Kreuzschule. Die Urne der Schauspielerin und Frauenrechtlerin wird schließlich nach Schäßburg in Siebenbürgen überführt. An der dortigen Totenfeier nimmt eine große Trauergemeinde teil, zu der neben Maries Familie, ihren Kindern und Enkeln auch zahlreich angereiste Vertreterinnen regionaler Frauenvereine zählen. In der NS-Zeit wird Marie Stritt totgeschwiegen, auch in der DDR gibt es keinerlei Erinnerung an die Nicht-Kommunistin.

Der Schriftsteller Erich Kästner geht 1921 mit seiner Dresdner Freundin Ilse Julius, die ihr Chemiestudium begonnen hat, für ein Semester an die Universität Rostock. Diese hat jedoch keinen guten Ruf in Kästners Hauptfach, der Germanistik. So wechselt er anschließend für ein Semester nach Berlin, das ihn stark prägt, bevor er an die Universität Leipzig zurückkehrt. Ilse Julius setzt ihr Chemiestudium an der TH Dresden fort. In Leipzig promoviert Erich Kästner 1925 an der philosophischen Fakultät. Sein Studium finanziert er mittlerweile durch Nebentätigkeiten mit. Diese bestehen vor allem in journalistischen Arbeiten, der Dresdner geht voll darin auf. Er schreibt für das »Leipziger Tageblatt« und die »Neue Leipziger Zeitung«, dies all neben seinem regulären Studium. In letzterem Blatt begegnet er dem Karikaturisten und Comic-Zeichner Erich Ohser, der an der Staatlichen Akademie für Graphik und Buchgewerbe studiert und die berühmten Geschichten von »Vater und Sohn« kreiert hat. Die beiden werden Freunde; sie liegen, was den Humor betrifft, auf einer Wellenlänge – Erich Ohser illustriert schon bald die Gedichtbände seines Freundes Erich Kästner. Als jedoch Kästners Gedicht »Nachtgesang des Kammervirtuosen« 1927 in der »Neuen Leipziger Zeitung« erscheint, köstlich illustriert von Erich Ohser, fliegen die beiden dort raus – sie sind der Zeitung inzwischen zu frivol. Nun hält Erich Kästner nichts mehr in Leipzig, er wechselt nach Berlin. Dort bleibt er während der gesamten NS-Diktatur. Seine Bücher landen als »undeutsch« auf dem Scheiterhaufen der Nazis. Doch im Ausland werden seine Bücher veröffentlicht; damit hält er sich über Wasser sowie mit einigen unter Pseudonym verfassten Drehbucharbeiten für Ufa-Komödien.

Sein Freund, der Comic-Zeichner Erich Ohser, überlebt die Nationalsozialisten nicht: Da er vor deren Machtübernahme bissige Karikaturen von Hitler und Goebbels veröffentlicht hatte, kann auch er nur noch unter Pseudonym arbeiten. Da er seine Abneigung gegen den NSDAP-Staat nicht für sich behalten kann, wird Erich Ohser 1944 denunziert und verhaftet. In der Nacht vor dem Prozessbeginn an Freislers »Volksgerichtshof« erhängt er sich in seiner Zelle.

Der Arzt und Schriftsteller Friedrich Wolf geht 1920 als Stadtarzt nach Remscheid, nimmt dort an den Ruhrkämpfen gegen den Kapp-Putsch teil. 1921 trennt er sich von seiner Frau Käthe, die als Heilgymnastin mit den gemeinsamen Kindern Johanna und Lukas in Dresden bleibt. 1922 heiratet Wolf erneut und wird in den Jahren darauf Vater der Söhne Markus und Konrad. 1928 tritt Friedrich Wolf in die KPD ein und wird schon 1931 vom »Völkischen Beobachter« der NSDAP als »einer der gemeingefährlichsten Vertreter des ostjüdischen Bolschewismus« ausgemacht. Denn Wolfs Theaterstücke haben den expressionistischen Aufbruch längst hinter sich gelassen und orientieren sich im Stil am sozialistischen Klassenkampf. Im medizinischen Bereich ist weniger Ideologie zu spüren. Und so erscheinen 1928 zugleich seine Streitschrift »Kunst ist Waffe« und sein naturheilkundliches Volksbuch »Die Natur als Arzt und Helfer«. 1933 emigriert Friedrich Wolf mit seiner neuen Familie über Frankreich in die Sowjetunion.

Der Romanist und Schriftsteller Victor Klemperer, der freiwillig für Deutschland in den Ersten Weltkrieg gezogen war, ist nach 1933 hochgefährdet. Er verliert 1935, im Zuge der Nürnberger Rassengesetze, seinen Lehrstuhl an der Technischen Hochschule Dresden. Und er verliert seine Wertschätzung als Deutscher; Klemperer wird zum Juden, der er nie sein wollte. In seinem Tagebuch notiert er:

»Alles, was ich für undeutsch gehalten habe, Brutalität, Ungerechtigkeit, Heuchelei, Massensuggestion bis zur Besoffenheit, alles floriert hier.«

Er erlebt Demütigungen im Alltag, die er nie für möglich gehalten hatte, und wird von der Gestapo schikaniert. Jahre später müssen er und seine Frau Eva Klemperer auch aus ihrem Haus raus, sie werden in ein Judenhaus eingewiesen:

»Etwa eine Stunde später Sturmklingeln bei uns. Ich öffnete und erhielt sofort eine klatschende Ohrfeige, weil ich zu spät geöffnet hatte. Mein Herz setzte aus, ich litt an schwerer Atemnot und Schmerzen. Ich sah, wie der eine der beiden Kerle nach Eva im Wohnzimmer spuckte.«

Allmählich verzweifelnd, notiert er im Mai 1942:

»Den schwersten Kampf um mein Deutschtum kämpfe ich jetzt. Ich muß daran festhalten: Ich bin deutsch, die anderen sind undeutsch; ich muß daran festhalten: Der Geist entscheidet, nicht das Blut. Ich muß daran festhalten: Komödie wäre von meiner Seite der Zionismus – die Taufe ist nicht Komödie gewesen.«

Victor Klemperer überlebt die NS-Zeit mit Mühe: Zunächst wegen seiner Verdienste im Ersten Weltkrieg und weil seine Frau als »arisch« gilt, er damit in einer sogenannten »Mischehe« lebt. Doch die Einweisung in ein Judenhaus ist die Vorstufe zur Deportation. Der entgeht er, weil das große Inferno am 13. Februar 1945, die Tausende von Spreng- und Brandbomben, die über der Stadt Dresden ausgeklinkt werden, auch die Unterlagen der Gestapo vernichten. Sicherheitshalber setzen sich Victor und Eva Klemperer nach Bayern ab, kehren aber nach Kriegsende und Ende des Nazi-Regimes nach Dresden zurück.

Und wie ergeht es den Malern, die so hoffnungsvoll in eine neue Zeit aufbrachen – die Weimarer Republik? Otto Dix wird 1927 zum Professor an der Dresdner Kunstakademie berufen, und auch er wird ein äußerst beliebter Lehrer. Er malt sein großes Triptychon »Der Krieg«, das heute zu den erschütterndsten Zeugnissen des Ersten Weltkrieges zählt. Er wünscht sich Oskar Kokoschka an die Akademie zurück. Als die Nationalsozialisten an die Macht kommen, stellt sich die Frage nicht mehr, durch Dresdens Straßen marschieren nun, wie durch ganz Deutschland, braune Horden. Professor Dix ist einer der ersten, die aus dem Amt gejagt werden. Er zieht sich an den Bodensee zurück, geht in die innere Emigration. Vorwiegend malt er jetzt altmeisterliche Landschaftsbilder, in die er bevorzugt zeitkritische Symbolik einfügt. 1937 wird Otto Dix offiziell zum »entarteten Künstler« erklärt – etwa 260 Werke werden beschlagnahmt, aus Galerien und Museen entfernt, zum Teil sogar vernichtet. Auch der Zweite Weltkrieg geht nicht an dem Maler aus Gera vorbei: Noch 1945 wird er zum »Volkssturm« eingezogen und gerät im Elsass in Gefangenschaft. Doch er überlebt die NS-Diktatur.

Otto Griebel wendet sich als Maler dem neusachlichen Verismus zu. 1921 wird er Leuna-Kurier im Mitteldeutschen Aufstand und widmet sich der Pressearbeit für die KPD. Er muss sich einem Prozess wegen Beleidigung der Reichswehr vor dem Landgericht Dresden unterziehen. Beteiligt ist er an der Internationalen Kunstausstellung in Dresden und an einer Ausstellung in der Sowjetunion. 1929 gründet Otto Griebel neben Hans und Lea Grundig sowie einigen anderen KPD-nahen Malern die Dresdner Gruppe der kurz zuvor in Berlin gegründeten Assoziation revolutionärer bildender Künstler (ASSO) mit, die im Dienste der KPD Plakate, Flugblätter und Spruchbänder für politische Aktionen konzipiert und produziert. Im Jahr darauf wird er Mitbegründer der »Neuen Dresdner Sezession 1931«. 1933 verhaftet die Gestapo Otto Griebel und stuft ihn als »entarteten Künstler« ein, einige seiner Bilder werden beschlagnahmt. Für zwei Jahre wird er künstlerischer Mitarbeiter am Dresdner Hygienemuseum, später Ausstellungsgestalter in Krakau, im besetzten polnischen Generalgouvernement. Beim Luftangriff auf Dresden am 13. Februar 1945 wird Otto Griebels Wohnung zerstört, sein Atelier und der Großteil seines

Werkes. Im Juni 1945 kehrt der Maler nach Dresden zurück und arbeitet für die Sowjetische Militäradministration.

Kaum, dass er Dresden verlassen hat, wird Oskar Kokoschka wieder von den Erinnerungen an Alma Mahler eingeholt: 1921 inszeniert der Schauspieler Heinrich George, der eine Zeitlang mit Kokoschka und Hasenclever in der Dresdner Pension »Felsenburg« gewohnt hatte, in Frankfurt am Main das frühe Drama »Orpheus und Eurydike« von Oskar Kokoschka. Der hatte es 1916/17 noch schwer verwundet im Lazarett begonnen und erst 1918 beendet. Nun, in Frankfurt, führt Heinrich George nicht nur Regie, sondern spielt selbst auch den Orpheus. Der Autor Kokoschka sitzt während der Proben in der ersten Reihe des Parketts und weint still, aber unaufhörlich. Heinrich Georges Assistent Albrecht Joseph, der später die Tochter von Alma und Gustav Mahler heiraten wird, erinnert sich:

»Immer wenn ich aus dem Parkett über die kleine Notbrücke auf die Bühne steigen mußte, um etwas mit Heinrich George zu besprechen, sah ich unvermeidlich auf meinem Weg zurück Tränen über Kokoschkas Gesicht fließen. Ich wunderte mich, denn ich wußte nicht, daß Orpheus Kokoschka selbst war, Euridike war Alma, Psyche ihre Tochter Anna und Pluto war Gustav Mahler. Ich ahnte nicht, daß für einige Jahre nach Mahlers Tod Alma und Kokoschka eine leidenschaftliche, wilde Liebesbeziehung miteinander hatten, die damit endete, daß Alma ihren Geliebten drängte, als Freiwilliger in den Krieg auszuziehen, obwohl er durchaus nicht zum Soldaten geschaffen war. Er kam schwer verwundet von der Front heim, und Anna sagt, ihre Mutter habe sich geweigert, ihn im Spital zu besuchen oder ihn später überhaupt wiederzusehen. Er war als Soldat kein Erfolg gewesen, und das konnte sie nicht verzeihen.«

Ende der Zwanzigerjahre möchte die Kunstakademie Oskar Kokoschka als Lehrer wiedergewinnen. Der lässt eine Entscheidung offen, beteiligt sich aber 1932 bereits wieder an einer Dresdner Ausstellung. 1934 weicht der Künstler von Wien nach Prag aus, wo er seine spätere Frau, die Jura-Studentin Olda Palkovska kennenlernt. Er bekommt die tschechische Staatsbürgerschaft verliehen. 1937 diffamieren die Nazis auch ihn als »entarteten Künstler« und beschlagnahmen 417 seiner Werke aus deutschen Museen. Durch Beziehungen ihrer großbürgerlichen Eltern bekommt Olda 1938 Einsicht in die Listen der Nationalsozialisten, wer nach dem Einmarsch in die Tschechoslowakei »sicherzustellen« sei. Auf einer dieser Listen steht auch Oskar Kokoschka. Die beiden fliehen sofort nach England, dort ist der bedrohte österreichische Maler in Sicherheit.

Elfriede Wächtler kann nicht ahnen, was mit der NS-Diktatur auf sie zukommt. Nach ihrer Heirat 1921 mit dem Malerkollegen und Sänger Kurt Lohse heißt sie Elfriede Lohse-Wächtler. Ein Jahr lang lebt das Paar in der Sächsischen Schweiz, danach geht es nach Görlitz, wo Kurt Lohse als Sänger engagiert wird. Als er im Jahr darauf ans Theater Neustrelitz weiterzieht, kehrt die junge Malerin nach Dresden zurück, wo sich ihr ein Traum erfüllt: Sie kann an der Kunstakademie zeitweilig ein eigenes Atelier mit Elbblick nutzen. Ihr Mann Kurt Lohse wird ans Opernhaus Hamburg verpflichtet, als zweiter Bass, seine Frau Elfriede folgt ihm elbabwärts. Und abwärts geht es von nun an rapide: Kurt Lohse macht einer Freundin drei Kinder und verlässt seine Frau, als die ganz unten ist. Abtreibungen und eine Fehlgeburt, chronische Armut und Hypernervosität sind Elfriedes Begleiterscheinungen während der späten Zwanzigerjahre. In ihren wuchtigen, düsteren Hafen- und Hurenszenen hält sie die Erinnerung an Menschen wach, die normalerweise hochgradiger Achtlosigkeit ausgesetzt sind. Sie selbst zeigt Symptome einer psychischen Erkrankung und wird in die Staatskrankenanstalt Hamburg-Friedrichsberg eingewiesen. Hier schafft Elfriede Lohse-Wächtler mit den »Friedrichsberger Köpfen« eindrucksvolle Portraits erkrankter Menschen, die 1929 gleich auf mehreren Hamburger Ausstellungen zu sehen sind. Zwei Jahre später kehrt die Malerin nach Dresden zurück, wohnt bei ihren Eltern in Blasewitz und wird aufgrund einer Verschlechterung ihrer Krankheit im Jahr darauf in die Landesanstalt Arnsdorf bei Dresden eingewiesen, eine Psychiatrie. Auch hier schafft die begabte Malerin noch Zeichnungen von beeindruckender Sensibilität. Doch die Machtübernahme der Nationalsozialisten legt sich 1933 wie ein schwarzer Schatten auf Menschen, die plötzlich als »unwertes Leben« klassifiziert werden: 1935 – Kurt Lohse lässt sich jetzt endgültig scheiden – werden in Deutschland Patientinnen der Psychiatrie zwangssterilisiert. Als »chronisch krank« Geltende erhalten von nun an nur noch eingeschränkte Nahrung. Als 1940 im Deutschen Reich die Massenmordaktion an psychisch kranken und geistig behinderten Menschen anläuft, wird Elfriede Lohse-Wächtler, zusammen mit 52 Frauen und 33 Männern aus der Landesanstalt Arnsdorf, nach Pirna-Sonnenstein deportiert. Dort führt man jeweils zwanzig bis dreißig Opfer in die als Duschraum mit mehreren Brauseköpfen getarnte Gaskammer. Zur Täuschung liegen im Vorraum auf Holzbänken Seife, Waschlappen und Handtücher. Nach Schließung der Tür dreht ein Arzt im Nachbarraum die Ventile der Kohlenmonoxidflaschen auf. Der qualvolle Todeskampf dauert zehn bis fünfzehn Minuten. Als Elfriede Lohse-Wächtler hier ermordet wird, ist die Dresdner Malerin vierzig Jahre alt.

***

Unfassbar ist, dass nach dem Horror des Ersten Weltkrieges so viele Deutsche sich für eine nationalsozialistische Diktatur entscheiden. Alle Gründe des Scheiterns der Weimarer Republik sind vielfach und überzeugend untersucht – der Schandfrieden von Versailles, das Festbeißen von Rechtsradikalen und Linksradikalen an Fehlern der ad hoc eingesetzten ersten demokratischen Regierung … Und doch bleiben Massenwahn und Holocaust und ein Zweiter Weltkrieg noch immer unfassbar. Auch wenn Historiker alle Gründe dafür aufbereitet haben, bleibt die Frage: Wieso fallen so viele Menschen, und dies weltweit, auch im 21. Jahrhundert noch auf Demagogen herein, lassen sich auf Kommando auf fremde und auch nahe Mitmenschen hetzen?

1981 findet der französische Bauer Ferdinand Boulanger auf dem Dachboden seines lothringischen Bauernhofes in Fiquelmont eine kleine, verstaubte Schnapsflasche mit einer rätselhaften Botschaft darin. Unter kuriosen Umständen gelangt der seltsame Zettel in die Hände von Spezialisten der französischen Luftwaffe. Ihnen gelingt es, den Text zu entziffern: Zum Vorschein kommt eines der berührendsten Friedenszeugnisse des Ersten Weltkrieges! Verfasst wurde es am 17. Juli 1916 von sechs Soldaten des 2. deutschen Husarenregiments der Reserve, die hier einquartiert waren. Die Schlachtfelder von Verdun liegen nur wenige Kilometer von Fiquelmont entfernt.

In einem dramatischen Appell rufen die sechs Einquartierten die kommenden Generationen zum Frieden auf: Frieden durch ein geeintes Europa! Die Unterzeichner sind einfache Soldaten und sie kommen aus allen Teilen Deutschlands. Mehr als ein halbes Jahrhundert wird es dauern, bis ihr dramatischer Appell auf fruchtbaren Boden fällt.

Fine

Quellen

Akten im Hauptstaatsarchiv Dresden, die Ermordung Gustav Neurings betreffend:
10702, Nr. 0187, Staatskanzlei, Nachrichtenstelle
10736, Nr. 11075, Teile 1–4, Ministerium des Innern
10789, Nr. 0021, Polizeipräsidium Dresden
11120, Nr. 2277/ Teile 1–6, Staatsanwaltschaft beim Landgericht Dresden
11248, Nr. 7580, Sächsisches Kriegsministerium
11250, Nr. 002, Sächsischer Militärbevollmächtigter in Berlin
275/1, Akten des Polizeipräsidiums Dresden, 1912–1922
Dazu zahlreiche andere Akten des Hauptstaatsarchivs zu verschiedenen Themen

Verwendete Literatur

Altner, Manfred, Dresden. Von der Königlichen Kunstakademie zur Hochschule für Bildende Künste (1764–1989), Dresden 1990

Amlung, Ullrich, Reformpädagogische Versuchsschulen in Dresden in der Zeit der Weimarer Republik, in: Dresdner Hefte Nr. 97

Angermayer, Erwin u.a., Grosse Frauen der Weltgeschichte. Tausend Biographien in Wort und Bild, Klagenfurt 1987

Assheuer, Thomas, Krieg veredelt den Menschen (zu Thomas Mann), ZEIT Nr. 10/2010

Barberowski, Jörg, Der rote Terror. Die Geschichte des Stalinismus, München 2003

Baumgarten-Crusius, Artur, Geschichte der Sachsen im Weltkrieg, Bd. 2, Leipzig 1919

Beck, Rainer, Otto Dix. Die kosmischen Bilder, Dresden 2003

Benz, Wolfgang und Graml, Hermann, Die revolutionäre Illusion. Zur Geschichte des linken Flügels der USPD, Stuttgart 1976

Biographisches Handbuch des deutschen Auswärtigen Dienstes 1871–1945, Paderborn/München/Wien/Zürich 2000

Bloch, Ernst, Geist der Utopie, 1919, Frankfurt a.M. 1964

Böhm, Boris, Elfriede Lohse-Wächtler. Eine Biografie in Bildern, Kuratorium Gedenkstätte Sonnenstein e.V., Dresden 2009

Brockdorff-Rantzau, Ulrich Graf von, Dokumente und Gedanken um Versailles, Berlin 1925
Bütner, Ben, Die Novemberrevolution in Dresden, 1918/19, Magisterarbeit Technische Universität Dresden, 2006
Clark, Christopher, Die Schlafwandler, München 2013
Deimling, Berthold von, Aus der alten in die neue Zeit – Lebenserinnerungen, Berlin 1930
Dertinger, Antje, Für Sozialpolitik besonders geeignet – Marie Juchacz: Parlamentarierin und Gründerin der Arbeiterwohlfahrt, Das Parlament Nr. 51–52,1983
Die Frauenfrage, 16. Jg., Heft 1, 1914 – Zum 20-jährigen Bestehen des Bundes deutscher Frauenvereine, Ansprache von Marie Stritt
Die Frauenfrage, 19. Jg., Heft 11, 1917 – Alles beim Alten, v. Marie Stritt
Die Frauenfrage, 21. Jg., Heft 2, Februar 1919 – Nach den ersten Wahlen, v. Marie Stritt
Die Frauenfrage, 21. Jg., Heft 3, März 1919 – Luise Otto-Peters zum 100. Geburtstag, v. Marie Stritt
Die Staatsbürgerin, 7. Jg., Heft 10/11, Januar/Februar 1919 – Von der Frauenstimmrechtlerin zur Parteipolitikerin, v. Marie Stritt
Die Staatsbürgerin, 8. Jg., Heft 6, September 1919 – Frauenrechte und Frauenfrage in der deutschen Reichsverfassung, v. Marie Stritt
Die Staatsbürgerin, 8. Jg., Heft 8, Oktober/November 1919 – Zum Abschluß, v. Marie Stritt
DLF, 23. Februar 1989 Sendezeichen: Wut aufs Militär, auf die Rüstung, auf die Schwerindustrie – Der Schriftsteller Erich Kästner im Deutschlandfunk
Eberle, Matthias, Der Weltkrieg und die Künstler der Weimarer Republik: Dix, Grosz, Beckmann, Schlemmer, Stuttgart/Zürich 1989
Ebert, Friedrich, Schriften, Aufzeichnungen, Reden, hg. v. Friedrich Ebert jun., Dresden 1926
Enderlein, Gertraud Dresdner Frauen in ihren Vereinen, in: Dresdner Kalender 1929, Dresden 1929
Erdmann, Karl Dietrich, Die Weimarer Republik, Stuttgart 1973
Fest, Joachim, Die geschuldete Erinnerung, in: Historikerstreit, München/ Zürich 1987
Frommhold, Erhard und Söder, Gerlint, Bildende Kunst in den Zwanziger Jahren, in: Kultur zwischen den Weltkriegen, Dresden 2005
Gammon, Carolyn und Hemker, Christiane, Johanna Krause – Zweimal verfolgt, Berlin 2004
Gesellschaft für Christlich-Jüdische Zusammenarbeit Dresden, Die Juden in Sachsen, ihr Leben und Leiden, Leipzig 1994
Giesecke, Una, Frauen im Ersten Weltkrieg, in: Dresdner Hefte Nr. 62
Griebel, Otto, Ich war ein Mann der Straße, Leipzig 1986

Gross, Reiner, Geschichte Sachsens, Leipzig 2001
Grosz, George, Ein kleines JA und ein großes NEIN, Hamburg 1955
Hädecke, Wolfgang, Dresden. Eine Geschichte von Glanz, Katastrophe und Aufbruch, München 2009
Heuss, Theodor, Erinnerungen 1905–1933, Frankfurt a.M. 1963
Hodin, Josef Paul, Oskar Kokoschka. The Artist and his Time, Greenwich 1966
Huegel, Arnulf, Kriegsernährungswirtschaft Deutschlands während des Ersten und Zweiten Weltkrieges im Vergleich, Konstanz 2003
Igel, Jayne-Ann, Der Stadtbund Dresdner Frauenvereine, in: Dresdner Hefte Nr. 62, 2001
John, Anke, Das Leben und Wirken der Marie Stritt, Dresden 1997
Jürgs, Michael, Der kleine Frieden im Großen Krieg. Westfront 1914: Als Deutsche, Franzosen und Briten gemeinsam Weihnachten feierten, München 2003
Kästner, Erich, Als ich ein kleiner Junge war, Zürich 1957
Kästner, Erich, Gesammelte Schriften, Zürich 1959
Kästner, Erich, Wieso, warum?, Berlin und Weimar 1972
Kästner, Erich, Gesammelte Schriften für Erwachsene, München/Zürich 1969
Kinkel, Hans, Vierzehn Berichte. Begegnungen mit Malern und Bildhauern, Stuttgart 1967
Kirchhoff, Auguste, Unsrer Kinder Land, Leipzig 1919
Kirsch, Ingrid, Julie Salinger – eine der ersten Frauen im Länderparlament Sachsens, in: Dresdner Hefte Nr. 62, 2001
Klemperer, Victor, Leben sammeln, nicht fragen wozu und warum. Tagebücher 1918–1924, Berlin 1996
Klenke, Dietmar, Die SPD-Linke in der Weimarer Republik, Münster 1983
Klier, Freya, Johanna – eine Dresdner Ballade, Dokumentarfilm, MDR 1996
Klier, Freya, Gelobtes Neuseeland, Berlin 2012
Koch, Otto (Hg.), Festschrift zur Hundertjahrfeier des Freiherrlich von Fletcherschen Schullehrerseminars zu Dresden 1825–1925, Dresden 1926
Koch, Sonja, Marie Stritt – Frauenrechtlerin im Kaiserreich, in: Dresdner Hefte, Nr. 62, 2001
Koenen, Gerd, Die Farbe Rot. Ursprünge und Geschichte des Kommunismus, München 2017
Kokoschka, Oskar, Schriften 1907–1955, darin: Mörder, Hoffnung der Frauen, Hg. Hans Maria Wingler, München 1956
Kokoschka, Oskar, Mein Leben, München 1971
Kokoschka, Oskar, Briefe I, 1905–1919. Hg. Olda Kokoschka und Heinz Spielmann, Düsseldorf 1984
Kokoschka und Dresden, Staatliche Kunstsammlungen Dresden/Österreichische Galerie Belvedere und Autoren, Leipzig 1996
Kolditz, Gerald, Zur Entwicklung des Antisemitismus in Dresden während des Kaiserreichs, in: Dresdner Hefte Nr. 45, 1996

Kollwitz, Käthe, Die Tagebücher, Berlin 1989
Koopmann, Astrid und Meier, Bernhard, Kennst Du Erich Kästner? (Weltliteratur für junge Leser), Weimar 2009
Kortner, Fritz, Aller Tage Abend, München 1959
Kotowski, Georg, 1914–1933. Historisches Lesebuch 3, Frankfurt a.M. und Hamburg 1968
Kranz, Lennart, Bültmann, Mily (eigentl. Johanne, Emilie), in: Sächsische Biografie, Institut f. Sächsische Geschichte und Volkskunde, 2017
Kübler, Thomas, Wonnige Wogen. Die Elbebäder in Dresden, in: Dresdner Geschichtsbuch 2 des Stadtmuseums Dresden, Altenburg 1996
Lange, Helene, Das ewig Gestrige, in: Die Frau, 25. Jg., 1918
Lassahn, Rudolf, Das unerschlossene Erbe der Reformpädagogik, in: Pädagogische Rundschau Nr. 38 (1984)
Lenin, Wladimir I., Sozialismus und Krieg, Ost-Berlin 1951
Leo Baeck-Institut, Deutsch-jüdische Geschichte in der Neuzeit, Bd. 4, 1918–1945
Liebermann, Doris, Vor 100 Jahren wurde die Tscheka gegründet, Deutschlandfunk Kalenderblatt 20.12.2017
Lindemann, Gerhard, Dienst an Kirche und Volk. Christliche Jugendverbände in der Weimarer Republik, in: Dresdner Hefte Nr. 90, 2/2007
Lipp, Karlheinz, Lütgemeier-Davin, Reinhold und Nehring, Holger, Frieden und Friedensbewegungen in Deutschland 1892–1992, Essen 2010
Löffler, Fritz, Otto Dix. Leben und Werk, Dresden 1960
Löffler, Fritz, Dresdner Sezession Gruppe 1919, in: Dresdner Sezession 1919–1923, Kat. d. Ausstellung in München 1977
Löffler, Fritz, Das alte Dresden, Leipzig 1982
Lühr, Hans-Peter, Zwischen Utopie und Aggression. Expressionismus in Dresden – ein Überblick, in: Dresdner Hefte Nr. 72 (Unruhe über der Stadt)
Meineke, Stefan, A life of Contradiction: The Philosopher Franz Rosenzweig and His Relationship to History, LBIYB 36, New York 1991
Miller, Susanne, Die Parlamentarierinnen der ersten Generation sind ihren Lebenszielen treu geblieben, Stuttgart 1984
Mommsen, Hans, Von Weimar nach Auschwitz. Zur Geschichte Deutschlands in der Weltkriegsepoche, München 2001
Mommsen, Hans, Die verspielte Freiheit, Berlin 1989
Neitzel, Sönke, Weltkrieg und Revolution. 1914–1918/19, Berlin 2008
Nietzsche, Friedrich, Morgenröte/Idyllen aus Messina/Die fröhliche Wissenschaft. Hg. Giorgio Colli und Mazzino Montinari, Berlin 1999
Osterroth, Franz und Schuster, Dieter, Chronik der deutschen Sozialdemokratie, Bd. 2, Berlin 1980
Poste, Burkhard, Schulreform in Sachsen 1918–1923. Eine vergessene Tradition deutscher Schulgeschichte, Frankfurt a.M. 1993

Reimann, Werner, Über den Kampf der Frauen in Deutschland um akademische Ausbildung auf dem Gebiet der Bildenden Kunst (untersucht und dargestellt an der Geschichte der Dresdner Kunstakademie nach 1900), Dresden 1983
Renn, Ludwig, Krieg, Frankfurt a.M. 1929
Renn, Ludwig, Nachkrieg, Berlin 1930
Renn, Ludwig, Ein Anstoß und seine unerwarteten Folgen, Berlin 1955
Rieker, Heinrich, Nicht schießen, wir schießen auch nicht! Versöhnung von Kriegsgegnern im Niemandsland 1914–1918 und 1939–1945, Bremen 2007
Rühle, Jürgen, Literatur und Revolution. Die Schriftsteller und der Kommunismus in der Epoche Lenins und Stalins, Frankfurt a.M., Wien 1987
Sarfert, Hans-Jürgen, Dresden im Zeichen des expressionistischen Theaters, in: Dresdner Hefte Nr. 72 (Unruhe über der Stadt)
Schaar, Sebastian, Wahrnehmungen des Weltkrieges, Selbstzeugnisse Königlich-Sächsischer Offiziere 1914–1918, Paderborn 2014
Scheidemann, Philipp, Memoiren eines Sozialdemokraten, Bd. 2, Hamburg 2013
Schilke, Iris, Frauenvereine im 19. Jh., in: Dresdner Hefte Nr. 62, 2001
Schirmacher, Kaethe, Flammen. Erinnerungen aus meinem Leben, Leipzig 1921
Schlögel, Karl, Das sowjetische Jahrhundert. Archäologie einer untergegangenen Welt, München 2017
Schmeitzner, Mike und Wagner, Andreas (Hg.), Von Macht und Ohnmacht. Sächsische Ministerpräsidenten im Zeitalter der Extreme 1919–1952, Beucha/Dresden 2006
Schmeitzner, Mike, Revolution und Freistaat. Sachsens Weg in die Republik, in: Zäsuren sächsischer Geschichte, Hg. Reinhardt Eigenwill, Markkleeberg 2010
Schneede, Uwe M., Max Beckmann. Der Maler seiner Zeit, München 2009
Schneider, Friedhelm, Merry Christmas, we are not shooting tonight, Religionspädagogische Hefte. Ausgabe B, Berufsbildende Schulen, Speyer 2006
Scholder, Klaus, Die Kirchen und das Dritte Reich, Bd. 1 – Vorgeschichte und Zeit der Illusion 1918–1934, München 2000
Scholz, Dieter, Das Triptychon – Der Krieg, in: Kat. Dix, Stuttgart 1991
Schubert, Dietrich, Otto Dix, Hamburg 1980
Schubert, Dietrich, Künstler im Trommelfeuer des Krieges 1914–1918, Heidelberg 2013
Schüller, Elke, Marie Stritt. Eine kampffrohe Streiterin in der Frauenbewegung (1855–1928). Mit Marie Stritts unvollendeten Lebenserinnerungen, Königstein/Taunus 2005
Schumann, Dirk, Einheitssehnsucht und Gewaltakzeptanz, in: Mommsen, Hans (Hg.), Der Erste Weltkrieg und die europäische Nachkriegsordnung, Köln, Weimar, Wien 2000

Schwab, Cynthia, Die Expressionismusdebatte von Berthold Viertel und Friedrich Wolf im Vorfeld von »Das bist du«, in: Dresdner Hefte Nr. 72

Schwab, Cynthia und Igel, Jayne Ann, Frauen in der Politik. Sächsisches Parlament 1919–1933, Dresden 2006

Schwarz, Hans-Peter, Adenauer. Der Aufstieg: 1876-1952, München 1986

Siemering, Hertha, Die deutschen Jugendverbände, Berlin 1931

Sinowjew, Grigori, Ein Aufruf der kommunistischen Internationale zum Frieden von Versailles, Wien 1919

Sondermann, Regine, Kunst ohne Kompromiss. Die Malerin Elfriede Lohse-Wächtler, Dresden 2006

Starke, Holger und Wozel, Heidrun, Freizeit, Alltagsleben und Sport, in: Geschichte der Stadt Dresden, Bd. 3, Stuttgart 2006

Toller, Ernst, Meine Jugend in Deutschland, Amsterdam 1933

Ulich-Beil, Else, Ich ging meinen Weg, Berlin 1961

Weltbund für Frauenstimmrecht (Hg.), Frauenstimmrecht in der Praxis, Dresden/Leipzig 1913

Westheim, Paul, Besprechung von: Otto Dix – Der Krieg, in: Das Kunstblatt, 8. Jg., 1924

Wetzel, Maria, Otto Dix, Ein harter Mann, dieser Maler, in: Diplomatischer Kurier, 14. Jg. (Köln). Heft 18, 1965

Wolf, Emmi und Brigitte, Auf wieviel Pferden ich geritten … Der junge Friedrich Wolf, Berlin und Weimar 1988

Zehder, Hugo, Otto Dix, in: Neue Blätter für Kunst und Dichtung 2/3, 1919/1921

Zirkel, Kirsten, Vom Militaristen zum Pazifisten: Politisches Leben und Wirken des Generals Berthold von Deimling vor dem Hintergrund der Entwicklung Deutschlands vom Kaiserreich zum Dritten Reich, Düsseldorf 2006

Zwischen Euphorie und Entsetzen. Künstler im Ersten Weltkrieg, in: SWR 2 Wissen, Sendung vom 13.2.2014

Zwischen Reform und Restriktion – Sächsische Schulgeschichte im 20. Jahrhundert, Dresdner Hefte Nr. 97, 2009

Diverse Akten des Polizeipräsidiums Dresden (Staatsarchiv Dresden)

Nachweise

Sammlung Eberhard Simon: Postkarte S. 14, Dresden-Panorama S. 204, Kunstakademie S. 290
Stadtmuseum Dresden: Foto S. 18, Postkarte S. 108
Kunstsammlung Gera: Feldpostkarte Otto Dix S. 26
Militärhistorisches Museum Dresden: Foto S. 41, Kapp-Putsch in Berlin S. 349
Landesarchiv Berlin: Foto Marie Stritt S. 56
Stadtarchiv Dresden: Plakat Wahlaufruf S. 105
Sächsische Landesbibliothek/Deutsche Fotothek (SLUB): OB Bernhard Blüher S. 113, Gustav Neuring, S. 140, Otto Dix S. 172, Frauenkirche S. 217, Naturfreunde-Hütte S. 254, Zirkus Sarrasani S. 319
Nachlass Johanna Krause: Johanna, undatiert S. 267
Schulmuseum Dresden: Gemischte Schulklasse S. 276
Nachlassverwaltung Marianne und Rolf Rosowski: Elfriede Wächtler 1917 S. 295
Universität für angewandte Kunst Wien: Oskar Kokoschka, Seite 355